体育与法律——
体育纠纷案例评析（二）

我们在这里所做的一切努力
都是为了保障体育参与者的权利

韩 勇

人民体育出版社

作者简介

韩勇,女,1974年生,首都体育学院副教授,法学学士,教育学(体育)硕士、博士,法学博士后。长期从事体育法学教学与研究,著有《中国足球俱乐部内幕》《体育与法律——体育纠纷案例评析》《体育纪律处罚研究》《体育法的理论与实践》《学校体育伤害的法律责任与风险预防》,译有《娱乐体育管理》。主持国家社科基金、国家体育总局、北京市教委等课题10余项。主要社会兼职和社会工作有亚洲体育法学会理事、中国体育法研究会副秘书长、北京市法学会体育法学与奥林匹克法律事务研究会副秘书长、中国反兴奋剂中心听证委员会委员。

前　言

　　体育领域涉及的法律问题多种多样，备受社会关注和重视，并已形成一门新兴学科——体育法学。案例教学早已被世界许多著名法学院确定为法学教育的一种重要方法，体育法的教学和科研更离不开对案例的研究。体育实践丰富多样，如何利用民商、刑事、行政、劳动法等基本理论来分析、解决纷繁复杂的体育法律问题，如何认识体育行业的特殊性，如何才能达到举一反三、触类旁通的效果，如何培养既有一定理论基础，又有较强实践操作能力的学生，都是摆在从事体育法教学和研究者面前的问题。

　　2000年，我开始在首都体育学院为本科生开设体育法课程，以案例教学的形式讲授体育中的热点法律问题，吸引了许多学生学习。由于当时尚无合适的教材和教学参考书，我搜索了上万个网页，编写了第一本体育法案例集《体育与法律——体育纠纷案例评析》，于2006年由人民体育出版社出版发行，该书出版后受到了实务工作者和体育法教师们的欢迎，影响之大，超过了我的预想。正如于善旭教授在《体育法的理论与实践》一书的序中指出的："体育法学，本来就是法学与体育学相交叉、相结合的一个应用性学科……它不可能进行法学基础理论的原创，而更多的是将这些法学理论在体育领域进行具体应用和创造性地应用，其目的是如何应用法学理论来认识和解决体育领域中的法律问题。"再加上体育法是个非常庞杂的体系，涉及领域跨度很大，对宪法、民法、行政法、刑法、诉讼法的内容都有所涉及，因此，生动而真实的案例有利于体育法初学者对体育法的理解。

　　斗转星移，时光荏苒。第一本体育法案例集出版至今已经有9年之久，在这9年中，中国体育界经历了北京奥运会的辉煌与荣耀，在全社会的关注之下，运动员和体育参与者为权利抗争的案例也不断出现。在此期间，我也经历了学术成长的重要阶段：博士毕业后又在人民大学法学院做了访问学者和在社科院法学所做了博士后研究。面对体育中大量需要探讨的理论问题，时常感叹自己时间精力有限，因而深感有必要再将近年来涌现出来的体育法新案例集结成册，供大家进一步研究。

近年来我在案例搜集、整理和写作过程中有两点感受：一是与我写作第一本案例集时相比，体育中的法律问题更加丰富，与经济有关的纠纷明显增加，涉外案例也明显增多，体育参与者，尤其是运动员更善于用法律来维护自己的权利；二是虽然有进步，但是运动员权利被践踏的情况仍然比比皆是，如层出不穷的欠薪、缺乏必要伤残保障、任意打骂运动员等，种种不公令人心酸。正因为如此，我们所做的一切，都是为了保护体育参与者的权利。

这本案例集与 2006 年案例集相比，既有延续，又有创新：

第一，案例新。本书选取的内容大都是近年来我国体育领域的新案例。2006 版案例集中未收录的旧案例，或者虽然收录了却限于当时条件而分析得不够完整的旧案例也被收录其中。

第二，全部为本土案例。本书一如既往，尽可能地穷尽近年来国内体育法领域的新案件，以便于抛砖引玉，供大家在体育法领域进一步深入探讨而省却查找案例的时间。而且，由于案例的丰富和经验的积累，在案例选择方面思路更加清晰，案例全部发生在国内。

第三，更加关注体育特殊性。不仅有诉至法院的案例，也有一些按照体育组织内部规则解决的纠纷。体育法应该是"一分为二的体育法"，一为国家法在体育中的应用，一为体育组织（特别是国际和国家单项体育协会）制定的规则对体育行业的调整，二者缺一不可。以往的案例分析不太注重规则对体育行业的调整，显然忽视了体育的特殊性。体育中的秩序，在绝大多数情况下，是由体育中的"软法"——规则来维系的，因此本书也收入了那些由体育组织规则解决的纠纷。

第四，在案例的选取上，虽然尽量选取那些带有体育特殊性的案例，像体育不当行为与行业处罚、兴奋剂、参赛资格、运动员合同与转会等案例，但也不局限于一定要有体育特殊性。有一些案例，虽然用普通民商事法律规范解决，但是对于体育行业的从业者来说需要了解此方面法律知识，或者对于体育行业有重要的借鉴意义，也被收在本书中。因此，本书的"体育法"，仍然是广义上的"体育法"。

第五，在写作风格上，仍然维持了以往的传统，尽量交代细节与各派交锋观点，以便于其他研究者进行法学和社会学研究使用。

第六，与前一本案例集相似，本书案例的来源仍然是人民法院公报和案例选、学术期刊、新闻媒体。由于体育案例的稀缺，很多案例来自于媒体报道。对于那些只能在媒体中找到的案例采取了谨慎态度，尽量采取权威媒体报道，经过多方对照，力求准确才收入本书。而且，基本只使用媒体对事实的报道，而谨慎对待其法律分析部分。

第七，力求形式的统一和篇幅的平衡，即每个案例都分为"案情""判决"（或"裁决""和解"）和"评析"三个部分，以求使读者阅读时一目了然。但是由于每个案例的情况不同，很难达到篇幅的完全平衡。

我在中国人民大学做访问学者期间，杨立新教授在授课中曾提及，他在长期的司法实践和理论研究中，审判、讨论和研究过的案例数以千计，几乎近万，这些案例的积累对他的审判和研究工作发挥了重要作用。每一个法律人都要做有心人，注重案例的积累和分析。我深以为然，如果时间和精力允许，在未来我会以5年左右为一个周期，定期推出中国体育法案例集，除了为自己的教学和研究工作提供资料外，还希望能够为中国体育法研究做一些基础性工作。

我的研究生张凌云、张如甲同学为本书部分案例的收集和排版做出了贡献。

目 录

第一章 体育管理与行业自治 ……………………………………（1）

广东凤铝因 CBA 资格诉中国篮协案 ……………………………（1）
武汉光谷足球俱乐部退出中超联赛案 …………………………（6）
衡阳体育场先拆后建案 …………………………………………（10）

第二章 体育工作合同——工资争议 …………………………（14）

张勇与上海联城足球俱乐部劳动争议案 ………………………（14）
卞军被俱乐部"三停"工资纠纷案 ………………………………（16）
佩特科维奇与上海申花工资争议案 ……………………………（19）
本森与山西篮球俱乐部合同争议案 ……………………………（22）
迪克森诉广厦男篮欠薪案 ………………………………………（25）
职业足球俱乐部欠薪案 …………………………………………（30）
 其一，南京有有欠薪案 ………………………………………（30）
 其二，润宇隆欠款欠薪案 ……………………………………（31）
 其三，深圳足球俱乐部欠薪案 ………………………………（32）
云南红河篮球俱乐部欠薪案 ……………………………………（35）
奥神俱乐部球员违约金案 ………………………………………（38）
残奥教练员奖金争议案 …………………………………………（43）
艾冬梅等诉王德显及火车头体协侵犯财产案 …………………（46）

第三章 体育工作合同——归属与转会争议 …………………（54）

戴琳转会争议案 …………………………………………………（54）
蒋兴权与浙江万马合同争议案 …………………………………（55）
王栋与亚泰合同纠纷案 …………………………………………（59）
篮球球员王磊归属案 ……………………………………………（61）
周海滨自由国际转会案 …………………………………………（63）

孔卡与恒大俱乐部合同争议案 …………………………………（64）
青少年球员培训费纠纷案 ……………………………………（66）

第四章 体育中的知识产权与人格权商用 …………………（70）

飞人乔丹诉乔丹体育姓名权侵权案 …………………………（70）
耐克诉晋江两公司"飞人乔丹"图形商标侵权案 ……………（74）
易建联商标争议案 ……………………………………………（76）
周某与中国足协"中超"商标归属争议 ………………………（79）
美大洲公司与中国足协"中超"商标争议 ……………………（84）
贺博公司与举重摔跤柔道运动管理中心跤王商标权争议案 …（86）
中国篮协及盈方公司诉贵人鸟公司肖像权侵权案 …………（91）
丰原集团与中国国家男子篮球队冠名权争议案 ……………（98）
耐克诉阿迪达斯形象代言人争议案 ………………………（101）
CBA队员未穿赞助商球鞋处罚案 …………………………（105）
孙杨与游泳运动管理中心人格权商用争议案 ……………（107）
金斯顿男篮诉金斯顿服饰不正当竞争案 …………………（109）

第五章 体育中的名誉权侵权 ………………………………（117）

王珀名誉权侵权案 …………………………………………（117）
上海中远俱乐部名誉权侵权案 ……………………………（126）
陈亦明诉李承鹏等名誉侵权案 ……………………………（129）
郑智夫妇名誉权侵权案 ……………………………………（133）

第六章 运动员保障 …………………………………………（138）

曲乐恒诉辽宁足球俱乐部工伤赔偿案 ……………………（138）
武强猝死案 …………………………………………………（142）
王㞎白血病救助案 …………………………………………（143）
高某诉先农坛体校受虐案 …………………………………（145）
足球少年被教练员体罚致死案 ……………………………（148）

第七章 体育与反不正当竞争 ………………………………（152）

"实德系"拆分案 ……………………………………………（152）
珠超诉刘孝五、粤超同业竞争案 …………………………（155）

第八章　体育伤害——同场竞技伤害法律问题 ······（164）

　　替他人球队比赛受伤诉参赛双方及加害人赔偿案 ······（164）
　　参赛者诉南京市足协人身伤害侵权案 ······（167）
　　足球比赛踢伤对手左腿赔偿案 ······（173）
　　踢球击伤同事眼睛赔偿案 ······（175）
　　班古拉足球联赛眼睛受伤案 ······（176）
　　张某诉参赛球员人身损害赔偿案 ······（180）
　　自行车运动员比赛过程中致他人财产损失案 ······（183）
　　比赛中摄影记者被撞财产损失案 ······（185）
　　无学籍学生代表大学参赛猝死案 ······（188）
　　足球赛中踢死对手案 ······（189）

第九章　体育伤害——安全保障义务 ······（193）

　　锈蚀篮架砸伤锻炼者案 ······（193）
　　活动球门砸死锻炼者案 ······（195）
　　单杠断裂体育局赔偿案 ······（196）
　　滑雪撞上造雪机案 ······（202）
　　马匹受惊摔伤案 ······（203）
　　滚轴溜冰场未尽救助义务案 ······（204）
　　野长城雷击案 ······（207）
　　马拉松猝死案 ······（210）
　　游泳冠军公开水域游泳比赛溺亡案 ······（214）
　　封闭游泳池女童溺亡案 ······（215）
　　游泳池跳水身亡案 ······（218）
　　游泳池关闭后擅入者溺亡案 ······（221）
　　救生员失职游泳者溺亡案 ······（222）
　　游泳溺亡救助不及时案 ······（223）
　　公园免费游泳溺亡案 ······（225）
　　单位旅游员工景区溺亡案 ······（227）
　　海蜇蜇死游泳者案 ······（229）
　　海浪冲击游客受伤案 ······（240）

第十章 体育伤害——学校体育伤害 (246)

- 铅球投掷受伤案 (246)
- 铅球伤人案 (250)
- 学校篮架倒塌伤人案 (252)
- 体育课踢足球受伤案 (253)
- 学生跑步猝死案 (255)

第十一章 体育伤害——驴头驴友案 (257)

- 雪山遇难诉领队未采取适当措施救助案 (257)
- 南宁驴友案 (262)
- 灵山驴友案 (268)

第十二章 体育不当行为与处罚——与体育有关行为 (272)

- 新加坡假球案 (272)
- 足球反赌扫黑案 (276)
- 徐弘禁赛案 (282)
- 孙福明假摔案 (286)
- 奥运会羽毛球消极比赛案 (290)
- 第十一届全运会篮球"乌龙"案 (293)
- 山东黄金队与广东宏远队篮球场上冲突案 (295)
- 云南红河队与上海西洋队篮球场下冲突案 (298)
- 西安球迷闹事案 (301)
- 足球俱乐部高管批评裁判被处罚案 (304)
- 尤纳斯批评裁判被禁赛案 (305)
- 国安罢赛案 (306)
- 北京女子橄榄球队罢赛案 (311)
- 肖战波旷赛案 (314)
- 第十届全运会处罚摔跤裁判案 (315)
- 亚运会体操裁判改分案 (317)
- 篮协公开处罚裁判案 (320)

第十三章　体育不当行为与处罚——与体育无关行为 ………… (329)

　　崔鹏酒驾案 ………… (329)
　　毛剑卿等酗酒、围殴市民案 ………… (330)
　　女排教练性骚扰队员案 ………… (332)

第十四章　兴奋剂 ………… (336)

　　孙英杰案 ………… (336)
　　佟文案 ………… (339)
　　廖辉案 ………… (342)
　　欧阳鲲鹏案 ………… (346)
　　孙龙将案 ………… (348)
　　李哲思案 ………… (352)
　　集体给未成年人服用兴奋剂案 ………… (353)
　　　　其一，沈阳体校集体服用兴奋剂案 ………… (353)
　　　　其二，鞍山体校集体服用兴奋剂案 ………… (354)
　　药检调包案 ………… (358)
　　苏州女子举重队兴奋剂案 ………… (358)

第十五章　运动员资格 ………… (362)

　　中国体操队年龄门案 ………… (362)
　　CBA 假外援官秀昌案 ………… (364)
　　香港守门员国籍案 ………… (370)
　　全运会自行车参赛资格争议案 ………… (371)

后记 ………… (376)

第一章 体育管理与行业自治

广东凤铝因CBA资格诉中国篮协案

案 情

2008年4月30日,中国篮球协会颁布并执行《2008—2009赛季中国男子篮球职业联赛(CBA)俱乐部准入实施方案》(以下简称"准入实施方案"),该方案包括《准入办法》和《准入标准及评估细则》两部分。《准入办法》第九条规定:拟定第二阶段具有准入评估资格的俱乐部为2007、2008两个赛季全国男子篮球联赛(简称"NBL联赛")综合成绩最好的3个球队(如综合成绩并列,则以2008年决赛阶段的成绩决定最终的排名)。综合成绩计算公式:2007年NBL联赛决赛阶段名次+2008年NBL联赛决赛阶段名次。

7月5日,NBL第二阶段比赛结束。广东凤铝篮球俱乐部(以下简称"凤铝")获得冠军、天津荣钢获亚军、青岛双星获季军。凤铝连续两年居NBL前两名。

8月7日,CBA联赛准入评估小组完成了对广东凤铝、天津荣钢、青岛双星的准入评估,3家俱乐部均通过了准入评估。

9月4日,CBA联赛委员会在北京召开,以无记名投票的方式,就上述3家俱乐部谁将拥有2008—2009赛季CBA联赛的参赛资格进行表决。投票结果:天津荣钢获得参赛资格,青岛双星获得替补参赛资格,凤铝被淘汰出局。

9月6日,凤铝俱乐部召开新闻发布会,质疑投票确定俱乐部参赛资格的合法性,认为篮协是临时将升级依据由准入制改为"投票公决"。此外,认为篮协实际上操控着过半票数,投票过程存在暗箱操作,并表示要状告中国篮协。凤铝称:从不知道有投票表决一说[1]。

9月8日,CBA联赛办公室负责人就凤铝俱乐部的质疑发表4点回应。

9月13日,凤铝俱乐部第二次到中国篮协要求更改投票结果。联赛办公室负责人再次要求凤铝按申诉程序提交书面材料。

9月23日，凤铝俱乐部在广州召开新闻发布会，正式宣布将采取法律手段维权。其律师质疑"CBA联赛的合法性""CBA联赛准入规则合法性"以及"现有16家俱乐部是否合法进入"，质疑现有这些球队"是堂堂正正从大门进来的呢，还是从烟囱进来的呢？"

10月6日，凤铝向国家体育总局提出书面申请，请求总局依法行使监督权力，撤销中国篮球协会关于2008—2009赛季CBA联赛俱乐部的准入决定，确认广东凤铝篮球俱乐部具有2008—2009赛季CBA联赛的参赛资格。

10月7日，中国男子篮球职业联赛委员会在北京举行全体会议，对新赛季俱乐部准入事宜再次进行了讨论，到会全体委员通过无记名投票：天津荣钢得25票，青岛双星得24票，广东凤铝0票。会议结束后，除天津、青岛外的CBA联赛16家参赛俱乐部发表了《联合声明》，对篮协进行声援，称凤铝状告篮协的行为"不客观、不理智"。凤铝质疑这是篮协背后操刀的结果[2]。

10月21日，国家体育总局发文认为该案不属于其监督管理职责范围。

10月22日，广东凤铝篮球俱乐部向北京第二中级人民法院起诉中国篮球协会。

10月30日，北京市第二中级人民法院根据《行政诉讼法》第四十一条之规定，裁定不予受理。随后，广东凤铝俱乐部宣布全面退出中国篮球联赛。

评 析

一、表决程序的合法性

在程序问题上，联赛委员会的会议组成与决议形成是否符合规则规定？凤铝认为，所谓的"民主表决"是在与会人数不及三分之二的情况下进行的，会议组成与决定均为程序违法[1]。中国篮协认为，2008年9月4日CBA联赛委员会开会表决，正值北京残奥会赛事筹备工作繁忙，有1位委员因临时有紧急事务未能出席，致使有表决权的委员仅16人，人数未达到三分之二（17人）。在第一轮投票过程中，天津荣钢得8票，青岛双星得7票，广东凤铝得1票。为充分听取全体委员的意见，慎重对待广大球迷关注的重大事项，10月7日进行了第二次投票。投票时，各俱乐部投资人和相关委员本着联赛和俱乐部可持续发展原则，综合考虑了以下各方面因素：俱乐部产权明晰、资金状况、财务状况、盈利能力、制度完善、运作规范、训练基地设施、竞赛管理、赛事和市场推广专职人员的数量、经验和能力，俱乐部运动成绩、梯队建设、人才输送，以及俱乐部地域分布均衡、符合联赛发展战略布局、有利于联赛市场开发、符合联赛和赞助商的利益等，投下了负责任的一票。这种无记名投票的表决方式，意味着所有投票代表都有充分的空间去表达自己的意愿。中国篮协没有任何操控投票结果的主观意愿和程序上的可能。因此，凤铝对中国篮协"暗箱操作"的指责，是毫无根据的。

《CBA职业联赛委员会章程》第二十一条规定，联赛委员会会议在出席委员人数达到委员总数的三分之二时，可以举行会议并进行表决。2008年9月4日在联赛委员会开会表决时，全体成员为25名（16家联赛俱乐部每个俱乐部委派委员1名，共16人，中国篮协委派5人，特邀来自新闻、法律、产业研究、市场合作伙伴的专家委员4人）[1]，因此应至少有17名委员出席，当时有表决权的委员仅16人，人数未达到三分之二，该全体会议因不满法定人数而非法，会议所进行的一切活动、产生的一切决议皆无效。该次投票也会因程序上的不公正而不合法。

二、投票方式本身的合法性

在实体问题上，双方争议焦点在于准入标准除了综合成绩和评估标准外是否存在第三个标准或原则[4]。凤铝认为，根据《准入实施方案》，获得参赛资格的条件仅包括两部分，即硬件条件是联赛综合成绩，软件条件是评估标准[5]。CBA联赛委员会投票表决只是对上述事实的确认。因此，CBA联赛委员会应当投票确认凤铝的CBA参赛资格。CBA联赛委员会认为：根据综合竞赛成绩获得准入评估资格不等于获得参赛资格，CBA联赛委员会决定NBL球队加入CBA联赛是完全符合联赛章程规定并按既定程序进行的。

CBA现有文件中并未规定以投票方式决定俱乐部能否进入CBA联赛。CBA负责人事后解释，投票的依据是《中国男子篮球职业联赛委员会章程》中的规定，即"凡涉及联赛重大事宜，均需要通过联赛委员会表决通过"，其中就包括俱乐部的准入[6]，同时《准入实施方案》第4条规定"所有参加或申请参加联赛的俱乐部必须承认或遵守《中国男子篮球职业联赛委员会章程》……"因此可适用投票表决程序。然而这一解释缺乏法律依据：首先，《中国男子篮球职业联赛委员会章程》中并无"凡涉及联赛重大事宜，均需要通过联赛委员会表决通过"的规定；其次，《中国男子篮球职业联赛委员会章程》第13条对联赛委员会全体会议的职责做了穷尽式的列举，其中并未明确指出对某家俱乐部的准入也应由联赛委员会投票表决。只有第7项"审议批准联赛组织管理运行方案"与准入制度有关，但此条款显然指宏观的方案、计划等文件的审议，而不是指具体审议某一个俱乐部能不能进入CBA联赛。因此CBA现有的文件并无投票决定俱乐部能否进入CBA的合法依据。

三、CBA准入标准不够清晰

中国篮协是国内单项协会中制度化和法治化水平较高的协会，无论在规则制定还是规则执行方面都力图规范，但凤铝事件显示出问题仍然存在。

中国篮协一直试图理顺CBA和NBL这两大联赛的关系，也模仿欧美国家职业联赛的做法，对俱乐部升入顶级联赛设置了各种经济标准和治理结构上的标准，从单纯的"升降级制"改为"准入制"。中国篮协认为，在2004—2005赛季之前，甲A联赛实行升降级制，集中体现了单纯竞技篮球的价值取向；而CBA职业联赛实行的是准入制，它的价值取向是市场。就竞技篮球而言，成绩是唯一的，谁打了前两名谁升级是毫无疑问的。但"唯成绩论"在实施过程中曾经给甲A联赛及俱乐部建设带来诸多负面影响。职业篮球不是不讲成绩，但它追求的主要目标是适应市场需要，满足球迷、媒体和投资人多方面需求，这就不是单靠成绩可以做到的。这要求俱乐部的职业化建设具备多方面的素质和能力，搞好"三个服务"。CBA联赛委员会审议通过的准入标准体系包括管理体制、球员资源、球队水平、盈利模式、品牌推广和基础建设6个方面，而成绩仅是衡量"球队水平"的因素之一[1]。众所周知，目前制约CBA联赛发展规模的一个重要因素是国内优秀球员数量不足，因此我们鼓励NBL俱乐部踏踏实实做好梯队建设。个别俱乐部盲目投资、急功近利的做法会对俱乐部财务安全造成巨大隐患，无法实现俱乐部的长期可持续发展，并不符合职业联赛制度设计的初衷，与职业联赛健康发展理念相悖[1]。

这种标准的设置无可厚非，出发点也是好的，但中国篮协应该预料到这种制度变革可能引发的利益争夺，尽量明晰制度，避免纠纷。争议发生时CBA的准入制度并不清晰：它模仿欧洲体育模式中的升降级制度，强调申请者的竞技水平，同时又模仿美国职业体育联盟的封闭模式，要求成绩以外的因素——这么多因素，如何权重？评估俱乐部准入的依据《准入实施方案》只规定了将有3家俱乐部具有准入评估资格，以及评估所主要考查的各个方面，但究竟如何从这3家俱乐中选择一家参加CBA联赛却未规定。篮协坚持"实施方案只规定评估条件，未规定准入条件。关于方案的解释权属于中国篮协。"按照CBA联赛办公室的说法，最终还需要"综合考虑"两个方面，即"俱乐部可持续性发展原则"和"联赛可持续性发展原则"[7]。然而，上述两个原则无论在《准入实施方案》或是《章程》中都无任何明文规定。在《声明》中，中国篮协将其解释为：综合考虑俱乐部产权明晰、资金状况、财务状况、盈利能力、制度完善、运作规范、训练基地设施、竞赛管理、赛事和市场推广专职人员的数量、经验和能力、俱乐部运动成绩、梯队建设、人才输送，以及俱乐部地域分布均衡、符合联赛发展战略布局、有利于联赛市场开发、符合联赛和赞助商的利益等[8]。但上述因素相当一部分已经明文规定在《准入实施方案》之中，还有些因素可能存在差异和冲突，如符合联赛和赞助商的利益，如果两者不一致该如何处理？中国篮协并未解释清楚。这些原则的内涵与外延只能依靠决策者随时随地单方面解释，既不透明，也不具有可操作性，更缺乏公信力。这样的准入制度让申请者无所适从，也很容易被有权投票者利用，作为其限制竞争、牟取不正当利益的工具[9]。

四、体育自治域与争议解决

中国篮球协会是中国境内管理全国篮球事务的全国性单项体育协会，本案是非常典型的参赛资格纠纷，最好的争议解决方式就是体育仲裁，但目前我国体育仲裁制度尚未建立，也不在国家体育总局监督管理职责范围之内，向北京第二中级人民法院起诉被裁定不予受理，导致中国篮协的裁决成为终局，引发了凤铝的强烈不满，最终退出中国篮球联赛。

司法是否应介入体育行业内部纠纷呢？根据传统的法学理论，体育行会内部纠纷处理权之类的权力属于体育行会的"特别权力"，它的产生是基于体育行会的成员对体育行会有关权力的特别承认，体育行会与成员之间存在一种"特别权力关系"。在早期的法律实践中，国家司法权不对其进行审查，当时法律遵循的是严格保障社会公共团体行业自治的原则。现代社会大量非政府公共组织纷纷涌现，国家放松或是放弃了对这些领域的直接控制，但这些领域内仍然存在着激烈的利益冲突，行业组织内部的裁决机制应运而生，随之而来的问题是，如何对其进行有效的救济，特别是行业组织的裁决损害了成员利益的时候。根据"有损害即有救济"原则，这种对成员利益影响极大的"特别权力"，显然不应当逃逸出司法权力的管辖[10]。

而且，根据社会自治理论，社会中介组织能够自我管理的事务，法律基本不予干预。中国篮协就是这样的组织。体育行业规范是体育自治的行动依据，对行业规范的要求显然不能像法律规范那样苛刻。但是，我们也应注意到，在法治社会中，体育不能假借自治名义，任意践踏人权、侵犯自由、破坏秩序、否定基本法律原则和价值[11]。法院作为社会成员权利保障的最后一道屏障，有义务提供一种解决纠纷的途径和方式。本案法院仅以"不属于受案范围为由，裁定驳回"，又不告知具体理由，并不妥当。中国篮协的做法不仅违反了《准入实施方案》的规定，也违背了平等对待、程序正义、诚实信用等基本的法律原则，法院在当事人起诉的情况下，给予司法审查是十分必要的。

但是，即使法院介入本案，依靠我国行政诉讼法的救济途径也无法保障广东凤铝的参赛资格，因为：第一，我国行政诉讼只有普通程序而没有简易程序，普通程序的期间为 3 个月，而广东凤铝 2008 年 10 月 22 日向法院起诉，11 月 15 日联赛就要开始。不到 1 个月的时间，按照法院程序根本无法完成。第二，我国行政诉讼奉行"诉讼不停止执行"原则，没有西方的禁令制度作为临时救济。所以，广东凤铝就算胜诉也于事无补[12]。体育仲裁才是解决此类纠纷的最佳选择。

武汉光谷足球俱乐部退出中超联赛案

案　情

2008 年 9 月 28 日，武汉光谷足球队客场对阵北京国安足球队，武汉光谷队 44 号球员李玮锋与北京国安队 18 号球员路姜发生肢体碰撞，路姜被裁判员出示红牌罚出场。媒体报道：第 93 分钟，路姜前场右路拼抢，李玮峰边路将球解围后先是左脚踩了路姜胸部一下，之后又顺势踢了路姜胸口一脚。对于这个危险性极大的动作，裁判员并未有所表示，本就因被扳平而心情急躁的路姜报复性地冲向李玮峰，双手掐住李玮峰脖子并予以推搡，李玮锋直接痛苦地倒在场地上。对于路姜的动作当值主裁判员直接向其出示了红牌。对于这张红牌国安队上下显然难以接受，数位队员围住当值主裁判员申诉，吃到红牌的路姜显得极其不满[13]。

赛后，北京国安俱乐部向中国足协提出申诉，要求处罚武汉光谷相关犯规球员。

9 月 30 日，中国足协公布了处罚决定：停止李玮锋、路姜中超联赛比赛各 8 场，并各罚款人民币 8000 元。

10 月 1 日，光谷俱乐部的徐志强、李玮锋紧急赶赴北京到中国足协申诉。经过反复协商，足协的处罚决定没有更改。

10月1日晚，武汉光谷足球俱乐部召开新闻发布会，宣布正式退出中超。

10月2日上午，武汉俱乐部召开股东会议，研究事后相关事宜，并向全体队员宣布退出中超消息，球员离开训练基地，暂时放假。

10月2日下午，武汉俱乐部举行新闻发布会，解释退出原因。光谷俱乐部认为，由于中国足协始终坚持草率、不公正的判罚，直接导致了俱乐部在今后赛程中会处于一个非常艰难的境地，为此俱乐部被迫做出痛苦的决定。在无法改变现状的情况下，只好采取牺牲自己的方式表达心中的愤怒和抗议，希望以此唤起中国足球界的觉醒和重生[14]。武汉光谷足球俱乐部董事长沈烈风接受《东方时空》采访时表示："据说足协的通告说处罚决定是走了程序后得出的，但据我们了解事情不是这样，纪律委员会的成员到底是谁？这其中有没有需要回避的人？这会又是怎么开的？据我了解，这种会议首先应该是由裁委会发起，尔后纪律委员会才会介入，最后是足管中心的决定。但是，那个时候中国足协的官员都在日本，这个决定又是如何做出的？我们退出的决定很仓促，但是他们制裁的决定比我们更仓促。我们的这个决定，我无愧无悔。"

10月2日下午3点30分，武汉队与辽宁队的"生死保级大战"未能在新华路体育场上演，这是中国顶级足球职业联赛历史上首次发生球队在赛季中途主动要求退出联赛的事件[15]。

10月2日17时，中国足协召开新闻发布会，称中国足协纪律委员会对李玮峰、路姜的处罚决定事实清楚、依据充分、程序合法、处罚适当，与本年度中超联赛发生类似球员违纪违规行为的处罚尺度是一致的。武汉队退出中超联赛不妥，中国足协相关机构将依据中超联赛的有关规定，对武汉光谷足球俱乐部退出中超联赛的相关问题做出进一步处理。

武汉光谷足球俱乐部新闻发言人介绍，在武汉光谷足球俱乐部的股权中，国有企业武汉光谷建设投资有限公司占85%的股份，湖北省足球管理中心占10%的股份，武汉市足球管理中心占5%的股份。2008年中超联赛，武汉光谷足球俱乐部投入了6000万元。如果从2004年武汉光谷足球俱乐部接手武汉足球队算起，投在武汉足球上的资金已有两个亿。中国足协对李玮峰禁赛8场的处罚意味着俱乐部花300万元引进的李玮峰只为球队效力两场便无用武之地了。俱乐部认为，这是中国足协存心把武汉队逼上绝路[14]。

处　罚

10月6日，国家体育总局就光谷俱乐部退出中超联赛事件召开新闻通气会。

中国足协副主席南勇在会上宣布了国家体育总局的四点处理原则：一，武汉光谷退出中超是企业行为，和教练员、球员、地方体育局及足协没有任何关系，因此总局不会直接进行行政干预；二，考虑到这一事件影响巨大，将由足协根据相关规定进行严肃处理；三，为防止事态扩大，避免连锁反应，足协要加强对中超管理工作；四，妥善处理善后工作，保护球员、教练员和当地体育局、足协的权利。

10月7日，中国足球协会纪律委员会做出处罚决定：2008年10月2日，中国足协收到了湖北武汉职业足球俱乐部关于退出2008年中超联赛的报告，武汉职业足球俱乐部在《报告》中明确表示退出2008年中超联赛。据此，依据《中国足球协会纪律准则及处罚办法（试行）》第四条、第十七条、第四十三条、第四十八条、第六十八条、第九十条之规定，做出如下处罚：一、取消湖北武汉职业足球俱乐部在中国足球协会的注册资格。二、对湖北武汉职业足球俱乐部罚款人民币30万元[16]。

中国足协认为针对李玮峰的处罚事实清楚，依据充分，处罚得当。通告称："对李玮锋的处罚决定，事实清楚、依据充分、程序合法、处罚适当，与今年中超联赛中出现的类似违规违纪行为的处罚标准是一致的。""湖北武汉职业足球俱乐部因为对该俱乐部球员在比赛中违纪违规受到处罚不满，采取退出中超联赛的行为，缺乏冷静和理性，损害了广大球迷、参赛俱乐部、教练员和运动员的利益，也不利于整肃赛场环境，倡导赛场文明，给中国足球职业联赛带来了无法弥补的损失。纪律委员会在此呼吁所有参赛俱乐部：与中国足协一起，共同整肃赛场环境，坚决反对非体育道德行为，使中超赛场的风气得到根本性的好转，用实际行动来维护大家的共同利益。"[17]

据知情者透露，早在10月4日下午，中国足协就已经针对武汉光谷退赛事件，由中国足协纪律委员会召开会议，做出了上述处罚决定。而在此期间，尽管武汉足协、武汉市委和市政府曾经针对武汉光谷俱乐部退赛事件进行斡旋，以避免湖北足球因此遭遇前所未有的重大打击，但是鉴于退赛事件经国内外媒体报道后引起的恶劣反响，这些沟通和斡旋都没有取得实质性效果。

10月9日下午，中超委员会会议举行，中国足协取消武汉队注册资格、全年比赛被判0：3以及罚款30万元人民币的处罚，15家俱乐部全投赞成票通过[18]。同时，在这次会议上，足协也对裁判问题进行了自我检讨，并承认了在最近几轮联赛之中，确实出现一些错误的判罚[19]。

2009年1月20日，中国足球转会挂牌截止日前，光谷俱乐部将一线队所有球员挂牌，李玮峰也以模棱两可的"临时转会"方式加盟韩国水原三星，武汉足球第一次从中国职业足球中消失。

评析

这件事情的导火索，是武汉光谷队与北京国安队一场比赛中的球场暴力事件，武汉球员李玮峰与北京球员路姜之间的不理智行为。有研究者曾对光谷退赛进行的相关法律问题做过研究，从处罚的程序公正、足协处罚的可诉性进行分析[20]。

但光谷退赛，揭示的更多的是实体问题，而非程序问题。光谷退赛绝不是一个球员、一个俱乐部的问题，而是整个行业的非正常发展的缩影。对于这样一件通过现代化手段很容易就能判断的简单球场暴力事件，有关方面几乎毫无二致地采取了简单粗暴的做法：北京国安俱乐部当即对场上裁判员的判罚表示异议率先发出"退出"威胁；中国足协按照以往并不透明的处事方式对球员做出处罚唯独不提裁判员；武汉光谷俱乐部对处罚不满进行威胁并最终退出，而中国足协对此也无能为力。在"以暴制暴"过程中，参与的每一方都没有成为赢家[21]。这是一场多败俱伤的博弈，受到伤害的不仅仅是俱乐部和中国足协，还包括武汉当地的足球事业、球员、球迷以及已经病入膏肓的中国足球[22]。

光谷以李玮峰事件为由，退赛理由并不充分，而有更深层次的原因。李玮峰在9月28日与北京国安队比赛中属于严重犯规，该赛季年初广药队后卫李志海也曾遭遇停赛8场的处罚，李志海当时的犯规动作和性质均要轻微得多。2008年初，光谷俱乐部高调地宣布将投入超过6000万元，力争使球队成绩进入中超前列，但俱乐部年初引进外援的工作出现重大失误，球队连吃败仗，更换球队主教练后球队成绩仍不见明显起色，球队有降级的可能性，李玮峰事件成为压垮骆驼的最后一根稻草。光谷退赛和之前投资人在足球联赛中如同走马灯一般进进出出，动辄罢赛、退出，如同儿戏，显示出自1994年职业联赛创建以来，中国职业足球并未建立一个稳定、可持续发展的成功模式，投资人的高投入和低回报形成巨大反差，动辄退出就成为常态。

光谷俱乐部退赛后对武汉足球有巨大的负面影响。职业联赛注册资格被取消，意味着武汉俱乐部没有参加从中乙到中超三级职业联赛的资格。武汉有良好的足球氛围，足球梯队水平近几年一直位居全国前列，武汉 U17 队曾获得"六城会"男足冠军，U19 梯队也获得全国 U19 梯队联赛冠军。武汉职业足球已失去了龙头队伍，对 U19、U17、U15 三支梯队生存会造成打击。即使湖北地区重组球队，从丙级联赛打起，要想回到中超联赛行列，最快也要 4 年以上的时间。

衡阳体育场先拆后建案

案 情

2001年10月14日,衡阳市政府下文将衡阳市体育场定性为"临时建筑",以其"严重影响市容和消防隐患大"为由,于同年10月26日将其拆除。当时拆除的范围,包括一个标准田径场、一个体操馆、两个篮球场、两个门球场、一个网球场。拆除之后,在原体育场的地面上建起了岳屏广场。

体育场拆除之后,原来周围5所中学和20多所小学的3万多名学生就没有了标准的体育活动场地,学生开展体育运动困难重重,而附近市民的健身运动也受到了严重影响。衡阳市是体育大市,曾连续三届被评为"全国田径之乡"和"全国群众体育先进集体",涌现出李敬、凌洁、罗洗河、何世剑、刘玉香等世界冠军和数十位亚运冠军,体育综合水平位列全省前茅[23]。

在体育场拆除之前,衡阳市政府并没有提出有关新体育中心建设的任何规划和方案。直到同年12月15日,市政府才召开常务会议,讨论体育中心重建事宜。当时的会议记录显示,市政府"同意新的体育中心选址,确定在新开发区内。第一期工程重点建好体育场、绿化广场,3~5年内完成"。这种先拆后建的做法与《中华人民共和国体育法》中的"城市体育场馆应该先建后拆或者边建边拆"规定严重相悖,引起了社会各界的关注和质疑。湖南省政府主管领导多次批示并专程赴衡阳调研,相关媒体以程序违法为主题进行了报道,衡阳市政府主管官员也表示,这种行为"犯了程序上的错误",是违背《中华人民共和国体育法》的,应该检讨。当时,市政府还做出了"3~5年内建成新体育中心"的承诺。

2008年6月,衡阳体育中心最后选址临武广高铁衡阳东站的珠晖区衡州大道南面。经过一年半的建设,于2010年12月竣工投入使用[24]。

评 析

近年来,全国许多城市的公共体育场地在商业开发大潮中陆续消失。我国许多城市的公共体育场地建成的年代较早,因此处在市中心的黄金地段,面积大、地面建筑少、拆迁难度和成本相对较低,自然吸引了政府和开发商的注意,以致侵占体育场馆的情况经常发生。位于市中心的体育场馆被建成广场、商品房、商业街,而择址新建却遥遥无期,或者新址极其偏远,很难满足市民日常健身的需求，场馆大量闲置。

2012年，兰州万达广场开建，占用的约100亩地中，有80多亩原本是兰州市体校和体工大队的用地。体校里7000平方米的足球场和田径场，不仅是学生运动场地，也是兰州市运动会、竞技和健身活动举办地和周边居民紧急避难点，是一块重要的公共体育场地。兰州其他一些体育场地也已在近年来的商业开发浪潮中陆续消失，如红山根体育场被出售给房地产公司用于商业住宅小区的开发，鸭嘴滩体育公园用地被建成餐饮场所[25]。侵占体育场事件在衡阳也不是孤例。衡阳纺织机械公司院内的足球场建成于1976年，曾是衡阳最早的标准化足球场，举办过全国纺织工业系统的足球赛。2010年，纺织机械厂改制，包括足球场在内的53亩土地作为非经营性资产，被衡阳市国资委收回。然而，2013年6月公布的《衡阳建设用地规划许可公示》显示，这块土地的性质已变更为"居住用地兼商业服务业设施用地"，准备建6栋30层的电梯房。衡阳市体育局相关负责人表示，衡阳纺织机械公司院内足球场用于商业开发的行为"肯定违反体育法"，将介入调查[26]。

《中华人民共和国体育法》第四十六条规定，任何组织和个人不得侵占、破坏公共体育设施。因特殊情况需要临时占用体育设施的，必须经体育行政部门和建设规划部门批准，并及时归还。按照城市规划改变体育场地用途的，应当按照国家有关规定，先行择地新建偿还；2003年开始实施的《公共文化体育设施管理条例》也规定，改变公共体育设施用途，应依法择地重建，而且"一般不得小于原有规模。迁建工作应当坚持先建设后拆除或者建设拆除同时进行的原则。迁建所需费用由造成迁建的单位承担"。《中华人民共和国体育法》第五十二条规定，侵占、破坏公共体育设施的，由体育行政部门责令限期改正，并依法承担民事责任和刑事责任。

目前体育场被侵占却难以追究责任的主要原因有二：第一，体育执法部门的地位问题。《中华人民共和国体育法》和《公共文化体育设施管理条例》的执行主要靠体育行政部门，但现在各地改变体育场地用途大多是地方政府主导的行为，而体育行政部门原本就是地方政府的一部分，无法进行有效的阻止或监督。第二，相关法规缺乏相关责任的规定。我国体育法规虽然明确规定了"先建后拆"的原则，但对于不执行这一原则的做法却没有规定任何惩罚措施。即使是更为严重的侵占体育场地的违法行为，也只规定了责任人的民事责任，而没有规定政府的行政责任。政府主导侵占或出让体育场地、改变体育场地用途而不予重建等行为，法律成本几乎为零。这种情况一旦发生，只能靠信访、人大政协或媒体监督这些途径来解决。我国相关法律法规仍须完善，应确保地方政府依法行政，避免为追求单纯经济利益而牺牲体育用地的现象再次发生。

参考文献

[1] 中国篮协关于"凤铝事件"的说明 [EB/OL]. 搜狐体育，http：//sports.sohu.com/20081103/n260410425.shtml.

[2] CBA16 队联合声明力挺篮协 凤铝质疑有人背后操刀 [EB/OL]. 新浪体育，http：//sports.sina.com.cn/cba/2008-10-07/17333993720.shtml.

[3] CCTV5 关注凤铝事件 律师团称篮协2点违反规定 [EB/OL]. 大洋网，http：//sports.21cn.com/basketball/qita/2008/10/12/5305273.shtml.

[4] CBA 联赛办公室负责人就有关俱乐部准入质疑的回应 [EB/OL]. 新浪体育，http：//sports.sina.com.cn/cba/2008-09-08/18133931069.shtml.

[5] 周方平. 以领先次名三个胜场的佳绩 广东凤铝夺 NBL 冠军 [N]. 羊城晚报，http：//www.ycwb.com/ePaper/ycwb/html/2008-07/06/content_253118.htm.

[6] "CBA 联赛委员会负责人细说'准入制'" [EB/OL]. 新华网，http：//news.xinhuanet.com/sports/2008-09/27/content_10123468.shtml.

[7] "CBA 联赛办公室回应质疑，准入操作完全符合程序" [EB/OL]. http：//basketball.sport.org.cn/League/2008-09-08/210727.shtml.

[8] "中国篮协对于凤铝事件声明" [EB/OL]. 搜狐体育，ttp：//sports.sohu.com/20081103/n260410425.shtml.

[9] 裴洋. 对职业体育联赛准入制度的反垄断法分析——兼评"凤铝事件" [J]. 天津体育学院学报，2008.2.3（6）：478-482.

[10] 郭树理. 论司法对体育行会内部纠纷的干预 [J]. 北京市政法管理干部学院学报，2003（3）：26-29.

[11] 裴洋. 对职业体育联赛准入制度的反垄断法分析——兼评"凤铝事件" [J]. 天津体育学院学报，2008.（6）：478-482.

[12] 陈华荣. 退出者的声音——从广东凤铝诉中国篮协案反思我国职业体育临时救济 [J]. 体育与科学，2009（5）：69-73.

[13] 李玮锋恶意蹬踏引冲突 "球霸"作风再现丰体 [EB/OL]. 腾讯体育，http：//sports.qq.com/a/20080928/000530.shtml.

[14] 胡新桥，余飞. 武汉退赛事件的法律解读：足协涉嫌越权行政处罚 [EB/OL]. 法制日报 http：//www.beelink.com.cn/20081009/2589601_3.shtml.

[15] 武汉光谷足球俱乐部 [EB/OL]. 百度百科, http://baike.baidu.com/link?url=i3pUqatsDmKwFR5sg9Befz2fcvrpXBn-6mD62Nq2kJbE2ZqavcbzGKucp0OwUMALNiKFOtotqC3NKgQrY5E5tq.

[16] 对武汉足球俱乐部退出2008年中超联赛的处罚决定. 足纪字 [2008] 23号.

[17] 足协正式公布武汉退赛罚单取消注册资格罚款30万 [EB/OL]. 新浪体育, http://sports.sina.com.cn/j/2008-10-07/17423993724.shtml.

[18] 15家俱乐部全投赞成票足协处罚武汉队决议通过 [EB/OL]. 新京报, http://news.ifeng.com/mainland/200810/1009_17_822494.shtml.

[19] 足协承认有过重大错判对武汉涉嫌越权行政处罚 [EB/OL]. 法制日报, http://www.chinanews.com/ty/gnzq/news/2008/10-08/1404307.shtml.

[20] 陈承堂. 社团罚的合法性审思——武汉光谷足球俱乐部退赛事件的法理解读 [J]. 武汉体育学报, 2009. (7): 65-69.

[21] "以暴制暴"的恶性循环 [EB/OL]. 新华网, http://news.xinhuanet.com/sports/2008-10/07/content_10158863.shtml.

[22] 一场"多"败俱伤的博弈：足协严惩武汉奉陪到底 [EB/OL]. 搜狐新闻, http://news.sohu.com/20081007/n259893985.shtml.

[23] 湖南衡阳体育场拆后近6年未重建被指程序违法 [EB/OL]. 搜狐新闻, http://news.sohu.com/20070915/n252161456.shtml.

[24] 衡阳市体育中心一期工程正式落成 [EB/OL]. 潇湘晨报, http://www.sports.gov.cn/contents/18/1565320101229H1280.shtml.

[25] "体育场"为何难敌"商业广场" [EB/OL]. 新华网, http://news.xinhuanet.com/sports/2012-12/08/c_124067044_3.htm

[26] 湖南衡阳一足球场被拍卖 拟建商品房涉嫌违法 [EB/OL]. 潇湘晨报, http://news.163.com/13/0805/08/95GJNN0500011229.html.

第二章 体育工作合同——工资争议

张勇与上海联城足球俱乐部劳动争议案

案 情

张勇，上海人，早年效力于上海申花，司职前锋，以拼抢积极著称。2002年，张勇转会深圳健力宝，但是不久后重伤。2004年加盟当时还是乙级队的上海九城，并且为球队最终升入甲级做出了贡献[1]。

2004年，张勇与上海九城足球俱乐部有限公司签订运动员工作合同，合同中约定了九城俱乐部参加2004年全国乙级联赛的总奖金额，以及取得不同名次等级的奖金额，合同有效期自2004年2月6日至年底。

2004年1月，双方另签订补充协议，约定若张勇在2004年全国乙级联赛中帮助九城俱乐部获得中甲资格，则九城俱乐部将给予张勇人民币10万元作为奖励。工作合同中关于奖金部分的内容是：本赛季在全队共发放270万元人民币奖金，球员每月基本工资4000元，训练工资2000元，浮动工资1000元，俱乐部参加2004年全年乙级联赛总奖金270万元人民币。其中第一阶段小组出线奖金20万元，第二阶段进前八奖金50万元，冲甲成功200万元。而补充协议则只有一条：若甲方（张勇）在2004年全国乙级足球联赛中帮助乙方获得晋级中甲资格，则乙方（九城）将给予甲方10万元作为奖励。

当年年底，九城俱乐部获得中甲资格后，向张勇等队员发放了冲甲成功的奖金，其中张勇领取了1万美元。

2005年5月，九城俱乐部变更为联城俱乐部。12月22日，联城俱乐部通过媒体声明：2004年冲甲成功后，俱乐部已根据合同支付张勇1万美元；2004赛季运动员工作合同中承诺的冲甲成功的总奖金也已全部发到总经理、教练组、队员及工作人员手中。

张勇认为，按照合同约定，冲甲成功后，自己不仅可以参加270万元总奖金额的分配，而且额外还能得到10万元的个人奖励，而联城俱乐部并未兑现人民币 10 万元奖金，故提起仲裁，要求俱乐部支付奖金人民币 10 万元以及欠付奖金的 25% 经济补偿金。

12 月 26 日，张勇向静安区劳动争议仲裁委员会提起劳动仲裁。

2006 年 3 月 21 日，静安区劳动争议仲裁委员会做出裁决，认为联城足球俱乐部已经发放给张勇的 1 万美元奖金同补充协议中俱乐部允诺的 10 万元人民币冲甲奖金是同一概念，裁决俱乐部支付张勇奖金差额 17235 元。

但张勇的律师根据最高人民法院关于劳动法的司法解释，认为联城足球俱乐部已经发放给张勇的 1 万美元奖金同原工作合同中俱乐部允诺的 10 万元人民币冲甲奖金是两个概念。张勇向上海市静安区人民法院提起诉讼[2]。

判 决

法院审理后认为，双方所签署的运动员工作合同及补充协议系双方当事人的真实意思表示，合法有效。虽然工作合同与补充协议中约定的奖金均指向同一事实即冲甲成功，但是从具体内容看工作合同发放奖金还包括第一阶段、第二阶段的小组出线。从签订日期看俱乐部承认工作合同是 2004 年 2 月 6 日签订的，而补充协议的签订却早于工作合同签订的时间。从张勇领取的 1 万元美元看，与 10 万元人民币尚有一定的差距，也没有提供俱乐部替张勇缴纳 10 万元人民币所得税的证据，可见张勇主张的 10 万元奖金，有别于俱乐部 2004 年年度的总奖金 270 万元。再说若 10 万元奖金包含在 270 万元总奖金中，势必使总奖金额度减为 260 万元，这就损害到俱乐部其他运动员、教练组及工作人员的总奖金的分配，据此法院判决由联城俱乐部给付张勇补充协议承诺的人民币 10 万元奖金[3]。对张勇要求支付补偿金的诉讼请求，不予支持。

联城俱乐部向上海市二中院提起上诉，请求驳回张勇原审诉请。考虑到此案的社会影响，承办法官组织双方进行了数十次调解，双方在互谅的基础上最终达成和解协议。张勇对在俱乐部效力期间俱乐部对其关心表示感谢，联城俱乐部也祝愿张勇在以后的事业发展中一帆风顺[4]。

评 析

本案争议焦点是联城足球俱乐部已经发放给张勇的 1 万美元奖金同原工作合同中俱乐部允诺的 10 万元人民币冲甲奖金是否为同一概念。在劳动仲裁决定中，静安区劳动争议仲裁委员会认为联城足球俱乐部已经发放给张勇的 1 万美元奖金同原工作合同中俱乐部允诺的10万元人民币冲甲奖金是一个概念，因此裁定张勇败诉。但张勇则认为这是两个概念，并在一审中胜诉。对于劳动合同中的模糊条款，法院做出了有利于劳动者的解释，这对于草拟合同的俱乐部而言是一个教训。

目前球员群体相对俱乐部显然处于弱势地位。张勇称，当初和他一起去联城俱乐部讨薪的队员有十几个人，但最终走上法律程序的只有张勇一人，因为他已经决心不再踢球了，而其他队员可能还要顾及将来的职业生涯，不想因此被俱乐部废了。张勇给后来者的建议就是尽量加盟大俱乐部和规范的俱乐部，球员个体要和俱乐部这个整体斗，肯定会吃亏，所以要去大俱乐部，如果去不了大俱乐部，那球员可以找经纪人来和俱乐部谈[5]。没有球员工会维护自身权利，球员与俱乐部相比总是弱势的。

卞军被俱乐部"三停"工资纠纷案

案　情

2006年5月25日，中超联赛联城队客场1∶3不敌天津队。球队从天津归来的第二天训练中，球员卞军和黎梓菲被联城俱乐部副总经理叫到办公室，正式通知两人停训，理由是俱乐部领导认为他们在和天津的比赛中有问题，让两人先回家好好反省一下。

7月，已经被俱乐部双停的卞军和黎梓菲又收到俱乐部的一张罚单，在停训、停赛的基础上增加停薪的处罚，三停的原因是俱乐部高层认为两人在5月25日的比赛中表现不佳，有踢假球的嫌疑。

卞军称，自己的工资自5月开始停发，而此时俱乐部根本未宣布对他停薪。卞军和联城俱乐部签订的合同规定，联城俱乐部最迟不得超过三十天要把当月的工资奖金打到卞军的工资卡里。而在俱乐部7月宣布对卞军三停时，俱乐部还拖欠着卞军一个月的工资和不少比赛奖金。当卞军第一次向俱乐部讨薪时，俱乐部相关领导表示这是董事会的决定，要暂时扣住卞军的工资奖金。

8月8日，联城俱乐部将卞军5月的工资和之前的比赛奖金打入卞军的卡里，这是联城俱乐部最后一次给卞军发放工资。

在张勇诉联城俱乐部拖欠奖金先例的激励下，9月，卞军向浦东新区劳动争议仲裁机构申请劳动仲裁，要求联城俱乐部支付6、7、8、9月4个月的工资共计 10 万元[6]。

卞军与联城的工作合同中约定："如果出现表现不好的情况，球队可以将球员下放预备队。"但在这一条款中，并没有涉及与停发工资有关的条款。卞军认为，由于合同中没有对停发工资进行具体约定，因此俱乐部无权停薪，"即使有的员工因违反单位纪律而被克扣工资或奖金，但劳动法也规定单位必须向劳动者发放最低标准的工资，而且扣员工的钱必须经双方事前认可，否则也不能生效"。联城认为，"三停"在国际上也有先例，国际米兰对阿德里亚诺实施"三停"期间，也不支付阿德工资[7]。

11月13日，卞军诉联城俱乐部拖欠工资的劳动仲裁在上海市浦东新区劳动争议仲裁委员会开始仲裁，此后不久，得知已经被俱乐部解约的卞军不服俱乐部决定再次提出仲裁申请，后两案合并审理。

裁　决

2007年1月22日，浦东新区劳动争议仲裁委员会就卞军诉上海联城足球俱乐部拖欠工资一案做出裁决。由于合并审理后的两案经调解不成，根据《中华人民共和国企业劳动争议处理条例》第二十八条之规定，特裁决如下：一、被诉人于本裁决生效之日起五日内支付申诉人解除劳动关系经济补偿金19281.71元；二、被诉人于本裁决生效之日起五日内支付申诉人替代期工资25000元；三、申诉人要求被诉人支付2006年6月至2006年9月工资100000元及25%经济补偿金25000元的请求，本会不予支持；四、申诉人要求被诉人支付2006年9月至2006年11月23日工资43750元及25%经济补偿金10937.50元的请求，本会不予支持；两案仲裁费600元由申诉人承担400元，被诉人承担200元。因仲裁费均已由申诉人预付，故被诉人应承担的部分直接支付给申诉人[8]。

评　析

在职业体育中，俱乐部可以解除球员合同的理由包括三大类：一，球员过错和对合同义务违反，包括球员行为无法达到良好的公民标准或良好的体育道德标准，球员不履行职责，不服从各类规则，或以任何其他方式违反合同，这是俱乐部单方解除合同的"正当理由"；二，球员没有足够的技能或竞争能力；三，球员伤病导致合同无法履行。

联城俱乐部认为卞军打假球，存在道德过错，显然属于第一类，球员道德过错行为。为了保证公平竞争，维护本项目、联赛和俱乐部的最大利益，职业球员合同中，球员义务都包括球员同意在任何时候注意及遵守所有规则，包括球员合同、联盟章程和规章、俱乐部规则和其他规则。除了体育的内部规则，球员还要以良好市民的标准要求自己，遵守国家法律。球员合同都强调球员的忠诚义务，禁止在场上和场下从事不当行为，这些不当行为包括：接受贿赂、操纵比赛、下注比赛、滥用药物等任何根据合理判断认为有害联赛或项目的其他行为。例如，NBA标准球员合同第16（a）条款规定，球队可以书面通知球员后解除合同的情况包括：（1）球员在任何时间，无法达到、拒绝或忽略个人行为，不能达到良好的体育道德、不符合良好公民标准（指不从事道德沦丧行为和犯罪）；（2）不能保持自己最佳的身体状况，不能服从球队的训练规则；（3）球员在任何时候，对球队或NBA的任何官员或雇员（不包括球员），或任何出席任何NBA比赛或事件项目的人进行身体攻击；（4）球员不能、拒绝或忽视他的服务，或以任何其他方式违反本合同[9]。澳大利亚足球联合会职业球员合同第7.4条款规定，如果球员存在下列情况之一，则俱乐部可以通知其解除合同：(a) 违反本合同的任何实质性条款并在接到书面通知后14日内未能做出弥补；(b) 被发现并证明有违反FFA章程（包括行为准则）的严重不当行为；(c) 书面同意终止合同[10]。

在卞军与联城的工作合同中，有这样的条款："如果出现表现不好的情况，球队可以将卞军下放预备队。"但在这一条款中，并未对"表现不好"做出清晰界定，"表现不好"既可以指道德过错，也可以指球员的竞技水平无法满足俱乐部的要求，这是两种截然不同的理由。如果是严重道德过错，合同可以约定俱乐部无条件解除合同；而如果是竞技水平不佳下放梯队，则球员仍然为俱乐部工作，显然不能停发工资。

中超标准球员合同（2012）第10条第2款规定："乙方有下列情形之一的，甲方可以解除本合同：（1）未能取得参赛资格或丧失参赛资格；（2）隐瞒重大伤病，不能参加或严重影响训练和比赛；（3）严重违反甲方规章制度或比赛纪律；（4）严重违背职业道德或体育精神，对甲方利益或声誉造成重大损害；（5）被依法追究刑事责任或劳动教养；（6）非因公伤病，医疗期满后不能再从事该职业（应在30天前书面通知乙方）"。中超标准球员合同（2012）第10条第4款规定："乙方有下列情形之一的，甲方不得解除本合同：（1）患病或负伤，在规定的医疗期内；（2）因公伤病，在本合同期内；（3）法律、法规、俱乐部规章、中国足球协会或中超委员会文件规定的其他情形"。以上条款对俱乐部解除球员合同的两种情况做出了规定：一，球员有过错情况下合同的解除，条款并无不当。二，球员伤病的情况，也将球员伤病分为两种，一种是非因公伤病，"在规定的医疗期内"，俱乐部不得解除合同，而经过我国《合同法》规定的医疗期，即可解除合同；另一种是因公伤病，"在本合同期内"，俱乐部不得解除合同。另外，此条款中显然未提及如球员表现不佳俱乐部能否解除合同的问题。那么俱乐部是否可以在约定条款中约定"球员表现不佳则可解除合同"呢？标准合同第 14 条第 2 款规定，"本合同未尽事宜，按照《劳动法》《合同法》及中国足球协会、中超委员会的相关规定执行，或依法依章写入'补充协议'"。"'补充协议'必须在球员注册时，与本合同一并向中超委员会备案，否则不予承认"。第 3 款规定，"'补充协议'内容如与本合同内容相抵触，以本合同为准"。如果双方就球员表现与合同解除在"补充协议"中进行约定，是否能够认定此约定与标准合同内容抵触？在实践中有此类案例，如鲁能在还有一年合同的情况下，根据上赛季球员里卡多的表现，并对现有泰山队人员进行平衡后，与里卡多解约。因为双方合同条款对里卡多的出场率有一定约定，一旦达不到出场率俱乐部就可以与其提前解除合同[11]。

佩特科维奇与上海申花工资争议案

案 情

2003 年 3 月，塞黑外援佩特与申花签订了一份 1+1 的两年工作合同。俱乐部认为，虽然第一个赛季佩特表现出众，但由于脾气暴躁，并有几场关键场次因他没积极参加防守而失分，球队对他意见很大，在第一年期满后，申花做出了放弃佩特的选择。

2004 年 3 月，申花与效力了一个赛季的佩特提前终止了这份合同，理由是佩特没有达到合同中规定的 70%的出场率，按照约定，申花有权单方面选择解除合同。佩特工作合同第八条第一款：如乙方（佩特）因本人原因，每赛季的甲 A 联赛出场率未达到 70%（首发上场或上场时间不少于 45 分钟为有效，由甲方指定的医生或医院判定的伤病除外），甲方有权终止本合同，并将乙方转会至其他足球俱乐部。

佩特向国际足球联合会（International Football Federation，FIFA）申诉，认

为申花违约，要求赔偿200万美元违约金。双方争议焦点在于申花和佩特对"70%上场率"的认定不同：申花认为，佩特签订合同后被FIFA禁赛5轮，直到当年5月才参加联赛，这5场就算没上场；佩特的律师则认为佩特被禁赛是无法抗拒的外部原因，所以不能算在应该上场的场次中。这样计算下来，申花认为佩特的出场率没达到70%，佩特则认为达到了。

裁 决

国际足联判决申花胜诉。佩特不服，将案件提交国际体育仲裁院（Court of Arbitration for Sports，CAS），CAS裁决申花败诉，并要求申花在3月1日前支付佩特100万美元的赔偿金[12]。

申花将100万美元打到了CAS指定的账户。按照申花的说法，申花曾求助于中国足协，而中国足协的建议是：先支付100万美元，然后再向瑞士联邦最高法院进行抗诉。俱乐部依照中国足协的意见，做出了赔偿100万美元的决定。在上缴这笔钱后，申花却又诉至瑞士联邦最高法院[13]。后有专业律师认为，如果100万美金的支付属实，那么这将是最为失败的一举，等于向对方彻底投降[14]。

评 析

第一，申花单方面解除与佩特的合同是否违约。申花能否单方面解除与佩特的合同，主要取决于出场率的计算方式，申花认为计算出场率的时间段应该从当年3月联赛开赛算起，由此得出的出场率约为60%；佩特认为他在当年3月到5月期间因为与巴西瓦斯科·达伽马俱乐部的解约手续还未完成而被禁赛，这段时间不应该计算在内，他的出场率应达到了81%[15]。申花方面认为佩特的计算方法缺乏合同依据。从申花俱乐部接到中国足协3月20日转发的国际转会证明之时起，合同已经生效，佩特应承担合同约定的"首发出场率"义务。按照中国足协提供的球员出场时间计算，佩特在效力于申花期间，首发出场率为60.1%，符合"不续约"的条款要求。佩特认为，70%首发率的计算，应针对整个3年合同而言。在3年合同期满后，才能计算首发率，才存在"是否续约"的问题。对此，申花俱乐部认为佩特对合同的理解不符合事实。在双方的合同中明确写有"每赛季"字样，因此计算首发率应针对每一年[14]。

佩特指出自己没有收到3、4、5这3个月的工资，因此合同应从6月份开始计算。而申花指出，佩特的这种说法是"对事实的错误表述"，"从佩特签订合同，到 2004 年 2 月，申花向他发放了 n 个月的足额工资，这些都可以从银行账号中查询。从法律上说，作为职业球员，连续 3 个月由于个人原因不能参加比赛，俱乐部完全有权利扣除该球员工资，尽管事实上申花俱乐部并没有行使这一权利"。

佩特表示，在 2005 年申花队夺冠之后，自己收到了合同中规定的报酬 60 万美元。其中包括比赛出场费 5 万美元，首发出场率奖金 15 万美元，名次奖金 30 万美元。佩特认为，如果申花不承认佩特的出场率达到 70%，那么为什么要发放这笔奖金呢？申花对此的解释是："申花队拿了冠军。因此对有功之臣进行经济上的奖励，这是很正常的。但这并不表明，该球员在履行合同中，已经全部达标。从法律上说，俱乐部完全有理由不发放这笔奖金，但俱乐部也可以从人之常情的角度出发，放弃部分权利以调动球员的积极性。奖金发放和合同达标之间，没有必然的因果联系。"[16]

申花输掉这场官司的主要原因是在出场率的计算方式上没有得到 CAS 的认可。那么，申花输掉这场官司的教训，对于中国的俱乐部来说有何借鉴意义？"首先，签合同时对英文版本的审查比对中文版本更重要，因为英文是 FIFA 和 CAS 的工作语言，对合同的判读也以英文为准；其次，要尊重你所签的每一份合同，不要在理由不充分或者不十分必要时解约，否则你要付出昂贵的代价，而且 CAS 一般会多为处于弱势的球员考虑；再次，遇到官司时要引起足够的重视，漠视或者拖延时间只能招致更严厉的惩罚。"有专业律师认为，申花的原始合同被对方抓住了把柄，或者说有极为模糊的条款存在。

第二，争议解决方式。申花与佩特合同争议中，涉及中国足球俱乐部与外籍球员合同争议解决问题。国际足联作为国际足球最高管理机构，其内部设立争议解决委员会（Dispute Resolution Chamber，DRC），专门解决球员和俱乐部之间有关合同稳定性的争议、球员和俱乐部之间具有国际性质的雇用合同争议问题，以及青训补偿金争议问题。DRC 的成员代表了劳资双方：12 名球员和 12 名俱乐部代表。在每个具体裁决中，裁决由 2 名球员代表、2 名俱乐部代表和 1 名主席做出。裁决结果在国际足联官方网站公布，俱乐部和球员名字不披露[17]。因此，佩特与申花的争议国际足联具有管辖权。

如果争议双方对国际足联的裁决不服，当事人可以向 CAS 申诉，因为根据国际足联与国际体育仲裁理事会在 2002 年 12 月签署的协议，规定 CAS 有权仲裁与足球有关的法律争议，裁决做出后即产生法律效力。如果对 CAS 的裁决不服，可以向瑞士联邦法院提起诉讼。

本森与山西篮球俱乐部合同争议案

案 情

山西中宇俱乐部在2009—2010赛季的开始阶段使用了李·本森和泰勒两名外援,由于对球队战绩不满,山西队在赛季中段联系了前NBA全明星球员马布里。

2010年1月30日,山西俱乐部公开宣布用马布里替换本森,征战2009—2010赛季剩下的比赛[18]。

4月12日,本森和他的经纪人杰西·帕里斯向国际业余篮球联合会(Federation International of Basketball Amateur,FIBA)的仲裁委员会提交了申诉请求,要求山西队支付其2009—2010赛季的全额薪水和奖金,以及经纪人费用。本森称,山西中宇俱乐部当时不公正地中断了他的合同,在那之后并没有支付他应得的全额薪水。

山西中宇俱乐部否认了本森和他的经纪人所诉内容:

一,本森经其经纪人马良、杰西·帕里斯等介绍,曾于2009年9月20日受聘效力于山西中宇俱乐部。由于本森在日常训练中不服从教练员,甚至经常不参加球队的日常及赛前训练,令各方失望。2009年12月10日,经双方协商一致,于次日解除聘用合同,俱乐部按约支付了协议约定的酬金,本森也自此离开球队。2009—2010年CBA联赛开赛后,因俱乐部外援突然受伤,无奈仓促中又于2010年1月13日重新与本森订立了新的聘用合同。随后,本森在CBA联赛赛场上多次因鸡毛蒜皮的细小争议与裁判员冲突,被裁判员多次连续判技术犯规,造成山西队无辜失分。教练员、翻译人员多次做本森的思想工作,但他不听劝阻,造成该球员与教练员之间互不信任,矛盾加深,根本无法完成正常比赛。由于双方失去了合作的基础,于2010年1月30日解除了聘用合同,俱乐部按协议支付了本森1月份的工资。2010年4月20日,俱乐部突然收到国际篮联仲裁委员会电子邮件,称本森和其外籍经纪人杰西·帕里斯向国际篮联仲裁委员会提出起诉,向我公司索要其2010年1、2、3月的酬金和中介费。

第二,根据双方聘用合同之约定,国际篮联仲裁委员会对本案没有管辖权。聘用合同约定以中文版表述内容为准,双方发生争议后先由中国篮协调解,调解不成可以向中国法院起诉解决争议,并没有由国际篮联仲裁委员会仲裁争议的内容之约定。双方签订的《中国男子篮球职业联赛外籍球员聘用合同》(中英文版各一份），合同文本为中国篮协制定的标准的合同文本，该合同注明"以书面合同范本内容为准，自行修改合同内容将视为无效"，有关该合同的解释和履行的任何争议，可向中国篮协申请调解，调解不成的，可向中国法院提起诉讼，该合同适用中华人民共和国法律，未尽事宜或违反中华人民共和国法律、法规及中国篮球协会有关规定的约定，按中华人民共和国法律、法规及中国篮协有关规定执行，中英文版本合同内容不一致时，以中文版本为准。本森提交到国际篮联仲裁委员会的聘用合同书仅有英文版的，且擅自增加了"履行合同发生争议后，美国法院也可以管辖和将争议提交国际篮联仲裁委员会"的条款，而这些内容变动因是英文版，不曾与我方商议，且我方在签约时未曾注意得到；且这种既约定仲裁又约定诉讼解决争议的仲裁条款，根据中华人民共和国最高人民法院《关于适用〈中华人民共和国仲裁法〉若干问题的解释》第七条之规定"当事人约定争议可以向仲裁机构申请仲裁，也可以向人民法院起诉的，仲裁协议无效"。因此，国际篮联仲裁委员会对本案当无管辖权。提出管辖异议后，国际篮联仲裁委员会就管辖权争议一直未回复俱乐部。根据我国法律，不论是仲裁还是诉讼，一方提出管辖权后，人民法院或仲裁机构必须先对管辖权问题进行审查并裁定。不料，2010年9月8日，俱乐部突然收到国际篮联仲裁委员会的裁决书，不顾我们所提的管辖权争议，且审理过程根本不审查中文合同及解约协议中的中文表述内容，就判俱乐部败诉。

第三，本森提交到国际篮联仲裁的2009年9月20日英文版合同，是对中国篮协聘用外籍球员标准合同（英文版）做过秘密篡改的：该合同书中第1"期限"部分，对方将聘用合同的性质私自改动增加了一个英文单词"guaranteed"（有保证性的），而这一改动连同上文提到的增加了"也可由美国法院管辖和国际篮联法庭仲裁"的内容是利用我方不熟悉英文的恶意欺诈；因我们双方均要求是以中文版合同内容为准和中国篮协不允许私自改动合同文本之原因，我方有理由认为，对方自行用英文改动且有悖中国篮协标准合同意思的实质性的修改，是严重不诚信的、恶意的篡改和欺骗，不是我方的真实意思表示，对我方当然没有约束力。所以，仲裁法庭依据该无效的合同文本确定其有管辖权及相关案件事实，均不成立。该争议，仍然也只能按照双方签署的中文版合同内容理解、解释为准，并适用中华人民共和国法律、法规和中国篮协有关规定处理。况且，不论依哪一份聘用合同，因本森于2010年1月28日提出要求解除聘用合同，经我公司同意解除聘用合同后，李本森对其后的未履行期限主张酬金的请求，没有合同依据和法律依据[19]。

第四，至于本森经纪人的经纪费用，除了其美国经纪人帕里斯外，至少还有其中国籍的经纪人马良先生,马良与美国经纪人帕里斯是一个整体,同为本森的经纪人,同为代理费用接受一方共同当事人,依中国法律是必须共同参加诉讼的当事人,其中一人未参加诉讼,则必然程序错误。且支付经纪费用,是以球员本森完成聘用合同内容为前提的,本森因其自身原因未能履行完任何一个聘用合同,违约事实明显,其经纪人应当负有相应的责任,我方未追究已是宽宏大量;况且,我们已支付过经纪费10万元人民币,他无理由再收取经纪费。若存在争议,也必须由两位中介人作为共同原告才符合法律程序,否则,难免有不公正之嫌[20]。

裁　决

2010年7月,国际篮联仲裁委员会做出裁决:1.山西中宇篮球俱乐部应支付给本森14万美元薪水,并且支付因拖欠所产生的5%利息。2.山西中宇篮球俱乐部应支付经纪人杰西·帕里斯10500美元的经纪费用,并且支付因拖欠所产生的5%利息,利息总额从2009年9月25日开始计算。3.山西中宇篮球俱乐部应支付本森和经纪人帕里斯5140.91欧元赔偿金。4.山西中宇篮球俱乐部应支付本森和经纪人帕里斯8000欧元诉讼费用。5.对于原告所提出的其他要求,仲裁委员会不予支持[21]。

有媒体称,山西俱乐部不服,申诉至CAS。2011年5月,山西俱乐部接到CAS关于俱乐部和原外援本森就欠薪案件的最终裁定:国际篮联认定的山西俱乐部需支付本森各项费用16万多美元的决定被撤销。本森与其所属的经纪公司被罚款6000多美元,还需支付山西俱乐部2/3的诉讼费[20]。但此裁决结果显然是俱乐部向国内媒体公布的,此裁决结果未在CAS官方网站公布。裁决结果到底如何不得而知。

评　析

据称,山西中宇之所以会遇到合同纠纷,是因为球队在争夺本森时,私下为其提高了价码,并给了本森一份保障合同。但在裁掉本森后,山西方面并没有按照私下签订的协议支付费用。这就是中国职业篮球和足球中存在的"阴阳合同",即为了避税和符合项目协会的规定,俱乐部与球员在协会备案的是阳合同,其背后还有一份薪资更高、保障条件更好的阴合同在实际履行。例如,为了逃避足协的限薪令和税收征管,多数球员和俱乐部都签署明暗两份合同。俱乐部往往都会按照明面合同上的金额缴税,而按暗面合同付给球员收入。通常明面合同与暗面合同上的金额要相差 3 倍以上。由于同为受益方，对于这笔明暗合同的价差收入，俱乐部和球员本人都讳莫如深[22]。

在这种情况下，球员和俱乐部签订的两份合同的效力问题如何认定，各体育组织的做法可能存在差异，如中国足协的做法是，"一切以中国足协备案合同为准"。而本案判例显示，国际篮联仲裁认为，阳合同是统一格式合同，对所有的球员都有效力；阴合同是真正履行的薪水支付合同，只对合同当事人有约束力。因此，在发生冲突的情况下，原则上只有当事人签署的合同才是真正确定是否存在薪水争议的合同，而不是统一的 CBA 格式合同，毕竟当事人之间的劳动关系是由该合同支配的[23]。屡次发生的外籍球员申诉到国际单项体育协会和 CAS 并被接受的案例表明，中国职业篮球、职业足球领域不尊重合同以及不与国际接轨的做法存在极大法律风险。

迪克森诉广厦男篮欠薪案

案　情

2008 年 8 月 23 日，外援迪克森与广厦签订了全赛季的保障合同。

2009 年 1 月 25 日，广厦裁掉迪克森，但并没有按照合同规定支付赛季剩余的薪水。迪克森及其经纪人拉里·福克斯诉至国际篮联仲裁委员会，要求广厦支付全赛季的薪水及经纪人费用，理由是俱乐部无正当理由终止合同。

对此，广厦俱乐部认为迪克森提交的保障合同无效："去年 8 月 23 日是上赛季外援签约的最后一天，我们因为急于签下迪克森，因此答应了对方经纪人提出的签署一份保障性合同（简称'当事人合同'）的条件，这份合同中规定我们不能在赛季中与他解约，如果解约也必须支付他完整赛季的薪酬。但是，这份保障性合同有一个前提，那就是迪克森必须是自由球员身份。而在去年 8 月，迪克森和一家波多黎各俱乐部还存在瓜葛，他给那支球队打了半个赛季的比赛，之后离开那家俱乐部，但这家俱乐部却迟迟不给他澄清信。直到去年 10 月 29 日 CBA 开赛前迪克森才拿到了自己的澄清信，广厦俱乐部也在他拿到澄清信后与他再次签署了一份中国篮协的标准外援合同（简称'CBA 标准合同'）。"在与广厦俱乐部签订保障合同时，迪克森的经纪人隐瞒了迪克森并非自由球员的事实，保障合同是受迪克森欺诈所签，迪克森签约时不具备签约的主体资格，该合同应为无效合同。而根据双方后来签订的标准外援合同，广厦俱乐部有权在赛季中期和迪克森解除合约。在广厦俱乐部看来，保障合同是 CBA 标准合同的附件，当保障合同与 CBA 标准合同不一致时，当然应以主合同，即 CBA 标准合同为准。"裁掉迪克森之后停发薪水，是按照 CBA 标准合同中的条款执行的。"广厦俱乐部总经理认为，"广厦俱乐部从来就没有过欠薪行为，更不可能违法欠薪。"

9月8日，广厦向中国篮协提交了一份《关于广厦俱乐部与迪克森合同纠纷的情况说明》。广厦在给中国篮协的书面说明中称：从两份合同签订的时间来看，广厦俱乐部与迪克森之间的权利义务也应以 CBA 标准合同的约定为准。保障合同于 2008 年 8 月 23 日签订，CBA 标准合同于 2008 年 10 月 29 日签订，双方对同一问题做出不同的约定，显然应视后一份合同是对前一份合同的变更。而且，在 CBA 标准合同中已明确说明，保障合同系 CBA 标准合同的附件，那么，保障合同与 CBA 标准合同不一致的，当然应以主合同，即 CBA 标准合同为准。当事人合同称，在双方出现问题时，当事人可以向国际篮联申诉，而第二份合同则规定，在出现问题时，当事双方只能向中国篮协或者当地人民法院起诉[24]。广厦俱乐部认为，即使广厦与迪克森之间存在合同纠纷，迪克森也只能首先申请中国篮协调解，调解不成可向人民法院起诉。国际篮联的裁决没有管辖依据和事实依据。

裁　决

2009 年 9 月 8 日，广厦俱乐部收到来自国际篮联仲裁委员会的裁决，仲裁委员会认为，当事人协议是调整当事人之间关系的合同，双方自愿签署的合同有效，广厦必须支付迪克森约 8.6 万美元的剩余工资，支付其经纪人 9500 美元，同时作为败诉方还要支付 1 万欧元的诉讼费。如果广厦不能在规定时间内支付，他们可能面临高达 10 万欧元的罚款，以及禁止引进外援、禁止参加国际比赛的处罚。此裁决同时抄送了中国篮协和亚洲篮联。

广厦最终决定执行国际篮联仲裁结果，全额赔款[25]。

评　析

第一，阴阳合同的有效性。迪克森和广厦俱乐部之间至少有两份协议：1. 2008 年 8 月双方签订的"当事人合同"，规定"在出现冲突的情况下，本协议条款的效力优于任何其他的书面协议，包括 CBA 合同"。协议中有关薪酬问题的合同条款指出:"第 A 部分规定的每一笔薪金的支付都应该是完全保障的,不支付这些薪金应构成立即违约,俱乐部应该对此债务负责。不论球员和俱乐部的表现如何,即使俱乐部解雇球员、俱乐部在比赛中淘汰球员或球员由于伤病、死亡或其他情形无法为俱乐部继续效力,球员也无可争辩地享有获得合同规定的薪金的权利。" 2. 根据 CBA 要求,双方于 2008 年 10 月签订了 CBA 标准球员合同。

本案暴露了中国职业篮球中存在的潜规则,即俱乐部一般都和外援签两份合同,一份是 CBA 标准合同,一份是俱乐部和外籍球员私下签订的当事人合同。阴阳合同的存在,可能是为了避税,避开限薪限制,或者是外援为了更好地保护自己权利带来的几百页当事人合同而不是 CBA 标准合同。

那么出现纠纷时,两份合同的有效性如何认定?尤其是球员和俱乐部签订的规避篮协规则的合同的效力如何?当事人并未按照要求将当事人合同提交中国篮协备案,俱乐部能否以当事人合同无效进行抗辩?如果严格依照合同法理论,好像规避篮协规则的阴合同应当无效,但是国际篮联仲裁院(FIBA Arbitral Tribunal,FAT)仲裁规则规定仲裁条款的效力适用《瑞士联邦国际私法》(PILA),而且仲裁员对于自己是否有管辖权享有自裁的权利,可以自己裁定自己是否有管辖权。因此,这种抗辩如果到 FAT 那里可能行不通[26]。本案中,仲裁员在认定两份合同的有效性时,认为应同时参照 CBA 合同和当事人协议,因为 CBA 标准合同第 12 条特别指出,"合同"既包括 CBA 标准合同的附件,也包括与 CBA 标准合同"具有同等法律效力的文件"。俱乐部也认可当事人合同是 CBA 标准合同的附件。由于在 CBA 标准合同中未提及经纪人内容,只有当事人合同对经纪人问题进行了约定,因此有关经纪人的规定应依据当事人合同进行。

球员与广厦俱乐部争议的主要问题是广厦俱乐部的单方解约权。依据 CBA 标准合同第 10 条规定,在球队经理的合理建议之下,在球员不能充分显示自己预定的能力时,广厦俱乐部可以随时单方面终止合同;而当事人合同则规定,广厦俱乐部要完全保障应支付给球员的薪金,包括广厦俱乐部单方解除球员合同的情况下。广厦俱乐部认为,根据 CBA 标准合同第 10(3),球员不能充分显示自己预定的能力时,广厦俱乐部可以随时单方面终止合同。球员提供了证据来证明"不能胜任"的情况并不存在,因为球员"平均每场得 26.3 分,有 9.8 个篮板和 69.3%投篮命中率"。仲裁员认为广厦俱乐部提出的"球员并没有表现出足够的技能或体能"而解约的条件并不成立,广厦俱乐部因此没有证明它有权依 CBA 合同第 10 条(3)终止合同。因此,广厦俱乐部终止合同的行为不能解除其应当支付薪金给球员的义务。

第二,签约时球员身份瑕疵问题。广厦俱乐部认为,与迪克森签订的保障性当事人合同有一个前提,那就是迪克森必须是自由球员身份,但迪克森和一家波多黎各俱乐部存在瓜葛,这家俱乐部迟迟不给他澄清信,因此迪克森签约时身份存在瑕疵,保障性合同不能成立。

仲裁员认为,该抗辩不能成立,原因有三:第一,该规则是国际篮联的内部规则,任何球员都可以在不同的国家进行国际转会,但在为另一国家的新俱乐部比赛前,新俱乐部所在的国家篮球联盟必须从球员前服役俱乐部所在的国家篮球联盟获得澄清信。如果国家篮协和广厦俱乐部不遵守这些规则,则会受到处罚。因为没有相反的证据,仲裁员认为广厦俱乐部应遵守这些规则,并通过中国篮协获得了澄清信。第二,在任何情况下,广厦俱乐部与其他俱乐部的任何合同义务都不能影响到其与球员的合同义务。第三,如果假设广厦俱乐部的观点是正确的,这将意味着,直到双方签订 CBA 标准合同,球员已经替广厦俱乐部参赛多场,双方之间却没有任何合约关系,仲裁员认为这种说法是站不住脚的。

第三,国际篮联仲裁委员会的管辖权。FAT 是国际篮联(FIBA)为了处理篮球运动中发生的有关争议,于 2007 年 5 月创立的内部仲裁机构,以解决篮球运动中发生在运动员、俱乐部和经纪人之间的争议。在本案中,双方签订的当事人合同与 CBA 合同规定了不同且相互冲突的解决途径:当事人合同约定由 FAT 仲裁;CBA 标准球员合同争议解决条款规定,合同产生的任何争议可以向中国篮协申请调解,调解不成的,可以向人民法院提起诉讼。条款中没有体育仲裁的内容。

仲裁员认为,广厦俱乐部提出的 CBA 合同效力高于当事人协议的观点不能接受。另外,当事人协议规定,在当事人之间不能通过协商解决争议的情况下,当事人"将要"(shall)把争议提交 FAT 仲裁,表明当事人已经以合同形式同意将争议提交 FAT 仲裁。相反,CBA 合同规定当事人"可以"(may)将争议提交 CBA 调解,调解失败的到法院起诉。这些条款并不必然会产生冲突。申请人提交 FAT 仲裁的行为没有违反 CBA 合同规定,CBA 合同为当事人提供了可以(但不是义务)将争议提交 CBA 调解的选择。因此,在当事人协议与 CBA 条款发生冲突的情况下,当事人协议的规定应当优先适用,申请人有权寻求 FAT 仲裁[23]。

第四,国际体育组织的金字塔结构和裁决执行。按程序,国际篮联的仲裁可以申诉至 CAS,时效是在仲裁结果下达 21 天内。虽然广厦俱乐部表示要通过中国篮协申诉，但是实际上已经错过了申诉期。据称，虽然收到警告信，但当时广厦一度认为国际篮联不能直接管辖到中国的职业篮球俱乐部便未予以积极回应，当他们认识到问题的严重性时，已经错过了申诉期。

近年来，常常有外籍球员与中国职业俱乐部因合同纠纷申诉至国际足联、国际篮联等国际体育组织的情况。中国一些职业俱乐部对于国际体育组织的金字塔结构及其规则认识不清，认为国际单项体育协会对中国的职业俱乐部没有管辖权，或者认为强制执行需要经过中国法院，因此对国际单项协会的裁决不以为意。实际上，国际体育组织有自己严格的自治系统和处罚手段，即使不通过国家司法系统，也能够执行其处罚。国际单项体育联合会是在世界范围内管辖一个或几个运动项目，并接纳若干管辖这些项目的国家和地区级团体的国际性非政府组织，它们一般是具有法人地位的非赢利性社团组织。各国际单项体育联合会的主要任务是负责它所管辖的运动项目的技术和行政管理方面的工作，制定并推行该运动项目的规则并保证该项目在全世界的推广与发展；制定奥运会参赛标准；负责本项目的技术监督和指导；保证竞赛项目的定期举行并确保比赛的公平性等。还负责管理奥运会期间的各单项赛事执行组织。每个国际单项体育联合会在不同的国家都建有与自己类似的组织作为国家管理机构（National governing bodies，NGB），如中国篮球协会、中国足球协会这些国内单项体育组织位于国际体育组织金字塔的底端。在这样的系统中，国内单项体育组织要听命于国际单项体育联合会、国际奥委会和本国奥委会。俱乐部则是国内单项协会的会员。

以国际篮联为例，其章程（General Statutes）第1条规定，FIBA是由全球范围的国家篮球协会和联合会组成的独立协会，是经由国际奥委会认可的全球男子篮球和女子篮球的唯一权威机构。第6条规定，国家单项协会希望成为FIBA会员需提出申请，申请中应承诺国家单项协会在任何时候都遵守FIBA以及地区协会的章程、内部规则和决定，并适用FIBA的正式篮球规则（Official Basketball Rules of FIBA）。第7条规定，国家单项协会要为俱乐部对FIBA的财务责任负责。关于仲裁裁决的执行，根据2010年FIBA内部条例L.2.7规定，如果一方当事人不尊重FAT做出的仲裁裁决或者临时性裁决或者保护性措施，则另一方当事人有权要求FIBA处罚前者。FIBA可以实施的处罚措施包括可多次使用的高达10万欧元的罚金、可吊销FIBA经纪人执照、可禁止球员国际转会、可禁止俱乐部注册新球员和/或参加国际俱乐部比赛，上述措施可以多次使用。

如果广厦不执行国际篮联的裁决，国际篮联会除了对广厦进行处罚外，还可以要求中国篮协督促广厦执行,如果中国篮协不能有效执行,国际篮联会依照章程和规则向中国篮协施压,因此中国篮协会依据规则要求广厦执行,如广厦不执行,则可能给予广厦行业处罚。广厦如果想继续参加 CBA,则只能执行国际篮联已经生效的裁决。

职业足球俱乐部欠薪案

其一,南京有有欠薪案

葫芦岛宏运队的前身是辽宁青年队,被辽足收购之后参加了当年的乙级联赛并成功晋级甲 B,时任辽足俱乐部总经理在请示董事长后,许诺将给予球队 300 万元的晋级奖金,并签署了一份奖金合同。

2002 年,球队转让给斯威特集团旗下南京有有俱乐部,成立南京有有队。

2003 年 6 月,辽足俱乐部前任副总经理在多次与球员代表对话之后,表示不承认有 300 万元晋级奖金一说。

12 月 15 日,沈阳市和平区人民法院对辽足拖欠案进行了一审,判决原告南京有有队球员胜诉,辽足俱乐部随即提出上诉。

沈阳市中级人民法院对本案进行了调解。在球员掌握了辽足俱乐部大量证据的前提下,辽足俱乐部承认了拖欠原辽宁葫芦岛宏运队(现南京有有队)球员 300 万元晋级奖金一事,辽足将在今后按计划向原葫芦岛宏运队球员分批偿还这些欠款[27]。

2005 年,斯威特集团也陷入财务危机,球员的工资一直被拖欠,俱乐部最终因欠薪被取消注册资格,共拖欠 30 多名球员工资 800 多万元。虽然事实确凿,球员手中有俱乐部出具的工资欠条,俱乐部也承认债务存在,但俱乐部账上没钱付清欠款,即使通过劳动仲裁或人民法院取得胜诉,强制执行也无从实施。有有俱乐部是斯威特集团旗下的有限责任公司,因此斯威特集团从法律上来讲没有偿债义务,球员很难从斯威特集团那里讨回欠薪。政府有协调解决此事的责任,但政府部门并无利用财政为一家投资失败的民营企业偿还欠薪的理由。

2012 年 4 月,被欠薪的部分球员、球员家属穿着印有"南京有有俱乐部欠薪 800 万"字样的衣服到南京新街口、总统府、体育局门口等地示威讨薪,希望通过这种方式引来外界关注。一位有有俱乐部球员表示,俱乐部承认欠薪,但一直没有把拖欠的工资和奖金发给他们[28]。有的队员通过司法途径打赢了官司,但也拿不到钱[29]。

其二，润宇隆欠款欠薪案

案 情

2010年中甲联赛结束后，安徽九方俱乐部由于没有得到当地体育局的支持，投资人决定转让俱乐部。刚组建的天津润宇隆俱乐部接手九方俱乐部，双方签订了转让合同。据悉转让金额约700万元，2月1日中国足协发出转让公示，2月20日公示期结束后，双方按足协的要求完成了转让程序。这样，原本准备打中乙联赛的天津润宇隆借壳上市，获得了中甲联赛的资格。

3月22日，新赛季球员注册截止日前一天，天津润宇隆俱乐部支付100多万首付款给九方的投资人，余下的540万一直没有付清。安徽九方俱乐部因此没有将队员的参赛证交予天津润宇隆。

3月23日，天津润宇隆经与安徽九方协商却无法达成一致，经过中国足协的协调后，天津润宇隆与中国足协、安徽九方达成三方协议：天津润宇隆做出承诺，保证在3月31日前向九方付清剩余款项；得到天津润宇隆的保证后，安徽九方将队员参赛证在3月23日注册截止时间前交予天津润宇隆办理转会和注册，保证球员获得上场资格；中国足协则作为监督方履行责任，如果天津润宇隆方面没能如期在3月31日前付清转让尾款，中国足协将按照《中国足协纪律准则和处罚办法》对天津润宇隆处以扣分的处罚。

3月31日，付清尾款的协议期过后，天津润宇隆又向安徽九方提出延期付款的要求，承诺在4月10日前一定付清，安徽九方再次答应了其请求。

4月10日晚，在还没如期收到天津润宇隆转让尾款后，安徽九方表示将于11日到中国足协进行申诉，要求足协根据3月22日的三方协商扣除天津润宇隆联赛积分6分，同时，九方还将向法院起诉天津润宇隆俱乐部[30]。

与此同时，队内的工资和奖金拖欠问题已经越来越严重，除了外援拿到了两个月的薪水外，其余球员包括教练组4个月内没有领过一分钱，已经征战完的6场中甲联赛仅仅首场发放了比赛奖金[31]。

4月27日下午，润宇隆队本来安排了赴客场前在天津的最后一练，但教练组都到位后，球员们准备以罢训的方式逼俱乐部表态："现在不发钱也行，但要说明什么时候能发钱，以后怎么办。"同样被拖欠薪水的教练组对此无能为力，只好向俱乐部汇报情况。在相关各方做工作后，队员们同意继续参加比赛。4月

28日，来到武汉参加比赛的天津润宇隆队一共有17人，在比赛中发挥正常[32]。

其后，法院正式受理此案，据称，法院裁决7月11日是润宇隆与安徽九方约定买卖球队的最后期限，如果过了这一天润宇隆依然没有卖出球队，安徽九方将正式收回球队的所有权。

2011年7月，天津润宇隆俱乐部转让，球队更名为沈阳沈北荣盛足球队。7月1日，双方正式签署了转卖球队的意向书，润宇隆开价900万元人民币，而沈阳只愿支付700万元的转卖费，理由是九方是以这个价格卖给润宇隆的。润宇隆之所以向沈阳报价900万元，主要是由俱乐部这半年来的债务情况决定的。除了要偿还仍然拖欠九方的540万元外，半年时间球队在衣食住行方面的累积花销也达到了200多万，俱乐部根本没有盈余。

之后，沈阳沈北在转卖球队正式协议上进行了多处更改，之前承诺的签约后一周内一次付清80%转让费的条款变成了球队在中国足协正式更名后才付清；签约后马上兑现队内所欠工资和奖金也变成了延后兑现等。由于买卖双方约定各自担负球队一段时间的工资和奖金，沈北新区也没有向队内承诺补清工资和奖金的时间[33]。球队北上后，沈北俱乐部没有完全发放拖欠的工资和奖金（只发了5个月的工资），而且撕毁了球队成立之前与润宇隆俱乐部签订的税后合同。之前发放的5000元路费也要从工资中扣除[34]。

其三，深圳足球俱乐部欠薪案

案　情

深圳足球俱乐部球员在2008年初与深圳足球俱乐部签署了工作合同。2008赛季，深圳市足协在原投资人决定不再出资，又没有新投资方的情况下，负起了托管深足的责任，该赛季深足在几乎铁定降级的情况下最终奇迹保级。但最终因为赞助商尾款不到位，在赛季结束后，俱乐部拖欠18名队员一个月的工资及全年大部分奖金。深圳足球俱乐部的主要赞助商香雪公司认为，深圳足球俱乐部上赛季在六方面违反了赞助合同，所以余款不再支付。

2009年1月15日，深足队员向俱乐部递交转会申请，并集体向2008年托管方深圳足协讨要欠薪、索取欠薪白条及收入证明。

1月16日，17名深足队员黑夜冒着严寒在深圳足协门外蹲守6个小时讨薪，深圳市足协承诺"17日中午一定打出白条"。

1月19日，队员们领到了盖有深圳市足协公章的欠薪白条。

2月11日，深足俱乐部完成股权变动，老东家认为2008赛季球队由深圳市足协托管，欠薪白条由深圳市足协开具，理应由深圳市足协补齐。深足新任董事长认为："2008赛季的欠薪与现在的深足没有直接的关系，因为深足在2008年由深圳市足协托管，队员的薪金由托管方承担，我们只能做一些协调工作。我在今年年初购买深足时，在转让交易中也没有涉及这笔欠薪。可是从法人的角度上说，深足俱乐部也充当了这起劳动仲裁案件的'被申请人'，因为最初是由深足俱乐部与队员签订的合同。由于这件事情比较复杂，所以我们必须实事求是地去对待。"

2月24日，深足球员联名上书中国足协请求帮助。

4月3日，深足队员委托律师向深圳市足协、深足俱乐部发出要求支付欠薪的律师函。

7月14日，深足队员正式向深圳市劳动争议仲裁委员会递交仲裁申请书，要求深足俱乐部和深圳市足协按照劳动法的规定支付工资及相应经济补偿金等总计398.196万元。

9月，在体育局及有关部门支持下，深足终于与香雪重新展开谈判，并最终达成一致。在双方律师见证下，深足与香雪签署补充协议，深圳市足协承诺尽快按明细发放到每个球员账户中。而"香雪制药"的广告牌重新出现在中超深足主场的赛场上。深足队员则表示，一定要每个人都得到白条上的全部收入才考虑调解。

12月，深圳市劳动仲裁委做出裁决，确认深圳市亚旅足球俱乐部有限公司（现名深圳市红钻足球俱乐部有限公司）与黄凤涛、黎斐、袁琳、肖建佳、戴宪荣、张野等18名球员存在劳动关系，其未及时支付工资、奖金已构成拖欠，违反了《深圳市员工工资支付条例》，裁令俱乐部支付18名球员工资、奖金及工资25%的经济补偿金。市足协承担连带责任。在裁决期间，深圳足协支付了部分球员2008年12月的工资。

在裁决生效前的最后两天，市足协向福田区法院起诉，声称其不应承担连带责任。

福田区法院经审理认为，根据有关托管协议，市足协作为深足俱乐部2008年的托管方，在托管期间享有对俱乐部的经营、管理权，且对2008赛季俱乐部的全部收入享有所有权和支配权，也应对托管期间的债务承担责任。福田区法院因此判令市足协败诉。

市足协对该判决不服，又向市中级法院提出上诉[35]。

2010年12月，深圳市中级人民法院做出二审判决[36]，判决驳回深圳市足球协会的上诉，维持福田区法院做出的一审判决。深圳市红钻足球俱乐部有限公司应支付黄凤涛、黎斐等18名球员2008赛季工资、奖金及经济补偿金等合计289.68万余元，2008赛季的托管方深圳市足球协会对俱乐部的支付义务承担连带责任。

深圳市足协秘书长李少辉在接受媒体采访时，对2008年的深足欠薪案表示十分无奈："一方面是数目太大，近300万的金额，短期内很难筹出来，为这事，我们局领导还专程跟之前的赞助商商讨尾款的事宜，但只能解决部分，"目前唯一能偿还所有债务的方法，那就是请求上级领导，"与政府有关的款项都要走程序，这段时间深圳市的领导班子在调整阶段，分管体育方面的副市长迟迟未定，所以想找领导审批也比较麻烦，至少要等人事调整结束才能去申请这笔钱。"[37]

评　析

近年来，俱乐部欠薪成为中国职业足球的普遍现象。其主要原因在于俱乐部的支付能力出现危机，而危机的形成，在于俱乐部收支的不平衡，各俱乐部至今仍普遍没有找到收支平衡的模式：广告赞助收入不多，门票收入相当有限，转播权销售几近于无，而联赛投入水涨船高。如果不能从根本上解决收支问题，欠薪会常伴中国足球俱乐部。

首先，泡沫经济造成了俱乐部支出过高。在甲A联赛的中后期，随着足球转会和市场关注度的迅速提升，球员的工资和转会费等额度迅速攀升，尤其是一些房地产企业、烟草企业和大型国企不计成本地投入，像前卫寰岛三年三大步的"寰岛现象"，用高工资囤积了高峰、彭伟国等球员，使得国内足球时常偏离了正常的发展轨道，出现了转会费和球员工资飞速增长的"泡沫足球"。

其次，俱乐部收入非常有限。由于足球环境恶化，俱乐部经营能力有限，中国职业足球俱乐部的收入很少，很难从电视转播权、出售球员、冠名、场地广告、球衣广告、球票、纪念品等途径获得收益，只能依靠投资方源源不断地注入资金。而很多中国足球俱乐部的投资方都是民营企业，民营企业没有任何垄断资源，投资足球所承受的压力远远高于国企，成本控制、资金链等问题都现实地摆在投资人的面前，如果投资方无力继续投资，俱乐部的资金链就出现断裂，只能以欠薪的方式应对财政赤字。

第三，在国内目前的市场条件和联赛环境下，俱乐部单纯靠经营足球仍无法做到收支平衡，投资人投入足球大概有下列动机：一、把足球作为广告载体来宣传推广自己的其他品牌，如投资足球的很多地产商将对足球的投入当作地产销售的广告宣传费，提高在受众中的知名度和美誉度，并且在银行贷款等处得到礼遇。二、通过投资足球来取悦当地球迷和政府，换取免税、批地等政策优惠作为补偿，但目前理性和守法的政府越来越难以用足球政绩来与投资人做交换。三、不计成本的大型国企。上世纪 90 年代末，中超联赛出现"国进民退"潮，各地大型国企们受地方行政的意志趋使，争相入主中超俱乐部。而之后烟酒、房地产企业成为中国职业联赛的主要投资人，它们不计成本地投入，拉高了职业俱乐部的投入，令民企望尘莫及，很难支撑，不得不纷纷退出。

由于欠薪的存在，联赛中球员、俱乐部放水比赛的情况屡屡出现，通过这种违法行为获得不正当的场外收益。假球的出现打击了俱乐部投资人与球迷的信心，形成了恶性循环。在过去的几年里，中国球员往往以罢训、罢练、踢假球等方式应对欠薪。近年来，上海、深圳的球员进行了另外一种选择——诉诸法律，通过仲裁和诉讼的方式要求俱乐部履行合同，支付工资，并且胜诉，这不失为一种理性选择。

有有等俱乐部欠薪数年，为何还能通过足协注册连续几年参加联赛？中国足协在风险防范和控制上显然不够严格。按照国际惯例，如果财务状况不佳导致类似欠薪等问题，就应该及时采取措施和手段，罚款、罚分、降级、取消注册甚至直接托管。足协应做好风险防范和控制，建立真正的职业联盟，提高准入门槛，在俱乐部进入联赛时严格把关，对欠薪问题实行一票否决，大幅提高注册保证金，俱乐部净资产必须达到一定标准等，管理部门还必须切实负起监管责任，维护好联赛秩序。还应建立维护球员利益的球员工会，维护运动员权利。

云南红河篮球俱乐部欠薪案

案　情

2004 年 3 月，红河奔牛篮球俱乐部有限公司（简称"红河奔牛"）在云南省红河哈尼族彝族自治州人民政府支持下，通过政府财政拨款、体育彩票基金划拨和企业资赞助等方式，由红河州体育局牵头筹建[38]。红河州体育局局长韩志昆任该公司法定代表人，同年 8 月兼任董事长。

在 2004 年全国"哈尼梯田"杯男子篮球联赛中获得冠军后，红河奔牛队取得了参加中国男子篮球甲 A 联赛（CBA）的资格。

2004—2005 赛季，在主教练吴庆龙的率领下，奔牛队参加首个甲A联赛获得第四名，闯入了季后赛半决赛。2005—2006 赛季获得了第六名。

2007年6月，红河奔牛俱乐部改制，从国有企业改制成民营企业，奔牛篮球俱乐部董事长韩志昆持有俱乐部95.5%的股份。韩志昆称，改制后的俱乐部背负着4000多万元的外债，这使得俱乐部先天不良[39]。

从2006年开始，有关红河资金紧张的传闻就一直持续不断，这期间更是多次闹出球员、教练员、外援出走的负面消息。2007年4月，已辞去云南队主帅近半年的吴庆龙，与当时球队助理教练员李晓勇一起向中国篮协申诉云南队欠薪。此后几年，云南队一直被欠薪问题困扰，并因此引发了诸如外援CBA得分王嘉伯中途离开球队、球队罢训等问题。据称，不仅球员和教练员，云南队的所有人员，包括队医、翻译、青年队教练员，以及打扫球馆的清洁工，都被俱乐部欠薪。

2008—2009 赛季结束后，云南红河队员向中国篮协提交了《关于云南红河俱乐部拖欠工资的情况说明》，想通过CBA职业联赛的管理和运营部门的力量解决这一问题，情况说明称："根据《中国男子篮球职业联赛运动员、教练员注册与交流管理暂行办法》的规定，2008年10月18日通过摘牌的形式我短期交流到云南红河篮球俱乐部并与其签订了为期一个赛季的合同。根据《中国男子篮球职业联赛俱乐部准入评估实施方案》和CBA联赛竞赛规程规定，交流球员的工资待遇不能低于转入俱乐部球员的平均水平。而且合同还规定，俱乐部将分3次支付工资，分别是在联赛前、联赛中和联赛后，最后一次于总决赛结束（2009年5月10日）全部付清。联赛期间，俱乐部以资金周转不灵为由未能按照合同的规定支付工资及胜球奖金并承诺会在本赛季结束前将拖欠的70%的合同工资与赢球奖予以付清。为保证比赛的顺利进行，我仍在照常训练，积极备战比赛。3月20日，云南红河2008—2009赛季比赛结束。俱乐部以资金周转困难为由主动退出所住宾馆房间让队员回家等待，并以口头协议形式答应球员合同截止日期前肯定会付清一切工资及奖金。截至目前，俱乐部还未就支付赛季工资和奖金的问题与我联系。在此期间我也多次与俱乐部联系，均被拒接电话，未得到任何回应。我们恳请中国篮协联赛办公室的领导对于我反映的情况进行调查处理，支持我的维权请求，切实维护球员的切身利益和CBA的良好形象"[39]。

2009年6月4日，云南欠薪事件愈演愈烈，球员主动投书媒体揭露俱乐部欠薪：球员跟俱乐部签订的合同上面写着，工资3次付清，赛季前付30%，赛季中付40%，赛季后付30%。我们只领了第一笔工资，剩下的钱一直欠着，还不算训练津贴、赢球奖金和保险与赞助费。篮管中心本来有球队的保证金200万，中间已经被韩志昆用了 100 万,现在只剩下 100 万,根本不够发大家的工资。赛季结束后,俱乐部让我们在 5 月 10 日前回昆明集合,说会在集合前把钱结清,结果还是一分钱没有,俱乐部不规范的事还有很多,一个赛季都没有翻译,外援只能跟教练比划,有时候还要队医过去帮忙。赛季期间,赞助商给球员一人寄了一箱装备,到手后发现封条已经被拆开,里面的衣服和鞋子也被扣了很多。赶上球队出席集体活动需要统一着装时,大家甚至相互借穿。上个赛季还没有保险,队员们生病都是自己去医院,打针、吃药、做手术都是自己花钱,队员根本就不敢生病,客场都不敢去,怕受伤,医药费还得自己付,有队员去香港做手术,几万块的医疗费都是自己掏[40]。这个赛季刚有了保险。我们曾经向篮管中心反映过情况,但一直等不到处理结果[41]。

长期以来,许多媒体和业内专家都认为,云南俱乐部欠薪行为损害了 CBA 的整体形象,要求其退出联赛的声音此起彼伏。

2009 年 9 月,云南红河篮球俱乐部董事长韩志昆因经济问题被捕。俱乐部处于解散状态,没有参加 CBA 俱乐部准入评估,也没有递交准入评估资料,而按照中国篮协规定,没有参加准入评估的俱乐部便无法参加下赛季 CBA 联赛。

处 罚

2009 年 11 月 26 日,中国篮协公布,由于云南队上赛季经营不善,导致拖欠运动员、教练员工资,造成了重大的负面影响。联赛结束后,俱乐部运营完全处于停滞状态。根据相关部门的审查,红河俱乐部已经不具备参加新赛季的能力,因此被剥夺参加下赛季 CBA 联赛的资格,这是 CBA 球队由于经营不善所受到的最严重处罚。鉴于红河俱乐部的创办者和重大利益关联方云南省红河自治州政府的请求,云南队 2010—2011 赛季的注册资格被有条件保留,前提是:必须在 2009 年 12 月 19 日前解决欠薪问题。同时,篮协允许云南男篮队员新赛季临时转会[41]。

在一年中,尽管俱乐部的现有股东和原始投资方红河州政府都绞尽脑汁,但仍无法解决俱乐部纷繁复杂的各种历史遗留问题和过亿元的天文数字债务。直到篮协在昆明召开新赛季 CBA 联赛工作会议时,俱乐部欠薪问题未能解决。另一位股东、原俱乐部副董事长陆立也同样因经济问题,被红河州司法机关拘留调查,奔牛根本就无力,也没时间再去梳理解决历史遗留问题[42]。

2010 年 9 月 16 日,中国篮协宣布,云南方面未能在 2009 年 12 月 19 日前解决欠薪问题,中国篮协正式召开了联赛委员会,按照 CBA 俱乐部强制退出的相关规定，取消了云南俱乐部的 CBA 资格[43]。

2010 年 12 月 17 日，云南省红河州中级人民法院对红河奔牛篮球俱乐部原董事长韩志昆案做出一审宣判：韩志昆贪污、挪用公款、挪用资金罪罪名成立，决定执行有期徒刑 20 年，并处没收个人财产 30 万元，对其 260 余万元的非法所得依法继续予以追缴，上缴国库[44]。

由于篮协宣布允许奔牛球员转会的时间太晚，留给球员们寻找新东家的时间太仓促，大部分球员被迫在家赋闲了整整一年。董事长被抓、俱乐部背负了亿元外债，欠薪成为无头冤案[45]。

评 析

在短短两年时间里，红河篮球队从 CBL 晋升 CBA，并在进入 CBA 的第一个赛季就勇闯四强，创造了轰动中国篮坛一时的奔牛奇迹。短暂的辉煌后，云南队就迎来了多事之秋[46]。很多媒体和球迷质疑，这样一个连年出现资金周转不灵的俱乐部如何能够在存在准入制度的 CBA 联赛存在，篮协联赛办官员则回应称，最初俱乐部符合 CBA 准入制度，注册资金、保证金都没有问题；企业后来资金周转不灵应该给予理解，而不应该全部给予谴责；篮协会考虑提高准入门槛，准入机制也会不断完善[47]。

红河俱乐部成立之初就不是市场行为，没有做过市场论证，没有过硬的经营管理人才，而是由政府主导。州政府的财政拨款是俱乐部最大的资金来源，韩志昆也是从红河州体育局局长出任俱乐部董事长的，红河卷烟厂则是冠名赞助商。红河州政府从 2005 年开始便停止了对红河输血，俱乐部的经济来源只剩下了红河卷烟厂每年三五百万的冠名赞助款以及中国篮协分配的二三百万奖金，这些收入显然不足以支撑一支 CBA 球队的开支，加上管理者不靠谱的胡乱投资和谋求私利，欠薪自然成为俱乐部的首选，最终导致俱乐部完全垮掉。

奥神俱乐部球员违约金案[48]

案 情

1999 年，13 岁的张琦被奥神俱乐部选中。2004 年 12 月 6 日，张琦与奥神职业篮球俱乐部有限公司正式签订了《运动员服役合同书》，约定张琦在奥神俱乐部服役 16 年，合同存续期间，奥神俱乐部向张琦按月支付 3000 元的工资，张琦应根据奥神俱乐部安排,参加该俱乐部关于集训、训练、比赛以及各种推广宣传活动和会议,这期间未经奥神俱乐部事先书面同意,张琦不得代表其他任何第三方参加任何商业或非商业的比赛、宣传、广告、代言、接受采访、电视、电影等活动,否则应向奥神俱乐部支付违约金1500万美元。

2007年11月23日,张琦离开奥神俱乐部。对此,奥神俱乐部称,当天张琦未经俱乐部允许擅自离开,并自该日起不再参加俱乐部的训练比赛,经多方联系拒不归队,离队期间,张琦代表北京体育大学等单位参加了全国体育院校篮球比赛,并取得冠军。俱乐部认为,张琦的行为已经严重违反了双方签订的合同规定,应依约支付违约金。

张琦则称,2004年12月6日,他与北京奥神职业篮球俱乐部签订了《运动员服役合同书》,约定他需按照奥神俱乐部的要求参加球赛及其他商业活动,俱乐部支付他每月3000元的工资。但合同签订后,奥神俱乐部却从未安排他参加过任何正式比赛,且未为他缴纳社会保险。2007年11月23日,张琦按照奥神俱乐部安排进行赛事训练活动,俱乐部实际控制人因不满其场上表现而厉声斥责,并强令其立马走人,为避免更激烈的冲突,张琦到场边观看训练,但再次被强烈要求立即卷铺盖走人,于是回到宿舍等候处理。当晚,驻地保安到宿舍通知张琦,说俱乐部领导让他拿着行李和个人物品立即离开宿舍。无奈之下,张琦不得不离开。此后,张琦多次与奥神俱乐部联系,请求回队训练或由俱乐部出具同意离队证明,但均遭到拒绝。在此期间,奥神俱乐部未有任何人要求张琦回队训练或者通知已经解除劳动关系,也不安排工作,并且拒付工资。

2008年7月1日,张琦将奥神俱乐部诉至北京市朝阳区劳动争议仲裁委员会。7月9日,朝阳区劳动仲裁委发出《案件受理通知书》,但到10月31日一直未做出裁决。张琦认为,奥神俱乐部的行为严重违反双方合同约定及法律规定。因朝阳区劳动争议仲裁委员会在法定仲裁期限内未能做出裁决,故依据《劳动争议调解仲裁法》第43条之规定,直接向北京市朝阳区人民法院提起诉讼[49]。

张琦认为,俱乐部的行为已经严重违反了双方约定及法律规定,且停发工资等行为已经做出了终止劳动关系的意思表示,并且张琦继续履行该合同的可能性已经不存在,因此要求解除双方劳动关系,支付2007年11月至2008年10月的工资36000元,经济补偿金30000元,并要求俱乐部为其缴纳2004年12月至今的社会保险等。

庭审中,双方争议的焦点是张琦与奥神俱乐部之间是劳动关系还是商业聘用关系。

张琦的代理人认为，国家体育总局、教育部、公安部、财政部、人事部、劳动和社会保障部六部委于 2007 年 8 月 31 日颁布实施了《运动员聘用暂行办法》，明确规定了运动员实行聘用、培养和退役制度，但该文件主要适用于教育体育行政部门，即全额拨款事业单位聘用运动员的情况，故不应当适用于奥神俱乐部。他指出，奥神俱乐部是一家依法成立的有限公司，属于劳动法上的用人单位，张琦作为劳动者接受俱乐部的管理，根据俱乐部的安排工作，并由俱乐部按月支付工资，因此张琦事实上已成为企业的成员，并为企业提供有偿劳动，双方即建立劳动关系，因此张琦与奥神签订的是劳动合同，双方之间的法律关系属于劳动关系，应受劳动法调整。同时，合同中关于违约金的约定显失公平，与每月 3000 元的工资相比，约定如此高额的违约金，是对运动员进行精神和经济上的胁迫，是以其经济等优势强迫运动员接受这些不公平的条款。

奥神俱乐部与张琦在长期履行合同过程中，每月只支付工资，没有支付过其他奖金和上场费等，而张琦一直都是陪练角色，出国也是在现场做录制和从事杂务，根本没有按照培养一个运动员的方式来培养张琦。经向中国篮协了解，奥神没有在篮协注册，同样张琦也没有被注册为职业运动员，故奥神根本没有与张琦建立一种真正的运动员与俱乐部的关系，双方应当是一种劳动关系。

奥神俱乐部认为，从合同内容看，明确约定了双方的关系是聘用关系，其主要合同条款比如对商业秘密、肖像权等的约定，都是商业条款，因此是具有商业性质的合同，不是劳动合同，不能依据《劳动合同法》进行审理，也不能据此认定解除合同。

据媒体报道，张琦与奥神之间的诉讼在 2009 年终审结束，法院判决双方劳动合同关系终止。但是之后张琦仍然无法上场打球，因为中国篮协并不认可法院终审给出的劳动合同终止判决书，而要奥神的注销证明。无法拿到注销证明的他不能参加中国篮协举办的正式比赛，只能回老家做机票代理，偶尔打打野球挣点外快，而此时的他，正处于一个球员的黄金年龄[50]。

评 析

一、劳动合同还是商业合同

无论我国《劳动合同法》或者《体育法》，都没有提及球员工作合同，更不要说职业球员合同了。因此，关于职业球员工作合同之属性，在理论界和实践部门都存在争议。在理论界，大部分学者认为，球员和俱乐部间的工作合同符合劳动合同的特征[51]。从合同条款看，尽管各个工作合同的名称不同，但具体条款的表述与受我国劳动法调整的劳动合同条款相符，以劳动权利和义务关系为内容，即球员履行竞赛训练劳动义务，向俱乐部提供竞技表演产品，而俱乐部向球员提供工资、奖金、津贴及其他福利待遇；从法理分析看，球员工作合同具备劳动法规定的劳动合同特征，表现为合同主体由特定的俱乐部和球员组成、合同标的是球员的竞赛训练行为、规定有一定的劳动期限、合同目的在于球员竞赛训练过程的实现；……从欧美体育职业化比较发达的国家看，球员与职业体育俱乐部之间的关系也明确为劳动法律关系[52]。从司法实践看，许多球员与俱乐部发生合同纠纷，都采取劳动争议仲裁或司法诉讼解决，裁决适用的均是劳动法律法规，明确认定职业球员是劳动法上的劳动者，与俱乐部之间是劳动关系。如2003年马健诉上海东方篮球俱乐部有限公司劳动合同纠纷案、2004年谢晖诉力帆追薪案、2005年申思状告中远足球俱乐部欠薪案。

但也有学者认为球员和俱乐部间是雇佣关系[53]，强调体育雇佣关系能给合同双方更多的意志自由，从而能有效地保护球员的权益[54]。

在具体判断事实劳动关系的存在时，很多学者强调以使用从属关系为判断基准。认为作为劳动法调整对象的劳动者，从事的不是一般劳动，而是具有从属性的劳动，而"劳动从属性"是由"人的从属性"与"经济的从属性"复合而成。"人的从属性"即"实行劳动的过程中，劳动者处于服从使用者支配的地位，同时劳动时间、地点、内容等由使用者单方决定"；"经济的从属性"是指"劳动者的经济社会地位以及签订契约时契约内容的被决定性等"[55]。

我国以前没有明确劳动关系的判定指标，但学者一般认为，认定劳动关系主要考虑：用人单位与劳动者之间是否实际存在着管理与被管理、指挥与被指挥、监督与被监督的关系；用人单位是否提供了基本的劳动条件，劳动条件包括劳动场所、劳动对象和劳动工具；还可以考虑劳动者提供的劳动是否是用人单位业务的组成部分，用人单位是否向劳动者提供劳动报酬[56]。在《中华人民共和国劳动合同法实施条例（草案）》征求意见稿中第三条规定，"劳动合同法所称劳动关系，是指用人单位招用劳动者为其成员，劳动者在用人单位的管理下，提供由用人单位支付报酬的劳动而产生的权利义务关系。"❶球员和俱乐部之间的关系

---

❶ 国务院法制办公室关于公布《中华人民共和国劳动合同法实施条例（草案）》公开征求意见的通知[EB/OL] 中国政府法制信息网 2008-05-08。但在2009年9月正式公布的实施条例中，该条被删除。《劳动合同法》第二条规定："中华人民共和国境内的企业、个体经济组织、民办非企业单位等组织（以下称用人单位）与劳动者建立劳动关系，订立、履行、变更、解除或者终止劳动合同，适用本法。"

虽然特殊，但是完全可以满足上述标准，是劳动关系，球员与俱乐部的工作合同属于劳动合同。

二、弱势运动员权利需要保障

张琦称，奥神在与球员签订合同时，往往不会事先告诉球员合同的年限，直到球员在合同上签下名字，球队才会将合同细节告知球员。"合同后面还有好几页的附加条件，有些条件根本不符合篮协对合同的规定，并且合同签完之后，球队会将一式两份全部收走，我们球员什么都没有。"在诉讼中，因为手里没有合同原件，张琦只能用球衣、参赛证以及照片证明自己与奥神之间存在劳动合同关系[57]。奥神俱乐部与球员签约时，不告知运动员合同具体细节，便要求运动员签署合同，违反了民法中的诚实信用原则。这种情况在中国体育界并非此一例。而张琦在法院判决与俱乐部解除劳动关系后，仍然不能在篮协恢复自由身份，显示出面对俱乐部和行业协会，运动员是弱势群体，如果没有运动员工会等组织的存在，运动员个体很难与实力强大的俱乐部和协会对抗来维护自身的权利。

三、超长合同显失公正

球员合同的期限一般是以赛季为周期的。美国四大联盟球员与俱乐部的合同期限可以由双方约定，但是不得与劳资协议相关规定相抵触，劳资协议对一些球员的签约年限进行了规定。如NBA劳资协议第9条规定，球员合同最长不超过5个赛季，资格老兵自由球员（Qualifying Veteran Free Agent）与其前队的合同最长不超过6个赛季，新秀合同最长不超过6个赛季[9]。《国际足联球员身份及转会规则（2010）》第18条规定，合同的最短期限应从它生效之日起，直到本赛季结束，而合同最长为5年。只有符合所在国家法律规定，才允许任何其他长度的合同。未满18岁的球员不能签署超过3年的合同。任何指向较长时间的条款不得被认可。

在职业体育中，由于球员的运动生命只有10年左右，单项体育协会应对运动员合同的最长年限做出规定。最长合同期限一般约定为5~6年，以便球员在10年左右的服役期能够拿到高额报酬，对青年球员应约定更短的期限以保护青年球员利益，防止青年球员在处于不利阶段时被俱乐部以低价签下长合同，而无法在自身升值时取得与运动水平匹配的报酬。

四、篮协做法有待商榷

如果真如媒体报道所言，则张琦与奥神之间的诉讼在2009年终审结束，法院判决双方劳动合同关系终止。但是中国篮协并不认可法院终审判决,而要张琦出具奥神的注销证明,奥神不出具注销证明,张琦便不能参加中国篮协举办的正式比赛。作为关系破裂的俱乐部和球员,俱乐部不肯出具注销证明,篮协应审查双方劳动关系是否终止,法院判决完全可以作为依据。以俱乐部未出具注销证明为由拒绝为球员履行相关手续,项目管理机构的做法不利于保护处于弱势地位的球员的利益。

残奥教练员奖金争议案

案 情

2005年8月至2008年9月间,青海体工一大队教练员汪成荣借调到中国残奥管理中心担任教练员,在2008年残奥会上,汪成荣带领参训队员获得3枚金牌1枚银牌。

2011年10月,汪成荣收到中残联打入其个人账户的奖金149.91万元。此后,单位领导与他谈话4次,要求他上报奖金由组织分配。汪成荣未交出奖金,大队12月28日对他做出了停职处理决定,决定下发到各科室、各运动队,并抄送省体育局有关领导和有关处室,也送达了本人。

汪成荣认为,"这明明是中残联给我的个人奖励。如果是让单位分配,怎么会直接打到我的个人账户上呢?在被借调带队之前,青海体工一大队与我从未就奖金分配一事有过任何协议,也没有通知和文件明确奖金如何分配,对于事后上报奖金数额并上交的决定我不能接受,更无法理解单位对我做出的停职处理决定。"[58]

青海省体育工作一大队队长杨海宁在接受采访时表示,单位做出处理决定并非针对汪成荣个人,国家体委、财政部1997年体计财字123号文件《外派体育技术人员生活待遇及其他规定》对派出国外的体育技术人员收入采用分段分成办法,有明确的分成比例,青海省参照这个文件对借调派出人员收入进行管理分配,曾经有参加全国残运会的教练员将4万元奖金上交2.5万元。

中残联除了向青海省体育局发函证实奖金金额外,未对纠纷做出回应。

2012年3月1日,《新京报》记者范遥以《残奥金牌教练拒交奖金停职》为题,报道了青海省体育工作一大队教练员汪成荣参加北京残奥会所获奖金的有关情况,引起了社会的关注。随后,青海省体育工作一大队就《残奥金牌教练拒交奖金停职》报道的有关情况做出了说明:

1. 为了备战 2008 年残奥会，经省残疾人联合会要求，我大队队长办公会研究决定，田径队教练员汪成荣代表省残联参与 2008 残奥会工作，汪成荣此行属单位行为。2007 年 5 月 11 日，经大队办公会研究，在外借期间自 2007 年 1 月 1 日起至 2008 年 4 月止，汪成荣工资（不含通讯费）按 70% 发放（原因是中国残疾人联合会负责他的训练津贴，而且在此以前大队所有外借人员有额外收入，大队均对个人工资有一定比例的扣除，原则是扣除后工资总额要高于本人原工资额）。为了鼓励汪成荣在中残联的工作，2008 年 4 月 28 日大队办公会决定，2008 年 5 月 1 日起汪成荣工资（含通讯费）全额发放，这是大队对他的照顾。2008 年残奥会奖金发放后大队要求他汇报有关情况，这是单位的职责和权利，汪本人作为国家工作人员也有义务向单位如实汇报包括工作表现、奖金收入等方面的真实情况。而且近几年在大学生运动会、农运会、少数民族运动会、城运会等大型运动会上，大队均外派教练员，外派教练员回队后也均向大队做汇报。但汪成荣收到中国残联的奖金后，大队多次找其谈话，要求汇报真实情况，汪的态度一直含糊推诿，不如实汇报奖金数额。在大队掌握了实际奖金为 149.91 万元情况下，汪仍不如实说明情况。

说明：大队于 2012 年 1 月 16 日有意向方案，待大队掌握奖金的真实数额后，按奖金额的 50% 给汪成荣，30% 给辽宁、江苏、云南的教练员及有关参与人员，10% 给青海省残联有关参与人员，10% 给大队后勤、场地及科研人员（队员在多巴国家高原训练基地训练近 200 天，场地及科研人员提供了大量的服务工作）。但因汪始终没有说明真实情况，这一意向方案最终并没有实现。

2. 青海省是欠发达地区，在 2009 年第十一届全运会上，我省在获得一银三铜成绩的情况下，总奖金额也只有 106 万元。在今年全国农运会等行业运动会上，我省也获得较好的成绩，有关教练员均把工作和所获奖金等情况向队里做了汇报，队里给相关部门和人员按贡献大小进行了分配。

在 2008 年北京残奥会上，汪成荣所带运动员均为外省已培养多年的世界优秀运动员，曾在全国和世界比赛中获得过冠军。夺得男子 5000 米、男子 1500 米 T11 级别两金的张振是辽宁省的运动员，获得男子马拉松 T12 级金牌的运动员祁顺是江苏省的选手，获得男子 800 米 T36 级银牌的何称恩是云南省的运动员。从 2005 年至 2008 年，汪成荣分 5 次带队，总计带队时间为 557 天，不足两年，其余大部分时间运动员是在原省份训练。在这 4 枚金、银奖牌中固然有汪成荣的心血，但也包含着原教练员和启蒙教练员以及其他付出辛勤劳动的有关人员的功劳，是大家共同努力的结果。而且众所周知，培养一个世界级的优秀运动员至少需要六七年时间。

评 析

此事的焦点在于青海体工一大队田径队教练员汪成荣参与 2008 残奥会工作，单位认为汪成荣是组织派出去的，并非个人行为，奖金理应交由组织统一分配；汪成荣则认为，成绩是自己取得的，奖金是中残联奖励给他个人的，与单位无涉。

在举国体制的体育制度下，个人绝对服从于集体。每一枚金牌都是举全国体制的产物，奖金分配时相关利益各方都会有所考虑。而个人功绩则相对被弱化，个人对于单位的依附也使其不能或不敢挑战单位的奖金分配制度。汪成荣对于个人利益的追逐挑战了传统的单位做主的竞技体育奖金分配制度。

由于单位对于个体的控制，汪成荣的奖金分配纠纷中，体现了契约精神的缺乏：

1. 汪成荣被中国残奥管理中心聘为教练员的过程中，涉及的三方（中国残奥管理中心、青海体工一大队和汪成荣）未形成具有约束效力的契约。汪成荣被借调的性质并未被厘清，是个人行为还是单位外派行为存在疑问。媒体报道的资料显示，如果程序如青海体工一大队所述，"经省残疾人联合会要求，我大队队长办公会研究决定，田径队教练员汪成荣代表省残联参与 2008 残奥会工作"，此行为更似单位外派行为。

2. 如果此行为是单位外派行为，则应依据相关制度对于奖金进行分配。2008 年国家体育总局以及游泳中心《教练员奖金发放原则》明确规定了"在发放给教练员的奖金中，现任队伍总教练或教练组组长提取奖金的 10%；其余 90%由运动员的主管教练员、助理教练员以及原输送单位教练员，按不同比例分配"。但是，上述"奖金分配机制"仅适用于"分配运动员所获奖金"，而对于单独奖励给教练员的奖金如何分配并未提及。而且，这笔奖金由中残联而非国家体育总局发放，汪成荣不同意按国家体育总局的《发放原则》来处理奖金，而青海省体育局的《外派体育技术人员生活待遇及其他规定》已经作废，目前，对汪成荣这种情况并无相关规定可依。

3. 在现行制度对外派教练员的行为没有规范的情况下，聘用和使用教练员前，对于教练员待遇和奖金分配，应以民事合同的形式签订协议，避免纠纷。在没有制度和协议的情况下，只能协商或诉讼解决，青海体工一大队党委对汪成荣的停职缺乏制度或契约上的依据。

4. 在没有制度规定，也没有约定的情况下，应采取公平的分配原则。如果一项来自有关方面的奖励是直接针对某教练员的，在没有签订分配协议的情况下，理论上应归属教练员个人。但是考虑到作为单位工作人员，汪成荣是青海体工一大队田径队教练员，参与2008残奥会工作期间，"经大队办公会研究，在外借期间自2007年1月1日起至2008年4月止，汪成荣工资（不含通讯费）按70%发放；2008年5月1日起汪成荣工资（含通讯费）全额发放"，汪成荣仍然享受了单位的工资待遇，而且在中残联借调期间，长期不能替本单位履职，在此期间获得的收益，单位从中提取一部分，也有其合理性。

艾冬梅等诉王德显及火车头体协侵犯财产案

案　情

1995年11月，艾冬梅和郭萍进入中国火车头体工队进行马拉松专业训练，教练员为火车头体工队中长跑教练员王德显，他曾培养出栗娟、黎叶梅、艾冬梅、孙英杰和邢慧娜等著名选手。其后，艾冬梅等先后参加了北京国际马拉松、波士顿马拉松和韩国马拉松等系列国际赛事，艾冬梅在1999年取得了北京国际马拉松冠军和千叶日本公路接力赛等三项冠军。

艾冬梅称，王德显作为火车头体工队的教练员，在执教艾冬梅和郭萍进行马拉松专业训练期间，以她们年龄较小为由，将单位给她们发工资的中国工商银行存折代为保管。1999年前，她从未领取过体工队的工资。经向体工队工作人员咨询，她得知当时自己每月工资近1000元，退役后工资也有七八百元，均是通过王德显替她们保管的工行存折发放的。

2002年10月，艾冬梅从王德显处拿回了自己的工资存折，里面的余额仅有2619元，有2万元被取走。艾冬梅于2003年退役。2004年，离队2年的郭萍才拿到了工资存折，里面只有7000块钱，有2.1万元被擅自取走。"我们的工资卡一直保存在他那儿，除了他还能有谁取走我们的钱。"

2006年3月，生活艰难的艾冬梅等到火车头体工队询问自己退役后的工作着落，却发现她们在财务室内还留有一张农行存折的记录。经询问得知这是火车头体工队每月发放的训练费，在她们退役后仍继续发放，已有近5年之久，而她们对此却毫不知情。在多方寻找这张农行存折无果的情况下，2006年9月12日，艾冬梅和郭萍携带身份证到农行将存折挂失。补办存折后发现，卡里都只剩6000元。会计说，以前这些训练费是以现金形式发到教练员手里，然后再由教练员按队员训练情况分别发放到队员手里。为了防止教练员私吞,2000年9月火车头体工队将下发方式改成银行卡的形式[59]。

她们认为自己的工资被王德显擅自取走。"我在体工队干了8年,现在不但落了个残疾,生活都没有保证……"艾冬梅说。她和郭萍仍是火车头体工队的职工,但每月收入微薄。她们说由于多年运动生涯给身体带来的伤病,她们没有能力寻找其他经济来源,没想到多年辛苦的血汗钱竟在自己教练员手中大幅缩水[60]。此时的艾冬梅靠摆地摊为生。

2006年9月18日,艾冬梅、郭萍、李娟向火车头体工队提交了律师函,并且以昔日教练员王德显侵占财产为由向北京海淀区法院提起民事诉讼,索赔23万元[61]。

9月21日,海淀法院受理此案。由于涉及运动员管理及运动员退役后生活保障等敏感话题,此案立案后受到多家新闻媒体的关注。

11月9日,北京市海淀法院复兴路法庭对本案进行第一次庭审。孙英杰向法庭出示了证明信。

11月27日,北京市海淀法院复兴路法庭对本案第二次庭审。此次交换证据过程中原告提交了几份新的证据,其中包括孙英杰父母有关女儿受到火车头体协威胁不许做证的录音、艾冬梅的队友和丈夫的证词等。原告还决定将火车头体协追加为被告,理由是:1999年5月至2006年6月期间,火车头体工队在未经艾冬梅等人授权的情况下将其财产权益交给王德显,王德显又将上述款项占为己有,属于未经所有人同意的冒领行为,因此,火车头体工队和王德显构成共同侵权。同时又因火车头体工队将上述款项交给王德显之后不履行监管权,未监督王德显将款项交给其所有人,导致王德显给艾冬梅等人在生活上和精神上造成极大痛苦,为此要求其承担连带赔偿责任[62]。

2007年4月7日,艾冬梅为了生计以千元、百元不等的价格出售自己获得的奖牌。在艾冬梅等诉讼过程中,王德显的队员孙英杰自爆被王德显毒打内幕,王德显用皮带抽打孙英杰,致其浑身是伤,整整一周没办法洗澡,衣服也脱不下,甚至锁骨被打裂[63]。

和 解

6月18日上午,三原告及委托代理人在火车头体工队领导陪同下来到法院,称在火车头体工队的调解下与王德显达成和解,以"经过多方协商及本人慎重考虑"为由向法院提出撤诉请求,承办法官口头裁定同意了原告的撤诉请求,并办理了撤诉手续[64]。据知情人透露，火车头体协和王德显满足了23万元的赔偿金额，艾冬梅从中能拿到11万元、郭萍9万元、李娟3万元。此外，火车头体协还拿出几万元钱给艾冬梅等，作为奖金的补偿[65]。艾冬梅等人的律师称："能达成协议，显然是火车头体协领导对王德显做了大量工作，甚至不惜采用了一些高压政策，双方才能达成和解。"据介绍，全部赔偿是以火车头体协和王德显的名义共同支付的，具体比例不详[66]。

评 析

火车头体协是隶属铁道部的行业体育协会，火车头体工队是其中负责竞技体育的体育工作队。目前我国一些体工队的管理相对松散，队里拨给每位教练员一定的选材名额，完全由教练员挑选队员，运动员往往尚未成年，教练员负责他们的训练、日常生活、教育等各个方面，教练员往往与运动员同吃同住。而运动员、教练员的工资、奖金和生活津贴则由体工队负担。火车头体工队大院位于北京大兴，但教练员常常带着自己的队员到更合适的地方去训练。这种松散管理的结果就是训练分散在全国各地，教练员在队员年龄小时统管一切，充当了家长的角色。时日一久，有些教练员自然地就将队员视为自己的私人财产，动辄体罚。时任田管中心主任罗超毅承认这个现象的普遍性，"中长跑运动存在教练员个体户现象。队伍会在一些偏远的地方训练，长此以往带来一些家长制的作风，对运动员不尊重，甚至打骂。"[67] 而且，由于队员年龄尚小，队员的工资和奖金也常常掌握在教练员手中。

艾冬梅等接受采访时表示："在队里，我们一个月才100元零花钱，没有任何工资。有时候是两个月一给，只有在过年过节或者一些大的比赛的时候才领过三五百元钱。这些年来，500元以上的钱我只从队里拿过一次2万元，还是给我治疗脚伤的。……我们曾在火车头体工队女子马拉松队训练了七八年，为国家取得不少成绩，但退役之后，王德显……为我们保管的工资和奖金都以支付训练费及营养费为由拒绝归还。"王德显在接受采访时还就徒弟们对他金钱上的指责进行了辩护。他解释了火车头体工大队的投入，表示每年体工大队只给自己每个队员的工资、伙食费、火车交通费、住宿费。而运动员所需的必要的营养费则只在大型比赛前，如全运会或者奥运会、亚运会前才会有。而自己为了祖国的荣誉，提高女子中长跑的水平，要给队员加强营养，需要吃一些营养补剂，这些钱只能自己出，并且在得到了运动员们的同意后，从她们的工资和奖金中支出，这些队员们也是首肯的。王德显表示，他在队里的每一笔营养费支出都让艾冬梅和郭萍签了字[68]。而队员们则声称，在签任何合同、单据时，她们从来都不被告知合同的具体内容和它到底意味着什么[69]。

在市场经济体制下，这种仅依赖感情或权威维系的体育行业师徒关系，在利益出现时常常不堪一击。师徒反目并非王德显与艾冬梅独有，也非田径项目独有。1994年底，包括王军霞在内的几乎全体"马家军"弟子集体"叛逃"退出辽宁中长跑队，原因如出一辙，是教练员马俊仁家长制专横管理，动辄打骂；运动员要求分奖金未果[70]。

本案的案情并不复杂，如果真的如王德显所言，火车头体协的投入不足以支付培养世界冠军的投入，教练员和运动员都愿意以自己的工资投入训练，以期取得更好成绩，那么教练员、运动员、未成年运动员家长和相关各方完全可以对各方的投入和取得成绩后的奖金分配进行约定，以契约的方式规定下来，而不是采用偷着取出和扣留运动员工资的方式。

本案对体育行业最大价值在于体育管理部门对于运动队的工作程序、运动队管理方式的规范，以及体育中教练员运动员关系的法律规范。

参考文献

[1] 张勇（足球运动员）[EB/OL]，维基百科http：//zh.wikipedia.org/wiki/张勇_（足球运动员）.

[2] 球员状告球队冲甲旧账胜诉 联城付张勇10万奖金[EB/OL]. 搜狐体育, http：//sports.sohu.com/20060714/n244260969.shtml.

[3] 李鸿光. 球员张勇向联城索要10万"冲甲"奖金胜诉[EB/OL]. 中国法院网, http：//old.chinacourt.org/public/detail.php?id=211362.

[4] 吴艳燕. 球员张勇与上海联城劳动争议达成和解[EB/OL]. 中国法院网, http：//old.chinacourt.org/html/article/200611/22/224516.shtml.

[5] 联城球员讨薪案有望和解 张勇称只要条件满意就签字[EB/OL]. 东方体育日报, http：//sports.eastday.com/eastday/sports/node72135/node121211/node121212/node121228/node121230/u1a2440519.Shtml.

[6] 被疑打假突然遭三停 讨公道卞军状告联城开庭[EB/OL]. 腾讯体育, http：//sports.qq.com/a/20061113/000428.htm.

[7] 欠薪揭出黑色的合同秘密[EB/OL]. 网易新闻, http：//sports.163.com/06/1128/16/311EQVKK0005227R.html.

[8] 晓艳.欠薪风波有结果 一审判决联城向卞军支付4.5万[EB/OL].新华网,http://big5.xinhuanet.com/gate/big5/news.xinhuanet.com/sports/2007-01/23/content_5641597.htm.

[9] National Basketball Association Collective Bargaining Agreement Art. XI (2005) [EB/OL] http://www.nbpa.org/sites/default/files/ARTICLE% 20X.pdf.

[10] Football Federation Australia Limited 2011 Professional Player Contract,http://www.footballaustralia.com.au/site/_content/document/00000242-source.pdf.

[11] 媒曝鲁能已与里卡多解约 未达出场率提前解除合同[EB/OL].山东新闻网-山东商报,http://sports.sina.com.cn,2012-01-06.

[12] 国际体育法庭一纸裁决发下申花输掉佩特官司[EB/OL].东方体育日报,httP:j/news.sPortscn.cocll093/1093476.htm.

[13] 申花默认败诉 翻案难上加难 百万美元买来教训.[EB/OL].人民日报,http://www.people.com.cn/GB/2/57/280/4207592.html.

[14] 专家称申花赔付是败笔 中国足球诉讼亏2500万[EB/OL].新浪体育,http://sports.sina.com.cn/j/2006-03-17/13242107331.shtml.

[15] 参考"转会孰是孰非——探究申花与佩特"疑义问答"[EB/OL].搜狐体育,http://sports.sohu.com/2004/04/26/72/news219957279.shtml

[16] 转会纠纷孰是孰非探究申花与佩特"疑义问答"[EB/OL].搜狐体育,http://sports.sohu.com/2004/04/26/72/news219957279.shtml.

[17] http://www.fifa.com/aboutfifa/organisation/footballgovernance/disputeresolutionsystem/disputeresolutionchamber/index.html.

[18] 本森状告山西欠薪胜诉 国际篮联仲裁委下发裁决书[EB/OL].新浪体育,http://sports.sina.com.cn/cba/2010-09-22/10565214001.shtml.

[19] 山西男篮怀疑外援改动合同俱乐部誓讨说法[EB/OL].人民网,http://sports.people.com.cn/GB/22149/22150/78797/12825564.html.

[20] 宋翔.本森欠薪案山西队成功翻案 撤销赔偿经济公司罚款[EB/OL].北京青年报,http://sports.sina.com.cn/cba/2011-05-13/11295574648.shtml.

[21] BAT 0082/10(Benson,Paris v/ Shanxi Zhongyu PBC).

[22] 王亭喜.足球运动员的隐性收入与税收流失[EB/OL].中国税务报,http://club.topsage.com/forum.php?mod=viewthread&tid=66867.

[23] 黄世席.国际篮联仲裁制度研究[J].天津体育学院学报,2010(5).

[24] 李琛.迪克森钻的就是这个空子 篮协官方合同不敌山寨版[EB/OL].杭州日报,http://news.xinmin.cn/rollnews/2009/09/09/2519777.html.

[25] 广厦尊重仲裁同意还钱 将向篮协起诉欺诈行为[EB/OL].北京晨报,http://sports.qq.com/a/20090913/000200.htm.

[26] FAT 0032/09(Dixon, Fox v/ Zhe Jian Guan Sha BC).

[27] 刘志向.欠债还钱 辽足这回认栽了[EB/OL].辽沈晚报,http://ent.sina.com.cnhttp://ent.sina.com.cn/2004-07-10/0040439182.html.

[28] 南京有有队员穿特制服装讨薪 俱乐部共欠薪800万[EB/OL].网易体育,http://sports.163.com/12/0406/00/7UC8IRDF00051C8L.html.

[29] 南京市足协称力量有限 拒为有有俱乐部欠薪埋单[EB/OL].网易体育,http://sports.163.com/12/0406/00/7UC8T7OF00051C8L.html.

[30] 贾蕾仕.天津新军恐被罚6分 拖欠球队原东家500万未付[EB/OL].腾讯体育,http://sports.qq.com/a/20110411/000304.htm.

[31] 润宇隆球员讨薪罢训 外援声称将上诉至国际足联[EB/OL].网易体育,http://sports.163.com/11/0429/10/72Q6KL4400051C8L.html.

[32] 法院正式受理润宇隆欠款案 涉嫌欺诈或遭扣分处罚[EB/OL].网易体育,http://sports.163.com/11/0503/08/73495FSA00051C89.html.

[33] 告别天津润宇隆前景难测[EB/OL].网易体育,http://news.163.com/11/0712/08/78OESIIU00014AED.html.

[34] 润宇隆正式更名为沈阳沈北荣盛 拖欠工资引球员不满[EB/OL].新浪体育,http://sports.sina.com.cn/b/2011-07-30/10175681540.shtml.

[35] 深足欠薪案终审判决 球员法律维权讨回近300万[EB/OL].搜狐体育,http://sports.sohu.com/20101204/n278097944.shtml.

[36] (2010)深中法民六终字第5816-5831号民事判决书.

[37] "深足欠薪案"终审足协败诉 短期内难真正解决[EB/OL].搜狐体育,http://sports.sohu.com/20101205/n278099803.shtml.

[38] 原红河俱乐部董事长三宗罪 涉嫌贪污或被判无期[EB/OL].昆明信息港-昆明日报,http://sports.sohu.com/20101026/n276493538.shtml.

[39] 云南红河队员集体上书篮协 讨要一个赛季薪水[EB/OL].新浪体育,http://sports.sina.com.cn/cba/2009-05-27/15454402371.shtml.

[40] 云南球员只领到1/3工资 津贴奖金保险也被拖欠[EB/OL].搜狐体育,http://news.sohu.com/20090605/n264355943.shtml.

[41] 云南男篮欠薪被停赛一年 篮协掏红牌CBA剩17队[EB/OL].http://www.china.com.cn/sports/txt/2009-11-27/content_18962078.htm.

[42] 云南苦撑5年终告别CBA 俱乐部已不存在留亿元债务 [EB/OL]. 篮球先锋报，http：//sports.sina.com.cn/cba/2010-09-16/10275204241.shtm.

[43] 欠薪问题长期不解决 云南俱乐部被逐出CBA联赛 [EB/OL]. http：//sports.enorth.com.cn/system/2010/09/16/005108937.shtml.

[44] 红河奔牛公司原董事长韩志昆一审获刑20年 [EB/OL]. http：//www.hinews.cn/news/system/2010/12/17/011699886.shtml.

[45] 饶勇. 云南苦撑5年告别CBA 俱乐部已不存在留亿元债务 [N]. 篮球先锋报，2010-09-16.

[46] CBA云南红河欠薪事件大回顾 造血功能缺失是原罪 [EB/OL]. 体坛网 钱江晚报，http：//basketball.titan24.com/2009-09-25/43398_3.html.

[47] 邹鑫. 云南球员上书篮协讨薪 联赛结束数月工资还没到手 [EB/OL]. 现代金报，2009-05-27，http：//sports.sina.com.cn.

[48] 奥神篮球俱乐部向离队运动员索赔天价 [EB/OL]. 中顾劳动纠纷网，http：//news.9ask.cn/ldjf/laodongjiufenanli/ldhtfal/200907/200222.html.

[49] 职业球员张琦状告北京奥神 [EB/OL]. 中国法院网，http：//old.chinacourt.org/html/article/200812/09/334601.shtml.

[50] 奥神球员16年合同难离开 篮协不认法院判决书 [EB/OL] 腾讯体育，http：//sports.qq.com/a/20130604/012135.htm.

[51] 王存忠. 对运动员转会行为的法律调整 [J]. 山东体育学院学报，1996，(4)：17.

[52] 韩新君. 职业运动员工作合同法律问题的探讨 [J]. 天津体育学院学报，2006，21（3）.

[53] 梁慧星. 中国是否需要体育产业法 [N]. 市场报，2001.11.15（8）.

[54] 蔡晓卫，唐闻捷. 体育雇佣关系的定位和法律调整模式 [J]. 北京体育大学学报，2005，(9)：1168.

[55] 职业运动员的劳动者性质及其法律保障 [EB/OL]. 中华文本库，http：//www.chinadmd.com/file/ip6ox3o3spxrcxausotsepza_1.html.

[56] 安宁关于劳动争议的"争议"——全国部分城市劳动争议审判实务研讨会述要 [EB/OL]. 新闻148.http：//www.148china.com/webbak/ReadNews.asp?NewsID=2074.

[57] 奥神球员16年合同难离开 篮协不认法院判决 [EB/OL]. 腾讯体育，http：//sports.qq.com/a/20130604/012135.htm.

[58] 残奥冠军教练拒交奖金遭停职 [EB/OL]. 新浪网, http://news.sina.com.cn/c/sd/2012-03-16/120224126156.shtml.

[59] 许江. 艾冬梅 VS 王德显 透视中国竞技体育体制的弊端 [J]. 三月风, 2007（1）.

[60] 傅沙沙, 向芳. 孙英杰队友告教练侵占工资 要求返还 12 万元 [EB/OL]. 京华时报, http://news.sohu.com/20060919/n245408923.shtml.

[61] 艾冬梅同火车头体协达成和解 王德显称对官司不知情 [EB/OL]. 北京娱乐信报, http://sports.sina.com.cn/o/2007-06-19/01402990375.shtml.

[62] 火体协弄巧成拙也成被告 王德显一案延期再审 [EB/OL]. 搜狐体育, http://sports.sohu.com/20061128/n246671639.shtml.

[63] 王俊. 孙英杰自爆顶撞师母遭王德显毒打 一鞭打裂锁骨 [EB/OL]. 燕赵都市报, http://news.sohu.com/20061011/n245722121.shtml.

[64] 范静女弟子告王德显侵占财产案庭外和解 [EB/OL]. 中国法院网, http://bjgy.chinacourt.org/.

[65] 30 万赔偿艾冬梅与王德显和解 走出法庭深感兴奋 [EB/OL]. 四川在线－华西都市报, http://sports.sina.com.cn/o/2007-06-19/08402990830.shtml.

[66] 艾冬梅状告王德显案和解内幕 [EB/OL]. 扬子晚报, http://xt.hnol.net/ArticleContent/20076/200762211144510.html.

[67] 王德显被告："家长制"不管用了 [EB/OL]. 中国新闻网, http://www.chinanews.com/ty/jdpl/news/2006/11-21/824112.shtml.

[68] 王德显老泪纵横否认一切指责 艾冬梅愤怒指责谎言 [EB/OL]. 杭州网, http://www.hangzhou.com.cn/20060801/ca1220337.htm.

[69] 艾冬梅 VS 王德显 透视中国竞技体育体制的弊端 [J]. 三月风, 2007（1）.

[70] 王德显被告："家长制"不管用了 [EB/OL]. 中国新闻网, http://www.chinanews.com/ty/jdpl/news/2006/11-21/824112.shtml.

第三章 体育工作合同——归属与转会争议

戴琳转会争议案

案 情

2008年赛季结束后，辽宁队降级，戴琳提出转会，但由于400万的挂牌身价，未能在中超转会截止日前完成转会。此时辽宁俱乐部又发生强迫球员签低薪长合约等事件，导致戴琳表示无论如何都不会再返回辽宁俱乐部。

2009年初，波黑斯拉维亚俱乐部通过波黑足协向中国足协发来关于原辽足注册球员戴琳的国际转会申请，辽足俱乐部本来不希望戴琳转会，但是根据国际足联的《运动员身份与转会规则》，辽宁足球俱乐部和中国足球协会都无法阻止戴琳国际转会。

2009年2月28日，戴琳与波黑萨拉热窝斯拉维亚俱乐部签订了3个月短期合同，合同到2009年4月下旬期满。中国足协为戴琳开出了国际转会证明，戴琳以自由人身份转会波黑，成为继周海滨、冯潇霆之后第三位以免费转会形式离开中国的国字号球员。

不过由于加盟波黑球队时联赛已经临近结束，戴琳并未代表球队出赛。

2009年7月，中国足球夏季的二次转会开启，戴琳又申请转会回到中国联赛加盟上海申花。2009年7月10日，戴琳现身申花基地，开始随队训练，辽足就戴琳转会问题与申花争执不休，辽宁俱乐部认为戴琳利用国际转会，跳过中国足球内部无合同球员仍30个月不得转会的规定。申花与斯拉维亚报给中国足协的戴琳转会价格居然不足50万元。此前申花就曾经想引进戴琳，但是当时辽足的要价是200万元，而申花没有接受这个报价[1]。

裁决

2009年7月18日，足协最终批准戴琳转会[2]。多家中超俱乐部认为这种做法违反规则，但中国足协认为，这一转会完全符合现代国际足球规则："中国足协长期以来，非常重视我国职业足球的法制化建设，不断修改和完善各项规定。今年初，针对国际足联2008版《运动员身份及转会规定》的执行，我们专门成立了'注册、转会'规定修改工作小组，制定了修改方案和工作进度，目前已经完成部分调研工作，就修改的具体内容，与相关方面进行了进一步深入探讨，力求逐步完善。国际足联的政策调整，是建立在欧洲较成熟的职业足球体系基础上的，也是为了平衡俱乐部与运动员的关系，形成规范管理的指导意见；而我们处于职业足球发展初期，需要根据国际足联的要求，并结合我们自身的发展进程，不断完善各项规定，目的也是维护俱乐部和运动员双方的权益，为中国职业足球形成有序和可持续发展奠定基础。此次戴琳的转会情况，符合国际足联的国际转会规定，我们同意其转回国内。但我们更主张在中国足球发展的进程中，各方的权益需要各方面共同努力维护，不能因为一方需要，影响整体有序的进程。我们需要在制度建设上加快步伐，有关'注册、转会'规定的修改工作将在年内完成。"[3]

评　析

1. 中国足协制定的转会制度尚未与国际接轨，按照中国足协转会规定，俱乐部在球员结束合同之后的30个月内，仍对该球员有第一选择权；而按照国际足联的规定，合同期满就意味着球员是自由球员了。"30个月"归属期的规定使合同到期球员无法自由转会，球员只好"曲线救国"，维护自身权益。

2. 戴琳转会申花时还不到23岁，按照国际足联《运动员身份与转会规则》第七章第20条及其附则4的相关规定，俱乐部引进23岁以下球员，须向原俱乐部支付培养费。戴琳在辽足效力5年，辽足应该得到5年的培养费，这笔费用应该由斯拉维亚俱乐部支付。国际足联《运动员身份与转会规则》第七章第21条及附则5"联合机制"规定，戴琳转会的新俱乐部上海申花应支付辽足相应的联合机制费用。辽宁足球俱乐部可以向斯拉维亚俱乐部要求戴琳的训练补偿费，向上海申花要求支付联合机制费用。

蒋兴权与浙江万马合同争议案

案　情

2007年6月，浙江万马主教练蒋兴权以在杭州治疗影响球队训练、生活起居不便和家庭压力为由,向万马俱乐部提出希望能够回辽宁老家养病。考虑到蒋兴权年事已高,万马俱乐部同意其回辽宁老家养病。

7月17日,新疆广汇俱乐部宣布蒋兴权正式加盟新疆。万马俱乐部老总王志刚到篮管中心多次,认为此事对浙江很不公平,影响很坏,要篮管中心为他们做主,并提出了几个条件:第一,老蒋走可以,但最好哪家俱乐部都别去;第二,实在要去新疆也不能当主教练,不能坐球队席;第三,新疆俱乐部要是肯给万马100万元作为赔偿,这事也好商量[4]。

8月,在CBA各俱乐部将本赛季参赛名单呈递给联赛办公室时,浙江万马和新疆广汇的名单中,主教练是同一个人——蒋兴权。浙江宣称他们与蒋兴权的合同还有一年,而新疆表示已经和蒋兴权签下了两年的合同。

9月10日,中国篮协在新闻通气会上宣布"给蒋兴权在新疆广汇俱乐部注册"。

9月11日,浙江万马篮球俱乐部在杭州召开新闻发布会,公布了双方纠纷的部分细节,并公开指责中国篮协在处理此事中有失公平,做出了"一个不负责任和有失公正的决定"。并呼吁:CBA联赛各俱乐部、教练员以及球员都应信守承诺、践行合同约定,为整个CBA联赛以及中国篮球创造一个公平、公正、和谐的环境。在声明中,万马俱乐部对未支付蒋兴权工资进行了详细说明:"6月7日,蒋兴权返回辽宁。在蒋兴权离开前,我俱乐部总经理王志刚代表俱乐部向其陈述了以下几点意见:第一,希望蒋兴权指导积极治疗,尽早康复;第二,在养病期间,双方合同并未终止的情况下,希望蒋兴权不要前往CBA其他俱乐部做顾问、执教;第三,在养病期间,万马俱乐部将继续支付蒋兴权的所有工资以及医疗费用。但蒋兴权当时明确表示:由于自己在养病期间并不带队训练,没有进行工作,因此不能继续领取万马俱乐部支付的工资和奖金,关于薪资问题,等他回来之后再说。出于对蒋兴权个人意愿的尊重,我俱乐部在研究后同意暂时停止支付其工资、奖金。自始至终,蒋兴权都未向我俱乐部表示过要去新疆执教。"

9月11日下午,蒋兴权也通过《沈阳晚报》及网站公开了自己签约新疆的前因后果。

9月19日,为解决混乱的局面,篮协综合部宣布了《浙江万马与蒋兴权劳动合同争议处理情况说明》:

"首先,我们对浙江万马俱乐部不顾联赛大局、公开指责中国篮协的做法提出批评。中国篮协作为联赛的主办单位及管理机构,一直把稳步发展篮球运动、维护联赛整体利益放在首位,依法、妥善处理联赛中出现的各种问题,工作中力争做到有理、有据、有节。中国篮协有关蒋兴权注册问题的处理意见,是在积极促成双方之间的妥协、和解的各种努力无效之后,根据全面调查的结果,广泛征求各方意见,依照《劳动法》及《合同法》的有关规定所做出的。这里根本不存在什么'不负责任的问题'。"

有关双方合同纠纷的基本情况可以简要归纳如下:

蒋兴权于2006年2月10日和浙江万马俱乐部签署了为期2年的聘用合同,时间从2006年2月10日至2008年2月10日。蒋兴权称,在2007年春节前后曾经向浙江万马俱乐部提出过要结束在浙江执教;3月25日,在结束休假从沈阳返回浙江时,蒋兴权在从机场前往俱乐部途中再次向来迎接的俱乐部总经理王志刚提出,因腰病严重要离开浙江的想法;6月4日,蒋兴权再次向浙江万马集团老板、董事长、总经理正式提出离开浙江的请求。6月5日,王志刚打电话给蒋兴权说同意其离开。但浙江万马俱乐部称,蒋兴权的请求一直没有被同意。双方在是否已经口头解约问题上存在严重分歧。在此问题上,因双方没有任何书面材料,我们认为:双方的观点均不能作为判断事实的最终依据。

尽管如此,当事双方都确认的事实是:蒋兴权在离开浙江与新疆广汇正式签约之前,浙江万马俱乐部即停发了蒋兴权的工资和奖金,没有继续向蒋兴权的银行卡里汇款。这一点,万马俱乐部总经理王志刚也承认。在此,我们不妨节选一些万马俱乐部声明中的内容:

"3月25日,时任浙江万马男篮总教练的蒋兴权结束休假从沈阳返回杭州。在从机场返回万马俱乐部的途中,蒋兴权突然向万马俱乐部总经理王志刚提出,出于球队长远发展考虑,培养年轻教练郑武,希望提前一年终止自己与万马俱乐部的合同……

"4月底,就在蒋兴权在杭州治疗期间,新疆媒体爆出新疆广汇正与蒋兴权接触。在得知这一消息后,王志刚总经理在4月25日于北京召开的联赛总结会议上向新疆广汇俱乐部董事长侯伟求证此事,后者证实,新疆方面确实在与蒋兴权接洽……

"出于对蒋兴权个人意愿的尊重,我俱乐部在研究后同意暂时停止支付其工资、奖金。……"

2007年8月底,浙江万马、新疆广汇两个俱乐部均申请为蒋兴权注册,并提供了聘用合同。万马俱乐部出具的是蒋兴权与俱乐部2006年8月10日至2008年2月10日的聘用合同,新疆广汇俱乐部出具的是蒋兴权与俱乐部2007

年8月1日至2011年8月1日的聘用合同。新赛季联赛将于10月27日开始，联赛的各项准备工作正在紧张地进行。在此情况下，中国篮协必须对各种悬而未决的问题做出决定。中国篮协做出决定的基本依据是《中华人民共和国劳动法》。《劳动法》第三十二条规定，"用人单位未按照劳动合同约定支付劳动报酬或者提供劳动条件的"，"劳动者可以随时通知用人单位解除劳动合同"。浙江万马在明知蒋兴权在与新疆广汇接洽的情况下，依然决定停止支付其工资、奖金，这为蒋兴权"单方面"拒绝履行或提前解除劳动合同提供了条件。浙江万马作为用人单位，没有严格履行合同是导致其利益受损的根本原因。按照现行法律法规以及中国篮协的管理规定，我们没有任何理由剥夺蒋兴权作为教练员进行工作的权力。因此，我们做出了同意蒋兴权在新疆广汇俱乐部注册的决定。

依照我国法律，劳动合同纠纷的最后裁决机构是人民法院。如果浙江万马坚持认为蒋兴权单方面违约，我们赞成浙江万马将相关争议提交人民法院予以裁决，中国篮协和争议各方都应遵守法院的生效裁决。

评 析

首先，蒋兴权宣称由于浙江万马违约，自己的合同已解除，有其法津依据。根据劳动法第三十二条第3款的规定：用人单位未按照劳动合同约定支付劳动报酬或者提供劳动条件的，劳动者可以随时通知用人单位解除劳动合同。该法第五十条规定：工资应当以货币形式按月支付给劳动者本人，用人单位未按月支付工资也成为劳动者单方解约的法定抗辩理由。本案中，蒋兴权已经数月未收到浙江万马的工资，这种抗辩在形式上已经成立。同时，我们也应当注意到，体育行业不同于一般的社会职业。体育赛事或者职业体育联赛受到赛制、运动周期和自然气候等制约，从事体育职业不仅不是终生的事务，有时也不是全年度的工作，因此，对体育行业中的工资问题作为一种特殊问题处理更为妥当[5]。

其次，浙江万马俱乐部主张由新疆广汇俱乐部支付赔偿金，而非由违约教练员支付违约金。如果想由新疆广汇俱乐部支付赔偿金，则应看国际篮联、中国篮协、CBA是否有"引诱教练员跳槽的俱乐部应受处罚"的条款。同时，还要看新疆俱乐部是否引诱了合同在身的蒋兴权，与蒋兴权接洽时蒋兴权是否处于合同在身状态。

第三，本案的最大争议在于蒋兴权当时离开浙江万马时，万马到底是否知晓和同意蒋兴权要走的问题，双方各执一词，而没有书面证据确认。如果万马俱乐部足够谨慎,可与蒋兴权签署书面协议,约定在蒋兴权养伤期间不能接触其他球队;而如果万马俱乐部同意蒋兴权离开,蒋兴权也应要求俱乐部出具书面材料,或者召开新闻发布会,公布自己已与万马解除合同。

最后,我国缺乏体育仲裁机构对此类纠纷进行救济是最大的缺陷。当事人即使对篮协裁决不满,鉴于诉讼程序时间长,一般不会诉至法院。如果我国建立起自己的体育仲裁机构,则对篮协裁决不满可以到仲裁机构申诉,为当事人提供救济,可以将纠纷化解在体育行业中,有利于争端解决。

王栋与亚泰合同纠纷案

案 情

长春亚泰俱乐部球员王栋 2001 年升入亚泰一队,之后为俱乐部效力 12 年,出场 155 次。王栋一直是亚泰进攻核心之一,2005 年入选国家队,2007 年助亚泰夺得联赛冠军。

2009 年,王栋欲以自由球员身份转会澳超纽卡斯尔俱乐部。王栋称自己与长春亚泰的合同已经于 2008 年 12 月结束,亚泰则认为王栋合同尚未到期。具体争议的缘由是:亚泰俱乐部提交了 2007 年与王栋签署过一份为期 5 年的合同,到 2011 年 12 月 31 日终止,但这份合同未在足协备案;2008 年初,双方又签订了一份为期一年的工作合同,这份合同在中国足协进行了备案;2009 年初,俱乐部在足协为王栋注册、报名的合同为期一年。

2007 年、2008 年、2009 年的三份合同,到底以哪一份为准?球员和俱乐部一致承认 2008 年签订的工作合同真实、有效。但亚泰坚称 2007 年签订的 5 年合同为主,其他合同是"子合同",王栋认为从未签过 5 年合同。亚泰俱乐部承认 2009 年为王栋注册、报名用的合同是俱乐部技术部自造的。

双方申诉至中国足协,中国足协希望双方能够通过协商自行解决。但在协调期过后,王栋和亚泰俱乐部都不肯让步。亚泰力主执行 2007 年签下的合同版本,王栋仍应受到 5 年合同期的约束;王栋本人则坚持认为,2008 年与俱乐部签下的一年期合同才真正具有法律效力。

2009 年 8 月 17 日,在中国足协仲裁委员会,王栋和亚泰俱乐部双方争论的焦点是亚泰俱乐部出具的 5 年合同有效还是在中国足协备案的 2008 年工作合同有效的问题。

亚泰俱乐部认为，俱乐部和王栋在2007年签订了5年合同，并签订了2007年的附加协议，协商规定以后签订的工作合同只是为了涨工资和到中国足协注册用。

王栋则认为，2008年签署的是一份正式的工作合同，而且合同内容和2007年有很大的不同，双方自愿签订这份内容变更很大的合同，应该是对2007年合同的变更，2007年合同自动终止。而且，亚泰俱乐部在2008年又和球员签订了2008年的附加协议，2007年的附加协议也会自动失效。否则，一个球员拥有那么多的合同和数份附加协议不合情理。按照相关法律、法规规定，一个劳动者和同一个单位只能有一份正式的工作合同，其他约定只能以补充协议的形式出现。亚泰俱乐部称2008年的正式工作合同是为了涨工资和注册用的，这根本就不符合相关规定，如果仅仅是变更工资，可以用附加条款的方式，而不用签一份正式合同。至于注册，亚泰应该用2007年那份他们认为5年有效的正式合同，而不必每年递交一份。

王栋还指出，在亚泰提交的2007年版本的合同里，有一条中国足协制定的条款，如果俱乐部拖欠球员3个月以上工资，球员有权与俱乐部解除合同。2008年中国足协出台的球员转会规则也规定，如果俱乐部拖欠球员工资超过5个月，球员在经中国足协仲裁委员会确认事实之后，可成为自由球员。从2009年1月至8月17日，亚泰只给王栋的工资卡打了两次钱，一次是1月，一次是5月。其中，1月发放的钱是俱乐部拖欠王栋的2008年相关工资和比赛奖金。5月份发放的钱王栋一方始终没有弄明白是什么钱。因为俱乐部声称王栋2009年的工资接近百万，这笔连5万都不到的月薪显然和俱乐部所说有很大差距。如果5月份的钱看作是4月份的工资，那么1、2、3、5、6、7共6个月的工资到8月17日都不见踪影。仅因为超过5个月未发工资就能够让自己和俱乐部解除合同。亚泰俱乐部称因为王栋没有请假就去养伤，没有和王栋签订工作合同，所以才没有发。王栋称，2009年2月1日，当时亚泰队在海南集训，王栋专门飞到海南去请假。2月6日，王栋在北京积水潭医院动手术之前，专门给刘玉明打电话征得同意。5月16日，亚泰队到青岛打客场，王栋带着自己的父母以及孩子专门到球队下榻酒店看望队伍，同时希望能够签合同，俱乐部置之不理。因此，王栋动手术和养伤都是经过俱乐部同意的。如果俱乐部认为2007年的5年合同有效，为什么不给合同期内的球员发工资[6]？

本案的最终裁决未见媒体报道。但最终2009赛季王栋未能去澳超参赛，而是重返亚泰俱乐部。2013年，王栋因在微博上质疑李树斌的用人被打入冷宫。随后王栋联系泰达要求转会，泰达出价近400万元购买王栋，但亚泰却以"不会将队员出售给保级对手"为由,拒绝了此次转会。当时二次转会期已近尾声,中超、中甲各队内援名额已基本用尽,王栋只能联系业余联赛的山东滕鼎俱乐部,以租借方式加盟,半个赛季25万元[7]。

评 析

1. 两份合同的有效性。因未见到双方争议的2007年5年合同和2008年1年合同文本,很难对其有效性进行判断。但是针对目前国内足球行业阴阳合同盛行、合同签署草率、侵犯球员权益时有发生的情况,在判定此类纠纷时中国足协仲裁委员会应建立一套相对稳定的标准,如除了以国际足联、中国足协相关规则为标准外,合同争议还应参照在中国足协备案文本和实际履行文本,条款模糊时以有利于运动员为准。

2. 纠纷解决机制。在本案中,王栋声称要申诉至国际足联。那么国际足联的争议解决机构(FIFA Dispute Resolution Chamber, DRC)是否对王栋与亚泰的争议具有管辖权? DRC只对具有国际因素的俱乐部或者球员之间的争议,或者俱乐部之间的关于青训补偿、团结基金的争议才有管辖权。因此除非澳超俱乐部申请仲裁,否则王栋与亚泰的争议属于国内球员转会争议,不属于DRC的管辖范围。而只能利用国内纠纷解决机制解决:申诉至中国足协,向劳动仲裁机构提起劳动仲裁,或向法院起诉。

篮球球员王磊归属案

案 情

2003年,冲入甲A的河南男篮被仁和集团(与山西中宇属同一所有人)出资800万元向河南球类中心整体收购,其中包括男篮一队注册球员所有权和甲A资质,随后以此为基础成立了仁和俱乐部。

2004年9月,仁和俱乐部与王磊等5名球员签订了聘用合同,期限3年。

2006年,河南仁和篮球俱乐部(山西中宇俱乐部前身)在河南打过两个赛季之后,突然请求从河南迁至山西,理由是仁和集团的大部分业务已经由河南转移至山西。河南省球类中心同意了他们的请求。8月,河南球类中心与仁和俱乐部签订了关于同意仁和俱乐部由河南迁入山西的《协议书》,其中一项重要内容是王磊、崔磊、张超等5名河南籍球员在打完CBA 2006—2007赛季后回归河南。

2006—2007赛季CBA结束后，王磊按照《协议书》约定回到河南。河南球类中心与八一体工大队签约，将王磊转入八一体工大队。但仁和集团对此提出异议，认为俱乐部签订的合同并不代表仁和集团，两者签订的合同当属无效，王磊等5名原河南籍球员仍然属于仁和集团，应该继续为仁和集团旗下的中宇俱乐部效力。

2007年8月8日，仁和集团将中宇俱乐部和河南球类中心诉至法院。仁和集团认为，两名被告在没有经过集团同意或授权的情况下，签订了侵害原告权益的条款；请求法院确认两被告所签订的《协议书》第二、三条内容无效。虽然归仁和集团所有的球员是以仁和俱乐部的名义注册的，在俱乐部与球员所签订合同的有效期限内，仁和俱乐部享有对注册球员的使用权和处分权，但该处分权的期限绝对不能超出合同的期限，否则就是侵权。本案中，俱乐部对王磊等球员只有聘用期限内的处分权，而永久性处分的这种行为，显然是侵害了仁和集团的合法权益。在本案中，球员的所有权人与实际使用权人是分离的，因为，当时仁和集团出资购买的是球员和CBA的资格，而非仁和俱乐部。

河南球类中心认为：第一，中宇俱乐部签订协议的相关内容经过媒体报道，河南球类中心有理由相信俱乐部的投资方河南仁和集团知道协议的内容，但集团当时没有提出反对意见；第二，中宇俱乐部为独立法人，其签订协议不需要得到仁和集团的授权或书面同意；第三，此案应该属行业规定管理，不需法院裁决。俱乐部对注册球员拥有处分权是篮球界的通行做法，因此俱乐部与其签订协议处置球员的行为是合法的。中宇俱乐部为独立法人，其签订协议不需要得到仁和集团的授权或书面同意。而在本案中，正因为俱乐部是独立法人才成为被告，它的行为只代表俱乐部。否则，俱乐部的做法就代表了集团的决定[8]。

2007年8月底，河南球类中心依据《协议书》将王磊转会于八一富邦俱乐部。

2007年9月4日，中国篮协表态同意王磊在八一队注册。

判 决

2007年10月18日，太原市小店区法院一审判决，认为仁和集团对球员王磊仍享有合法权益，即注册球员所有权，王磊在山西中宇征战一年后返回河南的相关约定无效。

11月9日，河南球类中心不服一审判决，上诉至太原市中院。

法院终审判决：河南球类中心和中宇俱乐部签订的合同有效，河南球类中心操作合法，王磊归属八一体工大队。原告仁和集团担负所有诉讼费用[9]。

评析

此案有"CBA 球员纷争第一案"之称。

球员转让属于体育俱乐部的内部事务，只要河南仁和篮球俱乐部具有独立法人资格，就具备独立处理本俱乐部事务的主体资格。而 2004 年，河南仁和篮球俱乐部已经在河南省工商局注册，已具备独立法人资格，而且仁和篮球俱乐部也向中国篮协备案。因此，2006 年的协议只要内容不违背现行法律，就合法有效，双方应按照约定执行。

周海滨自由国际转会案

案 情

2009 年 2 月初，媒体报道山东鲁能俱乐部球员周海滨瞒着俱乐部去国外试训，并且正式通知鲁能俱乐部自己已经以自由球员身份与荷兰联赛球队 PSV 埃因霍温签约。

2 月 6 日，周海滨召开新闻发布会证实转会。由于他完全没有征兆的自由转会性质以及国脚的身份，所以被媒体称为"中国博斯曼"。

鲁能认为，俱乐部上赛季结束后，周海滨一直还按照俱乐部的安排行事，甚至还作为球队一员办理了去美国比赛的签证，俱乐部也为他预订了去美国的机票，因为按照中国劳动法以及中国足协对运动员身份认定的条款，这就说明周海滨本人同鲁能存在事实上的工作合同关系。因此，鲁能坚信周海滨尚不属于自由球员。

2 月 10 日，PSV 埃因霍温官方召开新闻发布会，周海滨正式加盟。

2010 年 1 月，因为在埃因霍温始终难以打上正式比赛，周海滨返回中国，重新回到鲁能俱乐部，并带球队在 2010 年再次问鼎中超的冠军。

评析

根据中国足协 2007 年底修订的转会规则，球员在合同期满后，30 个月内仍由原俱乐部申报转会，球员在 30 个月以上未参加任何俱乐部比赛，才能注册为

"自由人";对于转会到国外俱乐部的,须经原俱乐部同意且经中国足协批准,球员在办理转会手续时,还需出示双方俱乐部转会合同及转入国家或地区足协发的《办理国际转会证明申请表》等[10]。

但是,当时国际足联修改的最新转会规则——从2008年1月1日开始实行,"国际转会证明"的作用被弱化;球员合同期满后便成为自由球员,可以自由选择新俱乐部;新俱乐部向球员所属旧足协和球员原俱乐部提出需要国际转会证明,7天内两家必须给出答复。如果30天内不答复,新俱乐部可以立刻为球员在本国或者本地区足协办理临时注册参加比赛,同时等待国际足联的裁决。

当时,国内俱乐部并未意识到这一规则修改意味着什么,直至发生周海滨、冯潇霆、李玮峰在俱乐部不知情的情况下自由转会国外俱乐部时才如梦方醒。当时中国的足球俱乐部绝大多数都与球员一年一签合同[11],这意味着他们合同期满即可自由转会国外俱乐部,而无须支付转会费,除非球员属于23岁以下转会需要支付青训补偿金。

2010年底,中国足协出台全新的《球员身份及转会暂行规定》,新规定终于与国际足联规定接轨,即球员与俱乐部合同到期后,可以零转会费自由转会到新俱乐部。而俱乐部一年内累计拖欠球员工资或奖金超过3个月,该球员将有权单方面终止合同。在合同期内,球员可以提出转会,只要付出违约金即可自由离开。新规定也对俱乐部予以保护,"在保护期内违约的球员,除支付赔偿金外,还将被最少禁赛4个月。"还规定:"在球员保护期内违约或诱导球员违约的俱乐部,除支付赔偿金外,还将取消其在连续两次注册期内注册任何国内或外籍新球员的资格。任何与无正当理由终止合同的职业球员签订劳动合同的俱乐部将被视为诱导球员违约。"与此同时,为避免俱乐部在转会费上暗箱操作,足协做出规定:发生转会费的球员转会,原俱乐部应当向中国足协以及原协会分别交纳转会费总额5%的转会管理费,逃避或隐瞒实际数额的将按5%加倍支付[12]。

孔卡与恒大俱乐部合同争议案

案 情

2011年7月2日,中国足球超级联赛球队广州恒大正式宣布以1000万美元的身价购入孔卡,打破了之前由克莱奥保持的320万欧元的中国足球转会纪录[13]。据了解,孔卡与恒大俱乐部签订的是2.5+1的合同,即双方实际签订合同年限为 2.5 年，合同期满后，恒大拥有优先续约 1 年的权利。

2011 年赛季结束后，巴西媒体披露，孔卡因思乡严重难以适应广州的生活，希望能够离队返回巴西。

2012 年 1 月 11 日，广州恒大正式公布对孔卡等 4 名无故迟到归队的外援处罚的结果，孔卡被罚 15 万元。

2012 年 5 月 1 日，恒大亚冠主场与全北一役，孔卡被换下后怒踢水瓶，并发表挑战时任主教练李章洙权威的言论，被俱乐部罚款 100 万元、禁赛 9 场。遭重罚后，孔卡愤怒地表示想要回巴西。

2012 年 7 月 5 日，孔卡向恒大提出转会申请被曝光。

之后的几个月，孔卡有意离队的消息不断见诸巴西报端，孔卡的律师和恒大进行协商解约的谈判，未果。

2012 年 11 月 28 日，巴西媒体曝孔卡将广州的家清空，并留下纸条，告诉恒大自己不会再回来效力的消息[14]。

孔卡在接受巴西《兰斯体育》《环球体育》等媒体采访时，不止一次地表示，希望合同期满后马上回到巴甲联赛，而《兰斯体育》更明确地指出，孔卡希望自掏 300 万欧元（约合人民币 2400 万元）买断合同，从而与恒大方面顺利解约。

6 月 28 日，据巴西知名体育媒体《兰斯报》报道，在巴甲豪门弗鲁米嫩塞的中场主力球员蒂亚戈-内维斯基本确定离队之后，该俱乐部的球迷们迫切希望昔日的偶像孔卡能够重返球队。孔卡的律师马科斯·莫塔称："孔卡说他现在不想讨论自己的未来。我们的想法是尊重与广州恒大签订的工作合同，我们必须到位。他将履行完与广州恒大到今年年底到期的工作合同，他的所有的精力都会放在为广州恒大效力上。"同时，马科斯·莫塔指出其他任何一家俱乐部也不应该"预定"孔卡，他说："在没有给予广州恒大任何赔偿的情况下，孔卡将不能与任何一家俱乐部签订预备合同。"[15]

巴西媒体透露，孔卡在和恒大合同结束后将加盟弗鲁米嫩塞[16]。

评　析

FIFA 转会条例第 17 条（即韦伯斯特条款）规定，"21 岁至 28 岁的球员，可以在合同履行 3 年后自行买断合同离队，而年龄大于 28 岁的球员可以在合同履行两年后买断合同离队"。买断合同的金额，就等同于他们的薪金。对此有两个限制：球员必须在第三个赛季的球队的最后一场正式比赛结束前 15 天发表离队声明,而且他不可以转会到同一个国家的俱乐部。

根据 FIFA 的规定,孔卡想中途解约离开恒大需要满足两个条件:第一,需要效力恒大满两年,即 2013 年夏天;其次,需要买断剩余的合同。

巴西媒体认为,孔卡的合同是两年半,到 2013 年夏天,届时已经 30 岁的孔卡可以买断自己剩下半年的合同,即向恒大支付半年年薪 350 万美元(接近 300 万欧元)就能获得自由身。而中国媒体认为,孔卡的合同是三年半,即孔卡与恒大的合同一直持续到 2014 年年底,并非巴西媒体报道的 2013 年年底。需要买断剩余的一年半合同,即 1050 万美元(约合 6670 万人民币),并不是巴西媒体报道的半年合同[17]。孔卡两个赛季在恒大挣到的薪水为 1400 万美元(不含奖金),他来到中国辛辛苦苦打拼两年之后,不可能花 1050 万美元买断合同成为自由身,否则两年下来就挣了 350 万美元,这不是一个好选择。

优先续约权是指在同等条件下的优先,如其他球队给孔卡开出的待遇与恒大给出的待遇一样时,恒大俱乐部拥有优先权利。

青少年球员培训费纠纷案

案 情

前职业球员王国栋从青岛海牛队退役后,成立了青岛国栋足球俱乐部。2007 年,王国栋带十多名队员到成都谢菲联足球俱乐部试训。经过几天训练、比赛,成都谢菲联足球俱乐部选中李建滨、高翔两名球员。

2008 年 1 月,成都谢菲联足球俱乐部和青岛国栋足球俱乐部签订了《关于引进青岛两名青年球员的协议》,引进青岛国栋长期培养的两名球员李建滨和高翔。协议约定,高翔、李建滨系青岛国栋长期培养球员,青岛国栋有义务协助成都谢菲联尽快办理上述两球员的所有转会手续;上述两名球员中,如在 2008、2009 两个赛季中代表成都谢菲联一队在中超联赛正式比赛中上场,成都谢菲联将一次性支付青岛国栋每名球员人民币 5 万元;上述两名球员中,如入选中国国奥队奥运会小组赛、决赛 18 人比赛名单,成都谢菲联将一次性支付青岛国栋每名球员 20 万元;上述两人如入选中国国家队国际 A 级比赛 18 人名单,成都谢菲联将一次性支付青岛国栋每名球员人民币 30 万元[18]。

李建滨、高翔于 2008、2009 赛季中代表成都谢菲联足球俱乐部有限责任公司在中超联赛正式比赛中上场。根据合同约定,成都谢菲联付给青岛国栋人民币

10万元。

2010年，李建滨入选中国国奥队并正式参加比赛，同年进入亚洲杯中国国家队23人名单。根据合同约定，成都谢菲联应付青岛国栋50万元。

但成都谢菲联一直拒绝支付，认为俱乐部转让时没有收到合同备份，且合同是时任谢菲联总经理许宏涛签的字，对于签字的真实性表示怀疑[19]。

2011年11月，青岛国栋向成都市武侯区法院提起诉讼。

2012年3月27日，法院做出一审判决。法院认为，虽然成都谢菲联在庭审中抗辩称，时任谢菲联总经理许宏涛签字的真实性无法查证，但对协议中的印章真实性予以认可，故法院对该协议的法律效力予以认定。被告在庭审中认为在《关于引进青岛等两名青年球员协议》之外另有协议，应当举证予以证明，但被告未提交相关证据对其陈述予以佐证，因此不予采信；对于被告关于诉讼时效的抗辩，经审查认为《关于引进青岛等两名青年球员协议》未对付款期限进行约定，对被告抗辩理由不予支持。李建滨于2010年进入中国国奥队并参加国际A级比赛，同年进入中国国家队23人名单，协议约定的支付条件已成立，故对原告要求被告按照约定支付50万元的诉讼请求予以支持[20]。

评 析

据称，这起案件是中国足坛关于青少年足球培养费的第一例案件。

青年球员培养需要资金投入，包括场地维护、球员生活、比赛装备、外出训练和比赛、教练员开支等，而致力青少年足球培养的俱乐部，如果不能在青少年球员成才后收到回报，俱乐部常常会入不敷出，青训体系也很难建立。

在博斯曼案件之后，国际足联和欧洲足联在欧盟委员会的压力下对转会规则进行了修改。1997年《国际足联球员地位与转会条例》废止了欧盟成员国球员合同期终止后国际转会费的收取。为建立既符合足球运动特点，又不违反欧盟法的转会制度，国际足联、欧足联与欧盟委员会不断谈判，转会规则在其后几经修改终于被废止，国际足联各种规则中如今根本没有任何"转会费"字样，只能见到"保护期"和"青训补偿金"的规定。23岁以上球员合同到期无任何转会费限制，不满23岁的球员转会，新俱乐部要支付原俱乐部一定的费用，即青训补偿金。青训补偿金的约定，主要是为了保护草根足球的发展，使中小足球俱乐部在花费时间精力培训青少年球员成才后不至于血本无归。青训补偿金在两种情况下可以获得：第一种情况是在球员签订第一份职业协议时，按照他在俱乐部服役年限的比例将培训补偿金分给所有培训过他的俱乐部；第二种情况是球员在两个不同国家协会的俱乐部间转会时，新俱乐部只须支付前一个培训该球员俱乐部的培训费。补偿金的计算在《国际足联球员地位与转会条例》中有明确规定。

《中国足球协会球员身份及转会暂行规定》附件二规定："通常情况下，球员 12 周岁至 23 周岁期间为接受培训和教育的时期。在球员 21 周岁之前培训过他的俱乐部和/或培训单位均可获得培训补偿。"第二十六条规定了国内业余球员"涉及转会费的球员转会，原单位与新单位应当签订转会协议，并由球员签字确认。转会协议应当载明转会日期、转会费数额、双方权利义务、违约责任和仲裁条款等。转会费数额由原单位与新单位参照本规定附件二协商确定。"

在本案中，青年球员引进协议是双方真实的意思表示，而且符合足球行业规则，因此协议合法有效。协议约定的支付条件已成立，被告俱乐部应支付原告俱乐部约定的相应费用。

参考文献

[1] 戴琳转会事件再起波澜 辽足将正式上诉国际足联 [EB/OL]. 北京晚报，http：//sports.sohu.com/20090722/n265409955.shtml.

[2] 周松，单玲.足协承认戴琳转会事件 朱骏特意向辽足道歉 [EB/OL]. 华商网-华商晨报，http：//sports.qq.com/a/20090719/000310.htm.

[3] 足协声明：戴琳转会申花符合规定维护球员利益 [EB/OL]. 搜狐体育，http：//sports.sohu.com/20090718/n265308867.shtml.

[4] 李元伟还原蒋兴权合同案浙江三要求导致被动 [EB/OL]. 腾讯体育，http：//sports.qq.com/a/20100714/000756.htm.

[5] 陈华荣.新疆广汇"抢注"蒋兴权，突显我国体育临时司法救济缺位[EB/OL]. 北大法律信息网，http：//article.chinalawinfo.com/Article_Detail.asp?ArticleID=46289.

[6] 详解王栋合同迷案：亚泰伪造 09 合同 恐遭严厉惩罚 [EB/OL]. 新文化网，http：//www.xwh.cn/news/system/2009/08/20/010052905.shtml.

[7] 亚泰主力王栋委身业余联赛 [EB/OL]. 新民网，http：//sports.xinmin.cn/2013/07/22/21156296.html.

[8] 中国篮球再迎接挑战 "王磊转会案"进入倒计时 [EB/OL]. 搜狐体育，http：//sports.sohu.com/20080111/n254598311.shtml.

[9] 法院判定王磊归属八一体工大队 原告负担诉讼费 [EB/OL]. 搜狐体育，http：//sports.sohu.com/20080203/n255047290.shtml.

[10] 新华社. 周冯揭穿伪职业联赛 中国足球当知耻后勇 [EB/OL]. 网易体育, http: //sports.163.com/09/0205/21/51DU81NL00051C89.html.

[11] 都是"规则"惹的"祸" 周海滨缘何闹"自由" [EB/OL]. 新民晚报, http: //news.xinhuanet.com/sports/2009-02/05/content_10769090.htm.

[12] 足协公布新转会规定与国际接轨球员终获自由身 [EB/OL]. 搜狐体育, http: //sports.sohu.com/20101201/n278020254.shtml.

[13] 孔卡 [EB/OL]. 百度百科, http: //baike.baidu.com/view/4618335.htm? fromId=4409043

[14] 孔卡上演"跳槽连续剧" 这一年中多次闹出转会传闻 [EB/OL]. 体坛周报, http: //cnsoccer.titan24.com/2012-11-30/194050.html.

[15] 孔卡表忠心称全心全意为恒大效力将履行完合同 [EB/OL]. 网易体育, http: //sports.163.com/13/0628/11/92F112FJ00051C89.html#p=8KDS21K90B6P-0005.

[16] 巴媒称孔卡2014年将重返老东家 或将签初步协议 [EB/OL]. 网易体育, http: //sports.163.com/13/0820/22/96ON63 [EB/OL] http: //www.chinanews.com/ty/2012/12-06/4388668.shtml.

[17] 林本剑. 孔卡实际合同年限为两年半恒大拥有优先续约 [EB/OL]. 中国新闻网, http: //www.chinanews.com/ty/2012/12-06/4388668.shtml.

[18] "青岛国栋"诉"成都谢菲联" 球员转会合同纠纷案宣判 [EB/OL]. 法制网, http: //www.legaldaily.com.cn/index/content/2012-03/27/content_3463188.htm?node=20908.

[19] "成都谢菲联"败诉被判给付50万 [EB/OL]. 搜狐体育, http: //roll.sohu.com/20120329/n339198224.shtml.

[20] "青岛国栋"诉"成都谢菲联" 球员转会合同纠纷案宣判 [EB/OL]. 法制网, http: //www.legaldaily.com.cn/index/content/2012-03/27/content_3463188.htm?node=20908.

第四章 体育中的知识产权与人格权商用

飞人乔丹诉乔丹体育姓名权侵权案

案 情

2011年11月25日,中国证监会发行审核委员会审核通过了乔丹体育股份有限公司(以下简称"乔丹体育")首次公开发行股票的申请,公司获准在上海证券交易所上市发行,预计发行股数为11250万股,预计募集资金10.6亿元[1]。按照此前计划,乔丹体育将于2012年3月底前挂牌上市,成为首家在上交所上市的体育用品公司。

2012年2月23日,美国前职业篮球明星迈克尔·乔丹(Michael Jordan)宣布,拟向中国法院起诉乔丹体育涉嫌侵犯其姓名权。迈克尔·乔丹(以下简称"飞人乔丹")称,中国运动服饰生产商——乔丹体育未经授权使用其中文名字、球衣号码23号,甚至试图利用其孩子的名字开展商业活动。

乔丹体育认为,乔丹体育自2000年6月起开始使用中文"乔丹"作为公司商号,获得了国家工商行政管理总局核准,并由福建省泉州市工商行政管理局登记注册;使用中文"乔丹"及图形等作为注册商标。在过去12年中,乔丹体育还先后注册了100余件并未使用的防御性商标。其中,"乔丹"图形及中文文字商标分别于2005和2009年被国家工商行政管理总局商标局认定为"中国驰名商标"。乔丹体育对企业名称享有商号权,符合《民法通则》《企业名称登记管理规定》和《企业名称登记管理实施办法》等有关法律规章的规定;主要商标及防御商标也全部取得了《商标注册证》,享有专用权,均受中国法律保护。

自2000年6月乔丹体育成立起,Michael Jordan本人从未就其姓名及中文"乔丹"注册商标事宜向乔丹体育提出过异议或进行过接触,乔丹体育也始终注意在各种场合表明与Michael Jordan无直接关系[2]。

中国证监会发行监管部于2011年11月25日发布的公告显示,"乔丹体育股份有限公司(首发)获通过"。招股书披露,根据《商标法》的规定,自商标注册之日起 5 年内，商标所有人或者利害关系人可以请求商标评审委员会裁定撤销该注册商标。对恶意注册的，驰名商标所有人不受 5 年的时间限制。公司目前主要使用的"乔丹"商标是在 2003 年前后注册完成，目前已取得商标证书且距今已超过 5 年，无相关利害关系人请求商标评审委员会裁定撤销乔丹体育已注册的"乔丹"商标，公司对已注册的商标依法享有专有权。如前所述，耐克公司商标"MICHAEL JORDAN"不构成服装等商品上在中国为相关公众广为知晓并享有较高声誉的驰名商标，耐克公司不具备对公司注册超过 5 年的商标提出撤销申请的资格。同时，公司所持有的"乔丹"中文商标及主要使用的图形商标已被认定为"驰名商标"，受驰名商标的特殊法律保护。根据商标法的相关规定，即使耐克公司的该商标获得注册，也不能限制在先注册的"乔丹"文字商标的权利。

而在乔丹的诉讼理由中提及，2009 年上海一家体育用品营销机构进行的一项调查显示，在中国小城市中，九成青少年认为乔丹体育是迈克尔·乔丹的中国品牌。为了打这场官司，乔丹甚至专门设立了一个网站，便于随时就此案与媒体和公众沟通。他在网站上通过一段视频表示，"获得的任何损害赔偿都将用于促进中国的篮球运动"。

此后，因未获北京市海淀区人民法院立案，乔丹转向上海市第二中级人民法院提起诉讼，要求乔丹体育停止侵犯其姓名权的行为，并赔偿精神损失费。

2012 年 3 月 5 日，上海市第二中院正式受理了飞人乔丹诉乔丹体育侵犯姓名权一案。原告要求被告赔偿损失 4 万余元（2013 年乔丹体育诉飞人乔丹名誉权侵权后，飞人乔丹将索赔数额从原来的 4 万余元提高到 114 万余元）。

6 月 21 日，乔丹体育发表声明称，在法院正式受理此案之前，公司已经向国家商标局申请注销了"杰弗里·乔丹"和"马库斯·乔丹"等部分可能被误解的"防御性商标"。这些商标已经被国家商标局核准注销。乔丹体育表示，自使用中文"乔丹"注册商标以来，发现有大量"乔丹"字样的商标申请，出于品牌保护目的，乔丹体育先后申请注册了 129 件"防御性商标"。但这些防御性商标从未使用过，未来也没有使用计划。"虽然杰弗里·乔丹、马库斯·乔丹商标与迈克尔·乔丹两个孩子姓名的中文翻译相同，但如该等商标仅出于对主要使用商标乔丹品牌保护的目的而注册，从未使用过，不属于恶意抢注的商标侵权行为。"[3]

由于被诉侵犯姓名权，乔丹体育的 IPO 上市之路在获得证监会发审委核准之后被迫止步。

2013 年 3 月 29 日，上市未果的乔丹体育向福建省泉州市中院提起诉讼，起诉飞人乔丹，要求其停止侵害乔丹体育名誉权的行为，澄清事实，赔礼道歉，恢复乔丹体育名誉，并赔偿经济损失 800 万美元。4 月 2 日，法院正式受理了此案。乔丹体育称，乔丹在乔丹体育上市关键时刻进行高调起诉，利用诉讼损害了乔丹体育的名誉权，致使乔丹体育 IPO 上市受阻，影响了公司的商业发展计划。此次公司提起诉讼实属无奈，希望能以法律手段维护自身合法权益，恢复乔丹体育的合法名誉权。

庭审中，双方的争议焦点主要包括：1. 原告作为美国公民，能否依据中国《民法通则》和《侵权责任法》，在中国主张姓名权；2. 原告迈克尔·乔丹的英文名和"乔丹体育"使用的中文乔丹之间，是否能形成对应关系，原告是否享有乔丹二字的姓名权；3. 被告"乔丹体育"使用乔丹二字，是否侵犯了原告的姓名权；4. 被告"乔丹体育"有合法申请使用的商标，能否作为不侵权的依据；5. 原告的索赔金额是否合理；6. 诉讼时效是否已过。

原告列举大量媒体报道，指出"乔丹"正是特指其原告。被告则认为，这些报道中，"乔丹"二字之前均有特定限定词，例如篮球巨星、篮球运动员等。

被告称，我国《民法通则》对姓名权的保护适用于在中国领域内的外国人和无国籍人。而乔丹是美国公民，且从未在中国居住过，不是中国领域内的外国人，其援引《民法通则》的规定在中国境内主张姓名权于法不符，不具备诉讼主体资格。依照中国法律规定，构成法律保护的姓名权客体必须是公民决定或使用的姓名。中文"乔丹"不是 Michael Jordan 的姓名，只是英美普通姓氏"Jordan"的中文惯常翻译，不构成我国法律下的姓名权客体。中文"乔丹"与 Michael Jordan（迈克尔·乔丹）之间没有唯一对应关系，光是在中国公安机关的户籍登记中就有 4600 多名中国公民叫"乔丹"，"乔丹"并不专属于 Michael Jordan。

原告则反驳，中国叫姚明、李宁也很多，但不能据此认为，体育明星姚明和李宁的姓名权不应受保护[4]。

评 析

1. 乔丹体育未经授权使用他人姓名，涉嫌构成侵权。美国最高法院的判决书称："一个人的姓名是他自己所拥有的财产，并且他对姓名享有与对其他财产类别相同的使用和收益的权利。"姓名权也为我国法律明确保护，从 1987 年的《民法通则》到 1993 年的《反不正当竞争法》，再到 2010 年的《侵权责任法》，都无一例外地将姓名权作为一种基本的人格权，其保护范围不仅包括了正式的登记姓名，也包括网名、笔名、艺名、别名、化名等，我国法院曾判决支持"荷花女""红颜靖"等艺名、网名[5]。

由于乔丹是外国人名的中译,只要能够在特定的环境下认定"乔丹"指代的就是飞人乔丹,那么飞人乔丹的诉求就能够得到我国法律的支持。即只有建立了符号与人的特定联系才能使姓名进入私人领域成就他人的姓名权,也只有破坏、利用了这种特定联系,使用具有表彰他人社会存在的符号并且产生与他人特定联系的效果时才被认为侵犯了他人的姓名权。因此本案的焦点在于飞人乔丹要证明此乔丹即彼乔丹。

乔丹体育认为,乔丹体育商号及注册商标均不存在侵犯 Michael Jordan 的姓名权或其他权利,"Jordan"作为普通外国人姓氏,并不具有特定性,与美国前职业篮球明星"迈克尔·乔丹"之间不存在一一对应的关系。发行人自 2000 年 6 月 28 日成立至今,Michael Jordan 从未就发行人商号及"乔丹"注册商标事宜向发行人提出过任何权利或主张,发行人与 Michael Jordan 之间不存在纠纷及潜在纠纷。但实际上,乔丹体育申报稿 164 页、168 页其他注册商标栏出现"杰弗里乔丹""马库斯乔丹""JIEFULIQIAODAN""MAKUSIQIAODAN"及其变体的商标,与迈克尔·乔丹的两个儿子名字中英文拼写一致。乔丹体育拥有的商标包括"乔丹"文字商标、球衣号码 23 号图形商标、"飞人"迈克尔·乔丹两个儿子名字的中文译名"杰弗里乔丹""马库斯乔丹"等文字商标,从商标名称、商品经营领域、商标标志的特点等来看,这些与飞人乔丹具有相当大的重合度,足以对消费者构成误导,因而构成盗用他人姓名侵权。记者调查显示,一些消费者,尤其是篮球迷,的确认为乔丹体育是和飞人乔丹有关联的。乔丹体育的商标主形象是一人跃起扣篮的剪影,很容易让人想起飞人乔丹的经典滑翔扣篮动作,以及乔丹在公牛队的标志性红色战袍[6]。

根据《民法通则》和《侵权责任法》,未经姓名权人的合法授权,不得擅自将他人姓名进行商业使用,侵权人对此应承担停止侵权、排除妨碍、赔偿损失等民事责任。

2. **商标评审采取非实质审查是造成"名人商标抢注"的原因。**一些评论认为乔丹体育不涉嫌侵权,是因为乔丹体育已注册的"乔丹"商标,公司对已注册的商标依法享有专有权。在 2002 年及 2007 年,与篮球明星 Michael Jordan 有长期合作关系的耐克公司曾经针对乔丹体育申请注册 8 项防御性商标提出过异议和复审,全部均被商标评审委员会驳回。当时,商标评审委员会的裁定认为:"运动员迈克尔乔丹仅在篮球运动领域里具有一定知名度,但乔丹为英美普通姓氏,乔丹并不与运动员迈克尔乔丹具有唯一对应关系。"因此飞人乔丹这次绕过了商标争议,打姓名权侵权官司。

从当前的形势来看,商标评审时主要采取形式审查而非实质审查是造成"名人商标抢注"现象的一个重要原因。据《北京日报》报道:"由于申请量巨大,目前国家商标局核准一个商标需要花费2~4年时间,大量的时间用在排队等候上,目前国家商标评审委员会积压的案子累计有近4万件之巨。这样的现状也使得商标在审查过程中,不可避免地出现了注重形式审查、忽略实质审查,而追求工作效率的情况。《商标法》第41条第3款规定:"本人或其家属可以在商标核准注册5年内提出异议,申请撤销。"而实践中,一方面,名人日常事务较多,往往无暇顾及此事;另一方面,商标注册经营前期影响力较小,导致名人在规定期限内无法知晓已被侵权。据报道,上市公司隆平高科使用袁隆平先生姓名的使用费是580万元。姚明诉"姚明一代"取得了胜诉,易建联也取得了对"易建联体育"的胜诉。

3. 乔丹体育涉嫌不正当竞争。飞人乔丹本人授权耐克公司使用"Air Jordan"的球鞋品牌。我国《反不正当竞争法》第5条明确规定:经营者不得擅自采用使用他人的企业名称或者姓名,引人误认为是他人的商品等不正当手段从事市场交易,损害竞争对手。因此,乔丹体育也涉嫌不正当竞争。

4. 企业做大后将为自己的山寨行为付出代价。乔丹近几年财报显示,2008年乔丹体育的收入为11.35亿元,2009年收入翻倍至22.79亿元,2010年进一步增加至29.12亿元,2011年仅上半年收入就达到17.01亿元[6]。但早期的山寨行为引发的诉讼给乔丹体育带来了巨大负面影响,为"山寨"付出了代价。相关资料显示,目前国内有逾百个合法注册含"乔丹""QIAODAN"字样或者类似的商标。据记者不完全统计,除乔丹体育以外,目前国内注册含"乔丹"字样的有效商标有63个;含拼音"QIAODAN"的商标43个。涉及商标注册的类别达23种,占商标注册类别的一半以上。注册商标涵盖的行业更是五花八门,涉及的行业有食品、服装、医疗、饲料、卫生洁具不等,其中也不乏体育用品行业。无论乔丹体育是否存在主观故意,这次诉讼都会对企业的名誉度造成影响。中国企业在前期打造自己品牌时,使用他人姓名或知名产品的名称来注册商标,只能是短期行为。但从长远来看,没有独立的品牌,将给企业带来风险,甚至带来巨大的损失[7]。

耐克诉晋江两公司"飞人乔丹"图形商标侵权案

案 情

动感的单手灌篮人物图形商标是美国耐克公司"飞人乔丹"系列运动鞋独有

的标志。1993年5月,耐克公司向我国商标局注册了"飞人乔丹"图形商标。

2007年1月,耐克公司人员在上海市欧尚超市中原店、闵行店、长阳店发现由晋江龙之步鞋业有限公司和晋江康威鞋业有限公司生产的球鞋上印有"飞人乔丹"图形商标,购得侵权球鞋4双,并前往公证处对所购球鞋进行公证。

2月2日,耐克公司委托律师向欧尚超市发出律师函,告知超市下属3家门店陈列并销售侵犯耐克公司"飞人乔丹"图形商标的球鞋,要求超市停止销售并封存侵权商品、在当月15日前提供这些商品的历史进货记录、销售记录、商品来源相关资料。

2月底,耐克公司人员发现在欧尚中原店和长阳店内仍有龙之步公司生产的侵权球鞋出售。

5月,耐克公司向市二中院递交诉状,要求三被告停止侵权,欧尚超市在两起案件中分别和两鞋业公司承担连带赔偿人民币50万元责任。

对此,欧尚超市辩称对销售的球鞋属于侵权产品并不知情,且已提供证据证明产品来源的合法性,所以不应承担责任。此外,欧尚超市对耐克公司所诉的销售时间和数量也提出异议。

龙之步公司和康威公司则辩称,耐克公司主张权利的商标是普通商标。两公司在接到耐克公司律师函后,均已将相关商品撤下货架。对耐克公司提出的赔偿数额,两公司认为没有依据[8]。

判 决

上海市第二中级人民法院审理后认为,耐克公司是"飞人乔丹"图形商标的注册人,依法在该商标核准使用范围内享有专用权。合议庭经过将龙之步和康威两公司生产的球鞋上所印的篮球球员图形与耐克公司注册商标比较,判定两者基本相同,两被告公司的行为构成对原告注册商标专用权的侵害。欧尚超市未经权利人许可,销售侵权商品,其行为同样构成侵权。鉴于耐克公司的损失和三被告的获利均难以确定,法院根据三被告侵权行为性质、时间跨度、后果、商标声誉、原告支付的合理开支以及当事人主观情况等因素,酌情确定赔偿数额。此外,对耐克公司提出的要求三被告在媒体刊登声明的请求予以支持。

2007年8月20日,法院做出一审判决,判令三被告停止侵权,在相关媒体刊登声明;由欧尚在两案中合并赔偿原告经济损失人民币16万元,两鞋业公司分别赔偿10万元和9万元[8]。

评 析

本案案情并不复杂,甚至不是严格意义的体育法案例,而是普通的商标侵权,但对目前中国体育用品制造业是有警示意义的。龙之步和康威两公司生产的球鞋上所印的篮球球员图形与耐克公司注册商标基本相同,构成对原告注册商标专用权的侵害;欧尚超市未经权利人许可,销售侵权商品,其行为同样构成侵权。

这是国内体育用品企业对外国体育品牌没有什么技术含量的山寨行为。我国草根体育用品企业,尤其是晋江鞋企,正是依靠"模仿"捞到了第一桶金。除了乔丹、阿迪王等已经引发诉讼的品牌,当地还有"姚明""科比体育""易建联"等鞋牌。晋江很多品牌连名字都很相似,据说整个晋江有"富贵鸟""贵人鸟"等100多只"鸟"。安踏走红之后,晋江及泉州当地涌现了康踏、贝踏、锐踏、耐踏、质踏、新踏、稳踏、建踏、国踏、宇踏等一大批"踏"字辈鞋牌[6]。山寨品牌产品属于低端消费品,品牌程度不高,行业发展正处在生命周期的下滑阶段,只有产品创新寻求突破,才能在同质化的竞争中存活。

易建联商标争议案

案 情

2003年4月,易建联体育用品(中国)有限公司向国家工商总局商标局申请注册"易建联 Yi Jian Lian"商标获得批准。

2006年3月24日,篮球运动员易建联向国家工商行政管理总局商标评审委员会(以下简称"商标评审委员会")提出撤销争议商标的申请。

2009年11月30日,商标评审委员会做出的商评字〔2009〕第33584号《关于第3562067号"易建联 Yi Jian Lian"商标争议裁定书》(以下简称"第33584号裁定"):易建联系我国著名篮球运动员,在争议商标申请注册日前已经具有了一定的社会知名度。易建联公司未经易建联授权,将与其姓名相同的文字申请注册商标,侵害了易建联的姓名权,违反了《中华人民共和国商标法》(简称"《商标法》")第三十一条的规定。认定易建联所提争议理由部分成立,依据《商标法》第三十一条、第四十一条第二款和第四十三条的规定,商标评审委员会裁定撤销争议商标。

原告易建联公司不服该裁定，向北京市第一中级人民法院提起行政诉讼，认为其提供的证据不足以证明易建联在2003年即具有知名度这一事实，要求重新对商标注册进行裁定，易建联委托代理律师以第三人身份出庭。易建联公司表示，他们2003年申请商标注册，当时易建联尚未成名。商评委和易建联提供了多家媒体在2003年之前对易建联的报道，证明易建联在2003年之前已经拥有一定的知名度，易建联公司的行为是利用恶意手段来达到非法商业目的。

判 决

2010年4月26日，法院做出一审判决：《商标法》第三十一条规定，申请商标注册不得损害他人现有的在先权利。根据《中华人民共和国民法通则》（下称《民法通则》）第九十九条的规定，公民享有姓名权，有权决定、使用和依照规定改变自己的姓名，禁止他人干涉、盗用、假冒。因此，姓名权作为一项法定权利，应属于"在先权利"的一种。未经许可，将他人的姓名申请注册商标，给他人姓名权造成或者可能造成损害的，该商标不予核准注册或者予以撤销。通常情况下，当相关公众在看到某一商标时会自然联想到某人的姓名，并认为该商标或该商标所使用商品的提供者与该人有关联时，才有可能给该人的姓名权造成损害，故在判断某一商标是否会损害他人姓名权时，应当考虑该姓名权人的知名度。本案中，根据各方当事人的诉辩主张，焦点问题在于争议商标申请注册日之前，第三人易建联在相关公众中是否具有一定的知名度。根据易建联在商标评审阶段以及诉讼阶段提交的证据显示，他自1999年开始从事篮球训练，先后参加了第二十一届大学生运动会、亚洲青年篮球锦标赛、世界青年篮球锦标赛等国际赛事，取得了不俗的成绩；在美国参加训练营期间，为国内乃至国际社会所关注；在国内参加2002—2003年度CBA联赛，夺得常规赛冠军、总决赛亚军、扣篮大赛亚军，并被评为最佳新人。由此可以认定，易建联在争议商标申请日前，已经在相关公众中具有了一定的知名度。本案中，名乐公司作为体育用品公司，未经许可在服装等商品上注册与第三人姓名完全相同的争议商标，使相关公众在争议商标与第三人之间建立起了对应关系，容易使相关公众认为上述商品来源于第三人或者与第三人具有一定的联系，从而损害了第三人基于其知名度可能产生的相关利益。因此，争议商标的注册侵害了第三人的姓名权，违反了《商标法》第三十一条的规定，该争议商标应予撤销。第一中级人民法院认定第33584号裁定认定事实清楚，适用法律正确，审查程序合法，驳回了原告的诉讼请求。

易建联公司不服一审判决，上诉至北京市高级人民法院。北京市高级人民法院认为：根据《商标法》第三十一条的规定，申请注册商标不得损害他人的在先权利。这里的"在先权利"应当被理解为，除注册商标专用权以外的，根据《中华人民共和国民法通则》和其他法律的规定属于应予保护的合法民事权益，其中包括姓名权。由于易建联在争议商标申请注册之前已经拥有对"易建联"的姓名权，二审的焦点问题在于易建联公司申请注册争议商标是否损害了易建联的姓名权。判断姓名权是否因争议商标申请注册而受到损害，应当以该姓名在先具有一定知名度为前提。在本案中，易建联主张其姓名权受到损害，应当就其姓名在先具有一定知名度承担举证责任。根据已经查明的事实，虽然易建联提交的新浪网网页打印件所显示的形成时间在争议商标申请注册时间之后，但是其所载内容涉及易建联在争议商标申请注册之前取得的成绩，足以证明易建联在先具有一定的知名度。易建联公司主张上述证据不足以证明其在争议商标申请注册之前已经具有广泛的知名度，缺乏事实和法律依据，不予支持。至于一审诉讼期间易建联提交的证据则增强了评审阶段证据的证明力，且根据一审庭审笔录记载，易建联公司对于易建联在一审诉讼期间提交的证据真实性、关联性及证明内容均无异议，原审法院对此处理并无不当，易建联公司主张原审法院采纳易建联诉讼期间的证据是错误的，且对易建联公司的相关质证意见认定错误，缺乏依据，不予支持。易建联公司未经许可申请注册争议商标，容易导致相关公众将其与易建联相联系，从而认为相关商品或服务的来源与易建联有关，损害了易建联的姓名权，据此，原审判决认定正确，予以维持。

评 析

我国商标注册是获得商标权的前提条件。为了规范商标的使用，《商标法》第九条规定："申请注册的商标，应当有显著特征，便于识别，并不得与他人在先取得的合法权利相冲突。"第三十一条规定："申请商标注册不得损害他人现有的在先权利，也不得以不正当手段抢先注册他人已经使用并有一定影响的商标。"此处的在先权利包括著作权、商号权、外观设计专利权及知名商品特有的名称权、装潢权、网络域名权、人格权等权利[9]。随着大众传媒时代的到来，一些体育明星成为家喻户晓的名人，许多企业为了提高商标知名度，直接将体育明星人名用于商标，引发不少纠纷。

一般认为，姓名权作为具体人格权之一，其负载的利益主要包括负载于人格中、维持身份一致性利益和对姓名商业价值的独占利益。由此，姓名权的保护范围是人的"身份一致性"利益及姓名商业价值的独占利益,即确保姓名主体对外形成正确的社会印象,不发生误认,以及独占地利用姓名所承载的商业价值[10]。

但姓名权的权利主体无法取得对符号的绝对性排他权,任何人都可以使用这些符号,表达特定的含义实现特定的目的,这解释了重名问题的存在,以及某些具有特定含义的词语可成为姓名也可未经姓名权人同意被他人注册为商标。只有建立了符号与人的特定联系才能使姓名进入私人领域成就他人的姓名权,也只有破坏、利用了这种特定联系,使用具有表彰他人社会存在的符号并且产生与他人特定联系的效果时才被认为侵犯了他人的姓名权。这也就解释了为什么两审法院在审理该案时,始终围绕易建联在"易建联"商标注册时是否具有知名度这一焦点问题上[10]。

本案两审过程中讨论的焦点都集中在易建联提出的证据是否足以证明其在商标注册之时具有知名度,证据采信的问题在本案中是极为明晰的,正如一、二审判决书中所指出的那样,虽然提交的证据的形成时间在争议商标申请注册时间之后,但是其所载内容涉及易建联在争议商标申请注册之前取得的成绩,足以证明易建联在先具有一定的知名度。但是,本案值得思考之处并限于此,还包括如何判断商标注册行为损害了他人的姓名权。两审法院在判断商标注册行为是否损害了易建联的姓名权时,对"判断姓名权是否因争议商标申请注册而受到损害,应当以该姓名在先具有一定知名度为前提"这一姓名权侵权判断规则始终保持了一致的态度,即判断注册商标是否侵犯他人姓名权必须以该姓名在先必须有一定的知名度为前提[9]。这种知名度有类似于公示或登记的效果。

讨论易建联在商标注册时是否知名的问题,从商标法保护在先权利的角度,是为了防止他人搭便车的行为。名人具有广泛的知名度,将名人的姓名注册为商标,企业可以借名人的知名度来提升商标的影响力,并节省数额可观的广告宣传费用。从维护市场经济秩序的稳定、保护消费者利益的角度看,这种行为造成了消费者对商品与名人之间联系的混淆,使得消费者对商品品质产生误认,损害了消费者的利益,违背了民法上的诚实信用原则。

周某与中国足协"中超"商标归属争议[11]

案 情

2002年11月27日,自然人周某向商标局提出商标"中超"注册申请,该商标经初步审定并公告在第902期商标公告上，初步审定号为3383774，指定使用的商品为第33类果酒（含酒精）、酒（利口酒）、开胃酒、烧酒、蒸煮提取物（利口酒和烈酒）、葡萄酒、含酒精液体、汽酒、酒精饮料（啤酒除外）、酒（饮料）。

在法定期限内，中国足球协会向商标局提出异议申请。针对该异议申请，商标局做出（2008）商标异字第04702号"中超"商标异议裁定（简称第04702号裁定），认为：中国足球协会称周某复制、摹仿并抢先申请注册其知名的、使用在先的"中超"商标证据不足。因此，依据《商标法》第三十三条的规定，裁定：被异议商标予以核准注册。

2008年7月23日，中国足球协会向商标评审委员会提出商标异议复审申请，其理由为：①"中超"商标是中国足球协会独创的，具有显著性和突出的识别性，该协会对其享有无可争辩的在先权利。②"中超"是中国足球协会所创办的"中国足球协会超级联赛"的简称，通过该协会和各类媒体的长期使用和大量宣传，具有极高的社会知名度和商业价值。③"中超"是中国足球协会创办的著名男子职业联赛，对提高我国足球的水平具有重大意义，被异议商标如果获准注册容易造成社会不良影响。④周某抢注被异议商标的行为侵犯了中国足球协会现有的在先权利，理应不予核准注册。⑤鉴于中国足球协会及"中超"商标广泛的知名度和巨大的影响力，周某申请注册"中超"商标的行为系对中国足球协会一直在先使用商标的复制和摹仿行为。⑥被异议商标的注册将对社会公共利益及中国足球协会产生巨大的不良影响。⑦周某的行为违反了诚实信用原则，是一种不正当竞争行为，违反了《民法通则》《商标法》和《反不正当竞争法》的有关规定，应当予以制止。综上，中国足球协会请求商标评审委员会对被异议商标不予核准注册。同时，中国足球协会提交了该协会足球工作会议报告、中超联赛形象设计征集书及邀请函、各类媒体对中超联赛的报道情况以及该协会使用中超商标的材料网页打印件等8组证据。

2010年6月31日，商标评审委员会做出第11161号裁定，认为《中华人民共和国民法通则》第四条、《中华人民共和国反不正当竞争法》第五条的规定已体现在《中华人民共和国商标法》第三十一条的规定中，《商标法》第九条的规定已体现于《商标法》其他条款的规定之中。根据当事人的复审理由及请求，本案焦点问题可归纳为：

1. 被异议商标是否属于《商标法》第三十一条规定的"损害他人现有的在先权利"以及"以不正当手段抢先注册他人已经使用并有一定影响的商标"之情形。《商标法》第三十一条所称"在先权利"，是指在被异议商标申请注册日之前，他人已经取得的除商标权以外的其他权利，包括商号权、著作权、外观设计专利权等。中国足球协会的复审理由及提交证据中未涉及被异议商标侵犯其除商标权以外的其他在先权利，故该项主张不予支持。另外，构成《商标法》第三十一条所指"以不正当手段抢先注册他人已经使用并有一定影响商标"之情形，须满足的要件之一为：他人商标于系争商标申请注册前在与系争商标指定的商品相同或类似的商品上已使用，并具有一定知名度。本案中，中国足球协会提供的证据1、2、3、4仅是对该协会及其商标、被异议商标等情况的证明，而非该协会使用"中超"商标的证明。证据6、8或形成时间在被异议商标申请日之后，或未标注具体形成时间。仅凭证据7及中国足球协会自行制作的证据5尚不足以证明在被异议商标申请日之前，该协会已于酒（饮料）等商品或与之类似的商品上使用"中超"商标或与之近似的商标并具有一定知名度，故不能认定被异议商标系以不正当手段抢先申请注册该协会已经使用并有一定影响的商标。

2. 被异议商标是否构成《商标法》第十条第一款第（八）项规定的"有害于社会主义道德风尚或者有其他不良影响的"情形。《商标法》第十条第一款第（八）项规定的"有害于社会主义道德风尚或者有其他不良影响的"标志主要指商标注册对社会上良好风气、习惯、社会公共利益、公共秩序产生负面、消极影响，即商标本身不具有可注册性。不良影响条款适用的前提是该商标的使用造成了对公共利益的损害，至于对特定民事主体权益的损害则不属于该条款调整范围。被异议商标所表示内容并非贬义或其他消极含义，不至产生有害于社会主义道德风尚或具有其他不良影响的情形。且中国足球协会提供的证据不足以证明被异议商标使用在指定商品上会产生有害于社会主义道德风尚或其他不良社会影响的后果，故中国足球协会依据《商标法》第十条第一款第（八）项规定要求对被异议商标不予注册的主张，不予支持。

3. 被异议商标与中国足球协会的商标是否构成《商标法》第二十八条规定的"使用在同一种或类似商品上的近似商标"之情形。由于在被异议商标申请日前，中国足球协会并未在被异议商标指定使用的"酒（饮料）"等商品或与之类似的商品上申请注册"中超"商标或与之近似的商标，且其复审理由及证据中所引证商标的申请日期均晚于被异议商标的申请日，故被异议商标与其商标未构成《商标法》第二十八条规定的"使用在同一种或类似商品上的近似商标"之情形。综上，中国足球协会所提异议复审理由不成立。依据《商标法》第三十三条、第三十四条的规定，商标评审委员会裁定：被异议商标予以核准注册。

中国足球协会不服该裁定，在法定期限内以商标评审委员会为被告，周某为第三人向北京市第一中级人民法院提起诉讼称：①周某抢注"中超"标识，主观恶意明显。"中超"是"中国足球协会超级联赛"的简称,是原告根据足球发达国家的职业联赛和我国足球联赛发展的实际,将已有的甲A联赛和甲B联赛重新整合创办的著名男子足球职业联赛。原告最早于2001年1月13日提出中超概念,此后进行了大规模推广宣传,并通过权威媒体发布了系列报道。周某于2002年11月恶意抢先申请注册被异议商标,欲借助于"中超"的影响力开发自己的商业市场,以谋取暴利。另外,周某还同时抢注了"英超、德甲、意甲、法甲、西甲、甲A、甲B"等多件目前最知名的足球联赛名称的商标,可见其具有明显的抢注恶意。②"中超"商标通过原告持续使用,现已具有较高知名度和社会认知度,周某如获注册,则致不良影响。经过原告长期广泛的推广和宣传,"中超"标识现已具有较高知名度和美誉度,广大消费者已经将"中超"商标默认为是原告所特有。如果被异议商标被核准注册,必然会使相关公众误认为被异议商标与原告之间存在联系,从而导致误购周某的商品,给消费者带来损失。③周某为一自然人,不进行任何商业经营,其存在"主观恶意",恶意抢注的商标应依法予以驳回,商标注册应鼓励诚实劳动,拒绝非法复制、剽窃。综上,原告请求人民法院依法撤销被告做出的第11161号裁定。

被告商标评审委员会坚持其在第11161号裁定中的意见,认为该裁定认定事实清楚,适用法律正确,程序合法,请求人民法院予以维持。第三人周某没有提交书面意见陈述,其当庭述称:同意被告的答辩意见,第11161号裁定认定事实清楚,适用法律正确,程序合法,请求人民法院予以维持。

在庭审中,中国足球协会明确表示:其主张的在先权利是商号权,但认可其在行政程序中并没有提出这一理由;认可在酒类商品上没有使用"中超"商标;不再坚持《商标法》第二十八条的异议理由。

2011年5月21日,第三人希望将自己注册的6个知名足球联赛商标在第14届北京科博会"低碳专利技术拍卖会"上拍卖,其中"中超"酒类商标起拍价为1000万人民币,其他"英超""意甲""德甲""西甲""法甲"5个商标起拍价最低的是600万人民币,最高的为800万人民币[12]。

法院认为,综合各方当事人的诉辩主张,本案存在以下争议焦点:

1. 被异议商标是否违反《商标法》第三十一条的规定。首先,《商标法》第三十一条规定,申请商标注册不得损害他人现有的在先权利。原告主张其在先权利是商号权,但认可其在行政程序中并没有提出这一理由。对此本院认为,人民法院审理行政案件,是对被告的具体行政行为是否合法进行审查。原告在行政程序中并未主张在先商号权,该理由并非第11161号裁定做出的依据,故不属于本案的审理范围。原告在行政诉讼中提出这一主张,没有法律依据,本院不予支持。

其次,《商标法》第三十一条规定,申请商标注册也不得以不正当手段抢先注册他人已经使用并有一定影响的商标。本条款成立的要件之一为,他人商标于系争商标申请注册前在与系争商标指定的商品相同或类似的商品上已使用,并具有一定知名度。本案中,原告认可其在酒类商品上没有使用"中超"商标,亦不可能产生一定知名度。因此,被异议商标的注册并不属于《商标法》第三十一条所指的"以不正当手段抢先注册他人已经使用并有一定影响的商标"的情形。被告对此认定并无不当,本院予以支持。

2. 被异议商标的注册是否违反《商标法》第十条第一款第(八)项的规定。《商标法》第十条第一款第(八)项规定,有害于社会主义道德风尚或者有其他不良影响的标志,不得作为商标使用。本案中,"中超"是"中国足球协会超级联赛"的简称,是原告根据足球发达国家的职业联赛和我国足球联赛发展的实际,将已有的甲A联赛和甲B联赛重新整合、创办的著名男子足球职业联赛。作为全国最高水平的足球职业联赛,"中超"自其概念诞生之日起,就承继了甲A联赛在公众中的巨大影响力,加之原告在权威媒体上进行了大规模宣传报道,被异议商标申请日前,相关公众已在"中超"与原告之间形成了唯一对应关系。因此,周某在第33类果酒(含酒精)等商品上注册被异议商标,易使相关公众认为其商品来源于原告或者与原告有关,从而导致对商品的来源产生误认,进而产生不良影响。被告认定被异议商标的注册不会产生不良影响,属于认定事实错误,本院予以纠正。

判 决

法院认为,被告商标评审委员会做出的第11161号裁定认定事实部分错误,应予撤销。原告的诉讼请求具有事实与法律依据,法院予以支持。依照《中华人民共和国行政诉讼法》第五十四条第(二)项第1目之规定判决如下:一、撤销被告国家工商行政管理总局商标评审委员会做出的商评字〔2010〕第11161号《关于第3383774号"中超"商标异议复审裁定书》;二、被告国家工商行政管理总局商标评审委员会重新就第3383774号"中超"商标做出商标异议复审裁定。案件受理费100元,由被告国家工商行政管理总局商标评审委员会负担(于本判决生效后7日内交纳)。如不服本判决,各方当事人可在本判决书送达之日起15五日内向本院提交上诉状及副本,并交纳上诉案件受理费100元,上诉于北京市高级人民法院。

评 析

随着我国市场经济的发展,我国一些企业和个人为了谋求经济利益,抢先注册国内外知名商标和其他在先权利的情况屡见不鲜。商标抢注有狭义和广义之分,狭义的商标抢注是指在原商标所有者之前注册该商标以获取经济利益的竞争行为;广义的商标抢注除包括以上情形,还包括抢注他人著名公司名称或其他在社会上有一定声誉的名称等在先权利为自己的商标,以获取经济利益的行为。本案即为抢注在先权利。

抢注其他在先权利目前在知识产权保护方面存在的一个比较突出的矛盾就是权利冲突问题,一些在后权利人利用法律的空隙,明知或者应知他人在先权利的存在,却将他人享有在先权利的商号、作品、外观设计、姓名、肖像等具有知名度或者其他因素的在先权利注册为商标。

解决不同类型知识产权的权利冲突问题,现行法律已有一项基本原则,即"保护在先权利原则"。这一原则是民法公平、诚信原则的体现,并在专利法、商标法中都有具体的规定。如果申请人能够证明被申请人申请注册争议商标违反了诚实信用原则,则可以认定主观构成恶意。如果发生权利冲突,就适用"保护在先权利的原则"。作为维护市场竞争秩序、促进公平竞争的有效手段,商标授权确权案件应当强调商标注册环节的诚实信用,通过对违反诚实信用的商标注册行为的规制,制止不正当抢注。

作为权利人的中国足协,在中超酝酿之初就应该意识到"中超"所蕴含的巨大商业价值,应进行防御性注册,以保护自身权利不被侵犯。

美大洲公司与中国足协"中超"商标争议[13]

案 情

2002年,曾在中国引入"超市发连锁超市"的美大洲公司向商标局提出注册申请,将"中超及图"等3件商标使用在无线电广播、电视播放、学校教育、组织竞赛以及电视广告、推销等服务项目上。中国足协随即在公告期内向商标局提出异议,而商标局核准了中超商标的注册。随后,中国足协又向商标评审委员会申请复审,商评委于2010年5月4日做出裁定,对中超商标核准注册。商评委认为,现有证据证明,中国足协在2001年1月提出创办中国足协超级联赛,并计划于 2004 年正式进行中超联赛。这表明中国足协的中超联赛在中超商标申请注册前还没有进入实施阶段，在足球界尚处于起步阶段，并不享有知名度。中超商标的注册也没有造成任何不良影响，不构成商标抢注。

中国足协不服，将商评委起诉至法院，要求撤销该裁定。中国足协诉称："中超"是"中国足球协会超级联赛"的简称，是中国足协根据足球发达国家的职业联赛和中国足球联赛发展的实际，将已有的甲 A 联赛和甲 B 联赛重新整合、创办的著名男子足球职业联赛。足协最早于 2001 年 1 月 13 日提出中超概念，此后进行了大规模推广宣传，并通过权威媒体发布了系列报告。而且，经过足协长期广泛的推广和宣传，"中超"标识现已经具有高度知名度和美誉度，广大消费者已经将"中超"商标默认为是足协所特有，美大洲公司的中超商标如获注册，必然会使相关公众误认为该商标与足协之间存在联系，从而导致误购商品，给消费者带来损失，产生不良影响。

商评委答辩表示，所做裁定认定事实清楚，适用法律正确，程序合法，请求法院予以维持。

判　决

法院认为，"中超"是"中国足球协会超级联赛"的简称，是中国足协根据足球发达国家职业联赛和我国足球联赛发展的实际，将已有的甲 A 联赛和甲 B 联赛重新整合、创办的著名男子足球职业联赛。作为全国最高水平的足球职业联赛，"中超"自其概念诞生之日起，就继承了甲 A 联赛在公众中的巨大影响力，加之中国足协在权威媒体上进行了大规模宣传报道，相关公众已在"中超"与中国足协之间形成了唯一对应关系。

因此，美大洲公司在无线电广播、电视广告等服务项目上注册中超商标，易使相关公众认为其商品来源与中国足协有关，从而导致对商品的来源产生误认，进而产生不良影响。因此，商标评审委员会认定中超商标的注册不会产生不良影响缺乏事实依据，法院院不予支持。法院判决撤销商评委的裁定，同时判决商评委就该商标的注册核准重新做出裁定。

评　析

与上一案例一样，这是见诸媒体的中超商标抢注案件。

体育产业是以对体育中的无形资产开发为基础的，体育无形资产所蕴含的巨大经济价值。为了建立和保护体育中无形资产经营开发的良好秩序，避免和追究所受到的不法侵犯,以国际奥委会为首的奥林匹克大家庭逐步形成了保护奥林匹克知识产权和其他无形资产的规则体系。在足球领域,国际足球联合会(FIFA)非常重视知识产权的法律保护。国际足联对"FIFA""世界杯(WORLD CUP)""FIFA 世界杯"、历届世界杯赛事名称(如"FRANCE 1998")、官方徽章、官方吉祥物和 FIFA 世界杯奖品等,均在世界许多国家和地区注册了大量商标,以维护知识产权。对于知识产权的保护,使 FIFA 获得了可观的收入。

作为蕴含巨大商业价值的中超联赛以及类似的具有一定影响力的赛事,应提前筹划避免商标抢注:①强化商标先行意识。秉承"自愿注册原则"和"申请在先原则",应对在筹备中的赛事尽快注册。②适当构筑防御性注册。根据"一类商品一件商标一份申请"原则,具有一定知名度的商标可在与该商标类似或非类似商品类别上分别进行防御注册,以免受职业商标炒家的侵害。只要商标权利意识强烈,在使用之前或使用的同时就申请商标注册,就不会发生抢先注册商标的事件。

贺博公司与举重摔跤柔道运动管理中心跤王商标权争议案

案 情

北京贺博体育经纪有限责任公司(简称贺博公司)成立于 1996 年 12 月 6 日,成立时的名称为北京贺博体育竞赛有限责任公司,2000 年 5 月 17 日变更为现名。

1998 年 2 月 28 日,贺博公司经国家工商行政管理局商标局核准注册了"跤王"文字商标,注册号为第 1155841 号。该商标由"跤王"文字组成,核定服务项目为第 41 类的组织竞赛(教育或文娱)、组织体育运动竞赛、电视节目编排、录像带制作、电视文娱节目、文娱活动、体育设备出租、书籍出版、电影设置。该商标的有效期为 1998 年 2 月 28 日至 2008 年 2 月 27 日,经续展,有效期延至 2018 年 2 月 27 日。

1999 年 10 月下旬,首届"跤王金腰带擂台赛"在北京市石景山体育馆举行,该赛事由北京市体育竞赛管理中心主办,贺博公司具体承办。

2004 年,经举重摔跤柔道运动管理中心(原名称为国家体育总局重竞技运动管理中心)批准,由山东省摔跤柔道运动管理中心及山东万紫巷摔跤柔道俱乐部具体承办了名称为"中国跤王争霸赛"的全国摔跤比赛。

2005年，经举重摔跤柔道运动管理中心批准，由中国式摔跤发展管理委员会（现已撤销）具体承办了名称为"中国重汽杯中国2005跤王争霸赛"的全国摔跤比赛。

贺博公司认为，贺博公司作为第1155841号"跤王"文字注册商标的专用权人，就该注册商标所享有的专用权应受法律保护。未经贺博公司许可，任何人均不得在相同或类似的服务项目上使用与第1155841号"跤王"文字注册商标相同或近似的商标。举重摔跤柔道运动管理中心于2004年、2005连续两年主办了"中国跤王争霸赛"。其未经贺博公司许可使用"跤王"商标的行为已构成对贺博公司商标专用权的侵犯，贺博公司就此与举重摔跤柔道运动管理中心交涉未果，故诉至法院，请求判令举重摔跤柔道运动管理中心：1. 就其侵权行为公开向贺博公司赔礼道歉；2. 赔偿贺博公司经济损失82万元；3. 承担本案全部诉讼费用。

判　决

北京市第二中级人民法院经审理认为：举重摔跤柔道运动管理中心提交的证据中，窦卫华所著《一代跤王》一书的出版时间早于涉案"跤王"注册商标核准注册时间。中国摔跤协会的《证明》则说明"跤王"二字为人们对高水平摔跤选手的通称，全国各地均有以"跤王"为名称的比赛，"跤王"与"拳王""车王""球王"等均为通称。王文永所著《中国掼跤名人录》一书，提及了在上世纪三四十年代，具有高超技艺的摔跤选手被称为跤王的事实。《跤乡视界》画册的内容提及了1984年忻州地区举办的"跤王杯大赛"及自1983年起历届比赛中获胜的选手即获得跤王称号的事实。2004年山西忻州摔跤节《秩序册》、2005年山西忻州摔跤节《秩序朋》、2006年忻州区奇村镇南高村"温泉杯"首届全省跤王争霸赛暨挠羊赛《秩序册》、忻州市摔跤俱乐部2003—2005忻州摔跤节有关内容的档案材料、山西省地方报纸的报道、晋冀鲁豫2007首届新世纪杯散打跤王争霸赛《秩序册》等证据材料，均说明全国许多地区均存在以"跤王"用于比赛名称及将摔跤比赛的获胜者称为"跤王"的事实。

"跤王"二字系人们对具有高超技艺的摔跤高手及摔跤比赛获胜者的称谓，名称中含有"跤王"二字的摔跤赛事在我国许多地区由来已久，故"跤王"二字应属通用名称范畴。

举重摔跤柔道运动管理中心批准举办的2004年的"中国跤王争霸赛"、2005年的"中国重汽杯中国2005跤王争霸赛"系全国性摔跤赛事，以"跤王"作为此两次赛事名称的一部分属于对通用名称的正当使用，且不足以导致相关公众的误认。因此，贺博公司关于举重摔跤柔道运动管理中心主办2004年"中国跤王争霸赛"、2005年"中国重汽杯中国2005跤王争霸赛"构成对其"跤王"注册商标专用权的侵犯的主张，缺乏法律依据，对贺博公司请求判令举重摔跤柔道运动管理中心公开赔礼道歉、赔偿经济损失的诉讼请求不予支持。依照《中华人民共和国商标法》（简称商标法）第五十一条、第五十二条第（一）项、《中华人民共和国商标法实施条例》（简称商标法实施条例）第四十九条之规定，判决：驳回贺博公司的诉讼请求[14]。

贺博公司不服一审判决，向北京市高级人民法院提起上诉，请求撤销原审判决；判令举重摔跤柔道运动管理中心就侵犯"跤王"商标权的行为在相关媒体上道歉；判令举重摔跤柔道运动管理中心赔偿因商标侵权给上诉人造成的经济损失82万元；一、二审诉讼费用由举重摔跤柔道运动管理中心负担。主要理由为：原审判决认定事实不清，适用法律不当，采纳证据有误，判决显失公正。①认定"跤王"为通用名称证据不足。窦卫华所著《一代跤王》系长篇小说，不是新闻报道，缺乏真实性。该书中仅有一处出现过"跤王"二字，不足以作为证据使用。分别于2006年9月、2007年9月出版的《中国掼跤名人录》《一代跤王》的作者王文永是上世纪六七十年代老北京摔跤队的摔跤运动员。他作为贵宾参加了1999年上诉人举办的首届北京"跤王"金腰带擂台赛，知晓"跤王"的名称。他对上诉人已经注册"跤王"商标的使用行为不能作为证明"跤王"称谓在民间广为流传的证据。原审判决使用的其他证据均在"跤王"商标注册之后形成，不应予以采纳。其中，中国摔跤协会与被上诉人具有利害关系，其出具的《证明》不具有证据的效力，亦不应予以采纳。②证据表明，新中国成立前，我国摔跤比赛名称为"摔角"，没有"跤王"的称谓。《中国式摔跤教程》论述了"历史上摔跤被称为'角抵'、'相扑'，摔跤直到民国改为'摔角'，比赛叫作'国术国考'"，没有"跤王"之称。新中国成立后，对摔跤高手称为冠军、亚军、季军、第几名，或称为运动健将，没有"跤王"的记载，也没有封王之说。

举重摔跤柔道运动管理中心为支持其"跤王"系通用名称的主张，提交了如下证据：①1991年8月由群众出版社出版的窦卫华所著《一代跤王》一书，系以描写我国北方跤坛高手及跤王生活的长篇小说，该书中只有一处有"跤王"字样；②2006年9月华龄出版社出版的王文永所著《中国掼跤名人录》一书，该书介绍了历史上我国摔跤界的多位名人，其中涉及在上世纪三四十年代被称为跤王的摔跤高手；③2007年9月由华龄出版社出版的王文永所著《一代跤王》一书，系以描写清朝道光年间我国一位有跤王称谓的跤坛高手生活的长篇小说；④2004年山西忻州摔跤节《秩序册》、2005年山西忻州摔跤节《秩序册》、

2006年忻府区奇村镇南高村"温泉杯"首届全省跤王争霸赛暨挠羊赛《秩序册》、忻州市摔跤俱乐部2003—2005年忻州摔跤节有关内容的档案材料、山西省地方报纸于2003年9月30日的报道,其中均涉及2003—2005年在忻州地区举办的"跤王争霸赛"赛事内容;⑤晋冀鲁豫2007首届新世纪杯散打、跤王争霸赛《秩序册》;⑥封底印有"主编:山西省忻州市体育局、忻州市摔跤俱乐部。设计:蓝马创意设计有限公司2005.09"字样的《跤乡视界》画册,内容提及1984年忻州地区举办的"跤王杯大赛"及自1983年起历届比赛中获得跤王称号的选手的名单;⑦网页打印件,内容为下载的互联网上涉及跤王、跤王争霸赛等的文章,日期均为1998年2月28日之后;⑧中国摔跤协会于2008年3月10日出具的《证明》,内容为:"跤王"二字为人们对高水平摔跤选手的通称,全国各地均有以"跤王"为名称的比赛,"跤王"与"拳王""车王""球王"等均为通称。

贺博公司对举重摔跤柔道运动管理中心上述证据的意见为:对证据①②③的真实性不持异议,但认为证据②③产生于涉案注册商标之后,不能对抗该注册商标;证据①虽然产生在涉案注册商标注册前,但该证据针对的是摔跤高手,与涉案注册商标核准的服务项目无关,不能达到证明目的;对于证据⑧的真实性不持异议,但认为不能达到证明目的;对其他证据的真实性均有异议,认为均产生于涉案注册商标之后,不能达到证明目的。

二审诉讼过程中,上诉人贺博公司向法院提交了以下证据:①《中国式摔跤运动员技术等级标准》,以证明摔跤运动员的称谓为运动健将、一级运动员、二级运动员、三级运动员。②《体育报》1959年9月、1965年9月刊登的文章,以证明我国第一、二届全国运动会对摔跤高手和中国式摔跤没有"跤王"的称谓和以"跤王"命名的比赛。③《申报》1935年10月、《大晚报》1935年10月16日、《中央日报》1933年刊登的文章,以证明中华民国时期摔跤的叫法为"摔角",没有"角王"的称谓和以"角王"命名的比赛,更没有"跤王"的称谓和以"跤王"命名的比赛。④《中国式摔跤实用教程》,以证明中国式摔跤历史上比赛的称谓及对摔跤手的称谓中无"跤王"一说。⑤《一代跤王》的作者王文永的证言,称"一代跤王"是现代的称呼,是其本人的评价。

举重摔跤柔道运动管理中心对证据①—③的真实性提出异议,认为没有原件。证据④不能完全证明"跤王"的称谓在当时不存在。证据⑤系证人证言,在证人没有出庭做证的情况下,该证言的真实性不能采信。贺博公司在证据②③上补充加盖了国家图书馆参考咨询部企业服务组公章后,举重摔跤柔道运动管理中心对上述证据的真实性予以认可。

举重摔跤柔道运动管理中心向本院提交了以下证据:①1994年的电影剧本

《谁陷害了跤王》，作者为孟秀辉、窦卫华、李跃起。②1988 年《当代体育》杂志第 19 页 "记美国跤王布鲁斯·鲍姆加特纳"。③1988 年《当代体育》杂志记载跤王苏荣扎布的事迹。④1987 年《体育博览》记述了李海林、李海生、李海泉三兄弟的事迹，称其为 "跤王" 之家。上述证据用来证明 "跤王" 是通用名称。贺博公司对上述证据的真实性没有异议，但认为这些证据不能证明 "跤王" 二字作为通用名称在一定范围内使用。

2008 年 8 月 13 日，法院做出二审判决。法院认为：通用名称应当是指某一行业内通用或公众约定俗成的名称。从举重摔跤柔道运动管理中心在原审诉讼过程中为证明 "跤王" 商标为通用名称而提供证据看，窦卫华所著的小说《一代跤王》《跤乡视界》画册不足以证明 "跤王" 是我国民间由来以久、广为流传的对具有高超摔跤技艺者的尊称；证据②③④⑤⑦系在 "跤王" 商标注册之后形成，不应作为证据使用；证据⑧为证人证言，所叙述的事实没有相应的证据支持，不应予以采纳。原审判决认定 "跤王" 商标系摔跤高手及摔跤比赛获胜者的称谓属通用名称依据不足。本院对举重摔跤柔道运动管理中心二审诉讼过程中提供的用以证明 "跤王" 二字为通用名称的相关证据不予采纳，对贺博公司提交的相关证据不予评述。综上，上诉人贺博公司上诉请求不能成立，本院不予支持。原审判决认定事实清楚，判决结果正确，应予维持。依据《中华人民共和国民事诉讼法》第一百五十三条第一款第（一）项之规定，本院判决如下：驳回上诉，维持原判。一审案件受理费 12000 元，由北京贺博体育经纪有限责任公司负担（已交纳）；二审案件受理费 12000 元，由北京贺博体育经纪有限责任公司负担（已交纳）[15]。

评　析

商标法实施条例第四十九条规定：注册商标中含有的商品或服务项目的通用名称、图形、型号，或者直接表示商品或服务项目的质量、主要原料、功能、用途、重量、数量及其他特点，或者含有地名，注册商标专用权人无权禁止他人正当使用。在我国，人们通常对在某个行业具有高超技艺者尊称为王，如："球王" "拳王" 等。以 "××王" 命名的赛事活动在许多地区由来以久。而 "跤王" 二字体现了摔跤高手及摔跤比赛获奖者的特点，因此，举重摔跤柔道运动管理中心在组织 "中国跤王争霸赛" "中国重汽杯中国 2005 跤王争霸赛" 时虽然使用了 "跤王" 二字，但属于商标法所规定的正当使用，不构成对贺博公司 "跤王" 商标权的侵犯。

中国篮协及盈方公司诉贵人鸟公司肖像权侵权案

案　情

2006年12月28日，中国篮协及其联赛运营商盈方体育传媒广告（北京）有限公司将贵人鸟（中国）有限公司、福建贵人鸟体育用品有限公司、贵人鸟（福建）有限公司诉至北京市朝阳区人民法院。原告诉称，两原告共同享有中国国家篮球队商业赞助、赛事经营运作等权益。贵人鸟中国公司、贵人鸟体育公司和贵人鸟福建公司于2006年8月1日至8月31日期间，未经授权便冒称是中美巴三国国际篮球对抗赛"运动装备合作伙伴"，并盗用中国国家篮球队球员姚明、王治郅、易建联的形象，通过中央电视台第三套和第五套节目进行广告宣传。同时，还在福建晋江市阳光广场、七一路口、池店镇政府东路口及贵人鸟中国公司门口等地悬挂使用上述称谓和球员形象的巨幅广告牌，在篮协与盈方公司交涉后依旧进行[16]。三被告的行为侵犯了商业赞助权及赛事经营运作权，故起诉要求其停止侵权行为，赔偿经济损失249万元。

中国篮协认为，中国篮球协会是国家男子、女子篮球队的管理者，他们才真正享有这场比赛的商业经营运作权、商业赞助权、冠名权，并且已将这些权利授予盈方公司独家代理，因此贵人鸟侵犯了他们的国内外篮球赛事的上述权利。

贵人鸟中国公司辩称有权使用"中美巴三国国际篮球对抗赛"组委会顶级运动装备合作伙伴的赞助商资格，并有权使用涉案球员形象进行广告宣传，但涉案的广告宣传与其无关。贵人鸟体育公司和贵人鸟福建公司辩称，在中美巴篮球对抗赛前，贵人鸟就已经和赛事组委会签订了相关协议，并拥有组委会的授权证明书。依据贵人鸟体育公司与"中美巴三国国际篮球对抗赛"组委会的合同，有权使用该赛事顶级运动装备合作伙伴的赞助商资格，并有权使用涉案球员形象进行广告宣传，其宣传行为取得了合法授权，而且双方还约定："如果构成侵权，导致'贵人鸟'被起诉，组委会将承担责任。"代理律师提交了一份对抗赛秩序册，其中原告盈方公司是推广单位，中国篮球协会是举办单位。在组委会的名单里，有中国篮管中心主任李元伟等官员的名字[17]。因此被告并未侵犯盈方公司和中国篮协的权利，不同意其诉讼请求。

对此原告认为，组委会只是一个临时的组织机构，并没有独立对外签约的权利。中国篮协作为主办方，并不知道组委会有章，而且也不知道组委会曾和贵人鸟公司签订过协议。

被告则认为:"根据比赛的秩序册,中国篮球协会会长李元伟就是组委会的名誉主任,如果像原告说的是假的,那么我们就是被骗了。如果是这样,我们要求作为主办方的中国篮协给予赔偿!"[18]

2007年6月18日,中国篮球协会和盈方公司在中国篮协官方网站发布了《关于贵人鸟事件的声明》,称对方盗用姚明、王治郅、易建联等国家男篮球员的集体形象权,将采取法律手段索赔。声明内容如下:①中国篮协作为国家男篮的组织者和管理者,有国家男篮的商业赞助权及国内外赛事经营运作权,包括姚明、王治郅、易建联等国家男篮球员的集体形象权,并已授权北京盈方独家代理有关国家男篮的商业经营事务。②贵人鸟(中国)有限公司、福建贵人鸟体育用品有限公司及贵人鸟(福建)有限公司未经授权,盗用姚明、王治郅、易建联等国家队球员形象进行广告宣传属非法行为,严重侵犯了中国篮协和北京盈方的合法权益。③中国篮协和北京盈方将使用一切法律手段维护自身合法权益和国家男篮的整体形象。[19]

判 决

法院经审理认为,中国篮协和盈方公司据以提起诉讼的权利是其对于"国"字号篮球队以及球员形象享有的经营权利。在其行使该权利时,身份是授权人,处于主动地位,并获取因授权而产生的利益。贵人鸟体育公司和贵人鸟福建公司在本案中是被授权人的身份,不论从何处取得授权,都不会获得授权行为产生的授权利益,而是要基于被授权而付出相应的代价。在授权与被授权的关系中,贵人鸟体育公司和贵人鸟福建公司不是授权所产生利益的获得者,而是授权费用的承担者。因此,中国篮协、盈方公司作为授权者,贵人鸟体育公司、贵人鸟福建公司作为被授权者,二者并不存在对等地位。故而,贵人鸟体育公司、贵人鸟福建公司的行为,不会对中国篮协和盈方公司获得的与国家队相关的商业赞助权和赛事经营运作权产生影响。中国篮协和盈方公司对于贵人鸟体育公司和贵人鸟福建公司提出的请求,于法无据,不予支持。据此,法院依法驳回中国篮球协会、盈方体育传媒广告(北京)有限公司的诉讼请求[20]。

盈方公司及中国篮协不服原审判决,向北京市二中院提起上诉,请求撤销一审判决、发回重审,或者在查清事实的基础上,依法改判三方被上诉人停止侵权行为、赔偿经济损失249万元。其主要上诉理由是:一审法院违反法定程序,未追加必须参加诉讼的当事人参加诉讼,导致对本案核心事实认定错误。一审法院认定赛事组委会对被上诉人授权事实的存在,而对该事实的认定应以赛事组委会进入本案诉讼为必要条件。中国篮协依法拥用国家篮球队的一切商业权利,并给予盈方公司独占许可,该商业权利中包括国家男子篮球队集体形象利益及赛事冠名权,该权利在法津性质上属于商品化权,系财产权利的一种,其权利主体有权使用并禁止他人以任何方式侵害。被上诉人使用的图片中包含诸多能够与国家队形象相联系的标志性要素,体现了国家队整体形象,而国家队集体形象具有极高的、独立的商业价值。被上诉人在企业宣传及市场推广过程中大量使用"中国、美国、巴西国际篮球对抗赛组委会顶级运动装备合作伙伴"这一称谓,该行为是对国家队冠名权的侵犯。国家队集体形象利益及冠名权均属于国家。合力国际体育文化推广传播有限公司与被上诉人明知交易的权利存在明显瑕疵而从事签约行为,主观上有明显恶意。被上诉人作为运动产品生产商,以人民币400万元代价获得六名超级篮球运动员集体形象三年的使用仅,明显低于市场价格。上诉人已经授权耐克公司为国家队唯一赞助商,依据行业惯例,上诉人不会再将相同权利授予同一商品领域内国家队赞助商的同业竞争者,因此被上诉人对于赛事组委会无权做出所谓"授权"是明知的。被上诉人未经上诉人许可,擅自于企业宣传及产品推广中使用诉争图片所载集体形象利益以及诉争称谓,以此牟取不当利益,损害了上诉人的合法权益。被上诉人应立即停止侵害行为并承担赔偿责任。

二审法院经审理查明:国家体委文件〔体人字(1997)515号〕规定,国家体委篮球运动管理中心为国家体委直属事业单位,同时又是中国篮协的常设办事机构,赋予其对篮球运动项目全面管理的职能。《中国篮协章程》规定,中国篮协的具体职责包括提出篮球国际活动计划,组织实施参加国际竞赛队伍的组织、集训和参赛事项,负责和指导在我国举办的国际比赛的审批和组织工作,开展与篮球有关的经营和服务活动;全国性正式比赛、以中国篮协名义举办的国际邀请赛、双边比赛等,由中国篮协直接管理。国家体育总局篮球运动管理中心于2007年8月28日出具证明信,内容为中国篮协享有所有"国"字号篮球队的组织管理权,并代表国家依法行使与"国"字号篮球队相关的一切国有资产的商业经营权。

2006年6月8日,中国篮协分别与中国国家男子篮球队队员王治郅、易建联签订《国家队篮球运动员商业资源开发合同》,合同约定,中国篮协在全球范围内对运动员集体特征享有独家所有仅、管理权和使用仅,并可授权他人使用;未经中国篮协书面许可,运动员不得以任何形式使用或许可第三方使用运动员球员特征;与国家队运动员身份相关的商业开发由中国篮协统一管理和经营。中国国家男子篮球队队员姚明于2006年8月1日出具声明,内容为"本人与其他中国国家男子篮球队球员穿着中国国家男子篮球队队服的集体肖像权属中国篮球协会所有"。

2006年3月19日，中国篮协出具授权书，授权盈方公司独家代理有关中国国家男子篮球队和女子篮球队（统称"中国国家队"）的商业经营事务，授权范围包括但不限于有关中国国家队的商业赞助权及国内外赛事经营运作权，授权有效期截至2008年12月31日。

2006年8月7日至8日，"中国—美国—巴西国际篮球对抗赛"在广东省广州市广州体育馆举行。依据该对抗赛秩序册的记载，该赛事主办单位是中国篮协和广州市体育局，承办单位是广州市篮球协会，协办单位是合力国际体育文化推广传播有限公司，赛事推广单位是盈方公司。

赛前的2006年7月11日，中美巴国际篮球对抗赛组委会（合同甲方，以下简称赛事组委会）与贵人鸟体育公司（合同乙方）签订《美国"梦七队"访华赛——篮球主题公园——合作协议书》。该协议中首先写明美国"梦七队"访华赛——篮球主题公园活动将于2006年8月2日至7日在广州市天河体育中心进行，以篮球主题公园形式将国际顶级赛事与篮球嘉年华活动的完美结合，将开创出最具震撼力的篮球盛典。协议对双方的权利、义务进行了约定，甲方作为赛事主办单位，全权负责此次赛事和活动的组织策划、商业开发、新闻宣传、赞助商回报权益等事项，授权乙方为"中国、美国、巴西国际篮球对抗赛组委会顶级运动装备合作伙伴"和"美国梦七队访华赛事篮球主题公园总冠名商暨运动装备指定赞助商"；授权乙方在产品包装和企业宣传中出现和使用"中国、美国、巴西国际篮球对抗赛组委会顶级运动装备合作伙伴"字样和组委会标识；授权乙方及其关联企业贵人鸟中国公司在中国市场进行宣传和推广时，可以使用赛事组委会制作集成的宣传推广图片，但不可用于乙方产品的包装盒上；图片资料由赛事组委会提供并授权使用，为期3年，自2006年7月11日至2009年7月10日止；乙方为此向甲方支付200万元现金赞助，并为甲方及相关活动设计定制等值于市场零售价200万元的T恤衫、帽子、礼品袋等实物装备赞助。2006年8月7日，贵人鸟体育公司又与赛事组委会签订《美国"梦七队"访华赛——篮球主题公园——项目合作补充协议书》，约定如有第三方因乙方使用授权图片而导致乙方被追偿或承担责任，甲方应承担相关责任及由此给乙方造成的损失。

2006年7月13日，贵人鸟体育公司向赛事组委会汇款100万元，汇款凭证上注明的用途是"赞助费"；2006年8月1日至2日，贵人鸟体育公司分4次向赛事组委会提供了T恤衫、帽子、手提袋等实物，赛事组委会出具了收条。在一审审理期间，贵人鸟体育公司提交了两份金额分别为50万元的银行汇款凭证及客户回单，用以证明其已经按照协议约定履行了付款义务，但相关凭证上显示不出收款方是赛事组委会。2006年8月10日，赛事组委会出具函件，确认贵人鸟体育公司于2006年8月9日前履行完成了双方协议中约定的各项义务，双方无争议。

2006年8月，赛事组委会向贵人鸟体育公司出具《授权证明书》，内容为授权贵人鸟体育公司使用赛事组委会制作集成的宣传推广图片，并附有具体的图片，图片中包括王治郅、易建联和姚明穿着国家队队服的形象及三名美国NBA运动员的形象，图片上有"贵人鸟"注册商标标识以及"中国、美国、巴西国际篮球对抗赛组委会顶级运动装备合作伙伴"字样。

2006年8月10日开始，三方被上诉人在广告宣传中使用"中国、美国、巴西国际篮球对抗赛组委会顶级运动装备合作伙伴"称谓和《授权证明书》所附的含有王治郅、易建联、姚明穿着国家队队服的形象及三名美国NBA运动员形象的图片。含有上述内容的广告在福建省晋江市阳光广场、七一路口、池店镇政府东路口及贵人鸟中国公司门口等地悬挂，并在中央电视台第三套、第五套节目中多次播出，播出时只删除了称谓中的"顶级"两字。在本案二审审理期间，上诉人提交了辽宁省葫芦岛市公证处于2008年2月14日出具的（2008）葫证民字第79号公证书，该公证书记载了葫芦岛市连山区民安步行街贵人鸟鞋业专卖店使用购物袋的情况，并对购物袋进行了封存。经庭审质证，该购物袋正面印有王治郅、易建联和姚明穿着国家队队服的形象以及3名美国NBA运动员的形象，在6名运动员形象的下方印有"中国、美国、巴西国际篮球对抗赛组委会顶级运动装备合作伙伴"字样，在运动员形象的左上角印有"贵人鸟"注册商标标识；在该购物袋的侧面印有贵人鸟中国公司的企业名称及住址、电话等信息。在本案庭审过程中，三方被上诉人表示将在2008年4月底以前撤除所有与"中国—美国—巴西国际篮球对抗赛"有关系的户外广告。

二审法院认为：我国法律规定，公民、法人的合法的民事权益受法律保护，任何组织和个人不得侵犯。依据本案查明的事实，中国篮协享有所有"国"字号篮球队的组织管理权，并代表国家依法行使与"国"字号篮球队相关的一切国有资产的商业经营权。依据中国篮协与中国国家男子篮球队队员王治郅、易建联签订的合同以及中国国家男子篮球队队员姚明出具的声明，可以确认上述3名运动员穿着中国国家男子篮球队队服的集体肖像权属中国篮协。中国篮协有权许可他人使用上述权利，并有权对未经其许可擅自使用的行为追究法律责任。

中国篮协授予盈方公司独家代理有关中国国家男子篮球队和女子篮球队的商业经营事务，授权范围包括商业赞助权及国内外赛事经营运作权。盈方公司有权在授权范围内行使权利，并对未经授权的侵权行为提出主张。

依据本案查明的事实，三方被上诉人在其经营过程中以公开方式使用"中国、美国、巴西国际篮球对抗赛组委会顶级运动装备合作伙伴"称谓及王治郅、易建联、姚明穿着国家队队服的形象，并未获得中国篮协及盈方公司的许可，故其上述行为侵害了中国篮协及盈方公司享有的合法权益。虽然贵人鸟体育公司提交了其与赛事组委会签订的协议书，主张涉案使用行为得到了授权，但赛事组委会不能代表中国篮协和盈方公司行使与国家男子篮球队有关的商业赞助权及赛事经营运作权，因此三方被上诉人的上述抗辩主张，依据不足，本院不予支持。含有涉案侵权内容的广告牌设置于贵人鸟中国公司的门口，且贵人鸟中国公司的购物袋上亦印有侵权内容，因此该公司提出的涉案广告宣传与其无关的抗辩主张缺乏事实依据，本院不予采信。鉴于三方被上诉人侵害了中国篮协及盈方公司所享有的相关权益，应承担停止涉案侵权行为及赔偿权利人经济损失的法律责任。

由于中国篮协已授予盈方公司独家享有有关国家男子篮球队的商业赞助权及国内外赛事经营运作权，授权有效期限截至2008年12月31日，因此盈方公司可以主张相关财产性权利。由于盈方公司未举证证明其因被侵权而遭受的损失以及三方被上诉人因侵权而获得的利益，其主张的经济损失数额依据不足，本院不予全额支持。法院综合考虑三方被上诉人的主观过错程度、侵权行为的情节及性质，参考相关法律的规定，酌情确定本案的具体赔偿数额。综上，原审判决部分事实认定不清，适用法律有误，本院依法予以改判。中国篮协及盈方公司提出的上诉理由部分成立，本院予以支持。依照《中华人民共和国民事诉讼法》第一百五十三条第一款第（三）项、《中华人民共和国民法通规》第五条的规定，判决如下：一、撤销北京市朝阳区人民法院（2007）朝民初字第2389号民事判决；二、贵人鸟（中国）有限公司、福建贵人鸟体育用品有限公司、贵人鸟（福建）有限公司于本判决生效之日起立即停止涉案侵仅行为；三、贵人鸟（中国）有限公司、福建贵人鸟体育用品有限公司、贵人鸟（福建）有限公司于本判决生效之日起十日内赔偿盈方体育传媒广告（北京）有限公司经济损失人民币30万元；四、驳回盈方体育传媒广告（北京）有限公司、中国篮球协会的其他诉讼请求。五、案件受理费由贵人鸟（中国）有限公司、福建贵人鸟体育用品有限公司、贵人鸟（福建）有限公司共同负担。

评 析

这是体育组织在国家队及国家队球员形象开发中产生的矛盾。

根据相关的法律与事实，中国篮协享有所有"国"字号篮球队的组织管理权，并代表国家依法行使与"国"字号篮球队相关的一切国有资产的商业经营权。中国篮协授予盈方公司独家代理有关中国国家男子篮球队和女子篮球队的商业经营事务，授权范围包括商业赞助权及国内外赛事经营运作权。根据中国篮协与王治郅、易建联签订的合同以及中国国家男子篮球队队员姚明出具的声明，可以确认上述3名运动员穿着中国国家男子篮球队队员的集体肖像权属中国篮协。中国篮协有权许可他人使用上述权利，并有权对未经其许可擅自使用的行为追究法律责任。

本案的焦点在于，中国篮球协会是赛事主办单位，赛事组委会向贵人鸟授权，其授权行为事后中国篮协却不认可，认为贵人鸟侵权。在本案中，贵人鸟体育公司与赛事组委会达成协议，并支付费用，获得了"中国、美国、巴西国际篮球对抗赛组委会顶级运动装备合作伙伴"和"美国'梦七队'访华赛事篮球主题公园总冠名商暨运动装备指定赞助商"称号；被授权在产品包装和企业宣传中出现和使用"中国、美国、巴西国际篮球对抗赛组委会顶级运动装备合作伙伴"字样和组委会标识；被授权为期三年在中国市场进行宣传和推广时使用赛事组委会制作集成的宣传推广图片，而赛事组委会向贵人鸟体育公司出具《授权证明书》，内容为授权贵人鸟体育公司使用赛事组委会制作集成的宣传推广图片，并附有具体的图片，图片中包括王治郅、易建联和姚明穿着国家队队服的形象及3名美国NBA运动员的形象，图片上有"贵人鸟"注册商标标识以及"中国、美国、巴西国际篮球对抗赛组委会顶级运动装备合作伙伴"字样。

二审法院认为，赛事组委会不能代表中国篮协和盈方公司行使与国家男子篮球队有关的商业赞助权及赛事经营运作权，在其经营过程中以公开方式使用"中国、美国、巴西国际篮球对抗赛组委会顶级运动装备合作伙伴"称谓及王治郅、易建联、姚明穿着国家队队服的形象，并未获得中国篮协及盈方公司的许可，故其上述行为侵害了中国篮协及盈方公司享有的合法权益。

那么，赛事组委会到底是一个什么样的组织？其法律地位如何？组委会是中国体育赛事举办的普遍现象，也与中国特色的行政管理制度相关联。为管控赛事，体育行政部门设计了赛事审批制度，所谓组委会，就是政府临时设立一个机构，用以体现主办者的功能。即使是民间办赛，也需要赛事审批，并且拉体育行政部门或协会进组委会，否则场馆不予接纳。对于大多数非官方性质的赛事，体育行政部门或协会并非无偿主办，均要收取管理费，这种制度有违市场经济惯例，而且增加公司成本，诱发商业贿赂和产业腐败。为保护赛事市场秩序，在赛事审批取消以后，体育行政部门或协会完全以让证或支持者身份出现。

在本案中,组委会作为共同举办大赛而成立的临时组织机构,不具有法人资格,也不是有一定的组织机构和财产的其他组织,不具备诉讼主体资格。故应依法由成立组委会的直接责任人承担各种法律责任。依据"中国—美国—巴西国际篮球对抗赛"秩序册的记载,该赛事主办单位是中国篮协和广州市体育局,承办单位是广州市篮球协会,协办单位是合力国际体育文化推广传播有限公司,赛事推广单位是盈方公司,即中国篮协、广州市体育局、广州市篮球协会合力国际体育文化推广传播有限公司都是直接责任人。关于组委会中"挂名"的上级主管单位的法律责任,在叶宏民与福建电视台、福建省文学艺术界联合会、中国音乐家协会、福建省文艺音像出版社等著作权侵权纠纷案中,法院认为,福建文联、中国音协作为大赛的主办方之一,派员参加成立了大赛组委会,故其辩称仅是挂名单位,不应承担侵仅法律责任,不能成立。

在中美巴篮球对抗赛前,贵人鸟就已经和赛事组委会签订了相关协议,并拥有组委会的授权证明书。依据贵人鸟体育公司与"中美巴三国国际篮球对抗赛"组委会的合同,其有权使用该赛事顶级运动装备合作伙伴的赞助商资格,并有权使用涉案球员形象进行广告宣传,其宣传行为取得了合法授权,而且双方还约定:"如果构成侵权,导致'贵人鸟'被起诉,组委会将承担责任。"在"中美巴三国国际篮球对抗赛"秩序册中盈方公司是推广单位,中国篮球协会是主办单位,在组委会的名单里有中国篮管中心主任等官员名字的情况下,认为与组委会签署了授权合同,并支付了使用费的企业侵权是有失公正的,更不利于体育赞助市场的发展。试想,与组委会有赞助协议,权利人也在组委会中,却仍然被判侵权,让有志于体育赞助的企业何去何从?问题核心其实是作为项目协会的中国篮协应厘清其批准、主办的各类赛事在球队与球员形象分层开发中的关系。如果这种关系非常清晰,"中美巴三国国际篮球对抗赛"却开发了未经授权的属于中国篮协的权利,中国篮协当然可以追究其责任。在本案中,这种关系是模糊的,法院应做出有利于弱势的被授权方的判决。

丰原集团与中国国家男子篮球队冠名权争议案

案 情

2001年4月28日,中体经纪管理公司作为中国国家男子篮球队的商务总代理,与丰原集团公司就中国国家男子篮球队冠名权赞助签约,协议为期3年。协议规定:"中国国家男子篮球队"是指由国家体育总局篮球运动管理中心每年组建的代表中国参赛的男子篮球最高水平的队伍。"中国国际男篮超级巡回赛"是指由中国篮协委托中体经纪公司组织的中国男篮在境内外参加的商业比赛的全称。参赛的队伍包括中国国家男子篮球队、奥运会和世锦赛前12强国家的国家队、国家青年队和著名顶级俱乐部队、美国NBA、CBA、NCAA、IBL等高水平篮球俱乐部队和明星队等。

丰原集团公司拥有中国男篮的队伍冠名权,在协议期内中国男篮的称号为"中国丰原国家男子篮球队"(简称为"丰原国家男子篮球队"或"丰原国家男篮"),将使用在"超级巡回赛"等商业赛事以及其他各种活动中。拥有中国国家男篮全体队员比赛用运动背心的胸前号码下的广告位、胸前广告印制"丰原集团",该名称为中国丰原男篮队员穿着服装正式名称。胸前广告的使用范围包括"世界男篮锦标赛""亚洲男篮锦标赛""超级巡回赛",以及冠名期内中国队参加的境内所有商业比赛和与赛事相关的各种活动(协议附件《中国丰原国家男子篮球队广告权益及细则》规定,第21届亚洲男篮锦标赛也包括其中)。

协议还就比赛中的场地广告牌、条幅、电子翻板、印刷品、新闻发布会、电视转播以及男篮专用标志、丰原企业对男篮整队肖像的使用,都做了明确的规定。安徽丰原集团公司将分期支付给中体经纪管理公司总额为1280万元的中国国家男篮冠名权权益费。每年不少于360万元。首期152万元权益费于5月初汇入中体经纪管理公司的账户[21]。

5月5日至9日,中美篮球对抗赛分别在浙江诸暨、湖南长沙和陕西西安举行,"中国丰原男篮"出现在赛场的电子记分牌上,"中国丰原国家男篮"活动讯息也出现在相关媒体上。一时间,国家男篮冠名之事,在社会各界引起广泛关注,并掀起轩然大波。一些新闻媒体以《国家男篮出卖冠名权 队员教练毫无准备表示不满》《"国家"两字也能卖 中国丰原队是哪来的》等文章,迅速对国家男篮的冠名进行了报道,许多球迷和网民也在网上发表对此事的看法,众说纷纭,褒贬各异,不一而足。很快也引起了国家体育总局领导层的重视。中体经纪管理公司孙利平总经理接受记者采访时说,只有在商业比赛和一些社会活动中,才被冠名"中国丰原男篮",而在参加正式的洲际或国际比赛时仍称作"中国男篮",这丝毫不会影响中国男篮在国际赛场上的形象。

6月8日,中体经纪管理公司致函安徽丰原集团公司,以国家体育总局领导"反对给国家队冠企业名"为由,提出"既要考虑商业合作协议的原则,又要尊重总局领导的指示精神,以变通的方法,将原来冠名'中国丰原国家男子篮球队'改为在宣传中使用'丰原中国篮球之队'的名称"。并将此方案上报中国篮协并商国家体育总局审批。

6月10日，丰原集团公司董事长李荣杰接受媒体采访时称："丰原集团公司与中体经纪管理公司签订的冠名赞助中国男子篮球队的协议书，是经过双方多次协商、慎重研究后达成的，是合法有效的。在中体经纪管理公司给丰原集团致函之前，双方已经严格遵守，共同履约。作为国家体育总局篮球管理中心授权为中国国家男子篮球队商务总代理的中体经纪管理公司，不能单方面决定变更'中国男篮'的冠名，更不能不与我们协商。单方面上报中国篮协和国家体育总局，不仅违反了双方签订的有着法律效率的协议书，也极大地损害了丰原集团的声誉和利益。"

6月12日，丰原集团公司向中体经纪管理公司发去传真，要求继续履行协议书。对中体经纪单方面将冠名变更，上报中国篮协和国家体育总局，表示自己的意见。

6月13日，中体经纪管理公司给丰原集团的传真称，关于男篮冠名事宜，拟提出以下几种方案：丰原中国篮球之队、丰原中国梦之队、丰原中国龙之队、丰原梦之队或丰原龙之队、丰原中国明星篮球队、中国丰原明星男篮。2001年6月20日，第21届亚洲男篮锦标赛在上海举行抽签仪式新闻发布会，尽管"丰原集团"的广告标识出现在主席台的背景板上，但"国家男篮"始终没有以"中国丰原国家男篮"的名称出现。丰原称，"我们非常遗憾在今天的仪式上没有看到'国家男篮'的名字按冠名合同上的规定出现。如果在7月亚锦赛依然还是这样的话，中体经纪管理公司已经违约。我们将保留法律上应有的权利"。

评　析

1. 从合同角度看，由于签订赞助合同时中体经纪管理有限公司方面的仓促和考虑不周，导致约定义务的违反和争议的产生。中体经纪管理有限公司在2000年9月与国家体育总局篮球运动管理中心与签约，成为中国国家男子篮球队的商务总代理，享有中国国家男子篮球队队伍冠名权、指定用品赞助权、国际国内赛事经营权等商务权利，有效期为2000年9月9日至2005年9月8日。中体经纪管理有限公司于2001年4月28日与安徽丰原集团公司正式签署中国国家男子篮球队冠名协议，约定"中国国家男子篮球队"的冠名权在协议期内冠名为"中国丰原国家男子篮球队"，中体经纪管理有限公司、篮管中心方面在签约后因舆论压力和总局反对，不能依合同约定在"中国丰原国家男子篮球队"称号中出现"国家"两字，已经构成违约。因为对于丰原而言，出资资助中国男篮，能够使用"国家男子篮球队"称号,是很大的吸引力,如不能使用,会削弱冠名为企业带来的影响和利益。因此,中体经纪管理有限公司、篮管中心方面违约在先。

2. 从国家队商业开发角度看,本争议的焦点之一就是国家队能否由企业冠名?有媒体称,这是中国首次由企业与国家队签订冠名权协议。但其实此前中国国家足球队也做过类似的赞助尝试,如"菲利浦中国之队",当时并未引起如此之大的波澜。有人认为国家队不能由企业冠名,因为有损国家队形象;也有人认为无可厚非。那么谁有权决定某一项目的国家队能否由企业冠名?中国篮协作为社会团体,为了篮球发展的最大利益,与企业签署冠名赞助协议本是一个市场行为,作为行政机关的国家体育总局是否有权干预这一行为,导致中国篮协履约不能?显然,在我国现有体制下,政府、协会、中心的关系没有理顺,导致了此纠纷的发生。

3. 抛开这一争议,即使国家队可以冠名,在国家体育总局和国家单项协会层面,也应对国家队商业开发做出明确规定,如能否开发、由谁开发、如何分层开发。在本案中,协议规定,"丰原集团对国家队的冠名包括但不仅限于世锦赛、第 21 届亚锦赛、国际巡回赛、其在中国境内所有的商业比赛及其相关活动",也就是说,除了奥运会、亚运会等综合性运动会外,中国男篮的名字中都将出现"丰原"两个字。在具体使用上,特别是在队服上的显示,合同中明确规定,必须出现在前胸"中国"两个字之下的位置[22]。即使此协议得以顺利执行,此规定也可能会因出现与赛会组织方方面关于参赛队球衣广告限制的冲突而难以执行。

耐克诉阿迪达斯形象代言人争议案

案 情

耐克(苏州)体育用品有限公司称,2003 年 7 月 1 日,2002 中国足球先生郑智自愿与原告签订《足球运动员合同》及构成合同组成部分的《耐克标准合同条款》。合同期限为 2003 年 7 月 1 日至 2007 年 12 月 31 日,约定授予原告在合同期限内,在全球范围内将郑智的姓名、签名、声音、影像、照片、肖像等用于耐克品牌产品的生产、广告、促销宣传和销售的独占许可权利。根据合同约定,郑智在参加所有运动或和运动相关的活动时,只能穿着和使用耐克产品,不得赞助或认可任何其他厂商生产销售的同类产品;不得穿着或使用其他公司生产的同类产品；不得与任何其他同类产品厂商签订并执行认可、促销、顾问或类似性质的合同；也不得采用任何与对耐克产品的认可或是与郑智在该合同项下的义务不相符的行为。为取得上述独占的许可权利，耐克根据具体的合同分别设定了支付郑智的基础报酬，分别为：2003年20万元，2004年50万元，2005年60万元，2006年70万元及2007年85万元，均为税后实际收入。此外，还将根据约定的条件支付表现奖金[23]。

合同签订后，郑智在各类比赛中均穿着耐克球鞋。2004年7月25日，郑智代表国家参加2004中国亚洲杯足球赛小组赛对阵卡塔尔队的比赛时，穿着阿迪达斯球鞋，只是鞋面上的阿迪达斯商标标识被白色胶布覆盖。2005年3月9日，郑智代表山东鲁能俱乐部参加亚洲俱乐部冠军联赛时被发现穿着阿迪达斯球鞋。3月18日，郑智向耐克苏州发函要求从即日起中止合同[24]。此后郑智作为阿迪达斯的特邀嘉宾，出席了阿迪达斯于2005年3月23日晚在北京嘉里中心饭店举行的庆祝阿迪达斯成为2008年北京奥运会合作伙伴的盛大酒会，国内媒体对这次活动以及郑智的出席进行了广泛的报道。

11月7日，阿迪达斯邀请并赞助郑智前往西班牙马德里，并安排郑智与其他由阿迪达斯公司赞助的各国球星一起身着阿迪达斯统一制作的服装，为该公司为2006年世界杯设计制造的新款足球运动鞋"猎鹰"举行了揭幕仪式，并当场赠与郑智一双印有其中英文姓名的阿迪达斯"猎鹰"运动鞋。在此活动期间，郑智身着阿迪达斯品牌的运动装和运动鞋，接受了世界各国媒体记者的采访、拍照，并参加了一部阿迪达斯广告片的拍摄，该广告片在2006年世界杯决赛期间在世界各地媒体上播出。

12月10日，郑智专门前往上海，参加了阿迪达斯组织的"阿迪达斯足球周末"活动，在活动中作为两名嘉宾之一，穿着阿迪达斯运动衣和运动鞋，为阿迪达斯生产的2006年世界杯比赛用球揭幕，并进行了颠球表演。

2006年被告阿迪达斯利用郑智形象进行商业推广活动的行为愈演愈烈。2006年1月，被告阿迪达斯宣布，将在北京和上海两地通过自己组织的比赛选拔10名14岁以下业余足球爱好者，由郑智领衔组成一支"中国队"，在被告阿迪达斯的全程赞助下，于2006年7月1日至4日世界杯决赛期间前往德国，与由阿迪达斯公司以相同方式在其他30多个国家组成的"国家队"进行比赛。阿迪达斯将此项活动命名为"自己的世界杯"（又称"+Challenge"活动）。此项活动据称是阿迪达斯公司在2006年世界杯决赛期间组织的一次规模、影响最广的商业性活动。

2006年4月2日，阿迪达斯组织的选拔赛在北京工人体育场进行了总决赛。

当日，郑智身着阿迪达斯品牌的运动衣和运动鞋，亲赴现场参加了相关活动，接受媒体采访，与候选队员合影，并且亲自宣布自己将率队参加阿迪达斯公司"自己的世界杯"活动。

耐克称，起初多次找到郑智询问此事，郑智予以断然否认，但随着郑智参与阿迪达斯组织的商业活动事实不断为媒体披露，郑智对耐克的劝告和提醒不再做出任何回应。与此同时，自己多次找到阿迪达斯公司的高层人士声明此事，但阿迪达斯对此一直没有做出正式答复。

5月10日，因形象代言人问题，耐克（苏州）体育用品有限公司将阿迪达斯（中国）有限公司、阿迪达斯（苏州）有限公司和足球运动员郑智诉至北京市朝阳区人民法院。原告认为，被告阿迪达斯作为市场的经营者，和耐克是直接竞争对手，在明知原告与郑智有约在先的情况下，违反公认的商业道德，诱使、操纵郑智违反对其有约束力的合同，公然利用郑智的形象大张旗鼓地从事商业性推广宣传活动，损害了原告对郑智的形象所拥有的合法权益，对原告构成不正当竞争；郑智违反诚实信用原则，不顾自己对原告做出的郑重承诺。原告诉至法院，要求第一被告和第二被告从即日起至2007年12月31日停止一切利用郑智形象推广宣传"阿迪达斯"品牌及产品的商业性活动；判令郑智从即日起至2007年12月31日停止一切未经原告准许的利用自身形象推广宣传"阿迪达斯"品牌及产品的商业性活动[25]。

在庭审中，耐克试图依靠大量来自圈内的"灰色证据"，指认阿迪达斯利诱并串通郑智，利用一次付款瑕疵背弃了和自己签订的代言合同。耐克认为，郑智和他们之间的合约至少有3年未能正常履行。按照阿迪达斯目前支付给郑智每年不低于350万元代言费用来计算，相信郑智的代言商业价值应当远超350万元，所以他们要求阿迪达斯和郑智的利益共同体赔偿800万元的诉讼请求理应得到支持。

郑智称：因为耐克多次拖延支付报酬，2005年3月18日，他根据赞助协议的有关条款，向耐克公司发出终止函，单方提出解约。恢复"自由身"后，他才与阿迪达斯签约，这样的行为是合法的。况且，如果耐克此次索赔800万元合理有据，不仅说明了耐克当初和他签约的代言费太过微薄，而且证明了当他提出合理上调代言费的请求，被耐克多次拒绝的不公平[26]。耐克公司的说法则是，2004年8月，郑智突然提出修改合同条款，要求增加报酬，但遭到耐克公司的拒绝。

阿迪达斯称，郑智与耐克解除合同在前，与阿迪达斯签约在后，并无不当。而且，阿迪达斯是中国国家队的赞助商，而郑智作为中国国家队队员，身着阿迪达斯的运动用品参加中国足协指派的有关活动和比赛，也在情理之中[27]。

2006年12月19日，耐克（苏州）体育用品有限公司于向法院提出撤诉申请。法院认为，耐克（苏州）体育用品有限公司以证据不足为由申请撤诉，理由正当，应予准许。依照《中华人民共和国民事诉讼法》第一百三十一条第一款的规定裁定准许耐克（苏州）体育用品有限公司撤回起诉。案件受理费50元，由耐克（苏州）体育用品有限公司负担。

2007年4月，耐克公司再次以阿迪达斯公司利诱、促使郑智穿着阿迪达斯球鞋参赛，并之后与郑智签约构成侵权为由在上海提起诉讼，要求与阿迪达斯在德国的关联企业萨洛蒙公司、阿迪达斯中国、阿迪达斯苏州公司及郑智共同停止侵权行为并连带赔偿经济损失800万元。

郑智认为，2004年下半年报酬37万元支付未到，耐克苏州公司先行违约，故而与耐克解约并与阿迪达斯苏州签约合法有效。

判 决

上海一中院审理后认为，虽然耐克苏州支付郑智的2004年下半年款项被银行退回，但不可否认耐克苏州主动付款的行为本身是欲正常履约，款项退回后，耐克苏州主动为郑智缴纳了个人所得税，其愿意继续支付该笔款项的意思表示非常明确，至于未继续付款，不排除郑智告知耐克苏州他将要转会，要求暂缓付款的可能。而从郑智方面来看，在耐克苏州付款被银行退回后，郑智从未向耐克苏州催款，其主观上不愿再履行合同的意图较明显。提出解约之前，郑智在比赛中未按约穿耐克球鞋，显然违反了合同的约定。自此之后，郑智一直穿着阿迪达斯球鞋出场，不愿再履行合同，故意毁约的意思表示显而易见。

结合各方面的事实，阿迪达斯苏州违背诚实信用原则，故意以高额利益引诱郑智毁约，从而达到其与郑智签订代言合同的目的。阿迪达斯苏州和郑智的行为，导致耐克苏州丧失了剩余合同期内郑智代言耐克产品所应获得的商业利益，两方应当连带赔偿耐克苏州的损失。由于耐克苏州遭受的利益损失难以量化，酌情确定阿迪达斯苏州和郑智应当赔偿损失的数额为20万元。而萨洛蒙公司与阿迪达斯中国相对于阿迪达斯苏州而言，是独立的法人，并无证据显示该两公司也实施了侵权行为，故不应承担赔偿责任[28]。

评 析

郑智在与耐克合同存续期间撕毁协议，为耐克的竞争对手阿迪达斯代言，显然违反了缔约必守、诚实信用的原则；而阿迪达斯故意以高额利益引诱郑智毁约，从而达到其与郑智签订代言合同的目的，显然也违背了诚实信用原则。因此两被告应当连带赔偿耐克的损失。

CBA 队员未穿赞助商球鞋处罚案

案 情

2012 赛季，李宁公司成为 CBA（Chinese Basketball Association，中国篮球协会）新的指定装备赞助商，为此付出了 5 年 20 亿元的赞助款。作为对赞助商的回报，篮协要求球员必须穿着其提供的指定球鞋。其他品牌如果让球员穿着自己品牌球鞋出场，需要为每人交纳 80 万元人民币；如果球员违反规定，所在球队第一次被罚款 2 万元，第二次 5 万元，第三次 10 万元，第四次开始每次 20 万元，最终 150 万元封顶。

CBA 联赛有 289 名注册球员，只有签约耐克的 13 名球员、签约阿迪达斯和安踏的各 4 名球员作为特许球星，可以由赞助商出费用，准许运动员穿球鞋不遮 LOGO，如麦克格雷迪在 NBA 期间就已经与阿迪达斯公司签订了终身合同，因此在 CBA 新赛季开始前，麦克格雷迪自己拿出 80 万元人民币交给中国篮协。

处 罚

2012 年 11 月 28 日，中国篮协开出 CBA 联赛新赛季首张罚单，《中国篮协关于对李学林等 12 名球员装备违规处罚的通知》称，2012—2013 赛季 CBA 职业联赛第一轮已经结束，截至目前，共有 8 个俱乐部的 12 名球员着装损害联赛装备赞助商权益。球员名单如下：李学林、马布里（北京），曾文鼎（上海），吕晓明（山西），林志杰（浙江广厦），李晓旭、杨鸣、韩德君（辽宁），张庆鹏（新疆），丁锦辉、曹飞（浙江稠州），王治郅（八一）。根据《2012—2013 中国男子篮球职业联赛纪律处罚规定》第二章第十条，对以上球员予以通报批评，并核减其所在俱乐部联赛经费每人 2 万元人民币。望各参赛俱乐部严格遵守《联赛官方手册》各项管理规定，切实维护联赛赞助商权益[29]。

处罚决定中唯一的外援马布里在微博中表示："每个球员都有选择鞋的权利，这是为了保护双脚应对比赛，高水平比赛不应该这样限制球员。"上海男篮的曾文鼎称，自己足弓异于常人，由于李宁提供的是统一规格球鞋，他曾希望李宁能提供定制球鞋，但至今没有到位，为此，他对现有球鞋品牌进行了贴标，但仍没有逃过处罚[30]。而中国篮协在2011赛季规定，如有特殊需要（比如伤病原因），在医生提供证明的前提下，可以穿着其他品牌的球鞋，但必须将标志给予遮挡。

评 析

按照《2012—2013中国男子篮球职业联赛纪律处罚规定》，球员在开幕式、赛前热身、比赛现场、新闻发布会等场合必须穿着联赛指定装备及配饰（不包括外籍球员的球鞋），不得穿着、使用或展示联赛装备商竞争品牌的产品。外籍球员穿着非联赛装备商的球鞋时，须对球鞋上的标识和文字进行完全遮盖。从处罚的合法性看，处罚有事实，有依据，并无不当。

但是，从纪律处罚规则的来源看其合理性，却存在争议。有评论认为，这个CBA赞助商的合同签得垄断，签得霸道……侵害运动员利益的事情，伤害了中国体育产业的价值链[31]。

对于足球、篮球项目球员而言，球鞋赞助收入是其最主要的收入来源。为了鼓励球员比赛热情，增加球员个人收入，达到球员、俱乐部和联盟的共赢，往往把鞋类赞助的权益留给球员个人——这是联盟、俱乐部和球员都可以接受的商业模式。如NBA劳资协议第37.3"集体形象权—队服"条款规定：在任何NBA练习或比赛期间，包括热身和从更衣室到比赛场地途中，球员应穿着球队提供的队服，"队服"指所有的服装和其他装备，如护膝、护腕和头带等，但不包括球鞋。除了队服和球鞋上的制造商标识外，在NBA比赛过程中，球员不能在身体、发型和其他位置展示任何商业的、宣传的名字、标记或其他标识。美国"梦之队"队员和美国篮协的合同中有关商业授权的章节也规定："美国篮球协会在任何情况下不应同意赞助商或被授权人在鞋类产品中使用球员特征。"

搭建良好的商业平台，使合作者利益均沾，达到双赢或多赢的效果，才是真正的赢家。没有经过与利益各方的商谈，即把所有利益转让，表面看起来实现了利润最大化，实际上却侵害了球员的个人权益和影响球员收入。获得收入后也没有用在球员切实能够看到的地方，如建立球员伤残基金、退休金、保险、奖学金等制度，势必会影响比赛热情。而矛盾频繁出现，会伤害CBA联赛品牌，也会伤害赞助商。处罚决定公布后，球员针锋相对，在网上晒出官方赞助商球鞋的照片，并留言"仅仅一场比赛，球鞋已严重变形"，无论情况真伪，这都是对赞助商品牌、产品质量的严重伤害，最后几败俱伤。

孙杨与游泳运动管理中心人格权商用争议案

案　情

2011年8月29日，由安徽省滁州市人民政府和美国某饮料食品集团联合主办、中国甜菊协会协办的中国国家游泳队与该集团签约仪式，在北京钓鱼台国宾馆举行。根据协议，该饮料系列成为国家游泳队唯一指定茶饮料，合约期限为两年，游泳世界冠军孙杨及其队友出席签约仪式。

该饮料外包装上印有孙杨、刘子歌和焦刘洋3人在世锦赛夺冠的肖像，不过当天的签约仪式，这3人中只有孙杨出席。29日当晚，孙杨在20：30至22：15之间连发3条微博表达了自己的不满："太多的无奈！！！这只是其中的一件事！！！我只想维护自己权益！最气愤的是带我去北京领导知道一切，把我当白痴一样地蒙在谷（鼓）里，运动员靠成绩！！！才是最终的硬道理！！不过分到底我也不会这样！！！！！！"孙杨在微博上透露，对代言一事他事先一无所知，"我的父母只是听说到人民大会堂，有领导接见，事实就是这样。"进去后孙杨才明白是签约仪式。

不到两个小时，这3条微博被转发上千次，评论留言两千多条。网友普遍对孙杨的遭遇表示理解，并且鼓励他继续努力，不要受外界干扰[32]。

8月30日，国家体育总局游泳运动管理中心副主任尚修堂表示："孙杨有义务参加国家队的代言活动。"

上海世锦赛之前，游泳队与伊利签约，世锦赛期间中央五台孙杨的伊利广告出现时，作为当事人的孙杨称自己也不知情："好多签约就是领导愿意就愿意，不愿意就不愿意。"孙杨母亲称，孙杨没有收到伊利广告任何代言费[33]。采访受限，商业开发自己没有话语权，还要被忽悠参加代言活动，对于这种霸王条款，年轻气盛的孙杨完成了一次积怨已久的爆发[34]。

评　析

孙杨并非第一个对肖像权归属进行挑战的国家队队员。之前田亮被开除出国家队，就是因为在雅典奥运会后未向主管部门报告以个人名义出席商业活动，跳水队痛下杀手。

多年以来，各国家队之所以可以不经运动员同意对其肖像权进行开发，其原因在于1996年国家体委出台的"505号文件",其中第一条第一款规定:"在役运动员的无形资产属国家所有。因此,在役运动员必须经组织批准,方可进行广告等经营活动。"

2003年初,姚明因可口可乐未经其同意将其与巴特尔、郭仕强的肖像一同印在产品上,起诉可口可乐侵犯其肖像权。可口可乐公司之所以未经姚明本人同意使用他的肖像权,是因为经过了中国篮球协会及其商务权利代理机构中体产业经纪管理公司的授权。中国篮协认为,"505号文件代表国家利益,代表全体运动员和全国人民的利益"。而505号文件的规定与《中华人民共和国民法通则》第一百条规定"公民享有肖像权,未经本人同意,不得以营利为目的使用公民的肖像"冲突。该案以双方达成庭外和解告终,可口可乐承诺停止在产品上使用姚明肖像。该案引发了全社会和法学界对于国家队队员肖像权问题的关注,2006年,《国家体育总局关于对国家队运动员商业活动试行合同管理的通知》(体政字〔2006〕78号)出台,它实施之日起"505号文件"废止。在这项新规定中,已没有"在役运动员的无形资产属国家所有"这样的表述,取而代之的是"运动员商业活动中价值的核心是无形资产,包括运动员的姓名、肖像、名誉、荣誉等。随着我国体育社会化程度的不断提高,体育投资主体多元化、利益多元化的趋势日益明显,但在我国现阶段,发展竞技体育是国家的重要任务,国家投入仍然是竞技体育发展的主要渠道和主要保障。对多数运动项目而言,运动员无形资产的形成,是国家、集体大力投入、培养和保障的结果,同时也离不开运动员个人的努力。国家队的主要任务是完成训练和比赛任务,为国争光,运动队和运动员的一切行为都应围绕这一核心任务进行。商业开发活动应当服务于项目发展和运动队建设,有利于运动队的教育和管理,不得冲击队伍的正常训练秩序,影响队伍的稳定和发展。要保障国家队训练竞赛任务的顺利完成,同时依法保障运动员的权益。"

《国家体育总局关于对国家队运动员商业活动试行合同管理的通知》还规定:"各单位应当根据本项目实际情况和工作需要,与进入国家队的运动员签署相关合同",并且提供了《国家队运动员商业开发合同(参考文本)》作为附件。在这份示范性的合同中,运动项目管理中心是甲方,运动员是乙方。其中的第三条第三款给了运动员两个选择:选择一,在本合同存续期间,乙方以国家队运动员身份的商业开发权归甲方所有;选择二,在本合同存续期间,乙方以国家队运动员身份和以个人身份的商业开发权归甲方所有。此外,第六条第三款规定,在本合同有效期内,未经甲方同意,乙方不得自行以任何名义(包括以本人名义)、任何方式,与任何第三方签订商业开发合同、参与任何商业宣传或推广活动。

《通知》和合同范本内容相当翔实,关于国家队运动员的商业开发权益问题应当通过合同的方式进行约定,国家队运动员的商业开发权不再"天然"归属国家。

但在实际运作过程中,大多数国家队却仍然延续"505号文件"的做法。2011年5月18日中国游泳协会下发的《国家游泳队在役运动员从事广告经营、社会活动的管理办法》中规定:"国家游泳队在役运动员的无形资产属国家所有",这也是导致孙杨和国家队利益冲突的最重要原因。《国家游泳队在役运动员从事广告经营、社会活动的管理办法》的上述规定与"505号文件"一样,其效力低于法律,与《民法通则》的规定相违背,是无效的。这里说的无形资产是一个模糊概念,既涉及个人人身权,也有财产权,人身权是属于个人的,肖像权等权益属于当事人责权。如果国家队在孙杨不知情的情况下使用,肯定构成侵权;若要使用,必须征得本人同意。孙杨作为当事人,有决定是否使用当事人责权的权利,国家队使用相关权利时应征得本人同意。由于一些项目运动的培养国家投入很大,在对运动员相关权利进行商业开发之后,运动管理机构可以主张分享部分商业开发所得利益,但是要体现基本公平的原则。国家体育总局的合同范本中也有明确保护运动员的条款:乙方有权知悉与自己有关的商业开发协议内容,并提出意见和建议;在商业开发中,由于甲方原因给乙方形象、名誉、荣誉等造成损害的,乙方有权追究甲方法律责任。游泳协会的规定,不仅违反民法通则,而且与总局的规定相违背。

举国体制也存在以法治方式协调各方利益的途径。但一些行业协会并不认同这种按照市场经济规律办事的方式,还是习惯于以上级领导部门的地位自居,要求运动员无条件服从组织安排。这种并不与时俱进的运作模式,在运动员那里遭遇到了强烈的抵触。如果相关部门不能形成把运动员当成平等主体来对待的习惯,未来肯定还会有更多运动员的抗争。

金斯顿男篮诉金斯顿服饰不正当竞争案

案 情

2002年山东黄金金斯顿公司与山东省体育局联合成立了山东黄金金斯顿男子篮球俱乐部(以下简称金斯顿篮球俱乐部),接管了山东男篮,金斯顿篮球俱乐部的业务范围为:管理山东甲A男子篮球队和二队;组织山东甲A男篮参加CBA联赛及有关比赛;负责球员的培养、引进和输出;参与篮球相关的体育产业。在金斯顿篮球俱乐部接管山东男篮期间，金斯顿篮球俱乐部篮球队就是山东男子篮球队，俗称"山东男篮"。金斯顿篮球俱乐部接管山东男篮后，多次参加中国男子篮球甲A联赛，在《参考消息》、山东电视台等新闻媒体上做广告对球队及俱乐部进行宣传。

2002年1月25日，临沂市迈特制衣有限公司注册成立；2003年7月29日，变更为临沂金斯顿服饰有限公司；2004年3月22日，又变更为山东金斯顿服饰有限公司（以下简称金斯顿服饰公司）。2004年公司以"金斯顿"运动休闲服投入国内市场，在济南市泺口服装商贸中心设立了营销处和专卖店，在其网站中公开招商，链接山东黄金金斯顿男子篮球俱乐部网站，发布篮球新闻，其网站中宣称："依托山东男篮巨大的品牌宣传优势及与合作伙伴精诚合作、携手打造运动、休闲服饰强饰品牌。"❶山东黄金金斯顿男子篮球俱乐部认为，山东金斯顿服饰有限公司的行为极大地误导了消费者，使消费者认为金斯顿运动休闲服是由我方投资生产或者与俱乐部存在某种联系。金斯顿商标是由俱乐部申请注册的商标，经过4个赛季CBA甲A男子篮球联赛的宣传，俱乐部的金斯顿商标已经深入民心，被告使用的商标与原告注册商标完全相同，被告属于傍名牌、搭便车行为，违反了商标法和不正当竞争法的有关规定。

2005年1月19日，金斯顿篮球俱乐部以金斯顿服饰公司不正当竞争纠纷为由，向山东省济南市中级人民法院提起诉讼，请求法院判令：①确认其金斯顿商标为驰名商标；②被告立即停止侵犯商标权的行为，立即停止不正当竞争的行为；③被告赔偿原告经济损失人民币50万元；④因本案所发生的各种费用由被告负担。在庭审中，原告放弃了要求确认金斯顿商标为驰名商标的诉讼请求以及商标侵权的诉讼请求，将诉讼请求变更为：①被告立即停止不正当竞争的行为；②被告赔偿原告经济损失50万元；③因本案所发生的各种费用由被告负担。

被告辩称，其享有第25类"金斯顿及拼音"商标，核定使用的产品类别与原告所从事的行业不同，彼此也不存在商业竞争，被告的行为不构成不正当竞争，原告要求其赔偿经济损失50万元没有法律依据，请求依法驳回原告的诉讼请求。

原告为证明其观点向法院提供了以下证据：①山东省公证处出具的（2005）鲁证民字第6号公证书，证明被告在网站上使用与原告相同的标志及宣称依托原告的品牌进行经营宣传，构成不正当竞争。②原告金斯顿篮球俱乐部的营业执

---

❶ 金斯顿篮球俱乐部申请山东省公证处对金斯顿服饰公司在Internet.Expiorer上进行的企业介绍及宣传的网页进行了公证保全．[EB/OL]．司法库．http://sifaku.com/falvanjian/6/zazwwf9ed938.html．

照，证明山东男篮是由金斯顿俱乐部经营的。③被告金斯顿服饰公司的企业信息和企业变更情况证明，被告在原告经营山东男篮后才变更为金斯顿服饰公司。④金斯顿服饰有限公司法定代表人石晓钦在第25类上注册"金斯顿"商标的注册申请受理通知书。⑤被告金斯顿服饰公司出售的运动裤实物一件。原告用证据④—⑤证明被告存在不正当竞争行为。⑥《参考消息》山东版编辑部与原告签订的广告合同。⑦原告与山东宏智广告有限公司签订的2002—2003年全国男篮CBA联赛广告发布、经营协议书。⑧原告与山东电视台体育频道签订的2003—2004赛季CBA篮球转播协议书。证据⑥—⑧用以证明原告通过多家知名媒体做了大量的宣传工作。⑨山东省篮球运动管理中心出具的证明。用以证明山东金斯顿男子篮球队就是山东男子篮球队。⑩2003—2004中国男子篮球甲A联赛秩序册、2004—2005中国男子篮球甲A联赛秩序册，用以证明被告在网站上使用的标志和山东金斯顿男篮的标志是一致的。

被告金斯顿服饰公司对原告提交的证据发表以下质证意见：对证据①的真实性没有异议，但是认为该网页系由另一家公司制作和维护，使用的标志和原告没有任何关系，声称依托山东男篮的品牌优势含义非常模糊，且网页上有一项单独说明其不是山东男篮的代理商，不能证明其构成不正当竞争；对证据②—⑤的真实性没有异议，证明其是合法登记的企业，在合法使用自己注册的商标；对证据⑥—⑧认为与本案没有关联性；认为证据⑨中山东省篮球运动管理中心没有权利出具证明，且证明内容与事实不符；认为证据⑩属于内部印制的宣传材料，不具有公开发行的权利，其内容也不具有合法性。

对原告提交的证据①—⑤，由于被告对其真实性没有异议，法院予以确认；对证据⑥—⑧，由于原告提供了证据原件法院对其真实性也予以确认；对证据⑨由于加盖了山东省篮球运动管理中心的公章，法院对其真实性予以确认；对于证据⑩是中国男子篮球甲A联赛秩序册，法院对其真实性予以确认。

被告为证明其观点向法院提供以下证据：①被告的营业执照；②被告组织机构代码证，证据①—②用以证明被告企业的合法性；③石晓钦拥有的第3101896号商标注册证及商标档案，证明被告使用的金斯顿商标是经合法注册，其核定的使用范围是25类；④金斯顿服饰公司与山东北方广告有限公司签订的广告业务合同，证明被告独立进行宣传，不存在利用其他单位的名称宣传的因素；⑤国际域名注册证书，证明sdjsdfs.com网址注册所有人并非被告；⑥被告的客户服务栏目，证明被告在网页上单独说明了原被告以及被告和山东男篮的关系，被告是独立的法人，进行了独立的运作；⑦临沂立方商贸有限公司出具的证明，证明该网页的管理者是临沂立方商贸有限公司。原告对被告提供的证据①—⑦发表以下质证意见：对被告提供的证据①—④没有异议，对被告提供的证据⑤-⑥的真实性有异议，对于证据⑦认为证明内容与事实不符，公证机关已经显示被告在其网站和网页上出现了不正当竞争的宣传内容。

对被告提交的证据①—④，由于原告没有异议，法院予以确认；对于证据⑤，因系原件，法院对该证据的真实性予以确认，是否能够达到证明目的，法院在判决评判部分将做评述；对于证据⑥，由于不能显示何时上传到网页上的，法院认为被告达不到证明目的；对于证据⑦由于临沂立方商贸有限公司未能出庭做证，原告又无其他佐证予以支持，法院对其证明不予确认。

判　决

法院认为，本案存在两个争议焦点：第一，原告与被告之间的竞争关系是否以从事同行业为基础；第二，被告是否存在不正当竞争行为。法院针对上述两个争议焦点逐一做出评判：

1. 原告与被告之间的竞争关系是否以从事同行业为基础。我国《反不正当竞争法》第二条第三款界定了不正当竞争的主体类型，认为从事商品经营或者营利性服务的法人、其他经济组织和个人都可以成为不正当竞争行为的主体。原告从事的体育产业其实是一种营利性的经济组织，与从事商品经营的被告都通过不同的手段参与到市场竞争中，都能成为竞争行为的主体。

我国《反不正当竞争法》第二条第二款将不正当竞争行为界定为"损害其他经营者的合法权益，扰乱社会经济秩序的行为"，反不正当竞争法的根本目的是建立和维护一种自愿、公平、诚实信用和遵守公认的商业道德的竞争秩序，对竞争关系的要求也并非狭义上的仅限于经营同类商品或替代商品的竞争对手争夺交易机会的行为，而是只要经营者以不正当的手段谋取竞争优势或者破坏他人竞争优势的行为，在谋取或破坏竞争优势的过程中可能损害了竞争对手，也可能损害了竞争对手之外的经营者，只要经营者在从事或者参与经济活动中损害了竞争秩序，就应当使用《反不正当竞争法》予以规范。被告所辩称的原告和被告从事不同的行业从而不存在竞争关系，是被告对竞争者含义的曲解，没有正确、全面地理解法律条文。本案的原告和被告之间是否存在竞争关系在于被告是否通过不正当手段获取竞争优势，而不取决于被告和原告是否从事同一行业。

2. 被告是否存在不正当竞争行为。原告诉称被告在网站上的宣传构成对原告的不正当竞争，对此，本案认为，首先，原告金斯顿篮球俱乐部在经营山东男子篮球队时，为了球队的经营发展，做了大量的广告及宣传，在广大球迷及观众中具有较强的影响力。其次，被告金斯顿服饰公司在网站宣传中使用了与原告球队标志相近似的带翅膀的狮子，在网页中的公司简介中又陈述"依托山东男篮巨大的品牌宣传优势及与合作伙伴精诚合作，携手打造运动、休闲服饰强势品牌"，被告的这种宣传足以使消费者认为被告企业的产品与原告具有某种渊源关系，被告傍借原告通过多年的宣传在广大公众之间建立的较高知名度及优势地位，宣传自身，以图获取有利的市场地位，具有明显的"搭便车"故意，其行为构成了不正当竞争。对于被告辩称网站不是其注册的，法院认为，被告只要在网站上刊登了不正当竞争的内容就已经构成侵权，被告是否是注册人不影响侵权的构成。对于被告辩称其在客户服务栏目内已经说明了其不是山东男篮的代理商，但是根据被告提交的证据根本看不出此内容是何时上载的，而且此内容也不是在企业简介中出现的，消费者不一定会注意到在其他栏目中是否还有"不是山东男篮代理商"的说明，对消费者的误导也不会因此而消除，所以对被告的辩称法院不予采信。

原告要求被告赔偿经济损失50万元和因诉讼而支出的费用，但没有提供任何证据，只是要求法院依据法律规定进行酌定，法院考虑原告为本案的诉讼有一定的合理支出，被告的经营规模、网站的影响力等情况，对赔偿数额在法律规定的范围内进行酌定。

综上，根据《中华人民共和国民法通则》第一百三十四条第一款第1项、第7项，《中华人民共和国反不正当竞争法》第二条第一款、第九条第一款之规定，判决如下：一、被告山东金斯顿服饰有限公司立即停止不正当竞争行为。二、被告山东金斯顿服饰有限公司在判决生效之日起10日内赔偿原告山东黄金金斯顿篮球俱乐部经济损失2万元。三、驳回原告的其他诉讼请求。案件受理费10010元，由原告山东黄金金斯顿篮球俱乐部负担5000元，被告山东金斯顿服饰有限公司负担5010元[35]。

评 析

本案最重要的争议是：原告与被告之间的竞争关系是否以从事同行业为基础。被告之所以会提出原告和被告从事不同的行业从而不存在竞争关系，是因为按照我国反不正当竞争法的规定，不正当竞争是侵犯其他经营者合法权益的行为，反映了民事侵权性质。《反不正当竞争法》第二条第二款规定，"本法所称的不正当竞争，是指经营者违反本法规定损害其他经营者的合法权益，扰乱社会经济秩序的行为"。任何一种通过不正当手段以获取竞争优势的不正当竞争行为，都会损害市场经济中诚实经营者的合法权益，其合法权益包括其他经营者的知识产权、财产权、名誉权、经营权等合法权益。不正当竞争行为不仅损害其他经营者合法权益，而且直接或间接损害了包括消费者在内的他人权益，例如虚假广告、假冒、仿冒行为等，直接损害了消费者的利益。因此，任何一种通过不正当手段获取竞争优势的不正当竞争行为都会损害特定的或不特定的他人的合法权益，受到不正当竞争侵害的人，不仅包括特定的经营者，还包括不特定的经营者和消费者。在英美法等国家，许多判例仍将不正当竞争行为视为一种侵公行为。因此，如本案判决所述，本案的原告和被告之间是否存在竞争关系，在于被告是否通过不正当手段获取竞争优势，而不取决于被告和原告是否从事同一行业。

参考文献

[1] 法律"困兽斗"：乔丹体育诉乔丹需前案判决支持 [EB/OL]. 凤凰网，http：//finance.ifeng.com/news/macro/20130412/7897506.shtml.

[2] 乔丹体育称乔丹商标受驰名商标特殊法律保护已过会 [EB/OL]. 网易新闻，http：//money.163.com/12/0223/16/7QV8JFHV00253B0H.html.

[3] 乔丹体育 IPO 受阻　已经注销乔丹子女姓名商标 [EB/OL]. 赢商网，http：//news.winshang.com/news-117848.html.

[4] 诉"乔丹体育"姓名权案开庭　飞人乔丹索赔114万 [EB/OL]. 新闻晚报，http：//finance.qq.com/a/20130428/001790.htm.

[5] 袁雪石."乔丹体育"涉嫌构成盗用他人姓名侵权 [EB/OL]. 新京报，http：//finance.chinanews.com/stock/2012/02-24/3694770.shtml.

[6] 阿迪王、乔丹体育：晋江体育品牌"山寨大王"折戟 [EB/OL]. http：//news.winshang.com/news-164598-3.html.

[7] "飞人"乔丹诉"乔丹体育"侵权案开审 [EB/OL]. 中国普法网，http：//www.legalinfo.gov.cn/index/content/2013-04/27/content_4418844.htm?node=7863.

[8] 吴艳燕. 图形商标遭拷贝　一审获赔35万 [EB/OL]. 中国法院网，http：//www.chinacourt.org/article/detail/2007/08/id/261711.shtml.

[9] 冯晓青. 商标注册不得侵犯在先权利之姓名权——易建联公司与"易建联"商标注册争议纠纷案解析 [EB/OL]. 知识产权网，http：//www.fengxiaoqingip.com/lunwen/20130417/9402.html.

[10] 刘文杰. 民法上的姓名权 [J]. 法学研究，2010.6：67-71.

[11] 中国足球协会诉国家工商行政管理总局商标评审委员会商标异议复审行政纠纷案，北京市第一中级人民法院（2010）一中知行初字第2840号．

[12] 男子1000万起拍卖中超商标承诺所得捐给北理工［EB/OL］．搜狐体育，http：//sports.sohu.com/20110421/n280357815.shtml．

[13] 孙莹．通讯员常鸣中超商标之争一审宣判足协胜诉暂摆脱无名风险［EB/OL］中国广播网，http：//news.sohu.com/20120329/n339289604.shtml．

[14] 北京市第二中级人民法院（2008）二中民初字第61号．

[15] 北京市高级人民法院民事判决书（2008）高民终字第990号．

[16] 明郅．肖像被盗用盈方告状取证有困难一审无结果［EB/OL］．搜狐体育，http：//sports.enorth.com.cn/system/2007/02/06/001541543.shtml．

[17] 沈忱．"贵人鸟"侵权案昨开庭 中国篮协索赔249万元［EB/OL］．搜狐体育，http：//sports.sohu.com/20070206/n248065793.shtml．

[18] 中国篮协状告贵人鸟未经授权做广告索赔249万［EB/OL］．北京晚报，http：//news.xinhuanet.com/legal/2007-02/05/content_5699348.htm．

[19] 中国篮协关于贵人鸟事件的声明［EB/OL］．中国篮协官方网站，http：//basketball.sport.org.cn/home/gfgg/2007-06-21/124281.html．

[20] 篮协告贵人鸟盗用姚明等形象索赔249万败诉［EB/OL］．中国法院网，http：//msn.sports.ynet.com/view.jsp?oid=24551207．

[21] 中国男篮冠名权引发争议［EB/OL］．东方新闻，http：//news.eastday.com/epublish/gb/paper148/20010621/class014800010/hwz416596.htm．

[22] 中国男篮，你的名字是什么？［EB/OL］．东方体育，http：//mil.eastday.com/epublish/gb/paper97/20010621/class009700005/hwz318309.htm．

[23] 李东华．"阿迪"与郑智连带赔"耐克"20万［EB/OL］．新闻晨报，http：//news.xinmin.cn/rollnews/2009/07/24/2287226.html．

[24] 郑智"代言门"案：阿迪达斯与郑智赔偿耐克20万元［EB/OL］．中国新闻网，http：//www.chinanews.com/sh/news/2009/07-23/1788527.shtml．

[25] 赵志雪．耐克和阿迪达斯为争形象代言人对簿公堂［EB/OL］．中国法院网，http：//old.chinacourt.org/public/detail.php?id=205130．

[26] 耐克状告阿迪达斯合同侵权案昨庭审结束［EB/OL］．新闻晨报，http：//finance.sina.com.cn/chanjing/b/20081106/13375475797.shtml．

[27] 耐克状告阿迪达斯联合球星郑智违约［EB/OL］．新浪财经，http：//finance.sina.com.cn/consume/puguangtai/20080416/07094755019.shtml．

[28] 阿迪达斯与郑智连带赔偿耐克20万元 [EB/OL]. 网易新闻, http://news.163.com/09/0724/04/5EVAG304000120GR.html.

[29] 中国篮协关于对李学林等12名球员装备违规处罚的通知 [EB/OL]. 搜狐体育, http://sports.sohu.com/20121128/n358899565.shtml.

[30] 篮协因球鞋首开罚单 麦蒂自掏腰包缴"保护费" [EB/OL]. 搜狐体育, http://sports.sohu.com/20121130/n359099622.shtml.

[31] CBA为赞助商侵害运动员利益,穿过你的比赛的我的鞋 [EB/OL]. 中国青年网, http://school.youth.cn/tx/news/2012/1201/10555.shtml.

[32] 虞飞. 连发三条微博 世锦赛冠军孙杨不满"被代言" [EB/OL]. 浙江在线, http://zj.sina.com.cn/news/social/12/2011/0831/13315.html.

[33] 孙杨妈妈: 儿子代言被刻意隐瞒 没告知等于欺骗 [EB/OL]. 成都商报, http://www.chinanews.com/ty/2011/08-31/3295251.

[34] 孙杨维权, 国家游泳队违法? [EB/OL]. 网易体育, http://sports.163.com/11/0901/03/7CR9UB47000502OI_3.html.

[35] 山东省济南市中级人民法院民事判决书 (2005) 济民三初字第5号.

第五章 体育中的名誉权侵权

王珀名誉权侵权案

案 情

2005年3月18日至4月15日期间,《足球》报连续刊发《追债九年,王珀害我妻离子散》共6篇该报记者署名文章,报道哈尔滨国力足球俱乐部总经理王珀在任陕西国力足球俱乐部总经理期间的一些工作与生活情况。

4月14日,王珀向《足球》报发去了律师函:在3月18日和4月4日《足球》报发表两篇文章后,4月13日,《足球》报再次发表署名文章《王珀作假有账单佐证 殷某:我为他付过嫖资》。3篇文章均点名恶毒攻击王珀,严重侵犯王珀的名誉权。作为记者,对于报道应本着实事求是的原则。《足球》报有义务审查文章是否侵害他人名誉权。但发表的3篇署名文章,《足球》报并未尽到审查的义务。我们发现,贵报仍在发表对王珀含有新闻侵犯名誉权内容的文章。为此,我所郑重通知贵报,希望在收到此函后立即停止发表有关侵害王珀名誉权的文章,否则,我所按王珀委托采取相应的法律手段追究贵报的相应法律责任[1]。

王珀向哈尔滨市中级人民法院起诉,要求被告《足球》报消除影响,恢复名誉,并赔礼道歉,赔偿精神损害抚慰金人民币100万元。

王珀诉称,2005年3月18日,付晓海作为被告《足球》报的记者,在《足球》报第9版上署名发表文章《王珀冒充高干子弟行骗 受害者追债九年妻离子散》,有损原告名誉,严重侵犯了原告的名誉权,给原告的心理上和精神上带来了极大的痛苦,在社会上造成很坏的影响。该篇文章内容失实的具体内容包括:1."大正公司就是王珀的,我不管他要钱管谁要钱?" 2."王珀害得我妻离子散"。面对上述赵某的陈述,第一被告在没有核实事实的情况下,撰文以《王珀冒充高干子弟行骗 受害者追债九年妻离子散》为题,侵害原告的名誉权。2005年4月4日,袁野作为《足球》报的记者,发表署名文章《西安事变,本溪小城谈"珀"色变》。该篇文章失实的具体内容包括：1."这个年轻的'大校'是某革命前辈、中央领导的'孙子'。这一事实在此后多次被王珀亲口介绍给别人。"2."刘佳星，小市当地人，曾经开了一个包括餐饮、客房在内的金融招待所，后来就是因为王珀经常领着人去那里连吃带玩，最后招待所也不得不倒闭。"上述报道严重失实，系袁野在没有任何证据的情况下听信他人，随意在《足球》报上发表的署名文章。由于上述两篇失实的报道，直接导致七台河煤矿取消了给哈尔滨国力队的赞助费1500万元[1]。

《足球》报提出如下答辩意见：

1. 答辩人报道的是国内足球焦点新闻，其目的是通过对不良风气的揭露和批评来促进足球俱乐部良性运作和提高参与者的职业道德，因此，答辩人在主观上没有诋毁被答辩人名誉的故意。

2005年2月23日，中国足协针对国内足球俱乐部拖欠教练员、运动员工资事件，下发了《中国足球协会纪律处罚办法》的通知（见证据1），为此，答辩人对足球俱乐部拖欠工薪事件给予充分的关注，而陕西国力俱乐部和王珀总经理是这一焦点新闻的典型。中国足协于2005年4月2日取消了该俱乐部注册资格（见证据2）。2004年、2005年，也是中国足坛反赌球、反俱乐部参赌、反球员参赌最重视的一年，王珀在多家媒体上声称参赌是普遍现象，声称要制造中国足坛的"9·11"事件，王珀也是赌球新闻的焦点人物（见证据3、证据4）。因此，作为国内最专业的足球媒体，对与此相关的事件给予充分关注，并连续报道与王珀相关的新闻，这是新闻工作所需。对王珀及其所领导的国力俱乐部的连续报道，体现本报对中国足坛参与者职业道德的关注和不良风气的愤慨，其目的和动机是为促进足球俱乐部的良性运作和提高参与者的职业道德。

2. 本案涉及的所有文章基本事实属实

（1）关于《追债九年，王珀逼我妻离子散》一文。针对王珀所领导的俱乐部拖欠球员工资事件以及《西安晚报》已经先期对赵某追讨欠款的报道（证据5），本报认为上述相关报道涉及的王珀在处理欠薪问题的职业操守及其公信力值得关注。为此，本报根据赵某提供的欠款事件的线索，就赵某和王珀对拖欠工程款事件不同观点陈述所进行的报道，希冀引起社会各界以及当事人对职业操守及公信力的关注。该文章本报采取的是平衡报道的手法，客观地报道了欠款事件中当事双方赵某、王珀的各自陈述和观点，并提出了本报对赵某陈述的质疑。本报并没有肯定赵某的陈述，也没有否定王珀的陈述，读者完全可以从本报记者对赵某陈述的质疑得出自己的观点（见证据6）。现分述如下：①该文章在编者按部分已向读者交代了有关王珀的各种报道，以及文章的新闻来源。②有关赵某的报道，采用了以赵某本人口述的形式。该部分的陈述本报记者有采访记录（见证据7），也有赵某本人的认可（见证据8）。③根据答辩人调查，本溪大正木业有限公司的法定代表人是王珀，董事长是王珀（见证据9），大股东中国海洋直升飞机专业公司大连集团公司的法定代表人和总经理也是王珀（见证据10）。大正木业公司目前已被吊销营业执照但未办理清算。王珀作为该公司董事长有法定义务清理债务，从这个角度讲，赵某认为王珀欠钱也不为过。④根据答辩人调查，由于王珀欠钱不还，导致赵某无法偿还其他人的债务，其妻唐某无法承受巨大的经济压力以及他人追债的压力，于1996年11月7日与赵某离婚（见证据11、证据12），因此，赵认为王珀害其妻离子散并不为过，在情理之中。⑤文章所在版面的右侧，同时刊登了"王珀自辩"《67万元欠款，与我没有一点关系》一文，将王珀对赵某自称欠款共67万元一事的辩解也做了如实报道。⑥本报记者对赵某陈述和提供的自称王珀欠债的证据材料所存在的疑点，也做了客观的实事求是的质疑。因此，答辩人完全是在客观的立场上对相关事件进行报道，其中并没有发表任何带有答辩人自己观点、倾向的文字，且答辩人同时将赵、王二人的说法设置于同一版面，留给读者判断事件真伪的空间。因此，答辩人在主观上不存在诋毁王珀的故意，在客观上也没有对王珀造成名誉侵权。

（2）关于《西安事变，本溪小市谈"珀"色变》一文。针对王珀参与赌球，其领导的俱乐部拖欠工薪、赵某欠款等事件所显示的王珀职业操守等问题，本报对王珀在社会工作中所存在的职业操守问题做了深入报道。这篇文章内容是关于王珀1992年至1997年间在本溪小市的一些经历，主要是对王珀自称是中央领导的孙子、自称是海军大校以及其领导的公司在本溪遗留的债务问题等存在的问题进行了披露（见证据13）。①该文章是在采访了原大正木业公司办公室主任徐虎林、原大正木业公司中层管理干部宋某、原小市县城市信用社办公室主任孟某、现小市县电视台记者郑某、原小市县农业发展银行财务科长马某等人之后，对有关王珀当年在本溪小市一些经历所做的报道。这些采访有记者的采访录音及相关资料证实（见证据14、证据15、证据16）。②文章中提到的王珀自称是中央领导的孙子、自称是海军大校的事实，并非本报记者捏造。这一说法不仅在业内已有盛传，宁波商人殷某也如此说（见证据17），而且在本溪当地也有人亲眼看到（见证据18、证据12）。根据答辩人的调查，王珀曾当过兵，但不是海军，且已在1977年转业，根本不是现役军人（见证据19）。③王珀本人在本溪市小市县从事木业生意时，其所领导的公司客观上在小市欠下巨额债务，并至今未还。这一事实有多份证据证实（见证据20、证据21、证据22、证据15）。④至于文中的"他就是闯进村里的一头狼""跟他这种人，讲理是行不通的，他就是个大骗子。这种人要么干脆不能搭理他,要么就得跟他拼到底"的说法,均为市民接受记者采访时的原话,且文章中对这些原话均加双引号标注,表明记者只是如实转述,并不代表答辩人对这一说法的认可。同时,这也只是市民对其假冒军人、拖欠巨额债务搞乱了当地经济的一种抽象化陈述,并无不妥。

(3) 关于《证据可送王珀蹲 15 年》一文。针对王珀及其所在俱乐部参与赌球等恶习,本报就这一新闻线索,对王珀参与赌假恶习进行报道,其目的是希望通过对国内足球俱乐部参与打假球、赌球等问题的报道,进一步揭露中国足坛存在的严重危机,以期引起社会关注和王珀等人的警惕。这篇文章是记者根据对宁波商人殷某的采访,对殷某认为王珀私刻公章、假冒海军大校、打假球及嫖娼等事实进行披露(见证据 23):①上述事实是本报记者通过对殷某及其他人的采访得来,并非本报记者捏造,而是有充分的证据证实,包括记者的采访记录及相关资料(见证据 17、证据 24)。②本文在写作上采取转述的叙事方法,文章标题以及主要内容均加注双引号;在叙述殷某对王珀多项指控时,均先注明"殷某说:",再引述其原话。本文作者并没有对殷某所说的话的真伪进行任何评论。③殷某除接受本报记者的采访外,还接受了其他多家媒体的采访。对本文所反映的主要事实,这些媒体也进行了相关的类似报道,可见本报的报道并非空穴来风:①《华商报》在 2005 年 4 月 6 日发表《宁波债主:国力打假球:我能作证》一文,系该报记者对殷某采访后,对王珀打假球、赌球以及冒充高干子弟和海军大校等事实进行的披露(见证据 25)。②《现代金报》在 2005 年 5 月 2 日发表的《陕西国力案司法介入 殷某要送王珀进监狱》一文,系该报记者对殷某采访后,对王珀私刻公章的事实进行的披露(见证据 26)。③在殷某对媒体公开本文披露的事实之前,有关俱乐部打假球、赌球事件已经成为媒体关注的焦点,王珀本人亦承认打过假球。其中:①由《华商报》和搜狐网联合发起的"求证国力涉假、涉赌"活动,在中国足坛引起强烈反响(见证据 27、证据 28);②在本报几篇文章发表之前,有关国力俱乐部球员江洪与王珀之间的"口水战",已经在国内足球界闹得沸沸扬扬,由此所引发的有关俱乐部打假球、操纵球赛、欠薪的问题,以及王珀和江洪个人之间的纷争(比如说互相揭露吸毒史),成为近期以来国内足球的焦点新闻,众多新闻媒体对此均进行了连续报道(见证据 29)。③王珀自己在接受媒体采访时也声称:"我可以实话跟你说,国力俱乐部确实做过,也踢过关系球。……全世界俱乐部都打关系球,谁敢说自己没打过假球?"(见证据 30)

(4) 关于《王珀连打三个电话求饶》一文。本文是欠薪、赌球等事件连续报道的跟踪报道,说明本报所做的努力已引起王珀本人对其行为的反省,其目是希冀引起社会各界对欠薪、赌球等事件的进一步关注。这篇文章是记者根据殷某的报料反映，在殷某向媒体披露他与王珀之间的债务纠纷及其他有关事实之后，王珀通过中间人传话给殷某的过程报道（证据31）。①上述事实并非本报记者捏造，而是有充分的证据证实，包括记者的采访记录及相关资料（见证据32、证据33）。②在场听到王珀打3个电话给中间人刘先生的除了殷某外，还有其他记者，他们都证实了这一事实（见证据34）。

（5）关于《四面楚歌，王珀官司不断》一文。本文也是王珀及其所在俱乐部欠薪、参与打假球、赌球等系列报道的跟踪报道。本文为了说明不严守职业道德和职业操守是要付出代价的，在法治社会的今天，人们有权依法维护自己的合法权益。其宗旨是希望通过这一报道，引起中国足球界同行对其守法经营的重视。国力俱乐部近期内面临多场官司，这是一个不争的事实，这从一个侧面反映了国力俱乐部的经营状况不佳。这篇文章是记者通过对殷某、朱永胜及赵某的采访，对王珀及其所在的国力俱乐部近期内将面临的多场官司进行的如实报道（见证据35）。①上述事实并非本报记者捏造，而是有充分的证据证实，包括记者的采访记录及相关资料（见证据36）。②王珀是国力俱乐部的总经理，掌握俱乐部的经营大权，在殷某的眼中王珀就代表着国力俱乐部。且殷某向记者出示的国力俱乐部与其所在的广告公司所签订的合同中亦有王珀的亲笔签名，殷某本人又认为王珀有私刻公章的不法行为，因此，文章中说殷某诉王珀欠债并不为过。更何况，殷某已向中国足协和公安机关举报了王珀的不法行为（见证据24）。③王珀是国力俱乐部的总经理，掌握俱乐部的经营大权，因此，朱永胜向国力俱乐部索赔的官司理所当然地与王珀有关（见证据37）。④根据本文第二大点第（一）小点的论述，赵某要求王珀还款并不为过。

（6）关于《我目睹王珀开价500万元》一文。针对业内流传的部分球员和俱乐部涉嫌打假球的说法，本文进一步揭露了这一现象，其目的是为了推动社会各界以及中国足协对此类问题的进一步关注。从舆论监督的角度讲，每一个合格的新闻记者都应当对这一种恶行宣战，本报认为绝不能姑息这种明目张胆的赌假行为。因此，其报道的宗旨是为了对涉赌人敲警钟，为了净化中国足坛。这篇文章是本报记者根据对殷某和王珀的朋友刘鹏程的采访，就王珀涉及打假球的事情所做的报道（见证据38）。①上述事实并非本报记者捏造，关于王珀开价500万的事实，不仅本报记者亲耳听到刘鹏程的述说，而且在场的殷某也听到（见证据39、证据33）。②本报记者采访时，现场还有其他媒体的记者也证实了亲耳听到刘鹏程有关王珀开价500万的事实。《宁波晚报》的体育记者李华军证明，刘鹏程确实曾向答辩人的记者王伟报料有关王珀打假球、开价500万元，本文的报道内容属实（见证据40）。综上，答辩人对王珀的系列报道符合新闻报道的要求，基本内容真实，不构成对王珀的名誉侵权。

3. 答辩人的6篇报道并未使得王珀的社会评价降低，因此，答辩人无须承担名誉侵权的民事责任。

(1) 根据答辩人的了解，自王珀从2003年进入球坛以来，特别是今年以来，关于王珀以及王珀任总经理的国力俱乐部的报道无不与"打假球""赌球""坑、蒙、拐、骗""欠钱""欠薪"等内容联系在一起，比如：①2005年3月5日，北方网转载《竞报》的报道《国力老总大爆料 王珀：每家俱乐部都踢过假球》，文中说道："自从2003年进入国力俱乐部以来，他一直处在中国足球打假扫黑的风口浪尖"，王珀称"中国有哪家俱乐部敢说自己没踢过假球？"并承认国力俱乐部欠球员2004年赛季的奖金（见证据30）。②北国网"北国论坛"网友"辉山兰狐"在2005年4月18日发表《对活化石王珀的身世考古研究》一文，文中提到王珀曾称自己来国力前是正师职干部，穿海军大校服装有理，并认为，"作为法人代表的王珀即使没有直接参与田纳西木业有限公司的经营，但他是法人代表，人们找他算账是没有错的，现在他要耍赖已经来不及了"。（见证据41）③《宁波晚报》2005年4月3日发表《谁在折腾国力足球——国力在宁波的孽债》一文，文中提到"国力在宁波欠下一屁股债"，"王珀的主要债主，某广告公司、东海饭店坐在一起，谈晓东也在，他也算是债主之一，在国力不仅没拿到一分钱，在国力没钱打客场的时候，自己还掏过十几万"，"去年国力队在宁波肯定打过假球，别的不敢说，至少有一场，假球的痕迹十分明显。那是主场对冲超球队珠海中邦的比赛"（见证据42）。④《成都晚报》2005年4月11日发表的《一般人我不告诉他》一文中说道："当时，足球记者中，流传着的有关他身世的神奇传说，主要有三点：其一，他是'海军大校'，更是某领导人的干儿子，有'组织背景'；其二，此君'黑白两道通吃'，有'社会背景'；其三，这位仁兄，在'资本运作'和赌球方面都手眼通天，'玩'得特别大，有'经济背景'……"（见证据43）。

(2) 根据答辩人对本案有关人士进行的调查，这些人对王珀的社会评价也都不高，比如：①《宁波晚报》社记者李华军在接受答辩人的调查时说："我多次接触王珀后，个人印象认为他说话经常前后变化快。我听说王珀自己也赌球，有关他打假球的事情在圈内也有盛传。也有报道说王珀操纵球队。"（见证据38）②本溪县高中教师、校总务处主任孙本飞在接受答辩人的调查时说："王珀表示捐10万元给本溪县高中，但这钱一直拖着没给，一直到现在也没兑现。""当时他穿一件蓝色两杠四星的海军服，一看就知道是海军大校。"（见

证据 18)

（3）上述媒体的报道评论以及社会公众对王珀的个人印象反映出，在答辩人对本案几篇文章刊出前后，媒体及社会公众对王珀个人的整体评价已经很低；同时，在答辩人的文章刊出前后，其他媒体也对王珀本人以及国力俱乐部的诸多问题进行了许多报道，报道的内容以及所反映的事实均与本报报道类似。答辩人的报道刊出后并未使王珀的社会评价进一步降低，因此，答辩人的报道并不构成对王珀的名誉侵权。

4. 综上所述，本报对王珀的系列报道符合新闻报道的要求，也比较客观真实地反映了王珀及与王珀有关的一些情况。这些文章都是本报记者在做了大量采访工作以后写就的，在主观上没有诋毁王珀的故意，在客观上也没有损害王珀的名誉（因为王珀本来就是这样的人），因此，根据《最高人民法院关于审理名誉权若干问题的解答》第七点的规定，本报不构成对王珀的侵权，也无须向王珀承担消除影响、恢复名誉、赔礼道歉的民事责任。

5. 王珀在诉状中声称因本报报道失实，致使多家单位取消了对国力俱乐部的赞助。答辩人认为，答辩人对王珀的系列报道与此没有因果关系。第一，王珀与国力俱乐部是两回事，并不能完全划等号；第二，国力俱乐部被取消今年注册资格，多家单位取消其赞助费也是情理之中的事（如真有赞助此事的话）；第三，本报的行为不构成侵权，王珀要求赔偿原告精神损害抚慰金 10 万元及赔偿损失人民币 90 万元的请求，根本不成立。因此，王珀此项请求应当予以驳回。

综上所述，本报今年三四月间刊发的 6 篇系列报道有其他媒体在先的报道、知情人陈述、工商登记档案佐证，经过了记者的采访，反映的问题基本真实；文章援引知情人言论和观点时做了提示，并给予了王珀申辩的机会。本报在采写和编发上述报道时，尽到了媒体应尽的注意义务，不存在损害王珀名誉的主观恶意，不构成对王珀的名誉侵权，请贵院依法驳回其诉讼请求[2]。

判　决

哈尔滨市法院经审理认为，《足球》报社报道国内足球焦点新闻，揭露和批评不良风气的动机虽没有错误，但其作为新闻媒体对新闻来源的真实性负有审查核实的义务，即应当保证刊载的新闻报道真实、准确、公正。而《足球》报社在刊发新闻报道时，未尽到审核的义务，在未弄清"欠款"属王珀的职务行为还是个人行为的情况下，仅依据"采访"进行报道，致文章对"王珀欠款不还"的报道不准确；《足球》报社未能提交充分证据证明王珀实施了赌球和打假球的行为，且在未经权威部门确认的情况下，仅凭被采访对象的一面之词即报道"王珀私刻公章骗钱""王珀嫖娼由他人支付嫖资"，致该部分内容不真实；《足球》报社在文章标题中使用"求饶""谈珀色变"等贬低性的语言，在文章中使用"他是闯进村里的一头狼""他就是个大骗子""他是个吃、喝、嫖无恶不做的人"等污辱性的语言，违反了新闻报道的公正原则，使王珀的社会评价降低，已构成了对王珀名誉权的侵害，故其应当承担民事赔偿责任。

由于《足球》报社的侵权行为，给王珀精神上带来了一定的痛苦，故对其请求《足球》报社赔偿精神损失费的合理部分予以支持。王珀未能提交充分证据证明，因《足球》报社的报道导致其收入降低，故对其要求《足球》报社赔偿其经济损失人民币90万元的请求不予支持。

2005年8月25日，哈尔滨市法院一审判决：被告《足球》报社于判决生效后15日内，在足球报头版显著位置刊载向王珀的道歉声明，以恢复名誉，消除影响，同时赔偿王珀精神抚慰金人民币50000元。驳回原告王珀的其他诉讼请求[3]。

《足球》报上诉至黑龙江省高级人民法院，高院维持原判。

其后，王珀因操控比赛被抓捕。2012年2月，辽宁省铁岭市人民法院经审理认定，2006年8月19日，被告人王珀利用担任西藏惠通陆华足球俱乐部总经理的职务便利，指使球队助理教练丁哲与广州医药足球俱乐部联系，在中甲联赛第17轮比赛中故意输给广州医药足球俱乐部。丁哲收受广州医药足球俱乐部20万元，王珀分得10.1万元。2006年5月和8月，王珀在无权决定的情况下，允诺帮助他人进入西藏惠通陆华足球俱乐部足球一线队，以办理进入球队注册相关手续为由，骗取他人23万元[4]。法院以受贿罪，判处王珀有期徒刑6年；犯诈骗罪，判处有期徒刑3年，并处罚金人民币23万元，决定执行有期徒刑8年，并处罚金人民币23万元[5]。

《足球》报表示："有关王珀赌球的真相，《足球》报当年是否有违新闻规范，是否侵犯其名誉权，都有望随公安介入而真相大白于天下。按新《民事诉讼法》第179条，我们有机会向最高法院申请再审，撤销生效判决，改判驳回诉讼请求。"[6]

评 析

本案与1998年《羊城体育》发表《"首尾"之战场外音》文章揭露陆俊受贿20万，被陆俊以名誉权侵权为由诉至法院并败诉一案有很大区别。如果说，在陆俊的名誉权侵权诉讼中，揭黑媒体还显得过于稚嫩和仓促的话，本案《足球》报无论在报道中还是诉讼中都做了充分准备。在诉讼中，报社提交了43份证据，其中包括数十份网上下载的报道和证据，包括《中国足球协会纪律处罚办法》、中国足协《取消陕西国力足球俱乐部注册资格的决定》、记者采访记录和资料照片、相关证言和律师的调查笔录，以及若干由王珀控制的法人的工商档案，证据不可谓不详尽。事实也证明，王珀确实有控制比赛、受贿、诈骗等罪行。

那么，《足球》报无论报道、应诉都经过精心准备，对王珀这样一个在足球圈中劣迹斑斑的"金牌做球人"进行曝光，为何两审都败诉了呢？在新闻侵权案中，争议焦点在于文章是否构成侵权和诉讼请求应否得到支持，司法解释要求的损害事实是否发生、报道内容是否基本真实以及是否存在侮辱他人人格的内容。如被告所述，一审认定事实和适用法律均有错误，其深层原因在于司法理念的滞后，体现在技术层面则是法庭对举证责任分配、认证规则掌握和证明事实程度的偏差。

1. 在举证方面，一审法院要求的"核实、审查"并保证内容"真实、准确、公正"的义务，不仅《足球》报难以做到，而且古今中外所有媒体都无法胜任。报社提交的43份证据中，被采信的只剩下几份被控侵权的报道和工商登记档案，至于人所共知的王珀的口碑、国力俱乐部欠薪、假球、赌球风波并被取消注册资格等事实，一概未能成为印证《足球》报道内容的事实依据。王珀否认了被告提交的网上下载的足协《纪律处罚办法》和《取消国力俱乐部注册资格的决定》的真实性，而对于这样的公共事件，法庭以对方异议和形式瑕疵为由并未认证。国力俱乐部被取消注册资格等众所周知的事实，对于经推论得出的事实真相，《足球》报本就无须举证。

证据规则结合最高法院《关于审理名誉权案件若干问题的解答》第7、8条和《关于审理名誉权案件若干问题的解释》第6条的规定，法院应考察受害人名誉是否确有损害、行为人行为是否违法、违法行为与损害后果间是否有因果关系，以及行为人是否有主观过错。只要报道所反映的问题基本真实，没有侮辱他人人格的内容，即不应认定为侵权成立。只有新闻报道严重失实并导致他人名誉受到损害时，才能被认定为侵权构成。当"新闻单位根据国家机关依职权制作的公开的文书和实施的公开的职权行为"进行客观准确的报道时，不应认定为构成侵权。

2. 关于公众人物的名誉权，涉案报道反映的问题是：王珀的公司曾拖欠工程款和贷款，他本人是欠款的始作俑者，有人向他讨债；王珀曾冒充海军大校和政要后代招摇撞骗；与王珀有关的公司或俱乐部面临多起诉讼。国力足球俱乐部因欠薪和假球风波被足协取消注册资格；王珀曾公开承认打过假球，置身于赌球、假球、欠薪的风口浪尖上，是引发争议的公共人物并且口碑很差。司法解释所要求的"基本真实"便可成就，报道即不属"严重失实"。本案王珀的名誉受到现实损害，是其主张名誉权保护的前提，报社行为的违法性是侵权构成的必要条件；而这里行为人主观上的过错，并非简单的故意或者过失，而是在主观上应具有"实际恶意"，即《足球》报明知事实虚假而又漠视真伪地予以发表才构成侵权。

3. 关于公众人物与舆论监督，司法对媒体行为应予以必要的宽容，应容忍对公共事务的非恶意性错误报道，应当允许媒体自由评论公共事务，要求其谨慎评论私人事务。本案涉及社会诚信和公共利益，当王珀作为公共人物的名誉权与媒体监督权冲突时，法律应弱化对前者的保护而倾向于保护媒体权利。"一个社会对媒体的宽容有多大，这个社会的进步就会有多大。"[7]

上海中远俱乐部名誉权侵权案

案　情

2002年1月15日晚，在杭州浙江绿城俱乐部，一名没有透露姓名的男子称，为了中国足球的未来，推动足坛扫黑进程，向中央电视台"今日说法"栏目、浙江电视台、《杭州日报》、《钱江晚报》以及新华社记者陈述，中远汇丽足球俱乐部曾通过该男子向浙江绿城俱乐部球员夏青送去人民币5万元，并出示一张银行电汇凭证复印件，说明中远汇丽足球俱乐部曾向足球裁判员张建军妻子开办的公司汇去人民币30万元。

1月17日，《球报》发表了"神秘中间人爆出涉黑猛料"的报道，并在头版头条登载了一份汇款人为"上海中远汇丽俱乐部"的上海银行电汇凭证，配以"张建军妻子的公司收到30万元？"的大幅标题。

上海中远汇丽俱乐部诉至上海市浦东新区人民法院，称：2002年1月17日，被告在其出版发行的《球报》上刊登的报道没有事实依据。该报道登载后，被众多媒体转载，许多球迷对原告表示失望，提出指责，原告的声誉和社会评价急剧降低。原告据此认为，被告主办的《球报》在完全有条件事先核实的情况下，对伪造的银行电汇凭证和有关消息来源未向原告及其他主要当事人做任何核证即予刊登,严重违背了新闻报道的客观性原则。该报道标题耸人听闻,内容完全失实,并配以明显带有误导性的大幅标题,已对原告的名誉造成了极大的损害。故原告提起诉讼,请求判令被告立即停止侵害原告名誉权的行为,在报刊上刊登赔礼道歉的声明,消除影响,赔偿原告名誉受到侵害而酌定的经济损失人民币20021.17元,并承担本案诉讼费。审理中,鉴于《球报》系《辽宁日报》主办的一份专业性体育报刊,不具有独立的主体资格,相关的权利义务由《辽宁日报》承担,原告中远汇丽足球俱乐部撤回对球报社的起诉。

被告辩称:2002年1月17日《球报》的相关文章,客观地报道了2002年1月14日到1月16日所发生的真实情况,原原本本地将"神秘中间人"对包括中央电视台"新闻调查"栏目、体育频道、新华通讯社以及《球报》在内的多家媒体进行的陈述加以全面报道,并进行冷静分析,指出其中疑点。随后,《球报》1月21日发表了题为"汇票疑点再解析"的文章,实事求是地剖析"神秘中间人"的言行及提供的"电汇凭证"的诸多疑点,1月28日又报道了"中远官员阐述扫黑立场"的文章,将原告中远汇丽足球俱乐部对"神秘中间人"、对"假汇票"的态度以及对自己的辩护都如实加以刊登,逐渐将"神秘中间人"的陈述日益显露为虚假事实的情况呈现在读者面前。由于新闻报道不是调查报告,不能失去新闻性,新闻事件的开始、全部过程、结果不可能在一篇报道中发表出来。故被告主观上没有侮辱诽谤原告的故意;客观上没有做结论性观点,不会给理智的读者带来误导,没有构成对原告的侵权。原告应向对众多媒体撒谎、诋毁原告名誉的"神秘中间人"主张侵权责任,不应对客观报道事件发生经过的被告提起诉讼。为维护新闻媒体的合法权益,尊重新闻报道的自由和公众获取新闻的权利,被告请求驳回原告起诉[8]。

本案原被告双方主要围绕3个方面展开争论:《球报》2002年1月17日有关神秘中间人的新闻报道是否客观真实;这篇报道是否对中远俱乐部产生了损害;《球报》是否具有主观故意。这3个议题,最后归结成的焦点是:《球报》在对神秘中间人所说内容的真伪没有确定以前,是否可以报道此事。

被告认为:《球报》的报道是对发生在杭州的事件的如实记述,没有对中远俱乐部进行任何形式的侵害。相反,《球报》不仅没有侵害原告的名誉权,在某种程度上说,还维护了中远俱乐部的利益,因为《球报》在报道中对所谓银行汇票和神秘中间人都提出了质疑。

原告认为,所谓的神秘中间人当时所揭发的中远俱乐部向裁判员和队员行贿的事情,最后经调查全是子虚乌有。《球报》在没有充分弄清楚事实真相前，就刊登出中间人的所谓揭发材料，是散布假新闻的行为，是以讹传讹的侵权行为。

被告认为，新闻事实是发展变化的，新闻报道也只能随着事物的发展变化而做进一步报道，不能要求记者把一件事的开始、过程、结果在一篇报道中全部体现出来，新闻报道不是调查报告，它不可能不讲时间性和新闻性。况且，《球报》根据中间人当时抖出的内幕也做了一番调查，在报道的字里行间也透着怀疑。

原告认为，2002年1月17日《球报》发表的《神秘中间人爆猛料》一文从标题和版面的编排上看，似乎有暗示这件事情真的是一种嫌疑。被告反驳说，文章两个小标题后面都用了问号，这样的编排显示出记者是用一种很客观的态度去报道整件事情的，而且在后面的几期报纸中，报社记者开始质疑简擎提供的材料的真实性，并加以分析和论证，所以对中远提出的这种说法，他们表示不同意[9]。

判决

法院认为，《球报》做出针对中远足球俱乐部虚假、不实的报道，其行为具有违法性。首先，本案从查明的事实来看，《辽宁日报》社主办的《球报》在2002年1月17日刊登的关于《神秘中间人爆出涉黑猛料》的报道，使读者对中远汇丽足球俱乐部涉黑的疑虑无法消除，该报道中涉及的事件发生过程尽管客观存在，"神秘中间人"确实出现过并陈述了涉及中远足球俱乐部的所谓"涉黑猛料"，但由于"神秘中间人"的陈述实际上是向媒体撒谎，欺骗公众，这就必然导致《球报》报道的内容虚假、失实，违反了新闻出版法律、法规确定的义务。其次，《球报》虚假、不实的报道对中远足球俱乐部的名誉产生了损害。其三，《球报》未尽谨慎审核的义务，主观上具有过错，应当承担相应的侵权民事责任。但原告未提供受到经济损失的依据，仅以报道发表的日期"2002年1月17日"而酌定经济损失为人民币20021.17元，并据此要求被告赔偿，缺乏事实根据和法律根据，法院对原告的索赔请求难以支持。同时，《球报》在1月17日的文章刊登出来以后，又接连刊登了几篇责疑的文章，因此，1月17日以后《球报》不存在对中远足球俱乐部的名誉侵害。又由于《球报》不具有法人资格，其民事责任应由其主办单位《辽宁日报》承担[10]。

4月24日，上海市浦东新区人民法院做出一审判决：一、被告《辽宁日报》在本判决生效之日起7日内在《球报》头版刊登向原告上海中远汇丽足球俱乐部赔礼道歉的声明，为原告消除影响；二、原告上海中远汇丽足球俱乐部要求被告《辽宁日报》立即停止侵害原告名誉行为的诉讼请求不予支持；三、原告上海中远汇丽足球俱乐部要求被告《辽宁日报》赔偿经济损失20余万元的请求，不予支持。案件受理费860元由原、被告各承担一半[11]。

2002年11月13日，上海市第一中级人民法院做出二审判决[12]。

据称，从《球报》败诉到2005年8月报纸停刊，《球报》并未向上海中远道歉[13]。

评析

案件体现出新闻诉讼的冲突是公民言论自由权与名誉权的冲突，涉及法律怎样协调、优先使用什么法律的问题。公民言论自由权与公民名誉权的冲突，其法律的界限应当是：是否侮辱与诽谤。如果没有侮辱和诽谤他人，则不构成侵犯名誉权利。如果报道都是"客观存在的"，仅仅"因为读者对中远足球俱乐部涉黑的疑虑也无法消除"就构成侵犯权利的话，公民的新闻权利从何谈起呢[14]？对公众人物、公众事件做出反向倾斜保护的核心原因在于为新闻自由扫清道路。如果没有这样的特别规则，媒体报道将受到很大限制，该报道的不敢报道，使得所谓的新闻自由名存实亡。因为新闻自由最重要的功能就是向公众传播关涉普遍利益的重要信息，而如果像对待一般普通公民一样对待公众人物和公众事件，许多情况下就无法向公众传递必要的基本信息。也就是说，公众人物的公共性使得他们应当忍受暂时的非恶意错误报道。要求新闻既迅捷又十分准确等于扼杀新闻自由。如果没有这样的反向倾斜保护规则，媒体可能会遭到大量的恶意诉讼干扰，耗费很高的人力物力。《宪法》同样保护公民的名誉权和言论自由权，但《民法》中却没有公民言论自由权的保护条款，中华人民共和国《新闻法》应早日出台。

陈亦明诉李承鹏等名誉侵权案

案情

从2009年12月21日起，《足球》报连载由该报李承鹏、刘晓新、吴策力合著但尚未出版的《中国足球内幕》一书。2010年1月4日，《足球》报整版转载该书主要描述陈亦明经历的部分,并将标题改为《陈亦明,从名帅到赌徒》,5天后,《中国足球内幕》公开发行。

陈亦明认为,该文虚构了他从足球教练员变成职业赌徒的经历,构成了名誉侵权。此外,李承鹏在个人博客中发表多篇诽谤文章,并接受媒体采访,同样构成了名誉侵权,于是起诉李承鹏、刘晓新、吴策力和《足球》报社,索赔450万元,并要求公开道歉。陈亦明的律师表示,450万元的索赔金额是参照被告方获得的稿费、发行收益、广告分红等收益总额计算得来。

陈亦明,1952年3月6日生,著名足球教练员,是南派足球的代表人物,20岁时就代表八一队拿到了全国足球联赛冠军。作为教练员,陈亦明执教过广东宏远、重庆红岩、成都五牛等多家俱乐部。结束在甘肃天马队的总经理职务后,陈亦明消失于中国足坛新闻报道中,近几年,他以足球评论员身份偶尔出现在媒体上,显得十分低调。

原告称,自己一直活跃于足球圈,为中国和广东的足球事业兢兢业业地做了大量有益工作,足球业内和社会公众对其给予了很高的评价,经常被邀请采访和做评论。4被告李承鹏、刘晓新、吴策力和《足球》报社,在作品中有许多侮辱诽谤的言辞,内容诸如"陈亦明无疑是中国知名教练里最早参赌的人""中国足球的假赌黑绕不开陈亦明"等等。原告律师称,众被告在《足球》报、《中国足球内幕》、个人博客等处发表的诸多文章言论都侵犯原告名誉权,是侮辱诽谤。而且这些事发生时,恰逢公安部和中国国家体育总局在足球界内掀起的"反赌、打黑"运动,在这样的大背景下本案的纠纷引起社会各阶层的高度关注,全国各家媒体争相报道,原告一时处于风口浪尖。虽然没人当面这样说,但是事实上没人再想联系陈亦明。就家庭而言,更是家无宁日,亲友断交,有苦难言。

被告则称,《中国足球内幕》一书中的第二部分《堂口时代》中《陈亦明:从顶级教练到职业赌徒》一文,李承鹏等人所述基本都是事实,对陈亦明的评价也非常客观到位。写作的指导思想是通过对原告在足球圈内的贡献、受罚、涉假、涉赌等人生沉浮的评述和批判,揭示足球行业中存在的"青年得志,中年有为,晚节不慎"的一种现象,以达到鞭策本案原告重新振作,东山再起,为中国足球再做贡献的目的。所涉文章的指导思想都顺应了时代的要求,符合主流社会的人生观和价值观[15]。

判 决

2011年6月,广州市荔湾区法院一审判决陈亦明胜诉,要求被告公开赔礼道歉，删除涉案文章和博客，《中国足球内幕》再版时删除涉案侵权内容，李承鹏、刘晓新、吴策力每人赔偿陈亦明损失5万元，李承鹏另赔偿3万元，《足球》报社赔偿2万元。

被告不服一审判决，向广州中院提出上诉。

被告认为，一审法院在审判中错误认定了两个重要事实：一是对赌球网站"陈亦明专业足球理财公司"没有依法进行调查，而这是陈亦明是否涉嫌赌球的关键证据；二是陈亦明在媒体采访中，曾公开主动承认曾经赌球，现已金盆洗手。比如《体坛周报》2010年1月18日刊登的《陈亦明，尽在狂言中》一文及《羊城晚报》2010年1月18日刊登的《陈亦明这八年》一文，这些证据均能说明陈亦明涉假、涉赌的问题确实存在，而不是李承鹏、《足球》报等捏造事实。另外，在1998年，陈亦明因打假球被中国足协进行处罚，并停止了执教资格，有中国足协的正式处罚决定为证。为此，被告向广州市中级人民法院递交《调取证据申请书》，请求法院向中国足协调取1998年10月14日做出的《中国足协对重庆红岩和辽宁天润队的处罚决定》及中国足协据以做出处罚决定的相关调查文件。

被告认为，涉案文章部分刊载于《足球》报，3人当时作为足球报的采编人员，是职务作品，应只列单位为被告。因此，陈亦明诉《中国足球内幕》一书不应在案中一并审判。3人撰写有关陈亦明涉赌文章的主要依据是发现了"陈亦明专业足球理财公司"等网站，而网站的存在是客观事实，陈亦明涉赌是合理推测，并非主观恶意捏造[16]。

二审法院认为，本案争议的焦点是，李承鹏、刘晓新、吴策力合著的《中国足球内幕》中"陈亦明：从顶级教练到职业赌徒"，以及李承鹏、刘晓新、吴策力向各大媒体公开发表的言论，是否侵犯陈亦明的名誉权；李承鹏在个人博客中发表的涉及陈亦明的文章是否侵犯陈亦明的名誉权。

法院认为，陈亦明是体育名人，是公众人物。对于公众人物而言，真实的言论可能影响言论对象的名誉，但是并非必然侵犯其名誉权。公众人物比普通民众更有机会保护自己的名誉，他们接触媒体的机会远多于普通民众，当媒体上出现关于他们的错误信息时，他们往往随时可以召开新闻发布会，找到媒体发表声明澄清事实。所以，对于作为公众人物的体育名人对于新闻报道可能对其名誉造成轻微损害应予以容忍。陈亦明在接受媒体采访中也承认"以前迷恋赌博，偶尔也去澳门葡京赌场玩上两把，也曾经输过百万"，无疑是其参与赌博的自认。法院认为，无论上述网站内容是否真实，显然陈亦明作为公众人物，并未显示出自身对名誉高度谨慎的态度，故应对其相关新闻报道可能造成的轻微损害予以容忍。

综合评判，二审法院认为，李承鹏、吴策力在著书时并没有主观过错，《中国足球内幕》中有关陈亦明的章节内容基本属实，没有侮辱陈亦明人格的内容，依法不构成侵犯名誉权；《足球》报转载该书章节，亦无侵犯陈亦明名誉权；李承鹏等3人向各大媒体公开发表的言论及李承鹏博客上发表的文章，法院认为亦不构成侵犯陈亦明的名誉权[17]。

评 析

为何本案在一审和二审判决时有了巨大逆转？

首先，一审法院的思路，集中在查明李承鹏等人所写《陈亦明：从名帅到赌徒》等文章的新闻源是否可靠上，从而判定其新闻报道是否真实，进一步推断是否构成名誉侵权。二审的思路是，此案是否存在侵犯名誉权的事实，应当从该文章内容是否基本属实来考量。依此，陈亦明涉嫌打假球、赌球的事实若客观存在，那么文章内容便"基本属实"，不构成名誉侵权。法官对陈亦明是否涉嫌参与赌博等问题进行了重点审查，最终断定陈亦明所承认的"默契球""人情球"已背离了竞技体育公平、公正的精神，李承鹏所做相关报道，远未达到捏造或歪曲事实的程度，其内容基本属实，遂改判[18]。

其次，在二审判决中，法官花了大量篇幅阐述公众人物名誉权的保护问题。二审判决引入了公众人物名誉权概念，并认为公众人物比普通民众更有机会保护自己的名誉，"有质疑可以召开发布会澄清"，且他们的行为直接影响到公众事务，理应接受公众舆论的检验。因此，公众人物对新闻报道可能出现的瑕疵，由此造成的轻微名誉损害，应当予以容忍。主审法官认为，公众人物的名誉、隐私权概念现行法律虽然尚未界定，但《民法典草案》征集意见时有学者曾提出"为社会利益进行新闻宣传和舆论监督为目的，公开披露公众人物的隐私，不构成侵权"[18]。而在范志毅名誉权侵权案中，"公众人物"概念已登录判决书。2002年，中国队在世界杯小组赛中输给哥斯达黎加之后，《东方体育日报》有关《中哥战传范志毅涉嫌赌球》的系列报道引发范志毅名誉权侵权诉讼，最终法院以"公众人物有对社会以及其个人情况的关注和负面评价的容忍义务"为由最终判决媒体胜诉，这不仅仅是体育新闻侵权的里程碑式案件，也是新闻侵权的里程碑式案件，"公众人物"这一概念第一次登陆中国法院的判决书。自此以后，范志毅案已成为类似案件审理的先例，"公众人物"概念也成为本次陈亦明名誉权侵权案的重要判决依据。

郑智夫妇名誉权侵权案

案　情

2010年7月19日，被告《金陵晚报》社在其发行的《金陵晚报》B叠05版中刊发一篇署名记者罗丹撰写《郑智老婆比郑智有钱》的报道。该文在描写知名足球运动员郑智时写道："郑智刚到恒大就得罪了当地球迷，球迷对其赛后耍大牌的行为表达了愤怒。""恒大的诚意和高薪是一大原因。另外，有知情人士透露，一些关于郑智赌球的传闻，也是他回国的原因之一。""反赌扫黑风暴中，被暗指明点的球员不少，但只有郑智敏感地跳出来驳斥，记者了解到，这也和他在国外踢球时的一些赌球传闻有关。""有圈内人爆料，郑智平时的爱好不多，赌球就是其中之一，这个爱好一直跟着他，还有一种猜测，郑智在国外后来经常坐板凳，也是俱乐部对其赌球行为的怀疑。"

该文章在写到郑智妻子邵娜时这样描述："曾经有自称沈阳当地的网友，发布过关于邵娜的传奇背景，该网友称邵娜在沈阳是传说中的'道上一姐'，很有来头，认识郑智之前就开宝马。""记者从圈内郑智身边人了解到，'一姐'的说法不太准确……""据说，宝马对于邵娜而言，就像玩具，因为她前后拥有不下8辆宝马，她的财富是来源家族或者其他，却是一个谜……"报道刊登后，新民网、腾讯网、搜狐网、东方网、网易、上海热线、龙虎网、亚心网、国际在线、齐鲁网等网络媒体都先后做了转载。

8月31日，郑智、邵娜以名誉权侵权向上海市静安区人民法院提出诉讼，起诉金陵晚报社和南京日报报业集团。原告认为，被告在涉及郑智的报道中，未对所依赖的相关事实进行核实，反而通过大量道听途说、以讹传讹及无中生有的传闻，对郑智进行无端猜测和恶意评价，以捏造事实和散布流言的方式误导郑智有赌球行为。上述不实报道导致郑智的社会评价降低，精神上遭受巨大痛苦，已构成对郑智名誉权的严重侵犯。在涉及邵娜的报道中，对邵娜个人生活和财富来源进行毫无事实根据的猜测，误导公众认为邵娜积累了巨额财富系通过不正当手段获取。将邵娜描绘成与黑社会有染，同样导致邵娜的社会评价降低，构成对邵娜的名誉权的严重侵权。原告分别要求两被告公开赔礼道歉，赔偿精神损失费各5万元、公证费各1500元和律师费各6.5万元。

两被告辩称，刊登报道并不是说"郑智赌球"，而是"郑智存在赌球传闻"。在该报道前，李承鹏的《中国足球内幕》一书，《楚天金报》《半岛都市报》《生活新报》《信息日报》《北方网》等各大媒体都有郑智赌球的传闻。郑智作为公众人物，对可能造成的轻微损害应当予以容忍与理解。涉及郑智的社会评价，广大球迷和网友在报道刊登前就有评价，与该报道无关。涉案文章不是对郑智有赌球的主观判断，仅是对客观存在"赌球传闻"的报道。在足坛扫黑的大背景下，该报道是为了满足公众的知情权，属正常的舆论监督，不构成侵权，请求驳回诉求。

在涉及对邵娜的报道中，两被告称内容基本属实，对邵娜开宝马车、用LV包的生活方式是中性的评价。至于称邵娜在沈阳是传说中的"道上一姐"等，只表示邵娜的低调和神秘，并没有说邵娜的财富来源不正，不会造成邵娜的社会评价的降低。邵娜的丈夫郑智是中国足坛的"大哥大"，媒体在大规模报道郑智时，邵娜将不可避免地会出现在报道中，身为名人妻子的邵娜不应在郑智的负面报道中出现她的内容时，就认为名誉权受到侵犯。

判 决

法院认为，判断一则新闻报道是否构成名誉侵权，应当综合案件的具体情况，按照民事侵权责任构成要件去衡量。自2009年底起，一场"反赌扫黑"风暴席卷了中国足坛，从足协官员、足球裁判、球队教练员到一些球员，不少人被卷进这场风暴之中，中国足坛成为社会各界关注的焦点。特别是球员参与赌球，社会公众更是深恶痛绝，中国足坛声誉深陷低谷，已成为一个社会的关注热点。郑智曾多次入选中国国家队，又是中国寥寥几位留洋球员中的一员，自然也就成为社会关注的人物。涉案报道从文章的结构和内容来看，主要将此前社会上有关郑智的传闻和爆料汇总，做了一次较为详尽的报道，该报道中所谓郑智"要大牌""涉赌"等消息，并非报道主观臆造。报道大多使用"传闻""知情人士透露""圈内人爆料""猜测""怀疑"等词，而这些事实在该报道前，已在社会中流传，非被告凭空捏造。并未肯定郑智确有赌球行为，也无侮辱、诽谤性语言，主观上不存在恶意诋毁郑智名誉的过错，该行为也无违法性。同样，报道对沈阳网友称邵娜是"传说中的'道上一姐'"等内容，尽管不是报道的凭空捏造，如同报道中也承认"一姐"的说法不正确，否定了网友的这种说法，文章也未使用侮辱、诽谤性语言。报道在主观上并不存在诋毁邵娜名誉的过错，客观上也未对邵娜的名誉造成损害或降低社会评价。但需要指出的，媒体在从事业内活动时，更应遵循职业操守，对新闻报道的用词慎之又慎，不应使用容易引起他人误读误解的词语[19]。

法院还认为，媒体是公众了解世情的渠道，报道事实是新闻媒体最基本的职责，也是社会公共利益的一部分。涉案报道在"反赌扫黑"的特定背景下，从新闻媒体的社会责任与义务出发，对社会公众关注的焦点，行使报道和舆论监督，以满足社会关注的知情权。涉及郑智赌球传闻，从表面上看是郑智个人的私事或名誉，若与中国足球"反赌扫黑"相联系，就不是一般意义的个人之事，而属于社会公共利益的一部分，自然成为新闻报道的内容，身为公众人物的郑智对媒体在行使正当舆论监督时，可能造成的轻微损害应当予以容忍与理解。因此法院判决对郑智、邵娜之诉判决不予支持[20]。

评 析

本案的关键在于法院以新闻真实性与法律真实性之间的区分作为依据进行审理。新闻真实的关键在于记者报道的内容是否与相关传闻相符。而从网站方面的信息中可以看到，郑智的赌球传闻是公开信息，与新闻真实情况相符，并非故意编造并加以传播。除此之外，报道并没有侮辱诽谤等内容，郑智社会评价低和报道之间没有因果关系。如果说郑智社会评价降低，则是长期客观存在的赌球传闻和郑智在国家队的实际表现[21]。

另外，"公众人物"概念也是本次郑智、邵娜案的重要判决依据。2002年范志毅案中，"公众人物"概念第一次登陆中国法院的判决书，自此以后，范志毅案已成为类似案件审理的先例。本案中，郑智作为公众人物，邵娜作为公众人物的妻子，必然受到来自社会的广泛关注，并且在这种关注中获得相当的利益，根据权利义务相一致的法律原则，他们同样对社会给予其个人情况的关注及负面评价有容忍的义务。

参考文献

[1] 三笑王珀起诉《足球》报 要求恢复名誉并赔礼道歉 [EB/OL]. 新华网，http://news.xinhuanet.com/sports/2005-04/15/content_2831823.htm.

[2] 就侵害王珀名誉权一案提出答辩意见 [EB/OL]. 足球报，http://gb.cri.cn/2945/2005/06/27/843@598763.htm.

[3] 哈尔滨市法院公布2005年十大民事案件 [EB/OL]. 黑龙江新闻网，http：//heilongjiang.dbw.cn/system/2006/01/18/050240664.shtml.

[4] 足坛反赌案核心人物金牌"做球人"王珀被判8年 [EB/OL]. 法制网，http：//www.legaldaily.com.cn/index_article/content/2012-02/18/content_3359704.htm.

[5] 俱乐部涉案人中王珀刑期最长　法院未询问是否上诉 [EB/OL]. 新浪网，http：//sports.sina.com.cn/c/2012-02-20/09065950037.shtml.

[6] 陆俊曾被报道受贿20万　告媒体获胜得高额赔款 [EB/OL]. 腾讯体育，http：//sports.qq.com/a/20100306/000472.htm.

[7] 浦志强. 对《足球》报被王珀诉诽谤案的法律思考 [EB/OL]. 新浪体育，http：//sports.sina.com.cn/r/2005-10-12/12151814200.shtml.

[8] 上海市浦东新区人民法院（2002）浦民一（民）初字第1886号.

[9] 郝洪军. 球事儿 [M]. 北京：中国三峡出版社，2010.

[10] 黄继抗中远状告《球报》案审理终结：赔礼道歉不予赔偿 [EB/OL]. 新浪体育，http：//sports.sina.com.cn/j/2002-04-25/25265808.shtml.

[11] 中远汇丽名誉权案一审判决　辽宁日报赔礼道歉 [EB/OL]. 民商法案例，http：//www.chinalawedu.com/new/1900a20a2010/2010924zhengj17820.shtml.

[12] 上海市第一中级人民法院（2002）沪一中民一（民）终字第1213号.

[13] 郝洪军. 球事儿 [M]. 北京：中国三峡出版社，2010.

[14]《球报》法律顾问：判决书里有一些认定不正确 [EB/OL]. 新浪体育，http：//sports.sina.com.cn/j/2002-04-25/25266028.shtml.

[15] 陈亦明起诉李承鹏名誉侵权　索赔450万 [EB/OL]. 新浪体育，http：//news.sina.com.cn/o/2010-07-01/071917737220s.shtml.

[16] 知名足球教练状告知名足球记者侵犯名誉权案二审 [EB/OL]. 南方日报，http：//news.xinhuanet.com/legal/2012-04/26/c_123042201.htm.

[17] 洪奕宜. 足球名宿陈亦明名誉侵权案二审败诉稿件来源 [EB/OL]. 南方日报，http：//www.legaldaily.com.cn/index/content/2012-12/19/content_4067028.htm.

[18] 告李承鹏名誉侵权陈亦明为何败诉 [EB/OL]. 南都网，http：//epaper.oeeee.com/G/html/2012-12/26/content_1783394.htm.

[19] 李鸿光. 郑智夫妇状告虚假"郑智赌球"未获支持 [EB/OL]. 中国法院网，http：//www.chinacourt.org/article/detail/2011/07/id/455874.shtml.

[20] 足球运动员郑智夫妇告南京报媒名誉侵权败诉 [EB/OL]. 搜狐新闻，http：//media.sohu.com/20110705/n280746103.shtml.

[21] 本所律师谈原国家足球队长郑智夫妇诉金陵晚报、南京日报报业集团、新民网媒体名誉权案 [EB/OL] 新浪博客，http: //blog.sina.com.cn/s/blog_5d8a15e80100soye.html.

第六章 运动员保障

曲乐恒诉辽宁足球俱乐部工伤赔偿案

案 情

2000年1月20日,曲乐恒与辽足俱乐部签订了《职业运动员工作合同》,聘用期限为2年,自2000年1月1日起至2001年12月31日止。

4月26日20时30分,曲乐恒、张玉宁和王刚在开车外出吃饭归队途中发生严重车祸,导致曲乐恒下肢瘫痪,从此告别了绿茵场,开始了漫长的轮椅生涯。

随后,曲乐恒将张玉宁诉至法院。

2004年11月10日,沈阳市中级人民法院判决张玉宁赔付曲乐恒243万元。

2001年1月4日,辽足做出《关于曲乐恒非因公负伤的处理决定》,认定曲乐恒不是工伤。

2月13日,曲乐恒向辽宁省劳动争议仲裁委员会提出仲裁申请,要求辽足继续履行劳动合同并给予相应的工资待遇。

2月16日,辽足俱乐部单方面解除了与曲乐恒的工作合同。

2005年7月29日,辽宁省劳动争议仲裁委员会做出辽劳仲案字(2005)第17号仲裁裁决,以"曲乐恒、辽足之间没有订立过劳动合同,签订过的工作合同现已期满,所以要求辽足履行劳动合同及支付相应工资待遇无法律依据。此外,认定工伤是劳动保障行政部门的工作,仲裁部门已委托省劳动保障行政部门进行工伤认定,但未被接受,因此曲乐恒要求享受工伤待遇没有依据"为由,对曲乐恒的仲裁请求不予支持。

8月21日,曲乐恒向中国劳动和社会保障部提起行政复议申请,中国劳动和社会保障部做出了不予受理的裁决。随后,曲乐恒将中国劳动和社会保障部诉至北京市第二中级人民法院。

11月22日,北京市二中院对此案进行了审理,但未做判决。后经法院的多次调解，双方达成和解。中国劳动和社会保障部向辽宁省劳动和社会保障厅下达受理工伤申请通知书，曲乐恒撤诉。

辽宁省劳动和社会保障厅委托沈阳市劳动和社会保障局受理曲乐恒工伤申请，并进行工伤鉴定。2008年7月31日，沈阳市劳动和社会保障局出具沈劳工认字〔2008〕1439号工伤认定决定，认定曲乐恒为工伤。辽足不服裁决，连续向辽宁省劳动和社会保障厅、沈阳市沈河区人民法院和沈阳市中级人民法院提起上诉，各方均表示维持原判。

曲乐恒又申请进行工伤残疾等级鉴定。2009年10月16日，沈阳市劳动鉴定康复管理办公室出具职工工伤、职业病致残程度鉴定结论通知单，评定曲乐恒致残程度为二级，大部分护理依赖，配轮椅。辽足不服申请再次进行鉴定。2010年1月21日，辽宁省劳动鉴定委员会办公室以辽足未提供再次鉴定所需全部材料为由，将辽足的再次鉴定申请予以退回。

2010年7月23日，和平区人民法院审理认为，曲乐恒与辽足签订的《职业运动员工作合同》是双方当事人真实意思的表示，并已实际履行，合法有效。现曲乐恒经鉴定已构成工伤二级残，依据工伤保险条例相关规定，保留劳动关系，退出工作岗位并享受相关的工伤待遇，辽足应继续履行劳动合同。因此，对辽足所提出的辽足与曲乐恒不是劳动合同关系及不认可曲乐恒系二级残的辩解，不予采纳。辽足需支付曲乐恒各项赔偿共计291万余元：每月支付给曲乐恒伤残津贴6355.2元至满20年。辽足给付曲乐恒停工留薪期工资33.6万；辽足给付曲乐恒停工留薪期后至定残前的工资224302.50元；辽足给付曲乐恒治疗康复费94734.92元；辽足给付曲乐恒交通、食宿费151940元；辽足从2009年10月16日起至满20年每月支付曲乐恒伤残津贴6355.2元，共计1525248元；辽足给付曲乐恒残疾人用品用具费1250元；辽足给付曲乐恒评残前护理费173250元，从2009年10月16日后辽足每月给付曲乐恒生活护理费996.9元至满20年，共计239256元；辽足给付曲乐恒一次性伤残补助金164488.5元；辽足从2000年1月20日起按缴纳社会保险的相关规定为原告曲乐恒缴纳社会保险费（五险），具体数额以社保部门核对额为准，其中由个人负担的部分由曲乐恒自行负担；辽足给付曲乐恒采暖费1680元；上述费用扣除辽足已支付的489959.18元，余款辽足于判决生效之日起10日内给付曲乐恒。

曲乐恒和辽足均不服一审判决，提出上诉。曲乐恒认为一审法院部分认定事实不清，其欠辽足俱乐部48.9万元并在判决中予以扣除与事实不符。而辽足方面则表示，在曲乐恒出车祸之后出于人道的考虑俱乐部已经支付了50万元的费用,并且出车祸是违反俱乐部规定酒驾,"最终出了车祸不但害了自己,也害了辽足,辽足培养他们那么多年,一场车祸毁掉了两个球员,我们也是受害者。"[1]二审法院维持了一审判决。

评 析

一、关于曲乐恒车祸是否为工伤的争议

曲乐恒与辽足俱乐部之间的纠葛核心和最关键、最为曲折的环节就是对曲乐恒有关工伤的认定。辽足方面认为,根据相关条款,曲乐恒当年外出并不属于上下班,因此不能算作工伤;曲乐恒当年外出途中违反了俱乐部饮酒规定。

沈阳市劳动和社会保障局依据《工伤保险条例》(国务院令第375号)第十四条第六款"在上下班途中,受到机动车伤害的"情形应认定为工伤的规定,认为发生车祸的地点是在上下班途中,从而认定此事件为工伤。辽足俱乐部认为,上下班是指由工作单位到家或相反的过程,曲乐恒当时是从外面回宿舍休息,而不是去上班,因此不符合相关规定要求。辽足认为曲乐恒和张玉宁外出并非吃饭而是喝酒,违反了俱乐部不能饮酒的相关规定。曲乐恒认为张玉宁要是酒后驾车肯定被认定是交通肇事罪了,所有法院调查都没说他喝过酒[2]。曲乐恒指出:"辽足是24小时集中管理,平时用大铁门锁起来,没有他们的准许根本出不去,我当时也是依照晚上九点半归队的要求往回赶,都是按他们的规定来的。"中国的足球俱乐部作为用人单位具有特殊性,俱乐部要求球员晚上21:30之前必须归队,这本身就是一种工作规定,不能认为是休息。

二、高额赔偿的计算与由来

法院认为,曲乐恒与辽宁足球俱乐部签订的《职业运动员工作合同》,是双方当事人真实意思的表示,并已实际履行,合法有效。现曲乐恒经鉴定已构成工伤二级残疾,依据《工伤保险条例》相关规定,保留劳动关系,退出工作岗位并享受相关工伤待遇,辽足应继续履行劳动合同。

291万余元赔偿主要由两部分组成:一部分是由用人单位支付的费用,包括停工留薪期内的工资、伙食费、交通费、护理费,还有伤残津贴(按月)等。按规定,二级伤残需按月支付津贴标准为本人工资的85%。职工因工作遭受事故伤害或患职业病需要暂停工作接受工伤医疗的,在停工留薪期内,原工资福利待遇不变,由所在单位按月支付。停工留薪期一般不超过12个月。伤

情严重或者情况特殊,经设区的市级劳动能力鉴定委员会确认,可适当延长,但延长不得超过 12 个月。职工住院治疗工伤的,由所在单位按本单位因公出差伙食补助标准的 70%发给住院伙食补助费;经医疗机构出具证明,报经办机构同意,工伤职工到统筹地区以外就医的,所需交通、食宿费用由所在单位按本单位职工因公出差标准报销。经测算,曲乐恒停工留薪期工资为 33.6 万元,停工留薪期后至定残前的工资 224302.50 元,交通、食宿费 151940 元,评残前护理费 173250 元。

还有一部分是由工伤保险基金支付的费用。由于此前对曲乐恒与辽宁足球俱乐部是否形成劳动关系一直存在争议,辽足在事故发生前未为曲乐恒缴纳社会保险费。按规定,用人单位未参加工伤保险期间其职工发生工伤的,由该用人单位按照规定的工伤保险待遇项目和标准支付费用。这部分费用包括一次性伤残补助金、伤残津贴(按月)、工伤医疗费用、生活护理费(按月)、辅助器具费等。职工因工致残被鉴定为一级至四级伤残的,保留劳动关系,退出工作岗位,享受一次性伤残补助金,其中二级伤残标准为 22 个月的本人工资。工伤职工已评定伤残等级并经劳动能力鉴定委员会确认需要生活护理的,按月支付生活护理费。生活护理费按照生活完全不能自理、生活大部分不能自理或者生活部分不能自理 3 个不同等级支付,其标准分别为统筹地区上年度职工月平均工资的 50%、40%或 30%。经测算,辽足需给付曲乐恒一次性伤残补助金 164488.5 元;从 2009 年 10 月 16 日起至满 20 年每月支付曲乐恒伤残津贴 6355.2 元,共计 1525248 元;从 2009 年 10 月 16 日后每月给付曲乐恒生活护理费 996.9 元至满 20 年,共计 239256 元;治疗康复费 94734.92 元,采暖费 1680 元,残疾人用品用具费 1250 元;从 2000 年 1 月 20 日起缴纳社会保险费,具体数额以社保部门核对额为准,其中由个人负担的部分由曲乐恒自行负担[3]。赔偿费用虽高,但仔细分析,291 万元总额中有将近 200 万元原本可由工伤基金支付,但因当初未参加社保,这部分费用也由单位支付,数额自然就高。这是用人单位未依法缴纳社会保险的恶果。

三、球员保险与保障

职业球员是高收入与高风险并存的人群,无论欧洲职业足球联赛还是美国四大联盟,都有关于球员的完善保险和保障制度。而中国足协关于职业球员工作合同方面,虽然要求俱乐部为球员购买保险,但有些俱乐部敷衍了事,购买的保额都非常低。在曲乐恒案中,辽足俱乐部虽然也给队员上了保险,但属于集体保险,份额相当小,曲乐恒车祸以后,保险公司只赔付了 5 万元。中国职业体育保险制度需要健全来保障运动员的权利，保障项目可持续发展。

武强猝死案

案　情

2009年9月4日，NBL联赛沈阳东进男篮2.10米、从新疆队租借来的中锋武强参加了NBL比赛，未见任何异样。

9月5日训练时，武强感觉胸口发闷。晚上，队友发现武强呓语，出汗，赶忙喊来了队医，队医赶紧拨打120急救电话，将武强送到沈阳市滑翔医院治疗。确诊为马凡氏综合征之后，武强当即被转往沈阳市陆军总院。

9月6日晚9时左右，武强因马凡氏综合征❶引发心脏病去世。

主治医生表示，武强死于主动脉夹层破裂，而对于突发病情的诱因是否与身高或大运动量训练、比赛有关，医生并没有给予回答。俱乐部方面表示，此前也给武强进行过体检，但是没有发现任何异常。

据报道，武强是一位先天性家族病患者，他的母亲在武强4岁时就死于马凡氏综合征，当时她也是一名篮球运动员，也是心脏病突发去世，与武强去世的情况非常类似。武强7岁时，父亲又突发脑出血去世，他是在舅舅的抚养之下长大的。"马凡氏综合症遗传的概率非常大，基本达到了100%。他的母亲因此去世，武强就完全不能从事这样的剧烈运动。"有关心胸外科专家表示[4]。

东进俱乐部负责人表示，武强生前没有告诉俱乐部自己的家族病史，俱乐部也是在武强的舅舅来沈阳面谈后，才得知他的家族病史。"我们之前的例行体检也就是做做心电图，根本就查不出这种病来。"

武强病危时，抚养他长大的舅舅赶到了沈阳。东进队有关负责人透露，俱乐部按照劳动法的有关规定给武强亲属赔付了10万元现金，另外还发放了本赛季剩余4个月的工资6万元，武强的家属一共得到16万元的赔偿[5]。

---

❶马凡氏综合征（Marfan's Syndrome）又名蜘蛛指（趾）综合征，属于一种先天性遗传性结缔组织疾病，为常染色体显性遗传，有家族史。病变主要累及中胚叶的骨骼、心脏、肌肉、韧带与结缔组织。骨骼畸形最常见，全身管状骨细长、手指与脚趾细长呈蜘蛛脚样。心血管方面表现为大动脉中层弹力纤维发育不全，主动脉或腹总主动脉扩张，形成主动脉瘤或腹总主动脉瘤。主动脉扩张到一定程度以后，将造成主动脉大破裂死亡。发病率约0.04%~0.1%。

评析

职业运动员从事高强度的身体活动,体检、保险和伤残保障必不可少。

很多人质疑:自小父母双亡,有家族病史,为何未引起球员和俱乐部重视?俱乐部是否有运动员体检制度?难道当初武强来到俱乐部时未经体检?媒体披露业内人士称,是中国的体检水平过于落后才导致了这个问题,"国内这方面没有国外发达,如果像国外那么细致地体检,可能就查出问题了。"[6]连东进俱乐部都承认:"国内很多俱乐部,包括 CBA,都不会给新来的球员进行体检。武强当初在新疆时不知道做没做过体检,我们给他体检也没查出什么问题。"

为了保障球员的权益,CBA 和 NBL 等联赛应对球员进行全面而细致的体检筛查,保障运动员安全。至少可以在运动员加入球队前要求运动员填写身体健康情况表,在上面列出不适宜参加高水平竞技的各类疾病由运动员申报,其中包括家族病史的内容。以上内容既有利于俱乐部掌握运动员的健康状况,也有利于提醒运动员高水平竞技应谨慎对待自身健康。在出现伤害事故后,也容易对各方责任进行分担:如果运动员对于自身存在的不适合参加高水平竞技的疾病已经声明,俱乐部未引起重视,则俱乐部和运动员都有过错;如果运动员明知自己存在不适合参加高水平竞技的疾病未声明,或者运动员对此情况也一无所知,则俱乐部可以减轻或免除责任。

王屾白血病救助案

案 情

篮球运动员王屾是辽宁阜新市人。2003 年,他离开阜新体校来到沈阳加入辽宁青年队;2006 年入选阿迪训练营夺得扣篮冠军;2006 年率东北大学男篮荣获当年大超联赛亚军;2006 年入选国家青年男篮,曾连续两年担任国青队长。在 2007 年的阿迪达斯训练营中获得全明星 MVP 称号。他身高 1.90 米,司职后卫,天赋极高,曾被多位中外专家预测为不可多得的希望之星[7]。

2008 年 5 月,王屾被诊断患胸腺瘤并开始治疗,因为肿瘤位置的原因无法进行手术,只能化疗;2008 年 10 月,肿瘤转移到骨髓并转为白血病,他贫寒的家庭没有办法负担起大笔的医疗费。

辽宁盼盼俱乐部表示，王岫是非常好的球员，的确是可能进一队的，但是他现在仍属于二队，不属于俱乐部，和俱乐部也没签订合同，俱乐部没有义务全额负担治疗费用[8]。对于辽宁盼盼的这种说法，很多网友表示了质疑。他们认为既然俱乐部是通过了CBA准入资格审核的，那么理论上必须有青年队建制。既然有青年队，为什么说二队队员不是俱乐部的人呢？

那么王岫是否属于辽宁男篮二队的主管单位——辽宁省体育运动技术学院呢？辽宁省级的各支运动队都属于这个学院管辖。辽宁省运动技术学院称，王岫现在的身份是辽宁省体校的学生，而不在专门管理专业运动员的辽宁省运动技术学院，还不是专业运动员。国家2007年开始实行的运动员社会保障制度规定，运动员享受和事业单位一样的保险福利。但是他现在还不是专业运动员，只能和一般大学生一样[8]。王岫7月份从体校毕业，但4月底被查出患有重病，他也因此失去了原本10月份有望签约辽宁篮球俱乐部的机会，他的关系还在少体校，在辽宁省体育运动技术学院中他只是个预备队员，更和辽宁盼盼俱乐部没有任何关系，这样一来使得王岫成了"三不管"，没有组织为其负责[9]。

中国妇联下属的儿童少年基金会向王岫伸出援手，为他募集专项资金。王岫尚未满18岁，恰好符合儿基金会援助对象年龄要求。中国篮协曾联合青年基金会为王岫捐款20万元治疗费，东莞俱乐部捐助王岫8万元，辽宁省体育运动技术学院也号召师生捐款。王岫还得到来自社会各界的关心和帮助。

2009年4月10日，王岫成功做完了骨髓移植手术。

7月31日上午，因骨髓移植造成的排斥反应，王岫经抢救无效离开了人世。

评 析

据媒体透露，为了支付王岫治疗白血病的高额医疗费，王岫的父母先是卖掉了房子，然后又花光了几乎所有的积蓄。在走投无路的情况下，王岫的父亲甚至动了卖肾救儿的念头。所幸，作为公众人物，王岫患病的事情经媒体报道后，引起了社会各界的重视并纷纷为他捐款治病[10]。但捐款的方式只能是解燃眉之急，并非长远之计。在重大疾病面前，人道主义援助只能是治标不治本，运动员保障不能完全依赖社会捐助和慈善，到底谁应该为运动员的医疗和保障负责？体育是高风险项目，不仅职业运动员、国家队运动员需要保险和救助机制，体校学生也应当建立与一般学校不同的保险和救助机制。王岫之死再次暴露体育保险和救助机制在我国进展缓慢的尴尬现状。

高某诉先农坛体校受虐案

案　情

2006年9月，10岁的高某被选送进先农坛体校试训。高某曾多次获得少儿、青少年级别全国体操冠军。

2008年4月29日傍晚，高某突然从先农坛体校出走，并留下一封遗书。经过警方、家长、学校联合寻找，次日凌晨2时，高某在什刹海体校被找到。高某说，之所以出走，是因为不堪在体校被打骂虐待而想跳河自杀。第二天，经安定医院诊断，高某被确认为"精神抑郁"。

2008年5月19日，高某向北京市宣武区法院起诉，认为体校不尽教育职责，不安排正常训练；不尽管理义务，造成自己精神抑郁，要求赔偿精神损失费50万元，并报销医药费。体校认为高某的抑郁状态与体校没有因果关系，所以不承担责任。

在庭审中，双方主要就高某是否在先农坛体校遭受殴打与是否经过正常训练进行了质证[11]。

高某说，他在体校非但没有学到一个体操动作，反而整日被大队员打，被教练员骂。"我宿舍同学把他的300元钱放在我的柜子里，我的柜子有锁。后来柜子被撬了，大队员就逼我还钱。"高某的母亲称，当晚她赶到学校时发现，很多大队员拿着棒子把高某逼到墙角。2007年6月，他被同学用雨伞戳伤睾丸，"我夫教练那儿反映过，教练说我瞎说。"2007年8月，他在洗澡时被热水烫伤。高某的队友潘某也称"看见高某倒立到眼睛都肿了，像熊猫一样"。高某还说："大队员打过我，晚上4个人轮着打，不让我睡觉。"

体校认为，高某被扎伤是其他队员玩耍时碰到了他，"当时他说不疼"。学校承认有3名队员欺负高某，他们已暂停了这3名队员的训练，责成他们做书面检查。但这个说法遭到高母否认，她说当时学校把她和其他孩子家长一同叫去，并当众责备她，说"高某事多"。

学校认为，高某半年试训期结束后，学校发现他将来发展空间不大，准备解除合约，但其母希望再给孩子个机会，学校就留下了高某。此说法也遭到高母否认。她说高某试训期结束没有转正，就要求转走，但学校不同意，说运动员注册在他们那里。双方议定的试训期从2006年9月1日至2007年3月1日，但试训期结束后,学校既没为高某办理转正手续,也没有让他选择其他运动队。

11月5日,在法院的组织下,首都医科大学附属安定医院再次为高某进行诊断,结果显示为"应激障碍"。

11月7日,第二次庭审中,"抑郁状态是否和学校有关"和"高某为何受到另类待遇"成为双方争论的焦点。高母称,高某的抑郁症是被先农坛体校逼出来的,学校应该负责。体校认为,高某的抑郁症目前仅有安定医院的诊断书,并没有司法鉴定,不能认定其患此精神疾病。

对于法官提出的"是不是存在高某倒立成'熊猫眼'的事实",校方表示,倒立是体操运动员的基本训练,是常用手段。高母说,儿子之所以遭到"非人"待遇,原因之一是他太优秀,与先农坛想捧的其他队员发生冲突,所以教练想"废"了他。学校称,让哪个孩子参赛,是教练员根据当时孩子的竞技状态决定的,他们对孩子一视同仁。

12月9日,就"倒立一小时是否属于非正常训练"一事,本案承办法官与国家体育总局体操运动管理中心办公室取得了联系,对方表示,体操的具体训练方法和训练量各地都有差异,国家体育总局对此没有相应标准,更无法鉴定。

12月11日,第三次开庭。先农坛体校6名相关人员出庭做证。高母当庭播放了3盘DVD和6盘VCD作为录像和录音的证据。不过,该证据的真实性全部被6人否认。高母播放了一段录像,高某进入先农坛体校的第一个教练杨某在指导一个孩子训练,高某在旁边跪着看,孩子停止训练后,高某帮着挪器材。对此,杨某说,高某跪着是在练习压脚面,其他孩子也有这样的动作,并不是虐待他。

高母说高某被欺负多次后,学校召开家长座谈会,当时体操队的负责人杨某和胡某都参加了。学校还要求打人的孩子每人写检查,孩子写出来的检查中,共有60多条打人方法。杨某否认纸条存在,但随后出庭做证的胡某承认纸条存在。高某的另一名教练朱某出庭做证说,他接手训练高某时,高某的水平要比进入先农坛体校时有所提高。高母立即放出录音,朱某在录音中说,高某当时的水平赶不上进入先农坛的时候,这是教练员的问题,学校的责任。朱某还说,杨某和他说,不要教高某,要教另外一个孩子。

高母在庭审结束前提出,要求学校对高某进行各类赔偿共计259914.47元人民币,这与之前提出的50万元相比降低了不少[12]。

判 决

法院审理后认为,未成年人享有生存权、发展权、受保护权、受教育权等权利，国家根据未成年人的发展特点给予特殊、优先保护。对未成年人依法负有教育、管理、保护义务的学校，未尽职责范围内的相关义务致使未成年人遭受人身损害，应当承担与其过错相应的赔偿义务。原告未经被告训练前是有一定实力的体操特长生，无精神疾病记载。原告进入被告处寄宿训练期间，屡次出现人身损害问题，经被告处理后，类似事件仍然发生，致使原告幼小心灵受到损害。庭审中，被告未提供依法对原告进行社会生活指导、心理健康辅导、开展适应原告身心发展规律和特点活动的有力证据。显然，被告对在其处寄宿训练的原告存在管理、保护措施不力问题。对此，被告应承担相应的民事责任。高某不能证明遭到体罚，先农坛体校也不能证明家长给高某压力。

2008年12月18日，法院做出一审判决，对于原告要求被告支付医疗费、就医交通费，被告应承担与其过错相应的赔偿责任，具体数额，法院方面进行酌定。最终判决如下：自本判决生效后7日内，北京市先农坛体育运动技术学校给付高某医疗费3113元，就医交通费51元，从2008年5月至同年12月看护费总计3200元，精神抚慰金5万元。驳回高某其他诉讼请求。案件受理费5199元，由高某负担3990元（已交纳）；由北京市先农坛体育运动技术学校负担1209元。

宣判后，先农坛体校向高某发出通知书，内容为：先农坛体校称经研究决定，认为高某不符合选调条件，自12月18日起，终止双方的试训协议书[12]。体校代理人认为判决基本公正，愿意执行判决。据称，这是先农坛体校成立50多年第一个学生提起的伤害诉讼。

评 析

主审法官表示，这是他从事法院工作10多年来第一次遇到此类的案件，必将对整个基层体育发展产生重大借鉴意义，判决赔偿数额也在一定程度上树立了今后类似案件审判的标杆。

原告高某作为未成年人，进入被告体校寄宿训练期间，脱离了家长的监护，被告体校对其负有教育、管理、保护的义务，如果未尽职责范围内的安全保障义务致使未成年人遭受人身损害，应当承担与其过错相应的赔偿义务。

虽然不能认定高某在体校遭到体罚，但高某进入被告体校前并无身心疾病记载，进入体校寄宿训练期间，屡次出现人身损害问题，虽经被告处理后，却仍然未杜绝此类事件的发生，致使原告身心受到损害，被告对原告存在管理、保护措施不力问题。因此，被告应对原告的损害承担相应的民事责任。

虽然不能认定高某在体校遭到体罚，但是中国体育界教练员体罚运动员的消息时有披露，如马俊仁、王德显都被曝光曾体罚运动员。除了中国，日韩两国也有运动员遭受身体暴力的新闻被披露。韩国一份调查报告显示，韩国的初中和高中运动部的学生每日上课时间为 2 小时左右，而 10 人之中有 8 个人遭到过暴力，10 人中有 6 人经历过性暴力。韩国国家人权委员会在 2008 年公布的数据显示，5 个月中，以韩国 9 个地区的初、高中运动部共计 1122 名学生（男生 584 人，女生 538 人）为对象进行的《学生运动员人权现状调查结果》显示，"（韩国体育生）人权侵害现状非常严重，侵害程度超乎想象。而且呈现出超越体育圈子，蔓延成为了一种社会现象。"[13] 这一现象值得体育管理部门关注。

足球少年被教练员体罚致死案

案　情

2009 年 7 月 24 日上午，足球教练员林某在重庆九龙坡区杨家坪中学球场训练队员时，认为队员母某在围着球场跑圈时少跑了几圈，但母某却坚持认为自己没有少跑，林某觉得母某不诚实非常生气，在球场边上用口哨绳子打了母某脸部两下，并踢了母某的腹部一脚，这时母某往后退，林某就上前用右手抓住母某的肩颈部领着母某往球场中间走，途中母某挣扎欲挣脱林某的控制，林某伸出右脚靠在母某的双脚前面将母某摔倒在地上。母某倒地后昏迷，被送往重庆市九龙坡第一人民医院抢救，并于当日转入重庆西南医院医治。最终因医治无效于 2009 年 8 月 17 日死亡。经重庆市公安局九龙坡区分局物证鉴定所鉴定，被害人母某系特重型颅脑损伤致中枢性呼吸循环衰竭死亡。

林某生于 1978 年 7 月 5 日，系重庆市九龙坡区杨家坪中学足球教练员。因涉嫌故意伤害罪，于 2009 年 7 月 27 日被重庆市九龙坡区公安分局刑事拘留，8 月 12 日经九龙坡区人民检察院批准，8 月 13 日由重庆市九龙坡区公安分局执行逮捕。

2010 年 1 月 11 日，九龙坡区人民检察院以涉嫌故意伤害罪向九龙坡区人民法院提起公诉，认为被告人林某故意伤害他人身体并致人死亡，其行为已触犯《中华人民共和国刑法》第二百三十四条第二款之规定，犯罪事实清楚，证据准确、充分，应当以故意伤害罪追究其刑事责任。根据《中华人民共和国刑事诉讼法》第一百四十一条之规定，提起公诉，请依法判处[14]。

在法庭上，林某陈述了自己对母某动手的原因：一是体罚队员的情况在足球训练中很普遍,其目的是为了让队员尽快成才;二是他的执教风格一向认真、严厉,他在乎母某、关心他的训练和备战,"太追求尽善尽美"。

8月19日,在"校园足球"校长培训班会上,校园足球办公室主任冯剑明称,体罚在我国体育界已不是偶然现象,我们这次反复强调就是要从根儿上杜绝。绝不允许教练员体罚孩子,否则取消执教资格。校园足球办公室为防止母某悲剧重演,在校园足球官网上设立了"监督举报"栏,公布了举报电话和电子邮箱[15]。

判 决

2010年9月8日,重庆九龙坡区人民法院一审判决:林某犯过失伤人致死罪,判处有期徒刑3年。此案民事部分由于杨家坪中学已赔偿母家80万元,林某个人不需再进行赔偿[16]。

评 析

体育中的体罚问题代代相传,很难消失,原因在于教练员在自己的运动员时期同样受过体罚,一旦身为教练员,潜意识难免认为体罚是提升训练效果的特效药。足球名将高钟勋曾在接受《足球周刊》采访时证实,他能够接受体罚,因为他自己也是从小被打的,并且他也这样教育他的孩子,"只有尝到痛苦之后,才能记得清楚。"

有学者认为:体罚在青训中之所以经常被教练员使用,因为体罚是一种"威胁性的惩罚",见效快速明显,可以立即制止正在发生的"偏差行为",还能在团队管理中起到"杀一儆百"的效果。一名足校教练员说:"除了体罚,你根本找不到那么简单有效、马上解决问题的方法。"由于基层教练员大多是一个管理整支队伍的责任者,大小事都要操心,为了个别队员的问题而中止训练进行教育,影响了全队不值得。一名重庆的中学体育教师说,他们都知道体罚是违法行为,而且在当地教育部门的规定里,就连罚站和贬低学生能力的用词都是禁止的。"但我没办法,成绩上的压力逼着我体罚学生,不然全乱套了怎么办。"

据称,杨家坪中学是重庆市青少年男足水平最高的中学。教练员林某是那种做事非常认真、非常执着,又非常较真的年轻人。他是专业队(曾代表重庆市参加全运会打比赛)解散后进入教师行业的人,在杨家坪中学谋到了一份差事——学校足球队的外聘教练员。"[17] 所谓"外聘",就是教练员不需要去给学生上体育课,只需要负责执教学校的足球队。这在一些非常重视足球队伍建设的学校比较普遍。由于没有大学文凭，又没有教师编制，所以这类人从一开始就充满着生活压力和教学压力，需要带出成绩来，以保证收入的稳定[17]。这和林某没有接受过正规大学教育和师容师态培训有关，也与其专业队经历有关。在这个足球环境之下，教练员打骂和体罚学生屡见不鲜[17]。一些重庆足球圈内人士也都承认："搞青少年足球的教练，有几个不打队员的？"[17]

这些习于体罚的教练员往往给人以"严师出高徒"的印象，正是这种印象为他们带来了生源和地位。在领导的认可、家长的赞誉中，他们很难有动力去提高自身的教学水平，学习让队员更积极投入的训练方法[18]。

全世界有20多个国家和地区的法律完全禁止体罚儿童，我国是其中之一。在《未成年人保护法》《教育法》《义务教育法》《教师法》中，都明确规定禁止体罚或变相体罚学生，在多数地方教育局出台的文件中，禁止体罚的规定被进一步明细化。

由于传统观念影响深远，现实利益的压力巨大，体罚在中国民间仍有大量的支持者，其中包括家长和教师。据2005年广东省官方分布的调查结果显示：54%的儿童报告被徒手、棍棒、皮带打过；76%的父母、52%大学生、59%初中生认为，体罚与成才有因果关系；81%的父母认为"任何情况下教师都不可以体罚"，48%的父母赞成"只要不过分家长就可以打骂孩子"；48%的父母、37%的大学生、29%的初中生赞同"大人打骂孩子总是有理由的"[19]。

参考文献

[1] 曲乐恒状告辽足二审开庭　是否扣除48.9万成焦点[EB/OL]. 北方网，http://sports.big5.enorth.com.cn/system/2010/09/29/005145823.shtml.

[2] 不认"车祸事件"为工伤　辽足"反咬"曲乐恒[EB/OL]. 东北新闻网，http://sports.nen.com.cn/sports/lntt/164/3292164.shtml.

[3] 周斌. 唐骏否认解聘传闻　辽足被判巨额赔偿——2010年7月劳动争议典型案例解读[EB/OL]. HD沙龙. http://www.hrsalon.org/news/viewnews4c52b86fc57b5.html.

[4] 武强猝死揭露职业体育弊端　生死协定已是公开秘密[EB/OL]. 新浪体育，http://sports.sina.com.cn/cba/2009-09-11/10054582175.shtml.

[5] 篮球队员武强因病猝死　家属获俱乐部16万元赔偿[EB/OL]. 新华网，http://news.xinhuanet.com/sports/2009-09/11/content_12032893.htm.

[6] 武强猝死揭篮球潜规则　俱乐部：不会追加抚恤金 [EB/OL]. 新民网, http: //news.xinmin.cn/rollnews/2009/09/08/2510815.html.

[7] 俞书华. 2009 中国篮坛黑镜头：男篮三线溃败　新秀相继离世 [EB/OL]. 网易体育, http: //sports.163.com/09/1229/22/5RO2KO5S00052UUC.html.

[8] 希望之星患病后竟找不到组织　王屾到底属于哪里？[EB/OL]. 新浪体育, http: //sports.sina.com.cn/cba/2008-11-12/13564066583.shtml.

[9] 王屾事件反映中国篮球媒体人良心 [EB/OL] 新浪博客, http: //blog.sina.com.cn/s/blog_47802ea30100bc4x.html.

[10] 王屾引发运动员保障争议　人道主义援助不治本 [EB/OL] 腾讯体育, http: //sports.qq.com/a/20090803/000241.htm.

[11] 少年体操冠军遭体校罚跪虐待后住进精神病院 [EB/OL]. 网易新闻, http: //news.163.com/08/1212/01/4SU792RD00011229.html.

[12] 王磊. 晨报记者追踪体操神童高帅在北京市先农坛体校受虐案 [EB/OL]. 半岛晨报, http: //www.hilizi.com/newscenter/2008-12/24/content_270278.htm.

[13] 韩国六成体育生遭受性暴力　高二生竟不会加减法 [EB/OL]. 搜狐体育, http: //sports.sohu.com/20081121/n260773789.shtml.

[14] 重庆九龙坡区人民检察院渝九检刑诉 [2009] 1108 号.

[15] 母诗灏引出青训黑幕　球员母亲为孩子献身教练 [EB/OL]. 腾讯网, http: //sports.qq.com/a/20090823/000646.htm.

[16] 贵阳足球少年母诗灏被教练体罚致死一案宣判 [EB/OL]. 网易新闻, http: //sports.163.com/10/0910/08/6G74GBDT00051C8L.html.

[17] 郑晓蔚. 母诗灏引出青训黑幕　球员母亲为孩子献身教练 [EB/OL]. 腾讯网, http: //sports.qq.com/a/20090823/000646.htm .

[18] 教练说法：我们为何惯用体罚 [EB/OL]. 网易新闻, http: //sports.163.com/10/0319/11/624QKT0U000534N9.html.

[19] 体罚现状：民意对抗国法 [EB/OL]. 网易新闻, http: //sports.163.com/10/0319/11/624RK7OD000534N9.html.

第七章 体育与反不正当竞争

"实德系"拆分案

案 情

1998年,由于对当时足球环境不满,大连万达决定退出中国足坛。大连万达当时连夺了3个甲A冠军,是全国最有名望的足球队。

1999年2月1日,万达集团和实德集团签订协议成立大连万达实德俱乐部,万达把俱乐部30%的股份转给实德集团,这一年的圣诞节前夕,万达俱乐部把剩余的70%股份作价1.2亿元也转给实德集团。徐明接收的除了甲A俱乐部牌照,还有大连一队到四队的全体球员、5000平方米的足球训练场和5000平方米的足球产品卖场[1]。

2001年联赛结束后,全兴集团向媒体公布退出职业足球的决定。全兴集团董事长杨肇基在座谈时向媒体坦陈,俱乐部成立8年亏损8年,先后投入了2亿元,从广告效应上来说前4年对全兴酒的销售作用很大,第五年开始越来越小,俱乐部却不但不能进入自我良性循环,而且要求的投入越来越大,社会效益和经济效益都不划算。

2002年2月21日,大连大河投资公司宣布以400万元的低价购买了全兴足球俱乐部全部股权。签订转让协议的是大连实德集团总裁徐明。这家投资公司的董事长是大连足球名将盖增圣,企业的法人是徐明的父亲徐盛家,在收购的新闻发布会上就已经有记者提问徐明,大连实德和四川大河的关系,因为在足协的规定里,一家公司不能同时拥有两家足球俱乐部。徐明当时的回答是"实德和大河

---

[1] 当时有记者质疑年收入3亿元的企业是否能拿出1.2亿元的天文数字买下万达足球队,2002年实德集团把俱乐部3000万元的注册资本修正到1.2亿元,有注册会计师分析修改之后实德集团可以把实德俱乐部作为抵押向银行贷款1.2亿元,5000万元用来还实德俱乐部的现金,7000万元支付万达的债务。

是兄弟关系，在法律上绝对不是一家"。❶

同年，实德以实德青年队为基础组建了大连赛德隆足球俱乐部参加甲B联赛，又组建了大连三德队参加乙级联赛。这样，大连实德集团同时有4支球队参加中国各级别的足球联赛。

4月，"实德系"问题首次遭甲A各俱乐部联合攻击，认为这违反了足协的规定，也坏了足球界的行规。中国足协表态将就实德与大河的关联问题展开调查。

6月，在甲A俱乐部总经理峰会上，曾经担任过大连实德俱乐部总经理、后来成为重庆力帆足球俱乐部总经理的石雪清明确提出，大连实德和四川大河的关系违背了《国际足联章程》。

9月1日，甲A第19轮比赛大连实德主场对四川大河，大河队的国脚前锋黎兵、后卫魏群和守门员高建斌都突然受伤没有上场，比赛最后结果与澳彩盘口相呼应。此后在11月24日与沈阳金德的比赛中，也发生了马明宇在赛前热身中突然受伤的情况。

11月26日大河、实德和赛德隆的总经理被中国足协紧急召见进京。足协严厉宣布：如果不在年底解决关联关系，3家俱乐部只能注册一家。

裁 决

足协经过近一年的调查，积累了尺余高的资料，写出75页的调查报告，最终认定大连实德、四川大河以及大连赛德隆3家俱乐部具有关联关系。2002年年底，足协在香河基地的甲A总经理峰会上实行公投，勒令四川大河俱乐部与大连实德剥离关系。中国足协下发给大连实德和四川大河俱乐部的637号文件，认定大连实德和四川大河、大连赛德隆3家俱乐部存在关联，要求对其进行拆分，根据是《中国足协章程》第十六条第二款"严重违反足协章程及有关规定的会员俱乐部将丧失中国足协会员资格"及《注册工作管理暂行规定》第十四

---

❶ 在收购四川足球队的同时，大连实德集团在成都设立建材基地的项目也开始谈判，实德与国家级成都经济技术开发区签订了建立建材基地的协议，5年内投资12亿到15亿元生产环保新型建材，要把成都建成西部最大的建材生产基地。徐明的哥哥、实德集团副总裁徐斌当时对成都媒体表示，成都将是实德集团在大连本部之外的第二个建材基地，辐射西南、西北市场。从某种程度上可以说，足球为实德在龙泉建立建材基地开了路。虽然足球产业的投资只占集团产业的3%，却是集团不可或缺的无形资产。

条"各甲级俱乐部间存在关联关系的,2003年起不同时注册为甲级俱乐部(甲A、甲B)"。[1]

2003年初,大连实德宣布剥离与四川大河的关系,中国太平洋保险公司派出其宣传部负责人在成都宣布收购四川大河,改名为四川太平洋足球俱乐部。但是不久就被媒体查出徐明在太平洋保险公司拥有股份,俱乐部董事长郑金堂也是实德集团的员工。四川大河队后来被四川本地的一家叫做冠城的房地产企业收购,随后人们发现冠城还是和实德有非常密切的联系。2006年,中国足协勒令冠城在1月28日前必须转让,如无买家则希望四川足协托管,如四川省不托管将取消冠城的注册资格。最终由于无人接手且足协不愿意托管,冠城俱乐部解散,球员全部挂牌转让。

大连赛德隆也被转让,俱乐部搬迁到珠海并改名为珠海安平。2004年中邦集团入主并迁移到上海,改名为上海中邦,不过因为可疑战绩,仍被各方认为没有完全脱离实德系。2005年底,在足协的压力下,俱乐部的后台出资方彻底退出。球队被朱骏收购,改名为上海联城,正式脱离实德系。

大连长波物流接手了另一支实德系球队——大连三德,更名为大连长波。2006年,大连长波由于与实德俱乐部的密切关系,被中国足协勒令转让,征战乙级的西藏惠通与之合并,更名山西路虎,征战甲级联赛,2007年球队迁往呼和浩特,改名呼和浩特黑马,后因内部矛盾而解散[2]。

实德还入主了在乙级联赛的四川金鹰。在足协决心剥离实德系的情况下,实德卖出四川金鹰,随后四川金鹰退出乙级联赛。

因此,直到2006年,在中国足协"净化赛场"的要求下,四川冠城、上海中邦、大连长波、辽宁中誉4支实德系队伍以各种形式完成转让、改组。实德系至此结束。

2010年,媒体透露,"实德系"所操纵的一些比赛不仅涉及假球,也有很多比赛的结果与赌球盘口惊人相似,"实德系"问题可能不单纯是行业内的问题[3]。

评 析

中国足球的所谓"某某系"指几家俱乐部以股份的形式密切相联,形成关联企业,这些俱乐部同时被一个大股东所控制,客观上形成了控制比赛左右结果的可能。实德系是用来称呼大连实德俱乐部及与其有关联的一些足球俱乐部。2002年,徐明以大连大河投资公司的名义收购四川全兴足球俱乐部,拉开了"实德系"序幕。此后 4 年，大连实德集团先后与四川冠城、四川金鹰、上海中邦、大连长波、辽宁中誉以及沈阳金德等俱乐部的控股公司产生业务往来，"实德系"一时间越做越大。由大连实德、四川冠城（四川大河）两家中超俱乐部和大连赛德隆（珠海安平、上海中邦）、大连三德（大连长波、西藏惠通、山西路虎）、四川金鹰 3 家次级或第三级联赛俱乐部都由同一个股东（大连实德）所控制，而辽宁中誉与沈阳金德两家俱乐部被认为是疑似"实德系"成员[3]。

为了防止串通进行舞弊、操纵比赛结果和破坏体育的公平竞争，各国通常对关联的球队同时参加比赛进行限制，如很多国家都对同一企业控股一家以上俱乐部做出限制，如西班牙《体育法》规定，任何个人或法人团体都不得拥有超过俱乐部股本 25% 的股权（这是防止少数股东滥用股权），也不得同时在两个或两个以上参加同类体育的股份体育公司中持股，这是防止恶意串通、保证比赛公正所必须的。美国的 NBA 更是设置了极高的准入门槛，使控股两个俱乐部成为不可能。《中国足协甲级俱乐部工作规范》第二章第一节第十三条也规定，"俱乐部及其股东不得入股其他俱乐部，不得关联其他俱乐部事务，俱乐部的工作人员也不得在其他俱乐部任职或兼职。""实德系"的存在，使职业联赛的悬念性大打折扣。而最让足球界诟病的是实德系多次比赛结果笼罩在假球和赌球的疑云之下。

珠超诉刘孝五、粤超同业竞争案 [4]

案 情

首届珠江三角洲职业五人制超级足球联赛（简称珠超联赛）于 2009 年 11 月 7 日在肇庆拉开序幕。这是国内首创以公司化的管理模式运营的地区性职业体育联赛。联赛的主办者广州珠超联赛体育经营管理有限公司（以下简称"珠超公司"）经工商登记成立于 2009 年 5 月 11 日，注册资本 50 万元，登记股东为毛为民（出资 24 万元）、刘孝五（出资 23.5 万元）、王军（出资 2.5 万元），刘孝五为公司执行董事兼经理、法定代表人，登记的经营范围包括足球项目组织服务、体育场馆管理和销售体育用品、门票等。

2009 年 7 月 8 日，珠超公司（乙方）与广东省足球协会（甲方）签订了《新广东省室内五人制足球联赛协议书》。约定：甲方授权乙方在省内独家投资运营室内五人制足球联赛，乙方每年 3 月 31 日前向甲方支付当年度劳务费 10 万元，等等。2009年8月17日，广东省足球协会向珠超公司做出《举办广东省室内五人制足球联赛批准书》，批准珠超公司独家拥有广东省室内五人制足球联赛相关的知识产权和一切商业的经营开发权利，在通过该协会当年年度检验加盖公章情况下，可独家经营10年，期限为自2009年8月1日起至2019年7月31日止。

自2009年11月7日至2010年3月28日，珠超公司经营、举办了首届"珠三角职业五人制足球超级联赛"（以下简称"珠超联赛"），共有广东省8个地级市10个职业俱乐部参加。比赛分常规赛和季后赛。常规赛采用了主客场三循环制，季后赛采用主客场淘汰赛。赛季跨年度持续6个月，既适合广东珠三角地区气候，也避开了中超、中甲的比赛时间。其18轮90场比赛被多家当地电视台直播及多家平面媒体报道，在社会上形成了一定的赛事影响力。

2010年，在首年赛事获得极大成功之后，3名股东在公司发展理念方面发生了重大分歧，最终导致矛盾爆发。

5月27日，珠超公司召开股东会，免去刘孝五的执行董事、法定代表人和经理职务。

6月9日，珠超公司办理了变更工商登记手续，毛为民改任董事长和法定代表人，刘孝五改任董事兼经理。

9月2日，珠超公司与鹤山市华山泉食品饮料有限公司签订了《华山泉赞助珠超联赛合作协议》，约定该司取得"珠超联赛"的广告合作权，共分3期向珠超公司支付广告费25万元，签约后15天内付5万元，2010年12月31日前和2011年2月28日前再分别支付10万元。2011年6月21日，鹤山市华山泉食品饮料有限公司向珠超公司发出《关于停止支付广告费的函》，称该公司于2010年12月发现粤超公司举办的"粤超联赛"的赛程、赛制和参赛队数与"珠超联赛"基本一样，严重影响了该公司与珠超公司"珠超联赛"合作的广告效益，未能给予华山泉令人满意的广告宣传服务，决定停止支付余下的20万元广告费。

2010年9月14日，国家商标局受理了珠超公司关于第四十一类商标"粤超"的申请。

11月初，珠超公司开除了番禺明珠俱乐部，使得股东之间的争执被公开。股东矛盾的焦点在于珠超各参赛俱乐部也希望以股改的方式获得更多的话语权。他们的这种股改想法得到了刘孝五的赞同，但是另外两名股东却坚决反对。

2010年12月25日至2011年4月24日，"粤超联赛"在广东省内9个城市进行了18轮90场比赛，亦被多家当地电视台直播及多家平面媒体报道，在社会上形成了一定的赛事影响力。"粤超联赛"与"珠超联赛"在赛程、赛制及参赛队伍等方面基本一致。曾经参加"粤超联赛"首届赛事的 10 家俱乐部或公司中，有 9 家曾参加了首届"珠超联赛"，有 7 家曾于 2010 年 8 月与珠超公司分别签订了《珠超联赛公平竞赛公约》，承诺参加"珠超联赛"的第二届赛事。珠超联赛则因为 9 家俱乐部的退赛遭受重大打击。而第二届珠超联赛冠军白云山队随即宣布退出珠超联赛，转而加盟粤超联赛。粤超股东共同注册成立了粤超公司，注册资本 1000 万元（其中刘孝五出资 200 万元，占股 20%），登记的经营范围包括体育比赛活动、体育场馆租赁和销售体育用品等。在该司筹备成立阶段，已以"粤超公司"名义经营、举办"融资城广东职业五人制足球超级联赛"（以下简称"粤超联赛"）。

12 月 30 日，珠超联赛也再次开赛。广东出现两个五人制足球联赛，有 20 家俱乐部参赛，珠超粤超之争真正形成了竞争趋势。

12 月 31 日，珠超公司向广东省足球协会交纳了 10 万元劳务费。

2011 年 2 月 18 日，广州市越秀区人民法院对珠超公司刘孝五诉被告广州珠超联赛体育经营管理有限公司股东知情权纠纷一案做出（2011）越法民二初字第 261 号《民事判决书》，判决广州珠超联赛体育经营管理有限公司在判决发生法律效力之日起 15 日内将自 2010 年 9 月 1 日至 2011 年 2 月 16 日止的董事会决议和会计账簿、股东会记录分别交给刘孝五查阅、复制。该判决已发生法律效力。

6 月 29 日，珠超公司将刘孝五、粤超诉至广州市白云区法院，认为刘孝五是珠超公司董事，又是粤超公司董事长兼总经理，属于同业竞争，违反了《公司法》第 149 条的第 5 款。

8 月 12 日，珠超公司召开董事会并做出决议，认为刘孝五在粤超公司担任董事长兼总经理，与本公司有竞争关系，决定将刘孝五的月薪从 2100 元调整为 100 元。

被告刘孝五辩称，珠超公司所述我是其登记股东之一，我与他人成立了粤超公司并担任了该公司董事长和总经理职务及粤超公司与珠超公司的主营业务大致相同的情况属实。我不同意珠超公司的诉讼请求，理由是：1. 我不是珠超公司实际上的董事和高管，仅名义上登记在工商档案中，珠超公司于 2010 年 11 月 8 日召开了唯一一次董事会，罢免了我的总经理职务，之后再没开过股东会，我不存在利用职务之便，不存在同业竞争行为。2. 我是珠超公司的股东，但不了解公司所有的事情，对毛为民背着我去申请注册"珠超""粤超""桂超""湘超"等不知情。曾向广州市越秀区人民法院起诉要求珠超公司满足我作为股东的知情权，我已胜诉。珠超公司每月只给我 100 元的工资，有 19943 元的业务支出不为我报销。我不是珠超公司的高管，没有必要向珠超公司报告与他人组建粤超公司的情况，粤超公司的管理模式与珠超公司的管理模式完全不同，粤超公司的发展与珠超公司的商业机会没有关系，珠超公司称我同业竞争是其市场竞争失败的托词。3. 珠超公司的第2、3项诉讼请求缺乏事实和法律依据，我在粤超公司没有领取月薪，也没有分红。4. 珠超公司有关律师费的诉讼请求没有法律依据。被告广东粤超体育发展股份有限公司辩称，我公司同意被告刘孝五的答辩意见，并同意刘孝五的质证意见，我公司没有其他证据需要提交。

判　决

法院认为，在市场经济条件下，劳动者（包括公司董事、监事和高管）的竞业自由及企业的正当竞争受到法律的保护和鼓励，但不得违反诚实信用原则，不得违反公认的商业道德。被告刘孝五作为珠超公司的3个登记股东之一、董事兼经理，曾担任珠超公司的执行董事兼总经理、法定代表人，明知或应当知道珠超公司与广东省足协签订了《新广东省室内五人制足球联赛协议书》，以及国家商标局已经受理了珠超公司申请"粤超"商标的情况。刘孝五因与珠超公司的其他股东发生纠纷而被损害了股东知情权，已经通过诉讼途径获得了救济。若刘孝五的股东权益及履行公司职务的权利仍得不到保障而无法实现其作为股东的出资目的，因其持有珠超公司的股份远远超过10%，可依法或依公司章程约定与其他股东协商转让股份、解散珠超公司或提起诉讼请求法院判令解散珠超公司，但不得以此为由滥用股东权利、违背对公司的忠实义务而损害珠超公司的合法权益。

事实上，刘孝五在珠超公司经营权合法存续期间，擅自与他人共同出资注册成立了经营范围与珠超公司的经营范围基本相同的粤超公司，并担任法定代表人，在筹备设立粤超公司期间即利用珠超公司的主要客户资源，经营珠超公司的同类业务，即举办在赛程、赛制、参赛主体方面与"珠超联赛"基本一致的"粤超联赛"，显然是利用其职务之便为粤超公司谋取了本属于珠超公司的商业机会，损害了珠超公司的合法权益。此处利用职务之便，并非刘孝五所理解的必须发生在公司高管名义上或实质上，只要他在经营管理公司期间接触、知晓了公司的商业秘密，不论他是否卸任或是否实际履行职务，均应遵守对公司的忠实义务，不得向珠超公司的竞争对象泄露并加以利用和损害珠超公司的合法权益。刘孝五即使作为珠超公司的普通股东或职员，并非主要利用他在珠超公司等用人单位工作时所掌握和积累的知识、经验、技能、人脉和行业声望等职工生存技能和劳动技能为粤超公司服务，而是恶意注册"粤超"，抢夺珠超公司主要客源，公然同业竞争，与原参加珠超联赛的多家俱乐部或公司杯葛珠超公司而令其陷于经营困境，属于明显地、严重地违反了《公司法》所规定的董事、监事和高管对公司的忠实义务及禁止同业竞争的规定，违背了公认的商业道德，并侵犯了属于珠超公司的商业秘密，违反了《反不正当竞争法》的有关规定。

被告粤超公司的大多数股东明知刘孝五系珠超公司股东之一且珠超公司已经经营、举办了首届"珠超联赛"，仍与刘孝五组建粤超公司开展同业竞争，其行为亦构成了不正当竞争。现珠超公司要求两被告停止商业侵权行为并赔偿损失，以及要求刘孝五的非法经营所得归珠超公司所有的诉讼请求合理合法，本院予以支持。其中，珠超公司要求两被告赔偿其余2010年所交给广东省足协的劳务费10万元，属被告非法竞业行为导致"珠超联赛"无法继续正常举办和导致的当年度直接经济损失，本院予以支持；珠超公司要求判令刘孝五同业竞争非法获利归珠超公司所有，于法有据，但珠超公司无法提供相关的事实依据，刘孝五辩称在粤超公司没有月薪也未分红不合常理，亦未提供证据证实，对此，应参照其从珠超公司所得月薪2100元酌定刘孝五的非法所得额，即自粤超联赛开赛的2010年12月起暂计至2012年2月，共27300元；珠超公司要求刘孝五赔偿案外人鹤山市华山泉食品饮料有限公司拒付的广告费，因该项损失尚未经生效法律文书所确定，本院不予支持，珠超公司可待该项损失经法定程序确定后另案起诉；至于珠超公司要求两被告赔偿律师费2万元，因本案所涉及纠纷法律专业性较强，珠超公司是不具备专业的法律知识的普通公司，委托律师代理诉讼虽非必要，但属珠超公司为维护其合法权益所支付的合理费用，为刘孝五、粤超公司违法行为所导致的间接损失，故本院亦予支持。

2012年3月23日，广州市白云区人民法院，依照《中华人民共和国公司法》第二十条第一款、第二款，第二十一条，第一百四十八条第一款，第一百四十九条第（五）项、第（七）项、第（八）项，《中华人民共和国反不正当竞争法》第二条、第十条第一款第（二）项、第二十条之规定，判决如下：一、被告刘孝五立即停止与珠超公司广州珠超联赛体育经营管理有限公司的同业竞争行为，停止履行其在被告广东粤超体育发展股份有限公司担任的董事长和总经理职务，被告广东粤超体育发展股份有限公司须协助被告刘孝五履行本项判决；二、在本判决生效之日起3日内，被告刘孝五向珠超公司广州珠超联赛体育经营管理有限公司返还同业竞争所得27300元；三、在本判决生效之日起3日内，被告刘孝五向珠超公司广州珠超联赛体育经营管理有限公司赔偿2010年度"劳务费"100000元；四、在本判决生效之日起3日内，被告刘孝五向珠超公司广州珠超联赛体育经营管理有限公司赔偿律师费20000元；五、被告广东粤超体育发展股份有限公司对上述第二、三、四项判决承担连带清偿责任；六、驳回珠超公司广州珠超联赛体育经营管理有限公司的其他诉讼请求。

如果未按本判决指定的期间履行给付金钱义务,应当依照《中华人民共和国民事诉讼法》第二百二十九条之规定,加倍支付迟延履行期间的债务利息。本案受理费 7700 元,由珠超公司广州珠超联赛体育经营管理有限公司负担 4999元,由被告刘孝五、广东粤超体育发展股份有限公司负担 2701 元。

刘孝五不服一审判决,向广州市中级人民法院上诉,并于 6 月 20 日与粤超公司一起将广东省足球协会诉至法院,因为省足协与珠超公司签订《新广东省室内五人制足球联赛协议书》(下称《独家协议》)属于垄断协议,因为 6 月 1日出台的《反垄断法》司法解释第一条就写明:因合同内容、行业协会章程等违反反垄断法而发生争议的个人或组织,都可以向人民法院提起民事诉讼。此份协议曾是前案一审过程中原告方状告刘孝五同业竞争并且赢下官司的关键证据。据称,粤超公司与刘孝五诉省足协一案,是《反垄断法》司法解释出台之后中国体育"民告官"的第一案。

评 析

一、刘孝五的行为是否违反同业禁止规定

刘孝五作为珠超公司的 3 个登记股东之一、董事兼经理,曾担任珠超公司的执行董事兼总经理、法定代表人,因与珠超公司的其他股东发生纠纷,在珠超公司经营权合法存续期间,与他人共同出资注册成立了经营范围与珠超公司的经营范围基本相同的粤超公司,并担任法定代表人,在筹备设立粤超公司期间即利用珠超公司的主要客户资源,经营珠超公司的同类业务,即举办在赛程、赛制、参赛主体方面与珠超联赛基本一致的粤超联赛,显然是利用其职务之便为粤超公司谋取了本属于珠超公司的商业机会,损害了珠超公司的合法权益,严重地违反了《公司法》所规定的董事、监事和高管对公司的忠实义务及禁止同业竞争的规定,违背了公认的商业道德,并侵犯了属于珠超公司的商业秘密,违反了《反不正当竞争法》的有关规定。实际上,刘孝五的股东权益及履行公司职务的权利得不到保障而无法实现其作为股东的出资目的,完全可依法解决此问题,如与其他股东协商转让股份、解散珠超公司或提起诉讼请求法院判令解散珠超公司。

二、广东省足协独家授权是否违法

在珠超成立之前,毛为民任职的一家上海公司和广东省足协签订了独家经营

广东省内五人制足球联赛的合同。省足协有没有权利跟某公司签订独家经营权？刘孝五反戈一击的焦点就是五人制职业足球的独家经营权。刘孝五起诉广东省足协和珠超公司签订的在广东境内独家经营五人制足球的合同，违反了《反垄断法》。

《中华人民共和国体育法》规定："全国性的单项体育协会管理该项运动的普及与提高工作。"《中国足球协会章程》规定："统一组织、管理和指导全国足球运动发展，推动足球运动普及和提高……"，作为中国足协下属地区协会的广东省足协，自然肩负着推动足球运动在广东省内普及和提高的使命。体育行政机关和足球行业协会，应更强调其管理的权力，还是强调其服务的义务？这种"管理"到底是一种审批权和收取审批费用的权力，还是应为足球发展提供必要的组织、协助、人力物力财力支持的义务？

从推动足球运动发展普及的角度来说，珠超和粤超的并存显然要比珠超一家独大、不存在任何竞争对手更加有利。广州素来有足球传统，广州的经济实力和大众对体育的重视程度推动了足球的蓬勃发展。每年都有学校、社会、大小型很多企业举办或参与到足球赛事中来，比赛的次数呈现持续增长的趋势。比赛形式有3人、5人、7人、11人制，参与球队有上千支。仍有参赛者认为，现有比赛不能满足其参赛需要。就连广东省足球发展中心主任柯国洪接受采访时也表示："当时我并没有仔细看过这个合同，这是很久以前我们省足协副主任和毛为民签订的协议。在珠超粤超发生矛盾后，我们将合同拿出来看，实在是签得太死了，很多条款是有问题，将来我们足协如果要组织五人制足球赛，是不是也要倒过来要求珠超批准？"作为一种事后补救的制衡手段，省足协在此协议上补充了一则条款，珠超公司需每年通过一次审核。2010年12月30日，国家工商总局下达了第55号令，不允许任何单位、机关、社团等利用手中的权力限制竞争。

三、一业多会放开的意义与问题

依据现行法规，在民政部门登记注册、具有非营利组织身份的民间体育组织包括3种类型：体育社会团体、体育基金会、体育民办非企业单位[5]。长期以来，我国社团管理的两个制度严重制约着社团的发展：一业一会与行政主管部门的前置性审批。

2012年4月25日，广东省委省政府按照国务院文件精神"先行先试"颁发的2012年7号文《关于进一步培育发展和规范管理社会组织的方案》的通知，要求进一步改革创新社会组织登记管理体制，从7月1日起广东省社会组织的业务主管单位均改为业务指导单位，实现自愿发起、自选会长、自筹经费、自聘人员、自主会务和无行政级别、无行政事业编制、无行政业务主管部门、无现职国家机关工作人员兼职，推进社会组织民间化、自治化、市场化改革进程。放宽社会组织准入门槛，简化登记程序，申请成立社会组织，由民政部门直接审查登记。这标志着一向严格控制的社团管理开始松动，有利于发挥民间智慧，民间资本的作用，是公民社会的必然选择。

11月22日，刘孝五在从广东省民政厅拿到了广东省民政厅关于同意筹备成立广东省五人足球协会的复函[6]，广东省五人足球协会这个纯民间、没有行政主管单位的足球协会获得了合法身份。12月5日，该协会召开了第一次会员大会，通过了协会章程、会费缴纳办法、财务管理制度和监事成员等议程，刘孝五出任协会首任会长，任期为5年[7]。

广东省五人足球协会的成立解决了粤超合法性的问题，但是还有很多后续性问题需要研究。刘孝五的粤超走的是美国职业体育商业化联赛的道路，而北京的回超（回龙观超级联赛）的发展，则与英国等国家业余足球发展、草根体育组织的形成，具有相当的一致性：社区足球爱好者踢野球—足球队出现—第一届比赛—联赛成立—组织、制度建立和完善规章—成立协会。但是，与百年前自下而上的英国足球发展不同，中国体育的顶层设计早已完成，全国性单项协会和地方单项协会也已存在，并拥有体育法赋予的合法地位，如果粤超不是五人制足球而是十一人制，那么是否应允许其存在，与现有的各级足球协会竞争，胜者取得项目在国际体育中的代表权？还是关注体育与其他行业的差异，承认体育具有天然垄断性，保证在一定层面上的单项协会的唯一性？

参考文献

[1] 张卫、金松、王军. 不达标不给注册！足协限令"实德系"年内出整改方案 [N]体坛周报，2002.11.27.

[2] 实德否认已进入破产程序 称追究造谣者法律责任 [EB/OL]. 新京报，http://www.taihainet.com/news/pastime/sports/2012-04-16/839207.html.

[3] 彻查"实德系" 辽宁警方来蓉 [EB/OL]. 四川在线－四川日报，http://news.sohu.com/20100209/n270146626.shtml.

[4] 广东省广州市白云区人民法院民事判决书（2011）穗云法民初字第841号.

[5] 国家体育总局. 关于申报2012年国家级青少年体育俱乐部的通知 [EB/OL]. http://www.sport.gov.cn/n16/n33193/n33208/n1581724/n1581754/1951878.html.

[6] 粤民函（2012）1120号《广东省民政厅关于同意筹备成立广东省五人足球协会的复函》.
[7] 广东省五人足球协会昨日宣布成立 [EB/OL]. 体育新闻，http：//epaper.xkb.com.cn/view/833922.2012.12.16.

第八章 体育伤害——
同场竞技伤害法律问题

替他人球队比赛受伤诉参赛双方及加害人赔偿案

案　情

1998年11月28日，南京丁山花园酒店有限公司（以下简称丁山花园酒店）职工组成的足球队与江苏星汉美食城有限公司（以下简称星汉美食城）职工组成的足球队举行足球比赛，双方单位同意该场比赛，丁山花园酒店联系了赛场，星汉美食城为球队参赛提供了车辆，双方单位领导也都到现场观看。原告江苏议事园饭店职工刘涛得知赛事后，也来到赛场。比赛进行到下半场星汉美食城球队守门员要求换人时，刘涛要求上场，星汉美食城球队未予反对，刘涛即上场担任该队守门员。当丁山花园酒店球队球员郑小刚带球向星汉美食城球门进攻时，刘涛上前扑球，双方发生碰撞，致使刘涛腿部受伤，经医院诊断为左膑骨粉碎性骨折。刘涛自1998年11月28日至同年12月14日住院治疗，休息至1999年3月1日上班。支出医疗费人民币3552.10元、护理费450元、误工损失450元。丁山花店和星汉美食城两单位职工自发捐款5050元给刘涛。刘涛上班后，于1999年4月14日因脚踩空再次致左膑骨骨折，又支付医疗费3169.30元。

刘涛于1999年7月诉至南京市鼓楼区人民法院，以受星汉美食城球队球员邀请，参加丁山花园酒店工会组织的邀请赛，他作为守门员扑球时被丁山花园酒店球员郑小刚踩伤为理由，要求3被告赔偿医疗费6843.40元、误工损失5000元、护理费450元、交通费250元及营养费等。

被告丁山花园酒店答辩称：球赛是双方企业职工自发进行的，我酒店既未组织也未出资。出于对职工业余体育活动的关心，领导才到场观看。拍摄照片，只是反映企业职工业余生活。球赛双方没有任何人邀请刘涛参赛，刘涛随朋友到场观看，因爱好足球而主动上场守门，后果应由其本人承担。双方球员已捐款5000余元，超过刘涛的医疗费。请求法院驳回原告诉讼请求。

被告星汉美食城答辩称：我城球队是职工自发组织的，我们事先并不知晓，比赛也是利用下班后业余时间进行的。刘涛在踢球过程中受到意外伤害，与我方无任何关系，要求我方承担有关费用无法律依据。

被告郑小刚答辩称：球赛是双方单位职工进行的群众性比赛，比赛中发生碰撞不存在损害赔偿之责，刘涛要求赔偿没有依据。

判 决

南京市鼓楼区人民法院审理后认为：公民享有生命健康权。公民、法人由于过错侵害他人人身的，应承担民事责任。刘涛身体的损伤是在足球比赛中造成的，足球运动具有一定的危险性，赛中双方球员发生合理碰撞是允许的，由此造成的损伤，行为人行为不具有违法性。刘涛虽不是两方球队正式球员，但自愿参加到比赛中，对足球运动中可能存在的危险是明知的。因此，对于刘涛在足球比赛中的损伤，丁山花园酒店、星汉美食城、郑小刚均无侵权的过错。参加比赛的双方球员各自是丁山花园酒店和星汉美食城的职工，以单位名义进行比赛，双方单位为球赛也提供了诸多便利条件，促成了该赛事的进行，这场球赛应视为双方单位的一场球赛。因此，当事人对损害虽均没有过错，但刘涛却是在共同的体育活动中受到伤害，由当事人按公平原则分担民事责任是合理的。丁山花园酒店和星汉美食城对刘涛在 1998 年 11 月 28 日至 1999 年 2 月 28 日治疗期间的医疗费 3552.10 元、误工费 450 元、护理费 450 元、营养费 545 元等计人民币 4997 元进行分担，予以一定补偿。刘涛伤愈后又自己不慎受伤，与本次球赛中损伤无因果关系，不作考虑。其他有关间接损失，由刘涛分担。郑小刚的行为代表丁山花园酒店，在丁山花园酒店分担责任时，郑小刚不应重复分担责任。依照《中华人民共和国民法通则》第一百三十二条之规定，法院于 1999 年 12 月 21 日判决如下：一、丁山花园酒店于判决生效之日起 10 日内给付刘涛经济补偿人民币 2498.50 元，星汉美食城于判决生效之日起 10 日内给付刘涛经济补偿人民币 2498.50 元。二、驳回刘涛对郑小刚的诉讼请求。

丁山花园酒店不服一审判决，向南京市中级人民法院提起上诉称：体育赛事不存在伤者向对方索赔之诉，确认对方补偿没有法律依据。单位对职工业余时间自发组织的体育活动提供便利条件不构成民事责任的因果关系，不能成为单位承担民事责任的理由。刘涛受伤后，双方球员已捐款 5050 元，刘涛单位还为其报销 60%，远超出刘涛医疗实际支出费用，刘涛不能以此加倍牟取利益。请求撤销一审判决，驳回刘涛之诉。

被上诉人刘涛答辩称：我单位不仅没为我报过一分钱，还扣了工资奖金。球赛不是自发组织，是单位组织的。

南京市中级人民法院经审理，除认定一审查明的事实属实外，还查明：丁山花园酒店在二审期间向法院提供了刘涛家长给该店希望对二次手术费用解决的一封信，信中说刘涛单位能报销60%的费用。但刘涛单位并未给予刘涛任何报销。

南京市中级人民法院经审理认为：足球比赛是一种激烈的竞技性运动，此性质决定了参赛者难以避免地存在潜在的人身危险。参赛者自愿参加比赛，属甘冒风险行为，在比赛中受到人身损害时，被请求承担侵权民事责任者可以以受害人的同意作为抗辩理由，从而免除民事责任。一审判决认定丁山花园酒店、星汉美食城、郑小刚均无侵权的过错正确。

职工业余体育活动有利促进职工身心健康、增强职工集体主义精神和单位凝聚力。本案中丁山花园酒店和星汉美食城同意该场比赛并为促成比赛所做的积极努力，是正当而有益的。该场比赛应认定是以单位名义进行的。郑小刚代表丁山花园酒店参赛，刘涛向郑小刚主张赔偿不当，一审判决驳回刘涛对郑小刚的诉讼请求正确。

在对抗性体育比赛中，运动员比赛时因对方原因所受的非恶意加害的人身损害，如由对方承担公平责任，则与承担侵权责任一样，都必将导致参赛双方因顾虑承担责任而不敢充分发挥勇敢拼搏的体育竞赛精神，从而使竞赛的对抗性减弱，这与竞赛的性质和目的冲突，所以不宜适用公平责任处理竞技比赛参赛者发生的人身损害。一审法院适用《中华人民共和国民法通则》第一百三十二条公平责任条款，判决丁山花园酒店与星汉美食城对刘涛的医疗费、误工费、护理费、营养费等损失分别承担补偿责任不当，应予更正。

刘涛非星汉美食城职工，他在星汉美食城球队守门员要求换人时，主动上场为星汉美食城球队当守门员，星汉美食城球队未予反对，应视为认可。足球比赛中参赛双方均有获取荣誉之目的，获胜者可从中获得满足感。刘涛在比赛中为星汉美食城球队期待的荣誉而受伤，因其非星汉美食城员工，不可能通过劳保福利途径获得救济，而由其自己承担损害后果又有失公平，故星汉美食城作为受益人，在刘涛受损害不能获得赔偿时，依法应当给予刘涛一定补偿。丁山花园酒店作为比赛相对方，不属刘涛行为的受益人，故不负有受益人的补偿义务。丁山花园酒店上诉认为刘涛向其索赔及法院确认其承担补偿责任缺乏法律依据成立，应予支持。

刘涛受伤后，虽然丁山花园酒店和星汉美食城的职工自动向刘涛捐款，但职工的赠予行为不能免除企业依法应承担的受益人补偿义务。丁山花园酒店上诉认为刘涛接受赠予后再主张索赔是加倍牟利不能成立。刘涛现举证证明本次球赛受伤给他造成的经济损失为医疗费 3552.10 元、误工费 450 元、护理费 450 元，依法应认定的损失还有营养费 545 元，上列损失应由星汉美食城给予一定补偿。丁山花园酒店上诉主张刘涛单位已为刘涛报销 60% 费用，但所举证据只能证明刘涛家长认为刘涛单位能报销 60% 的费用，不能证明刘涛已向单位报销 60% 的费用，刘涛在一审提交的各项费用单据证明其费用并未报销，故丁山花园酒店该上诉主张因证据不足，不予支持。依照《中华人民共和国民事诉讼法》第一百五十三条第一款第（二）项和最高人民法院《关于贯彻执行〈中华人民共和国民法通则〉若干问题的意见（试行）》第 157 条之规定，法院于 2000 年 5 月 15 日判决如下：一、维持南京市鼓楼区人民法院民事判决第二项。二、撤销南京市鼓楼区人民法院民事判决第一项。三、星汉美食城于判决生效之日起 10 日内一次性补偿刘涛人民币 3500 元。四、驳回刘涛对丁山花园酒店的诉讼请求[1]。

评　析

在一场两个单位组织的对抗性的业余比赛中，非单位职工的受害人在对抗中受伤，责任应如何承担呢？本案发生在 1998 年，在这一案件裁决中，法官认可了"参与体育运动自甘风险"的原则。足球比赛是一种激烈的竞技性运动，存在潜在的人身危险。参赛者自愿参加比赛，在比赛中受伤，加害人又并无故意或重大过失，属自甘风险，因此法院认定各方均无侵权的过错是正确的。虽然受害人甘冒风险，但代表星汉美食城比赛的行为使星汉美食城获益，受害人非该单位职工，无法通过工伤得到补偿，此时由受益人星汉美食城给予一定补偿是可行的。

参赛者诉南京市足协人身伤害侵权案

案　情

2001 年 10 月，中国足协举办"2002 年赛德隆杯全国足球业余（丙级）队联赛"（以下简称赛德隆杯比赛），并印发了《联赛指南》，以明确此次联赛相关事宜，该次赛事主办单位是包括被告南京足协在内的全国 17 个足球重点城市会员协会。南京足协是南京市民政局登记成立的社会团体法人，业务范围包括学术活动和组织比赛。南京足协为办好此次联赛，接受了中国足协下拨的有关经费，并做了一定的筹备工作。因经费不充裕，南京足协找到三隆公司赞助。双方达成协议后，三隆公司向南京足协提供了名为"比赛宣传费"的赞助金12000元，此次联赛被南京足协冠名为"2001年'三隆包装杯'全国业余丙级足球俱乐部联赛南京赛区比赛"（以下简称三隆杯比赛），另外三隆公司还委托人员在比赛组委会中任职。2001年10月，南京足协向社会公布了三隆杯比赛的参赛条件等相关内容，但南京足协没有向参赛队说明此次比赛是赛德隆杯比赛的组成部分。南京足协还印发了三隆杯比赛《秩序册》，在该《秩序册》封面上注明：主办单位是南京足协和三隆公司。

原告陈某获知三隆杯比赛信息后，就与其他足球爱好者自由组队以"梅山队"名义报名参加了该比赛，并按照南京足协要求交纳了相关费用，南京足协收到费用后向保险公司办理了有关保险手续。2001年11月10日，陈某在比赛拼抢过程中受伤倒地，当值裁判员未做出相应判罚，"梅山队"队员拒绝余下比赛，组委会决定终止该比赛。陈某受伤后即被"120"送往江苏省人民医院救治，经诊断为胫腓骨骨折。后因医疗费用问题，转到陈某单位下属梅山医院住院治疗。陈某第一次住院治疗时间为2001年11月10日至30日，医疗费用合计11286.02元，出院时梅山医院向陈某开具了休息5个月的诊断证明。陈某第二次住院治疗时间为2002年9月24日至10月14日，医疗费用为4063元，出院时梅山医院向陈某开具了休息6周的诊断证明。

陈某所在单位在2001年没有组织球队参加三隆杯比赛，陈某等人是以个人名义组队参赛的，单位未扣除其受伤治病期间的有关收入，第一次住院总费用11286.02元的85%已报销，剩余费用的15%再加上每个职工应付的"自付段费用"1400元共计2772.40元，是陈某自理费用，已支付。陈某又在审理期间向单位申请报销了第二次住院的费用，以上述比例陈某报销后承担的自理费用是1892.94元。

陈某受伤后，曾获南京足协给付的保险公司事故理赔款2000元。出院后，因就赔偿事宜与被告协商未果，遂于2002年11月诉至法院，要求南京足协和三隆公司赔偿医疗费、误工费、父母护理费、营养费、精神抚慰金等共计29410.64元。

原告起诉后，向法院申请伤残和护理鉴定。经本院委托鉴定，原告不构成伤残。经法院调查核实，原告两次休假时间均属正常，一人护理即可。

原告认为，两被告非法吸纳社会业余足球爱好者参加比赛是一种严重的违规行为，也是一种体育经营活动，原告受到人身伤害时，两被告应对其不作为侵权行为承担全部民事赔偿责任，请求依法判令两被告赔偿原告经济损失29410.64

元，并承担本案诉讼费用。

被告南京足协辩称，一、这次比赛的真正主办单位是中国足协，原告诉错了主体。二、被告既没有实施侵权行为，也没有违约行为，与原告受伤没有法律上的联系。三、被告是公益性质的社团法人，被告承担这次比赛并非体育经济经营活动，根据民法理论，对竞技体育活动中所发生的人身伤害事件，体育组织不承担赔偿责任，也不适用公平责任。四、原告明知竞技体育中有风险仍自愿参加，即为"受害人的同意"，被告可因此而免责。被告组织足球比赛并不违法，不应承担法律责任，原告的损失应当通过其他途径解决。既然原告提供的证据表明是被他人踢伤，那原告就应该去找真正的侵权人而非被告。另外，原告要求赔偿的具体损失中，与事实不符，也不符合法律的规定。综上，无论是在程序上还是实体上，原告起诉被告都没有道理。

被告三隆公司辩称，被告三隆公司虽然为此次赛事提供了12000元的赞助，但并不是比赛的组织者或主办单位，原告受伤与被告三隆公司没有法律上的因果关系。

在审理过程中，原告申请变更了其诉讼请求中的具体数额，变更后的请求为29140.34元。

判　决

法院认为，体育比赛当事人的合法权益受法律保护。本案是一起在比赛中因受伤而引起的民事赔偿纠纷，双方所争议的焦点如下：

一、关于两被告的诉讼地位资格争议的问题

被告南京足协在对外公布比赛信息时，并没对此赛事详情向社会公众予以释明，而且发送给原告等参赛者的三隆杯《比赛赛程》中，明确注明主办单位是两被告，实际上被告南京足协也实施了组织报名、举办比赛等组织行为，被告南京足协是依法成立的社团法人，业务范围也包括了组织体育比赛，虽然被告南京足协不认可自己是组织者，但一系列行为足以证明它是这次三隆杯比赛的组织者，原告为三隆杯比赛的参赛运动员，就其在比赛中受伤赔偿争议问题诉之于法院，并无不当，被告南京足协就作为被告的诉讼地位问题所主张的抗辩理由不能成立，本院不予采信。被告三隆公司为三隆杯比赛提供赞助并派人在比赛组委会中任职，与被告南京足协一起是本次比赛的组织者。

二、对于原告受伤所造成的损失，两被告应否承担侵权赔偿责任

就本案而言，原告明知足球比赛存在伤害危险仍自愿参加，是甘愿风险行为，除非原告有证据证明两被告具有伤害其身体的故意或者有严重违犯规则的侵权行为，否则两被告不应承担赔偿责任。

原告主张被告应当承担过错侵权责任。根据有关法律规定，承担过错责任的基础是有侵权行为，而本案两被告的组织赛事行为不符合侵权行为的构成要件。首先，被告不具备过错要件，两被告对原告受伤没有直接加害的故意，也不存在因组织管理上的过失（例如因管理不善致比赛设施砸伤原告）；其次，两被告组织本次比赛本身并不违法，被告南京足协的业务范围里就有组织比赛的内容；再次，被告组织比赛的行为与原告受伤没有法律上的因果关系，所以原告要求按照过错规则原则承担其侵权责任的请求，理由不能成立，本院不予采纳。

本案两被告不承担过错侵权责任，同时也不应当承担公平责任或受益人补偿责任。如果在体育比赛中适用公平责任，则会形成组织者担心承担责任而不愿组织、运动员担心承担责任而不愿积极拼搏的局面，根本不利于社会的健康发展，所以本案也不应当按照公平责任进行处理。

根据有关法律规定，本案原告既不是为了两被告而参赛，也不是为了共同的利益而参赛，其参加比赛是为了充分展示其足球运动才华、获取社会及同行的赞扬和满足自己的荣誉感，被告没有从组织赛事中获益，所以也不应当以受益人补偿原则进行处理。

原告还认为被告组织赛事行为是体育经营行为。判断体育经营行为的标准不是看有无收费、以体育活动为内容和手段、以商品形式进入流通领域进行经营。本案被告组织的比赛并不是以营利为目的，而是为了选拔地区优秀足球运动人才和促进足球运动在本地区的发展，具有一定的公益性，没有以商品形式进入流通领域而实现最后的营利目的，没有公开对外的商业行为，所以对原告认为被告行为是体育经营行为的主张，没有事实根据，本院不予采信。

被告三隆公司为了促进体育运动的发展向被告南京足协提供赞助金，促成了本次比赛的顺利进行，不仅没以营利为目的，而且还在经济上付出、人力上支持，没有事实侵权行为，没有从比赛中获益，所以对原告的损失也不应当承担赔偿责任。

被告南京足协通知原告等交纳保险费以及在赛前为运动员办理商业保险的行为，都说明被告南京足协就比赛风险已经向包括原告在内的参赛者做了善意的说明和提醒，从结果上来看，也在一定程度上减轻了原告实际所受到的损失。

综观本案，两被告的行为不构成侵权，原告的诉请并无法律依据，要求由两被告赔偿损失的请求本院不予支持。2003年6月12日法院做出一审判决：驳回原告陈某的诉讼请求。本案受理费1185元、鉴定费240元由原告负担[2]。

评　析

这是我国同场竞技伤害中适用自甘风险抗辩较早的一个案例。被告南京足协的诉讼代理人是南京师范大学汤卫东教授。因为长期从事体育法研究，他在抗辩中强调参与对抗性体育活动应自甘风险，被法院采纳。

体育运动中存在大量的伤害风险。伤害发生后，受害者提起的针对疏忽的起诉常常会遇到被告以受害者自甘风险作为抗辩。自甘风险（assumption of risk）指被告以原告知道或至少应该知道自己所介入的风险，因此不能因风险的实现而主张权利的抗辩理由。自甘风险也称自愿承担损害、风险自担、甘冒风险。自甘风险的特征是原告使自己介入了不确定的风险，且和被告一样希望危险不要实现，它在英美法国家体育竞技伤害案例的处理中扮演着重要的角色，而且已被包括欧洲国家在内的各国法律接受为被告的合理的免责事由。欧洲两部侵权法均借鉴了英美法的自甘风险制度，并与受偿人承诺作为类似的抗辩事由予以规定。如果受害人置身于危险之中，而该危险通常是和采取的这类行为联系在一起并且完全可以认为是作为整体危险被接受，则危险的实现不构成具有法律相关性的损害。这一论据今天已被各国法律接受为被告的合理的免责事由。

我国《民法通则》中并未规定自甘风险的免责事由，近年来，有侵权法研究者指出，参加体育运动本身就是一种自愿承担危险。对于参加体育运动的人，以及观看体育运动的人，都对体育运动的风险有明确的认识，受到损害应当损害自担[3]。美国侵权法上，体育活动是一种单独的抗辩事由。美国的体育文化使其认为，参加和观赏体育运动在实质上仍然是一种自甘风险的行为，体育运动本身就具有群体性、对抗性和人身危险性，造成某些伤害本来就在参加运动的人预料之中的。对于参加体育运动的人，以及观看体育运动的人，都对体育运动的风险有明确的认识，既然是参加或者参观体育活动，就应当预见到风险，受到损害应当风险自担[4]。杨立新与梁慧星将其与受害人同意作为并列的抗辩事由，他们分别主持起草的我国侵权法草案建议稿，都明确规定自甘风险为独立的抗辩事由。我国法院判决中也出现了"体育运动参与者应自甘风险"的观点[5]。

自甘风险的基本原理在于：参与体育活动能够提高身心健康，是应该被鼓励的有益于社会的活动。但是，日趋激烈的现代竞技体育也使身体伤害频繁出现，然而法律制度和社会舆论对体育竞赛中的伤害都表现得极为宽容。为了使体育竞赛不因频繁出现的、从某种程度上来说难以避免的身体伤害所带来的不利影响而失去其应有的精彩，风险自负在此发挥了重大的作用。这对于被告来说尤其具有吸引力，因为所有可能产生严重人身伤害的体育运动都具有明显的风险性。"通过排除非故意事故的法律责任，可以使体育中对抗的激烈程度不会因每一个失足、急停和猛转而带来的不断的法律威胁而冷却。"

在同场竞技中，加害人并无过错，但是仍然造成了损害，在我国司法实践中由于法律上无自甘风险的规定，也无观念中的自甘风险理论指引，法官在此类案件中往往不能认定被告无过错，或者法官对此类由固有风险引起的伤害虽然认定各方均无过错，但由公平责任原则来分担责任。

在各方均无过错的情况下造成的体育伤害，适用自甘风险比适用公平责任更有利，这其中涉及到一些价值判断问题：

第一，社会积极鼓励进行体育活动，尤其是鼓励青少年进行体育锻炼，其基本宗旨就是使人民通过体育活动强化锻炼，增强国民体质。其意义不单纯是为了保护参加体育运动的个别人，更是为了国家和民族的整体利益，使这个民族和国家的人民体质更健壮、身体更健康。相对而言，对于参加体育活动的人在体育活动中受到意外伤害的权利保护是必要的，但是在与全体人民、全民族的利益相比较，则更应当注重的是后者。因为目前我国体育活动参与率不是过高而是很低。

第二，人不可避免地保留动物侵略破坏的本性，人类社会也想方设法试图消除人的动物性，但完全消灭人的本能是不可能的，因此社会在对个人进行强制社会化的同时，也对人的本性做了一定的妥协，对人欲给予一定的疏导。社会承认并发展体育竞技活动，允许人们在一定的场所和一定的时间内，在遵守一定的规则的情况下相互"侵害"，这在某种意义上是为了满足人们动物本性的需求，是为了疏导人们被社会规范压抑的侵略本性，这对整个社会的健康持续发展是有益的。因此，在体育竞技活动中的损害行为符合社会的整体利益，能够为社会观念所认可。

第三，适用自甘风险除了有利于体育的发展外，还更符合"经济成本原则"。在体育竞赛这种风险性项目中，每个参与者本身既是潜在的加害人，又是潜在的受害人。换言之，体育竞赛中发生伤害事故的可能性较大，每个运动员发生加害与受害事故的几率大致相当。适用自甘风险原则，由于这种固有风险发生的伤害将由本人承担，不会将时间与成本花费在诉讼之上，若抛开自甘风险原则而适用公平责任，则事故发生后必将伴随着诉讼之累。从社会总体上看，公平责任原则与自甘风险原则对于每个体育人员所获得的及付出的利益比例大致相当，而公平责任原则徒增诉讼成本。

第四，此类涉及价值判断的情况在美国也出现过，在户外运动伤害案件中，因为原告自己的过错而拒绝赔偿的抗辩在20世纪70年代开始遇到某些美国法院的抵制。后来，美国一些州制定的休闲运动安全法开始把有关责任转嫁到活动参与者身上，通过风险自负原则保护正在处于发展时期的户外运动产业。

第五，法院在判断此类案件时不会简单地一刀切，而会区分案情进行判断，至少会考虑下列因素：项目本身特征、本次事件发生时的事实和环境、体育参与者的特征、体育比赛的性质。不同的项目、不同的参与者和不同性质的体育活动中，对于加害人的过错会有不同判断，如在职业冰球比赛中在球门前双方运动员因推撞导致受伤可能认定受害人甘冒风险，而同样的行为发生在自发性的足球比赛中可能会认定加害人存在过错，而不能认定受害人甘冒风险。

足球比赛踢伤对手左腿赔偿案

案 情

原告邹某系重庆大学计算机学院教师，并兼任重庆某技术培训中心教师。被告杨某系该技术培训中心2003级学生。为加强与高年级学生的联系，被告杨某及所在班学生要求年级教师袁某联系一场足球友谊比赛。2003年9月10日中午，原告邹某所任教班学生应被告杨某所在班邀请，在重庆大学团结广场举行足球比赛，原告邹某、被告杨某均系双方场上队员。比赛进行到下半场15分钟左右，原告邹某接队友传球起脚射门，被告杨某上前抬腿阻挡，双方发生碰撞，致使原告邹某左小腿受伤。原告邹某经送医院住院治疗诊断为左胫骨中段骨折。嗣后，原告邹某要求被告杨某赔偿未果，遂于2004年1月向法院提起诉讼。审理中，原、被告对在足球比赛中一方球员应否对另一方球员在争抢球时受伤承担赔偿责任问题分歧较大。调解未成。

原告邹某诉称，比赛进行到下半场15分钟左右，自己接队友传球起脚射门，在球踢出去的瞬间，被告飞脚踹到原告右小腿中段，致使原告右腿胫骨骨折。被告在原告已完成射门动作时采用明显的、严重的犯规动作致伤原告，被告应当预见该犯规动作会造成原告受伤的严重后果而没有尽到注意义务，其行为存在过失。即使被告没有过错，也应承担公平责任，故要求被告赔偿原告因伤产生的医疗费19673.66元、误工费12000元、护理费360元、交通费490元、生活补助费2400元、精神损害抚慰金5000元，合计39929.66元。

证人刘某证明："邹某射门时，杨某的脚刚好伸出碰到邹某，并踢到邹某的小腿内侧。"证人向某证明："杨某脚抬得高，大约到了邹某腰部，看起是蹬的感觉。球赛是两个班级教师联系的。"

被告杨某辩称，足球比赛是学校组织的，本人不是适格的被告。原告在班级间举行的足球友谊赛中受伤属实。但原告的伤是因为其射门时脚踢到被告身体造成的。被告作为后卫仅是本能反应去阻止原告射门，并未采用明显、严重的犯规动作。足球比赛本身就有风险，被告不存在故意或过失伤害原告，故不同意原告的诉讼请求。

证人袁某证明："邹某射门时没有踢到球，踢到他的身上，比赛是通过教师组织的。"证人谢某证明："刚开学，班主任袁某因同学熟悉环境，与邹某班进行比赛。"

判　决

法院经审理认为，足球比赛具有群体性、对抗性及人身危险性的风险，出现人身伤害事件属于正常的现象，应当在预料之中，参与者无一例外地处于潜在危险之中。足球运动的参与者既是潜在危险的制造者，又是潜在危险的承担者。足球运动的对抗性必然存在冲撞、抢夺、扑救、冲击的基本运动行为，在强烈的身体对抗中发生人身损害是极有可能的，任何人参加这样的体育运动，都应当意识到这样的风险。原告作为参加足球比赛的球员之一对足球比赛这项体育运动的风险应当有明确的认识，参加这一项运动的行为就表明了原告自愿承担这种危险，同意承担损害的后果。原告未能证明被告有严重犯规行为或有伤害故意，被告就不应当对原告的损害后果承担民事责任。

开展体育运动的宗旨是通过体育活动强化锻炼，增强国民的体质，培养团结拼搏的精神。其意义不单纯是为了参与体育运动的个别人，更是为了国家和民族的整体利益，使整个民族的人民体质更强壮，身体更健康，国家和民族更有生命力。对参加体育活动受到意外伤害的个人的权利保护是必要的，但是相对于全民族、全体国民的利益更应当注重保护后者，如果在体育运动中受到意外伤害就一定要追究无过错人的赔偿责任，实际上就是为了个别人的权益保护而导致更多的人由于害怕承担意外伤害的赔偿责任，而不敢参加体育活动，这就从根本上损害了广大人民的利益，损害了社会的利益和民族的利益。

综上所述，当事人双方对损害的发生均无过错，在对抗性极强的足球比赛中，出现原告受伤的事件属于正常现象，原告要求被告在踢球过程中应尽更高注意义务显属苛求于被告且也不符合足球比赛本身的特点。对于原告要求被告依公平责任原则分担损失的主张，有悖设立此项体育竞赛的初衷，有碍体育事业的健康发展。我们的价值取向是增强国民的体质，从根本上保护广大人民的利益，保护全社会的利益和民族利益。故对原告要求依公平责任原则分担损失的主张，不予支持。被告坚持认为足球比赛是学校组织的，自己不是适格被告的辩解，因与本案查明的事实不符，其辩解理由不能成立，本院不予采信。据此，本院依照最高人民法院《关于民事诉讼证据的若干规定》第二条的规定，判决如下：驳回原告邹某的诉讼请求。案件受理费1607元，其他诉讼费500元，合计2107元（原告已预交），由原告邹某负担[6]。

评析

本案法院按照自甘风险原则，在双方均无过错的体育活动中，将损害留在原告处，该判决是正确的。在足球赛中一方队员踢伤对手腿部非常常见，在此类案件中，原告要想获得赔偿，仅仅证明自己在体育竞技中受伤，受伤是由被告造成的，甚至被告的行为是犯规行为都不足以获得赔偿，原告需要证明被告的行为存在故意或重大过失，所造成的损害是该项目中罕见的，因此原告不能被认为甘冒此风险方能获胜。在本案中，证人证言显然无法证明被告存在故意或重大过失，原告败诉亦在情理之中。

踢球击伤同事眼睛赔偿案

案 情

2002年9月18日，武汉某公司职工周某、张某和其他4名同事在工作之余自发展开三人制足球比赛，周某系一支球队的前锋，张某是另一队守门员。比赛过程中，张某踢出的足球迎面击中周某的右眼，致其右眼严重受伤。张某立即送其到医院就诊，并为周某垫付1550元医疗费用。周某右眼被击伤后，虽经医治但仍然失明，法医鉴定构成六级伤残。

周某为此多次向张某提出索赔要求，在双方协商未果的情况下，周某将张某诉至法院，要求其补偿各种经济损失6万元。

判　决

一审法院认为，足球运动具有群体性、对抗性及人身危险性，出现人身伤害事件属于正常现象，张某的行为未违反足球运动规则，不存在过失，不属于侵权行为。原告周某自愿积极参加足球比赛，理应对此运动的风险有明确的认识，受到损害应当自担风险，故判决驳回原告周某的诉讼请求。

周某不服一审判决，向湖北省武汉市中级人民法院提起上诉。2003年5月18日，武汉市中级人民法院终审判决。法院经审理认为，踢足球是一项激烈的体育活动，周某的损害事实，只是一种意外，双方均无过错，但依照法律规定的公平原则，张某仍应给予周某一定经济补偿。由于两人的单位已一次性补助周某医疗费25000元，故应在周某的主张补偿经济损失6万元中扣减。最终，二审法院改判张某向周某一次性支付补偿费7000元，扣除张某垫付的1550元医疗费用，张某仍需支付人民币5450元[7]。

评　析

本案是典型的足球比赛各方均无过错但受害人在比赛中受伤的案件。一审法院认为被告的行为未违反体育规则，不存在过错，被告对此伤害自甘风险是正确的。

二审法院的判决则有待商榷，该判决既认定双方均无过错，又按照公平责任原则要求被告对原告的损失给予补偿，虽然看起来解决了受害人受到伤害无法得到补偿的问题，甚至有利于社会稳定，但实际上不利于体育运动的发展和全面身体素质的提高。该判决是对公平责任的不正确适用，是法官在社会保障体系不完善情况下的无奈选择。如案例"参赛者诉南京市足协人身伤害侵权案"分析，在伤害各方均无过错的情况下造成的体育伤害，适用自甘风险比适用公平责任更有利。

班古拉足球联赛眼睛受伤案

案　情

2006年7月7日，中超联赛第13轮青岛中能与沈阳金德的一场补赛中，比赛进行到第 32 分钟，金德队在中场发起进攻，队员将球长传至青岛队禁区前，个子只有 1.68 米的金德几内亚外援班古拉准备用头球将球摆渡给队友，正在此时青岛队队员吕刚突然抬起右脚大力解围，争顶在先的班古拉根本来不及做出躲避的动作，结果吕刚右脚球鞋的鞋钉重重地踢在了班古拉的左眼上，当时班古拉便倒在地上捂住左眼痛苦地打滚。主裁判谭海向抬脚过高的吕刚出示了黄牌。金德队队医跑进场内拿开班古拉捂住脸的双手后发现血流满面，左眼眼皮上有一道长长的口子。班古拉马上被急救车送到医院进行急救。经过紧急手术，沈阳医院诊断为：班古拉的左眼多处破裂，眼内有 3 个 2 厘米左右长的口子，晶体已经完全流干。7 月 18 日，班古拉在经过二次手术之后，受伤眼仍然没有任何光感。经医院证实：尽管眼球不用摘除，但班古拉的受伤眼已经彻底失明。其职业足球生涯就此画上句号。

血案发生后，班古拉事件引起了各方关注。球迷与网友们无一例外地给予了班古拉莫大的同情和对吕刚的严厉谴责。

评 析

一、吕刚的行为是否存在过错与班古拉是否甘冒风险

班古拉案是典型的体育竞技伤害案例，在比赛进行中，一方球员因犯规使另外一方球员受到严重伤害。但是，体育竞技是一种特殊的社会活动，体育竞技中的犯规并不能简单地等同于侵权法上的过错。体育竞技是一个非常独特的领域，基于传统，由于体育的特殊性，体育活动是一个参与者对于一般疏忽可以免责的活动领域。但是，体育参与者并不能对体育中发生的伤害完全免除侵权的法律责任。对于严重犯规及超出犯规之外的伤害，已不属于参加比赛可预知的风险范围或超出了受害人的承受能力，具有可谴责性，应全部或部分追究致害者的责任，是不能免责的伤害。

有人认为，班古拉受伤的地点是球场，时间是在足球比赛过程中，因此，这要比一般情况更为复杂。"班古拉是在足球比赛中受伤的，属于球场上的竞技。作为当事人之一的吕刚不具有完全过错，他并没有主观地去伤害班古拉。因此，双方都有责任，两方当事人要共同承担责任。但是，吕刚要负有主要责任。"[8] 此案不能如此简单地得出结论。

按照 Lestina 案法官列出了确定身体对抗性体育中的法律责任需要考虑的要素可以对本案进行具体分析：

（一）项目被公认的习惯与惯例，包括其暴力水平。足球是身体对抗性项目，非常容易出现伤害。但是，在球场上比赛眼睛被踢瞎却并不常见，在中国自新中国成立以来也只有班古拉这一例，在世界足坛也非常罕见，以至于此事引起了国际足联的关注。因此，在足球比赛中被踢伤眼睛，并非足球项目本身的固有风险，也不能认为班古拉甘冒此风险。一位网友说："看了几十年球，我从来没见过把别人眼睛踢碎这样的事。我们国内的赛场竟然出现这样的事情，太令人震惊了！"不少球迷都将这起事件与不久前周海滨土伦杯飞脚踢踹对手颈部的事件相提并论，认为当前的部分国内球员职业素养缺乏，职业道德严重缺失，这也是中国足球实力无法提升的一大原因。

（二）项目的身体接触性和伤害是否能够被合理预见的事实，它影响着评价运动员行为的方式。加害人吕刚是否能够预见行为的危险性？虽然事后他无辜地说："我的本意就是完成一次防守，那个动作的确很危险，但我不会故意踢伤对手。我也是赛后才知道班古拉伤情的严重。我很遗憾，只能对他说声对不起。"但是，目睹了班古拉受伤全过程的金德队员说："太惨了！大家都踢这么多年球了，也不是业余的，什么时候该出脚，什么时候该收脚，谁心里都明白。"言下之意，加害人在做动作时，应该能够预料到行为的严重后果，但他放任了自己的行为。作者将此观点与中立的足球专家印证，得出的结论是：像加害人这样的职业球员，从小踢球就应当知道此举的危险性，一般球员在这种情况下都不会去做这个动作。由此看来，加害人在班古拉受伤事故中是有责任的，即使他没有追求伤害结果的发生，也放任了自己的行为，造成了伤害，因此应对班古拉受伤承担民事责任。

（三）体育项目的规则。加害人吕刚的行为违反了足球运动的规则，被裁判出示黄牌。

（四）案件本身的事实和环境：（1）运动员年龄和体质特征；（2）运动员各自的技术水平；（3）运动员对于项目规则和惯例的了解[9]。在本案事发时，加害人吕刚身高180厘米，体重70公斤，29岁，1985年即入选辽宁省少年队，开始专业足球训练，后加入辽宁中顺队，成为职业球员。对于这样一个有着20年专业足球经验的球员来说，如同金德球员的判断，他应该相当了解自己的行为的危险性。

据了解，吕刚事后为班古拉捐款6000元。

二、金德俱乐部的责任

班古拉受伤后，金德俱乐部表示，工伤是对于国内企业员工而言，班古拉是外援，属于特殊情况，所以工伤的相关保障不适用于他。"我们认为吕刚对班古拉的受伤应该承担经济赔偿。"事发两周内，金德的处理充满了随意性，他们先是打算立即中止和班古拉的合同，之后在足协的问询下，改口说合同继续执行，"视班古拉的伤愈程度确定最终的解决方案"。

我国《工伤与保险条例》规定，只要符合"在工作时间和工作场所内，因工作原因受到事故伤害的"这一条即可定为工伤。班古拉应当被认作工伤，应该从沈阳金德方面获得补偿。不论国籍如何，只要和雇佣方建立了服务关系，一旦在工作中出现意外，雇佣方就应该进行赔偿。这一法律规定的目的就是为了对劳动者形成保护，即使双方没有签订工作合同，被雇人员也可以向雇佣方面要求支付治疗费用，只需要经过相关部门验证双方确实存在服务关系就可以。沈阳金德俱乐部所说的没有任何的法律依据，他们必须为班古拉的场上伤害承担责任。如果他们为球员上了保险，那么，大部分的费用将由保险公司支付；如果没有上保险的话，那么所有的费用都要由他们来承担。

按照《劳动法》中关于工伤赔偿及定性的有关规定，班古拉目前的情况属于 1—4 级重残级别，金德俱乐部应为其支付 24 个月的工资，这相当于班古拉两年的年薪。据了解，班古拉的年薪起码在 20 万美元以上，若按这一条款赔偿，金德将支付不低于 50 万美元的赔偿[10]。在全国媒体的高度关注中，俱乐部表态，金德会给予伤者一定的补偿，但底线是班古拉到赛季结束余下的 3 个月工资（7 万美元）[11]。

三、运动员保险

按照国际惯例，职业运动员应购买保险，尤其是这种涉及伤残的重案，受害者更是能拿到丰厚的赔偿。"我们已经按照中国足协的要求，在签订合同的时候为每位运动员办了运动伤害保险，班古拉会从保险公司拿到他应获得的赔偿金。"按照沈阳金德俱乐部相关负责人的说法，保险公司的赔偿金将成为班古拉术后生活的保障。但是，运动伤害险的投保额浮动范围很大，最高可以到 100 万元，最低 5 万元，按照一般中超俱乐部的做法，既然是俱乐部出钱给球员投保，达到保额的最低标准即可。金德的确为包括班古拉在内的全体队员购买了人身意外保险，但上的却是每月仅 200 元人民币的普通险，以这样的险额，班古拉所获得的赔偿金将只有 5~6 万元人民币。这很难支撑昂贵的后续治疗和今后的生活开销[11]。

事实上，中体保险公司曾经制定了一份《中国足球保险体系》的方案，用体育保险的方式给中国足协缓解压力，对于当时罢赛、崩盘、劳资纠纷纷至沓来的中国联赛，寻找一份从体系和经济上都有支撑作用的保险。后来，一份包括了中超运动员、教练员、裁判员在内的保障计划也在筹划中。更引人关注的是，这份保障计划除了人身意外伤害保险，还包含了养老保障。保费则由足协、俱乐部、运动员3方共同承担。但是，对于出现赌球、黑哨等违反体育道德行为的当事人，将不能得到养老金[10]。

四、竞赛组织者的职责

作为中超联赛的管理者，中国足协在班古拉受伤一事上表明了自己的态度："班古拉的受伤属于意外，中国足协在这件事上能做的只是呼吁球员加强职业道德。……在班古拉受伤的这件事上，有两个主体：一个是球员个人，一个是俱乐部。而足协并不是主体，在这件事情上，足协的作用只是监督执行，而不是具体地参与到事情的处理当中。"事发后足协只做了两项工作：一是号召捐款，二是要求严格区分勇敢拼搏和暴力犯规的界线[11]。本来中国足协曾考虑举办一场义赛，但赛程实在无法协调，所以只能考虑采取募捐形式，中超委员会秘书长郎效农给中超各俱乐部发了一份通知，要求所有教练员和运动员捐款1000元。最后足协募募集了人民币80万元左右。这是一次义举，但是不能作为惯例，因为这等于是把责任和义务推到了别的球员和俱乐部身上，显然是不公平的，足协应有所作为。

中国足球中的暴力事件并不罕见，1998年申花外援莫拉左胫骨粉碎性骨折，1999年泰达外援巴茨的胫骨和腓骨全部折断，2000年四川队刘玉健右腿胫骨和腓骨粉碎性骨折。对于职业比赛中人身伤害的处理，基本上都是在中国足协内部进行，通过纪律委员会依据《中国足球协会纪律准则及处罚办法》进行处罚。中国足协宣布班古拉案为意外事故，致害方并非故意加害，所以不需要承担责任，足协也没有处罚致害方，致害方对此事也没有承担任何责任。最终，俱乐部与受害人解约，而受害人拿着中国足协号召的捐款与俱乐部的赔偿回国。中国足协应努力打击暴力，完善保险制度，建立运动员伤残退役基金，保护运动员利益。

张某诉参赛球员人身损害赔偿案

案 情

2003年9月6日，成年人张某、袁某与他人在湖南某学院足球场踢5对5

足球赛。袁某上场后，张某坐在球门一侧底线看球。袁某在和他人争球时，将足球踢向球门，足球击中了张某的左脸。张某到医院诊治。司法鉴定结论为：左耳膜外伤性穿孔，评定为轻伤。张某诉至法院，要求被告袁某赔偿其误工费、交通费、营养费、医疗费共计8000元整。

被告袁某辩称，原告张某智力正常，已经从事业余足球锻炼多年，能够充分认识到足球运动的危险性及人身伤害的可能性；张某自愿进入足球场，并参与足球比赛，且在下场后没有离开或采取保护措施，坐在距离球门非常近的位置休息，明知危险因素存在；我在进行比赛时与人争球，选择射门本身并无不当，打中原告张某纯属偶然。另外，原告张某提供的证据存在瑕疵。综上，本人认为完全符合"受害人同意甘冒风险"的侵权抗辩理由所要求的要件，希望法院驳回原告张某的全部诉讼请求。

判决

长沙市雨花区人民法院审理后认为：足球比赛是一种激烈的对抗性竞技运动，冲撞、抢夺、扑救、射门是基本的运动行为。在强烈的身体对抗中，很可能出现人身损害的后果，既有可能被其他参赛者所伤害，也有可能伤害其他参赛者，观众也有可能在足球场这个特定的区域内受到伤害。因此，参赛者和观赛者都应对足球运动的风险有明确的认识，他们自愿参赛或自愿观看这种带有危险性的体育运动应视为"同意甘冒风险"，只要致害人没有侵害受害人的恶意或违反比赛规则，参赛者对引起损害后果就没有过错，不构成侵权，受害人受到损害应当损失自担。原告张某作为成年人，又是足球爱好者，具备了一定的认识和判断能力，应当知道参加足球活动包括在足球场内观看比赛时可能存在的危险，但他在下场后坐在球门附近观看球赛，也就对可能发生的危险甘冒风险；并且，原告张某没有证据证明被告袁某具有伤害其身体的恶意或严重违反规则的行为。因此，被告袁某的行为不构成侵权，原告张某应自行承担其所受损失。据此，判决依法驳回原告张某的诉讼请求。

原告张某不服一审判决，向湖南省长沙市中级人民法院上诉：足球是人们普遍爱好的体育项目。足球运动本身不存在人身伤亡的危险，也不能把观看该项运动视为同意甘冒风险，且某学院体育场不是社会福利公用设施，被上诉人擅自闯入足球场，是违规行为。足球伤人是一种侵权行为，上诉人被被上诉人踢伤是事实，故原审法院的判决是错误的，应由被上诉人承担上诉人所损失的全部费用。

二审法院认为：参赛者和观赛者都应对足球运动的风险有明确的认识。上诉人张某作为成年人,又是足球爱好者,具备了一定的认识和判断能力,应当知道在足球场内观看比赛时可能存在的危险,但他在下场后坐在球门附近观看球赛,并未避免能预见的危险,应承担过错责任。但上诉人张某被被上诉人袁某踢伤的事实存在,应认为过失过错行为,风险应共担。根据公平、合理的原则,被上诉人袁某也应承担相应的责任。原审法院认定事实清楚,适用法律错误,判决欠妥。据此依法判决如下:一、撤销长沙市雨花区人民法院(2003)雨民一初字第1574号民事判决书的判决;二、张某共用去的医疗费1433.5元,法医鉴定费470元,共计1903.5元,由张某与袁某各承担一半[5]。

评 析

一、受害人过错导致伤害发生

在比赛过程中,足球有可能因正常传球、争球、抢球而飞出比赛场地;射门是足球运动员的基本动作,但每一次射门并不是必须要求成功,足球踢不进球门就有可能飞到球门外边。这些均充分说明了足球运动的危险性并不局限于比赛场地,它同样有可能危及处于比赛场地附近的其他人。作为一个喜欢踢球的成年人,原告张某应对足球场这个特定的区域内存在危险因素有清醒的认识,但下场后仍然坐在球门底线一侧观看比赛,因而受到伤害,是其没有尽到对自己人身安全的必要注意,属于过失过错。

二、适用公平责任分担责任并不适当

一审法院适用过错原则,认定致害人没有侵害受害人的恶意或违反比赛规则,其对引起损害后果就没有过错,不构成侵权,受害人受到损害应当损失自担;二审法院的判决则相当含糊,一方面认定原告和被告均有过错,另一方面却根据公平、合理的原则,由原告与被告共担风险,这显然是相互矛盾的。一般来说,在决定行为人是否承担责任方面,过错和公平的归责原则是相互排斥的,即适用过错责任就不应适用公平责任,反之亦然。过错责任适用于当事人双方或一方存在过错的各种侵权案件,而公平责任主要适用于当事人双方均无过错且法律没有特别规定适用无过错责任或者没有规定行为人没有过错可以不承担民事责任的情形。一审、二审法院均认定受害人有过错,但二审法院为了解决诉争,将被告的这一抗辩事由弱化,而突出了原告张某受到伤害的结果责任。这种以结果责任抵消和限制正当抗辩事由的判决有悖于社会发展的终级目的使人获得更大的自

由。从侵权行为归责原则的演进过程中，我们不难发现，过错责任扩大了人类活动的自由空间，将人们从结果责任的桎梏下加以释放。一个人的行为通常是在其意志支配下从事活动的，因此，人们只有在他有过错的情形下，要求其承担责任，才是符合人的自由意志的。从预防损害的角度来说，既然行为人对损害的发生存在过错，侵权行为法要求人们对其承担责任，就能够促使其更积极主动地尽其注意义务，努力避免损害的发生。因此，我们不能因追求个案诉争的解决而伤害本该存在的公平正义和对社会利益的保护[5]。

法院在审理因观看体育比赛引起的人身损害赔偿纠纷中，应考虑如下因素：一、加害人有无重大违反比赛规则的行为和主观上伤害他人恶意；二、观众是否有过失的存在，即所处的位置是否正当；三、比赛组织方是否存在过错，即疏忽于消除比赛设施、场地等安全隐患。在本案中，加害人并无故意或重大过失，也未构成对规则的违反；受害人存在过错，应自行承担责任。

自行车运动员比赛过程中致他人财产损失案

案　情

1995年10月14日上午，为庆祝《中华人民共和国体育法》的颁布和《全民健身计划纲要》的实施，某市体委根据国家体委"关于举办全国百城市群众自行车赛"的通知，经市政府批准，在该市举办群众性自行车比赛。比赛赛程为男子公路40公里和女子公路20公里，竞赛路段为该市内公路。赛前，市体委考虑比赛时间不长，为不影响市民正常生活秩序，决定不将比赛路段所经过的公路封闭，也未设置警示标志。上午10时，运动员从市政府门前出发，沿公路行驶，当行至约2000米处尚未拉开距离时，遇陈某驾驶一辆高尔夫轿车（1995年中旬购买，持有临时行车牌照）迎面驶来。陈某见对面众多自行车驶来，遂将车停住，此时，代表市工业局参加团体赛的运动员兰某因车速快，周围运动员密集，无法避开已停住的轿车，连车带人撞上了轿车，将轿车的转向灯撞碎后，人体冲向车顶，头盔将挡风玻璃撞碎，身体将前机器盖压塌，兰某本人受到轻伤。事后，陈某因修车花费4838.80元。陈某向法院起诉，要求该市体委和兰某赔偿上述损失。

市体委辩称：原告陈某驾驶的轿车没有行车执照，属于黑车，故其损失应由自己负责。如果原告汽车有行车执照，被告方愿意承担一切损失。

兰某则辩称：本人系参赛运动员，在市体委指定道路上参赛，虽造成原告损失，但个人不应承担责任。

法院经审理后认为：原告所驾驶的轿车，当时办有临时牌照，未有正式牌照，其行车造成的事故，本人应负有一定责任。被告兰某是参赛运动员，又在指定路段参赛，将原告轿车撞坏，并无过错，不承担责任。被告市体委系比赛组织者，未采取安全措施，应负主要责任。据此，法院判决原告陈某修车损失费4838.80元由被告市体委赔偿4112.98元，其余损失由原告自负。

本案判决后，双方均未上诉。

评　析

市体委在举办群众性公路自行车比赛中，事先未封闭比赛路段，以致参赛运动员竞赛中撞坏原告轿车，造成原告财产损失，在处理上主要涉及两个问题：一是运动员在正常体育竞赛中，由于赛事组织者工作中的失误，运动员的行为造成他人财产损害，应由谁承担民事赔偿责任？二是原告本人是否也应承担一部分责任？

第一，公路自行车赛是一项激烈的竞技运动，因其赛场是在交通运输繁忙的公路上，就需要组织者事前做出周密安排和部署，避免比赛路段的交通运输影响正常比赛，以保证参赛运动员的人身安全和防止运动员在比赛中对非参赛人员造成损害。因此，按常规，组织者应采取封闭比赛路段、禁止各种非参赛及非工作用车和行人通行，并事先予以通告，比赛时设置明显警示标志等安全措施。这是组织者应履行的义务。但市体委在赛前虽有此种考虑，但考虑到比赛时间不长，轻信不会发生什么问题，故而未履行其义务，未在比赛时封闭比赛路段，致使原告驾车在比赛路段行驶，被运动员将其车辆撞坏。显然，这一损害后果和市体委的组织、安全防范工作失误有直接因果关系，市体委应承担损害的民事责任。

被告兰某是参赛运动员，在指定路段参加比赛，是一种合法行为。在比赛路段中，由于道路未封闭，原告驾车突然出现在比赛用的赛道上，这一情况的出现，是被告兰某及其他运动员不能预见的；同时，在进行激烈角逐的竞赛运动中，运动员处于精神高度紧张的状态，在高速行驶的情况下，要求运动员在较短时间内快速做出反应并采取有效措施避免事故发生，既不可能，也不现实。所以，运动员对所造成的损害在主观上并无过错，就不应承担赔偿责任。按照转承责任的理论，参加组织者所组织的活动的参加人，在该项活动中对活动范围以外的人或物造成损害的,首先应由组织者对外承担民事责任。组织者因组织某项活动,就是该项活动的对外关系的主体,同时也是该项活动的对内关系的主体一方。其作为对外关系的主体时,是统一对外的,并因进行该项活动而对社会负有公共安全的保障义务。所以,只要该项活动对社会公共安全产生了损害,组织者即应以自己名义对外承担责任,而不是以实际造成损害的参加者的名义对外承担责任。

第二,原告陈某驾驶的轿车系本人合法财产,应受到法律保护。虽然事故发生时原告没有正式的行车执照,但持有临时行车牌照,其驾车上路不能视为违法行为。原告驾车驶入正在进行自行车比赛的路段,并无人通知该路暂不准通行,也预见不到在公路上正常行驶时会与比赛中的运动员相遇,况且,当其行车中发现迎面自行车驶来后,当即将车停下予以避让,他并无任何过错,因此,他对所驾驶的轿车被撞坏是没有责任的。原告驾车如有违章行为,而且违章行为与损害结果有必然因果关系的话,才可能发生既承担行政责任,又承担民事责任的问题,而本案并不存在此问题。因此,判决中以其无正式牌照上路行车为理由,认定原告对造成事故也应负一定责任,自行承担部分损失,是不妥的。

临时行车执照和正式行车执照,都是可上路行驶的一种资格法律文件,表明凡持有其中之一的公民,即有权驾车上路行驶。在此点上,两者的法律性质和效力没有什么不同。因此,持临时行车执照上路行驶,这种行为并不具有违法性,驾车人因他人的过错受到损害的,本人就不应承担民事责任。所以,本案以原告无正式行车执照上路行驶受到损害,也应承担一定民事责任为理由,判决原告自行负担部分损失,实质上是未分清两种执照的法律性质和效力,不承认临时行车执照有上路行驶的法律性质和效力,这是不符合有关规定及客观实际的[12]。

比赛中摄影记者被撞财产损失案

案 情

2005年1月2日,第27届省港杯第一回合赛事在广东省体育场进行。61岁的体育摄影自由撰稿人王某经过广东省足协的批准,以中国体育记协摄影记者的身份获得了该项赛事的报道资格,进场在角旗区附近进行拍摄。从80年代初起,王某即以体育摄影自由撰稿人为生，曾任多家报纸和杂志的特约记者及特约通讯员，是现任中国体育记协中国体育摄影学会会员和广东省体育记协会员。第27届省港杯足球赛作为传统赛事，吸引了广州地区众多媒体的报道。在下半场第19分钟时，广东队2号球员赵乐在快速奔跑中下底线传中，球传出后他继续向底线处的场外冲去，撞到了正在拍照的王某，王某当即被撞晕，手中的照相设备同时被撞飞。

事后经清点，这次碰撞使王某随身携带的佳能相机 1NRS 机身、佳能 EF400 f2.8 镜头和佳能 EF70-200 f2.8 镜头等5件器材损坏，损失约7万元。在与主办单位多次协商未果后，2005年7月26日，王某诉至法院，要求广东省足协及其主管单位广东省体育局支付总额10万元的经济赔偿[13]。

在审理中，广东省体育局认为，自己不是2005年1月2日省港杯比赛的主办者，广东省足协作为独立的法人单位对外承担民事责任与自己无关。而原告认为，如果有关部门能够确定广东省足球运动中心不是这次省港杯比赛的主办单位，那么广东省体育局确实不应当成为这次诉讼的被告，但是，足球运动中心与足协实际上就是一套人马两块牌子。这一点从广东省足协递交的答辩状上也可以看出来，其答辩人一栏，最初就是"广东省足球运动中心"，后来才用笔划去了"运动中心"而改成"协会"的。

起诉书中，王某结合《全国足球赛区安全秩序规定》的相关规定，指出赛事的主办方没有尽到安全保障义务是造成自己身体受伤设备受损的主要原因，而广东省足协则认为原告违反相关规范"不在广告牌板后摄影区进行摄影，擅自进入比赛场区域内进行摄影并与比赛球员发生碰撞，原告该行为是有过错的，应承担过错责任。"原告认为，比赛现场是有一块广告牌，但这个广告牌是摆放在球门正后方的，试问有哪位摄影记者是在球门的正后方开展工作的？而且，自己并未擅自进入比赛场区域，是赛事的主办方没有为摄影记者设置护栏或者安全绳才导致了事件的最终发生。而且，即使自己进入了比赛场区域，作为主办者也应该履行相关的告知与管理义务[14]。

广东省足协提出的另一点答辩理由则是："答辩人是该足球赛的主办者，不是造成原告财产损害的加害者，因此答辩人没有任何的过错行为，依法不应承担因该碰撞事件产生财产损害的民事赔偿责任。"原告认为，根据最高人民法院2004年5月1日正式实施的《关于审理人身损害赔偿案件适用法律若干问题的解释》第六条，从事住宿、餐饮娱乐等经营活动或者其他社会活动的自然人、法人、其他组织，未尽合理限度范围内的安全保障义务致使他人遭受人身损害，赔偿权利人请求其承担相应赔偿责任的，人民法院应予支持。在这次事件中，赛事组织者存在过错。

判 决

2006年1月26日，广州市越秀区人民法院一审查明：根据广东省电视台对该场赛事的比赛录像等证据，认定2号球员与王某相撞，并造成其摄影器材损坏这一事实。

法院判定，广东省足球协会作为比赛主办者，未依国际足联等机构制定的相关规定设置相关安全设施、设置摄影记者区、划定摄影人员限制线，未尽到合理的安全保障义务，对正在比赛的球员与原告发生碰撞有过错，对造成原告的财产损失应承担主要责任，应赔偿全部损失46048.78元的70%即32234.15元。原告作为资深体育记者，熟悉体育比赛的摄影规则，有丰富的摄影采访经验，在摄影位置前没有广告牌、安全绳等安全设施的情况下，仍然靠近足球场底线近距离拍摄，对其损失应负次要责任，即自负全部损失46048.78元的30%，即13814.63元。同时，针对王某对广东省体育局的起诉，法院认为广东省体育局属机关法人，广东省足球协会属社会团体法人，根据相关规定，可以独立承担民事法律责任，鉴于第27届省港杯的主办单位是广东省足球协会而非广东省体育局，法院对王某要求广东省体育局对其损失进行赔偿的要求未予支持[15]。

广东省足球协会和王某不服一审判决，向广州市中级人民法院提出上诉。王某表示，该赔偿数额远不能弥补此次撞击事件带给他的实际经济损失。在整个事件过程中，他已经严格按照国际足联规定在距离球场底线3.5米以外的地方拍照，并无任何主观过错，广东省足协理应承担所有的赔偿责任[15]。

广州市中院认为一审决院认定事实清楚，判决赔偿的划分合理合法，原被告双方的上诉理由均不成立，遂驳回上诉，维持一审判决[15]。

评 析

广东省足球协会作为正式足球比赛的主办者，对赛事的参与者负有安全保障义务，应按照国际足联的相关规则，设置相关安全设施、设置摄影记者区、划定摄影人员限制线。但广东省足球协会未尽到合理的安全保障义务，对原告在进行摄影工作时被撞造成的器材损失有过错，应承担责任，赔偿其损失。同时，原告作为资深体育记者，熟悉体育比赛的摄影规则，有丰富的摄影采访经验，在摄影位置前没有广告牌、安全绳等安全设施的情况下，仍然贸然靠近足球场底线近距离拍摄，造成比赛中被撞财产损失，自身也存在过错，对其损失也应承担责任。

无学籍学生代表大学参赛猝死案

案 情

2005年10月16日,24岁的王某代表北京某民办大学参加了在京举行的第六届首都高校马拉松挑战赛。在参赛过程中,王某跑到约27公里处突然晕倒,后被送往医院救治,因抢救无效于当日死亡。10月28日,医院出具死亡医学证明书:王某的死亡原因为猝死。

王某父母认为其子代表大学参赛,学校应承担赔偿责任。王某虽不是该校学生,但他和学校间存在着雇佣关系,学校雇佣他代表学校参加比赛。王某生前曾代表该校参加过多项重要赛事并取得了优异成绩,学校与王某之间实际上形成了雇佣关系,作为雇主的学校通过雇佣王某参赛,能够获得各种荣誉和物质利益,王某在从事雇佣活动中死亡,雇主应承担赔偿责任。要求学校赔偿死亡赔偿金、丧葬、交通、住宿、伙食、误工、被扶养人生活、精神损害抚慰等费用[16]。

被告学校认为:王某由于没有交纳学费,在校没有学籍,不能算本校学生。学校和王某间不存在雇佣关系,也从未支付任何报酬。虽然王某以前代表某大学参加各种比赛是事实,但与本案无关[17]。王某通过电话与学校体育教研室进行联系,强烈要求该校为其报名参加第六届首都高校马拉松挑战赛。学校与王某之间并不存在雇佣关系,参加比赛完全是王某对于长跑项目的个人喜好。王某参赛是自愿参加,他填写了报名表,表中注明了在比赛期间发生的自身意外风险责任由本人承担,并同意主办方为其投保。王某晕倒后医护人员对其进行了及时的救治,抢救的措施是得当的,大赛组委会也为王某投保了意外伤害保险,王某的家属已经得到了保险理赔。对于王某的死亡,学校不存在任何侵权行为和过错,不同意王某父母的诉讼请求[16]。

判 决

一审法院认为,大学与王某之间形成了雇佣关系,判决学校赔偿王某父母34万余的损失。大学不服,提出上诉。

北京市一中院认为,王某与学校之间不存在任何形式的雇佣合同,王某也没有从学校获得任何劳动报酬。王某接受大学安排的仅是赛程方面的一种统一安排，学校应当对王某的死亡承担主要责任，因为王某所从事的活动为大学带来了利益，王某的死亡与其代表大学参赛有一定的因果关系。最终判定学校应当对王某的死亡承担主要责任，王某本人对自己的身体缺乏必要的注意，亦应当承担次要的责任。法院做出终审判决：王某与学校之间不存在雇佣关系，但学校仍应对王某的死亡承担主要责任，赔偿王某父母各种经济损失 27.23 万元[17]。

评 析

在本案中，受害人不是被告学校的学生，代表学校参赛也并不构成雇佣关系，但是学校确实从受害人代表其参赛中获益。在受害人在马拉松比赛中猝死，出现各方均无过错的伤害时，由受益人学校按照公平责任分担部分损失，法院的这一判决无疑是正确的。

足球赛中踢死对手案

案 情

2005 年 11 月 27 日 14 时 30 分，在九江职业技术学院足球场举行九江市体育局主办的"川王杯"足球赛决赛，比赛双方为"东方移动队"和"清源集团队"。当比赛进行到 15 时左右，陈铭（"东方移动队" 4 号队员）与被害人刘某（"清源集团队" 26 号队员）发生碰撞，陈铭被判犯规，由"清源集团队"发任意球。刘某经过陈铭身边时踩了陈铭一脚，陈铭即用右手朝刘某后脑部打了一拳，刘某当即抱头倒地。此时，裁判出示红牌将陈铭罚下场，陈铭与裁判理论无效，即指着刘某责骂并用右脚对侧躺在地上的刘某的躯干部正面踢了一脚，致使刘某当场休克。后刘某经医院抢救无效，于当日 17 时 35 分死亡。陈铭案发后逃离现场，于当晚自动投案。经法医鉴定：刘某系受外力致心、肺挫伤死亡。

判 决

2006 年 6 月 15 日，江西省九江市中级人民法院经审理认为，被告人陈铭在足球比赛中不遵守足球竞赛规则，对裁判员的判罚不服而故意伤害对方球员，造成他人死亡的严重后果，其行为已构成故意伤害罪。被告人陈铭在案发后能主动到公安机关投案自首，依法予以从轻处罚。被告人陈铭因其犯罪行为造成附带民事诉讼原告人的经济损失,应承担民事赔偿责任。依法以故意伤害罪判处被告人陈铭无期徒刑,剥夺政治权利终身。同时,法院判决被告人陈某在判决生效后3个月内赔偿被害人父母人民币37.27万余元[18]。

评 析

本案是我国因体育竞技伤害引发刑事诉讼的为数不多的案例。

全世界都发生过很多引人注目的体育暴力事件,常导致参与者严重受伤。由于体育是一个特殊领域,体育有自律的传统,体育伤害的损害后果往往通过受害人自我救济和体育组织处罚等私力救济方式实现。司法对场上伤害的介入,如场上行为能否成为法律问题、司法在何情况下应介入体育伤害,体育暴力行为的行业处罚、民事侵权责任和刑事责任如何划界问题仍然存在争议。北美体育暴力判例显示,近年来有对体育暴力加害人的指控,但法院判运动员有罪的并不多。因为:(1)指控体育暴力犯罪与刑法的立法目标不一致。指控运动员的场上暴力行为不会产生威慑作用,因为大部分运动员不会将此类行为视为犯罪。(2)刑法的矫正功能在体育暴力指控中很难实现,很少有被控运动员被判处入狱或其他社会矫正处罚。(3)运动员间的体育暴力只在场上发生,并不针对社会公众,刑事处罚并不能使公众免受此类行为威胁。(4)区分对错,维护社会正义的实现可能是刑法规范体育暴力的最充分理由,但一般公众觉得体育比赛与日常生活有很大区别,在此领域以刑法区分善恶的意义并不大。(5)检察官已经被日常堆积如山的案件压垮了,他们并不觉得运动员是安全隐患,而倾向于将精力集中于"真正的犯罪"。(6)自治是更好的规范场上行为的手段。如果一般的犯罪标准被用来判断运动竞赛,那么自由的、充满激情的体育参与将被严重地影响。对发生在职业体育中的行为起诉的增加将导致运动员对于被起诉的过分恐惧,畏首畏脚比赛,导致比赛精彩程度的下降。

但是,体育暴力对青少年和观众会产生恶劣影响,具有社会威胁性。虽然刑法具有谦抑性,但是刑事诉讼能够向社会传达这样一个信息:法律不会容忍非必要体育暴力行为,因此是非常有效的控制手段。

时空标准、项目规则标准和比赛性质标准3条界限可以用以裁决体育暴力刑事案件:(1)行为发生在比赛中还是发生在比赛外?一些行为在比赛中发生则可以被认为是受害人同意的伤害,同样的伤害发生在场外则可能构成犯罪。但"比赛中"不限于裁判员哨声响起之前,因为运动员在裁判员哨声响起后的行为常常是场上行为的后续,划出的界限应是"比赛中"+"赛后一小段时间"。(2)行为违反规则还是遵守规则？规则是体育比赛必须遵循的，是判断体育竞技行为是否正当化的最重要标准。认为凡是违反体育规则的行为都不属于正当行为，这种看法不符合竞技体育长期形成的传统。这一标准应与其他标准配套使用，如引入"经常性、非严重犯规"与"偶发性、严重犯规"的区别，可以认为运动员默示同意体育中"经常性、不严重犯规"，因为与那些不经常发生的严重犯规相比，前者显然更容易被预见。（3）行为发生在职业比赛还是业余比赛中？对于发生在那些对抗激烈、正式性的重大比赛中的体育暴力行为，其认定的尺度应从宽；大众体育比赛的伤害的认定尺度应从严。

在本案中，在有组织的足球比赛中，在加害人倒地的情况下，"右脚对侧躺在地上的刘某的躯干部正面踢了一脚"，显然加害人严重违反了足球规则，并且导致受害人死亡。规则是体育比赛必须遵循的，体现了对运动员权益的平等合理保护，任何正当的比赛规则都试图将比赛竞技行为的风险降到最低程度，尽可能避免危害结果的发生，保护运动员的身体健康。但不能认为"凡是违规行为都不具有法律上的正当性"，为了判断某一行为是否非法，法院应审视犯规的运动员是否具有犯意，即运动员对于受害人的伤害是否有故意的伤害意图。在本案中，加害人与受害人的身体接触并非不可避免，加害人即使没有故意追求被害人的死亡结果，也存在过失。

但遗憾的是，根据媒体报道，本案法院判决中完全未提及伤害在正式比赛中发生，加害人是否处于高度应激状态，动作是激愤下的举动，未考虑对抗性体育竞赛与一般日常生活的差异，对体育的特殊性未考虑和提及。

参考文献

[1] 江苏省南京市中级人民法院民事判决书（2000）宁民终字第445号.

[2] 南京市鼓楼区人民法院民事判决书（2002）鼓民一初字1853号.

[3] 杨立新. 学生踢球致伤应否承担侵权责任［EB/OL］. 杨立新民法网，http://www.yanglx.com/dispnews.asp?id=192.

[4] 王利明（主编）. 中国民法典草案建议稿及说明［M］. 北京：中国法制出版社，2004.240.

[5] 刘长河，张少龙. 观看球赛时被足球击伤诉参赛球员人身损害赔偿案［EB/OL］. 长沙市雨花区人民法院. 引自中国法院网，http://cszy.chinacourt.org/public/detail.php?id=111.

[6] 重庆市沙坪坝区人民法院民事判决书（2004）沙民初字第487号.

[7] 丁建华,熊青.足球惹祸伤人眼 同事反目上法庭[EB/OL].中国法院网,http://www.newcq.com/info/33829-1.htm.

[8] 王亮.班古拉事件引发争论:保险如何赔付 吕刚负何责?[N].竞报,2006.07.20.

[9] Lestina, 501 N.W.2d at 31 (quoting Nabozny, 334 N.E.2d at 260-61).

[10] "眼球门"凸现出中超盲区[EB/OL]. http://sports.people.com.cn/GB/22172/31955/4622492.html.

[11] 班古拉右眼之"殇"[EB/OL].新世纪周刊,http://news.sina.com.cn/c/2006-07-28/133110563826.shtml.

[12] 陈广新诉密山市体委举办自行车赛中运动员撞坏其轿车赔偿案[EB/OL].法律在线,http://www.flzx.com/fagui/panli/201301/57647.html.

[13] "中国足坛第一奇案"我要公平 我要公正 王世儒怒吼着[EB/OL].王世儒博客,http://wangshiru.blogcn.com.

[14] 许绍连.球员撞伤摄影记者案下周开庭 当事三方各执一辞[EB/OL].南方体育,http://news.xinhuanet.com/sports/2005-08/12/content_3342684.htm.

[15] 球员冲出场撞晕记者案续:广东足协需赔3万[EB/OL].信息时报,http://news.xinhuanet.com/legal/2007-09/20/content_6758164.htm.

[16] 王文波.马拉松赛猝死学生终审获赔27万元[EB/OL].人民法院网,http://%20http://bjgy.chinacourt.org/public/detail.php?id=43090&k_w=体育.

[17] 李京华.北京大学生跑马拉松猝死索赔案11日开庭审理[EB/OL].新华网,http://news.xinhuanet.com/sports/2006-08/12/content_4952166.htm.

[18] 九江球员足球场上踢死对手被判无期徒刑[EB/OL].新华网.http://news.xinhuanet.com/legal/2006-06/16/content_4705763.htm.

第九章 体育伤害——安全保障义务

锈蚀篮架砸伤锻炼者案

案 情

2003年1月23日16时许,21岁的无业人员白某来到某高校篮球场玩篮球,无人对其进行制止。白某抓住篮筐上篮时,篮球架底座因锈蚀部分断裂,篮球架倒下。白某躲闪不及,被砸在下面。白某被送往医院救治,伤情诊断为闭合性腹外伤、肝破裂、休克、左踝关节骨折脱位,住院35天。白某出院时,医院为他出具了休假4个月和陪护20天的证明,经鉴定为七级伤残。

2004年1月,白某诉至一审法院,要求学校赔偿他医药、误工、护理、后期治疗、鉴定、伤残补助、精神损失等费用共计42万余元。白某认为,自己到学校的篮球场打篮球,因为篮球架突然倒塌致伤形成残疾,给自己的家庭造成了重大的经济损失。因为篮球架属于公共体育设施,学校作为篮球架的所有人及管理人,没有履行好维护的义务,造成篮球架严重腐蚀。因此,学校应承担全部责任。

大学认为,篮球架是学校的教学设施,白某不是学校的学生,未经学校同意,擅自进入学校使用篮球场,而且当天是周五,学校正在进行考试,篮球场不对外开放。另外,根据学校管理制度,任何人不准揪抓篮球筐。因为白某跳起来抓篮筐,加之他的身体较重,才导致篮球架倒塌将他砸伤。因此,这次事故,完全是白某自己造成的。

判 决

一审法院认为,学校作为篮球架的所有人和管理人,未及时对锈蚀的篮球架进行更换,对白某的损伤应承担赔偿责任;但白某未经学校同意,擅自进入学校的篮球场并且对设施使用不当,致使篮球架倒塌将他砸伤,对此,白某也负有一定责任。所以，对白某的合理经济损失，双方应依责均担。判决大学赔偿白某各项损失共计 17 万余元。一审法院判决后，大学不服，以事故是白某擅自进入学校、非法使用体育设施酿成，学校无过错为由提出上诉。

市第二中级法院经审理认为，白某擅自进入学校篮球场，使用篮球场设施不当，致使篮球架倒塌将自己砸伤，应承担主要责任；学校作为体育设施的所有人和管理人，对人员出入未尽到管理的责任，也没有及时对锈蚀的篮球架进行维护更换，也是事故发生的起因，所以应承担相应的民事责任。原审法院责任划分不当，本院予以更正。市二中院终审判决，大学赔偿白某精神损害抚慰金及医药、误工、陪护、鉴定、残疾者生活补助等费用共计 10 万余元。

评 析

一、学校的责任

在本案中，学校在其校园内提供的体育器材存在潜在的危险，可能造成他人损害。学校对于使用该体育器材的人没有尽到安全保障义务，造成他人的损害，就构成违反安全保障义务的侵权责任。最高人民法院《关于审理人身损害赔偿案件适用法律若干问题的解释》第 6 条规定："从事住宿、餐饮、娱乐等经营活动或者其他社会活动的自然人、法人、其他组织，未尽合理限度范围内的安全保障义务致使他人遭受人身损害，赔偿权利人请求其承担相应赔偿责任的，人民法院应予支持。""因第三人侵权导致损害结果发生的，由实施侵权行为的第三人承担赔偿责任。安全保障义务人有过错的，应当在其能够防止或者制止损害的范围内承担相应的补充赔偿责任。安全保障义务人承担责任后，可以向第三人追偿。赔偿权利人起诉安全保障义务人的，应当将第三人作为共同被告，但第三人不能确定的除外。"此处规定的侵权行为即违反安全保障义务的侵权行为，凡是对他人负有安全保障义务的人，没有尽到安全保障义务，造成他人的损害，就应当承担侵权责任。

尽管本案的受害人不是该学校的学生，但是，凡是学校提供的没有封闭的体育运动场所，准许他人进入的，都应当视为具有一定的公共性质。学校必须保证体育设备、器材的安全性。没有尽到这种注意义务，为有过错，对于造成的损害应当承担责任。

本案的受害人并无过错，虽然他在篮球场跳跃抓篮球筐，但抓篮筐扣篮在篮球运动中比较常见，也不构成对篮球规则的违反，不能认为打篮球时抓篮筐的行为构成法律上的过错。

二、白某为非付费者

虽然学校篮架存在安全隐患应对受害人的损害承担责任,但是,本案中学校的责任可以适当减轻。因为经营者或者社会活动的组织者对于进入到经营领域或者活动领域的人,区别身份的不同应承担不同的责任。如果是受邀请者,应当承担较重的责任;如果是非付费使用者,则应当适当减轻责任。本案的受害人擅自进入学校,显然不是受邀请者,而是非付费使用者,因此可以基于这个理由适当减轻学校的赔偿责任。

活动球门砸死锻炼者案

案 情

2001年5月12日下午4时左右,刚大学毕业的秦某到上海闵行某体育场锻炼身体。他来到场内一活动式铁制足球球门架处,双手抓住球门架的横梁做引体向上运动,足球门架突然失去重心倒下,球门架横梁压在秦某颈部,秦某因呼吸循环衰竭而死亡。

事发后,死者父母诉至闵行法院,称秦某在体育场足球门架上做引体向上活动时,由于球门架结构不合理、重心不稳,以及放置的场地不平、未采取措施设置警示标志等原因,致秦某被足球架压死。体育场对事件的发生明显有过错,故要求体育场赔偿各类费用共计75万元。

体育场认为,移动式足球门架仅限于足球运动,不能做引体向上运动,这是常理,作为大学生的秦某对此应有足够的辨别能力。对足球架应否设置警示标志或做使用说明,有关法律未予规定。所以,事故的发生系秦某不当攀越所致,体育场并无过错。

判 决

法院认为,公共体育场内球门架上的横梁是为满足球门架功能所必需,并不能因此在上面做引体向上等体育活动,秦某违反体育活动的基本要求、基本规律,擅自活动导致了死亡。因此,秦某对损害后果的发生应承担主要责任。体育场对免费开放的体育设施,应当建立维修保养制度。在本案中,体育场所有的活动式足球球门架都系非固定式的、铁制的，在一定的外力作用下易倾倒，并可能造成伤害事故，对此体育场应有一定的预见。现体育场未能采取措施阻止他人在球门架上进行不当运动，致死亡事故发生，其疏于管理的行为对损害后果的发生应承担次要责任。因此，法院做出该体育场赔偿秦某父母医疗费、交通费、丧葬费、拍摄费、助学贷款、死亡补偿费、抚育费等总计 10.4 万元的判决[1]。

评　析

在本案中，受害人作为成年人，应该知道移动式足球球门架仅限于足球运动，不能做引体向上运动。受害人错误使用体育设施，将自己置身于危险之中，存在过错，应对自己的损害结果承担主要责任。

在本案中，体育场应该预见到活动式的足球球门在一定的外力作用下易倾倒造成伤害事故，应采取设置警示标志等措施，避免锻炼者错误使用球门造成伤害。因此，体育场存在疏于管理的过失，但鉴于它是免费开放的场地，应对损害后果的发生承担次要责任。

单杠断裂体育局赔偿案

案　情

2011 年 4 月 11 日上午 7 时许，李某在萧县葡萄酒厂职工礼堂南门前进行单杠锻炼时（蜷体向杠倒立），因单杠两侧立柱顶部固定装置断裂脱落，导致李某从单杠上掉地摔伤，经萧县人民医院抢救治疗，支出医疗费 10705.10 元，后因抢救无效，于 2011 年 4 月 12 日零时死亡。该体育设施属安徽省体育局捐赠，由萧县体育局安装在萧县社保局所有的原萧县葡萄酒罐头有限公司工人会堂前、东西路北侧，供公众使用。李某父母、妻子、女儿将萧县体育局、萧县社保局诉至法院，要求赔偿医疗费 10705.10 元、救护车费 10100 元、死亡赔偿金 837525 元、丧葬费 15325 元、精神损害抚慰金 50000 元，合计 923655.10 元，并承担本案诉讼费用等[2]。

萧县体育局辩称：萧县体育局不是该健身器材的管理、安装、所有、维护者，受害人李某自身存在过错，李某在事故体育器材上锻炼时，没有按照警示说明的要求在锻炼前检查器材的安全性，也没有按警示说明规定的方法锻炼身体（警示牌上没有载明单杠有蜷体上杠、倒立功能），原告要求赔偿的范围及标准不完全合理合法。

萧县社保局述称：本次事故的发生与萧县社保局无任何关系，该设施不属于萧县社保局所有，萧县社保局也没有管理和维护义务，不应承担赔偿责任。

判　决

一审法院认为：公民的生命健康权应当受到法律的保护。李某在本次事故中摔伤致死，其亲属应当得到赔偿，赔偿的范围及标准为（按浙江省标准计算）：医疗费10705.10元、死亡赔偿金698973元〔（死亡补偿金20年×27359元/年=547180元）+（被扶养人生活费17年×17858元/年÷2=151793元）〕、丧葬费15325元，上述合计为725003.10元。本次事故中李某作为完全民事行为能力人，在进行体育锻炼时没有按警示说明的要求对体育设施检查，存在重大过错，自身应承担70%的责任，即507502.17元。又因造成事故的体育设施属萧县体育局安装的公共体育设施，参照《安徽省全民健身条例》第五条规定：县级以上人民政府主管部门负责本行政区域内全民健身工作。第二十七条规定：公共体育设施由体育行政主管部门或者政府指定的管理单位负责管理维护；利用体育彩票公益金建设的体育设施由受赠单位负责管理维护；其他体育设施由其建设或者管理单位负责管理维护。萧县体育局对开放性体育锻炼器材没有尽到管理维护责任，应当承担30%的赔偿责任，即217500.93元，另支持精神损害抚慰金15000元，合计为232500.93元。李某亲属要求赔偿运尸费10100元，因该项支出包含在丧葬费中，不予采纳。李某亲属要求分别赔偿李父、李母及李女三人的被扶养人生活费，《最高人民法院关于审理人身损害赔偿案件适用法律若干问题的解释》第二十八条第二款规定"被扶养人有数人的，年赔偿总额累计不超过上一年度城镇居民人均消费性支出额或者农村居民人均年生活消费支出额"。为此，对李某亲属的请求，不予采信。萧县体育局辩称该体育设施属安徽省体育局捐赠，应当按照《安徽省全民健身条例》第二十七条第二款的规定确认管理维护人（或单位），但萧县体育局没有提供合法有效证据证明该体育设施捐赠给了谁，应当由谁管理、维护。萧县体育局虽然主观上无过错，但客观上是因疏于管理、维护，造成了李某的死亡。因此，对萧县体育局的辩称，不予支持。萧县社保局述称，该设施安装在原萧县葡萄酒罐头公司工人会堂门口，该设施安装地属公共场所，不在萧县社保局管理范围内，因此萧县社保局不应承担赔偿责任的理由成立，予以采纳。故依据《中华人民共和国民法通则》第九十八条、第一百零六条第二款、第一百三十条、第一百三十四条第一款第（七）项，《中华人民共和国侵权责任法》第十六条、第二十二条、第二十六条、第三十七条,《最高人民法院关于审理人身损害赔偿案件适用法律若干问题的解释》第十九条、第二十七条、第二十八条、第三十条之规定,判决:1. 萧县体育局于判决生效后 10 日内赔付给李父、李母、李妻、李女 232500.93 元;2. 萧县社会保险事业管理局不承担赔偿责任;3. 驳回李某亲属的其他诉讼请求。

李某亲属和萧县体育局均不服一审判决,向安徽省宿州市中院提起上诉。

李某亲属上诉称:萧县体育局将已经损坏的体育设施提供给公众使用,且使用场地未铺设安全地垫,是造成李某死亡的直接原因,萧县体育局存在重大过错,应承担赔偿责任。李某不存在过错,即使存在过失,也是一般过失,不能减轻萧县体育局的赔偿责任,一审判决认定李某存在重大过错,承担 70% 的赔偿责任错误。

萧县体育局上诉称:萧县体育局只是将体育器材送到萧县社保局原葡萄酒罐头有限公司工人会堂前,由萧县社保局负责安装,该体育设施安装在萧县社保局使用的土地上,萧县社保局是该体育设施的所有人和管理人。萧县体育局不是该体育设施的受赠单位,只能是捐赠的执行部门,因此萧县体育局不应承担赔偿责任。李某锻炼时做蜷体向杠高难度动作,应在符合国家标准的高规格单杠上且有专业人员保护的情况下完成,他没有按照《健身指导》的要求,在使用每一种体育器材前阅读该器材上的警示说明以及对体育器材各部分连接是否牢固进行检查。在没有载明有蜷体向杠倒立功能的普通单杠上做蜷体向杠,且明知没有沙坑和保护垫而单独完成高难度危险动作,存在重大过错。《健身指导》第十条明确规定了未按照告示牌和警示说明使用体育器材所造成的后果,由使用者承担全部责任,因此李某应承担全部责任。不应赔偿精神抚慰金和支付李父的扶养费。

萧县社保局辩称:涉案体育器材是省体育局捐赠,由萧县体育局安装在开放地点,只是离萧县社保局的礼堂较近,并不属萧县社保局管理使用,该体育设施应属萧县体育局维护管理。萧县体育局称应由萧县社保局承担赔偿责任,没有事实和法律依据。

二审法院认为,本案二审争议焦点是:1. 萧县体育局是否涉案体育设施的管理、维护者,是否应承担赔偿责任;2. 一审判决李某承担 70% 的责任是否适当;3. 一审判决被扶养人生活费计算得是否正确,是否应给付李父赡养费;4. 10100 元救护车费是否应当赔偿,一审判决给付 15000 元精神损害抚慰金是否适当。

1. 关于萧县体育局是否涉案体育设施的管理、维护者,是否应承担赔偿责任。《安徽省全民健身条例》第二十七条规定:公共体育设施由体育行政主管部门或者政府指定的管理单位负责管理维护；利用体育彩票公益金建设的体育设施由受赠单位负责管理维护；其他体育设施由其建设或者管理单位负责管理维护。涉案体育设施是安徽省体育局捐赠，萧县体育局接收后将该体育设施安装在原葡萄酒罐头有限公司工人会堂前开放地点，应属公共体育设施，萧县体育局作为体育行政主管部门应负责管理维护。萧县体育局没有证据证明已将该体育设施交给萧县社保局并指定萧县社保局负责管理、维护，因此萧县体育局上诉称萧县社保局是涉案体育设施的所有人和管理人，它不应承担赔偿责任的理由不能成立，本院不予支持。

2. 关于一审判决李某承担70%的责任是否适当。萧县体育局作为涉案体育设施的管理人，没有按照体育设施警示说明安装体育设施，对体育设施也疏于管理，致使李某在锻炼时单杠固定装置断裂脱落，摔伤致死，萧县体育局存在一定过错。李某作为成年人，在体育锻炼时没有按警示说明的要求对体育设施进行检查，而且也应该知道单杠下面没有沙坑或软垫，存在一定危险，他在没有人员保护的情况下做蜷体向杠倒立高难度危险动作，对自己摔伤致死也存在一定过错。根据萧县体育局和李某各自的过错，以各自承担50%的责任为宜。一审判决李某承担70%的责任不当，本院予以纠正。

3. 关于一审判决被扶养人生活费计算的是否正确，是否应给付李父赡养费。李某死亡时李母已64岁，李某应尽赡养义务，因此李母要求给付赡养费应予支持。李母的赡养年限应为16年。李女2000年11月4日出生，李某死亡时，李女尚未成年，李某对其应尽抚养义务。李女要求给付抚养费应予支持，抚养年限应为7.5年。李父系中学教师，他未提供没有生活来源的证据，要求给付赡养费，不予支持。一审按城镇标准给付17年的被扶养人生活费没有依据，应予纠正。

4. 关于10100元救护车费是否应当赔偿，一审判决给付15000元精神损害抚慰金是否适当。李某家人为将李某运回浙江使用救护车支出费用10100元，该费用不是为抢救李某必须支出的费用，应属扩大的损失，不予支持。李某正值壮年，其死亡给其亲人精神上造成严重损害，以给付精神损害抚慰金30000元为宜。

综上，因李某在浙江生活，其死亡赔偿金以及被扶养人生活费应按浙江省赔偿标准计算。李某亲属应得到的赔偿为：医疗费10705.10元、死亡赔偿金681267.5元〔（死亡赔偿金20年×27359元/年=547180元）+（李女生活费7.5年×17858元/年÷2=66967.5元）+（李母生活费16年×8390元/年÷2=67120元）〕、丧葬费15325元，合计为707297.6元。萧县体育局承担50%的赔偿责任为

353648.8元。本案是因萧县体育局对其管理的开放性的体育设施疏于管理，未尽到安全保障义务，致使李某在锻炼时单杠固定装置断裂脱落，摔伤致死，案由应为公共场所管理人责任纠纷，一审案由确定为生命权纠纷不当，本院予以纠正。一审判决认定事实清楚，但适用法律错误，依据《中华人民共和国侵权责任法》第十六条、第二十二条、第二十六条、第三十七条第一款，《最高人民法院关于审理人身损害赔偿案件适用法律若干问题的解释》第十九条、第二十七条、第二十八条、第二十九条、第三十条，《最高人民法院关于确定民事侵权精神损害赔偿责任若干问题的解释》第十条、第十一条，《中华人民共和国民事诉讼法》第一百五十三条第一款（二）项之规定，判决如下：1. 维持安徽省萧县人民法院（2011）萧民一初字第01209-1号民事判决第二项，即"萧县社会保险事业管理局不承担赔偿责任"；2. 撤销安徽省萧县人民法院（2011）萧民一初字第01209-1号民事判决第一、三项，即"萧县体育局于判决生效后10日内赔付给李某亲属232500.93元"和"驳回李某亲属的其他诉讼请求"；3. 萧县体育局于判决生效后10日内一次性赔偿李某亲属383648.8元；4. 驳回李某亲属其他诉讼请求。

评 析

第一，体育设施的所有人、管理人违反安全保障义务造成他人损害应当承担赔偿责任。在此类案件中，体育设施的所有人、管理人应当承担侵权责任。因为提供的体育器材存在潜在的危险，这种危险对他人会造成损害。所有人、管理人对于使用该体育器材的人没有尽到安全保障义务，造成他人的损害，就构成违反安全保障义务的侵权责任。最高人民法院《关于审理人身损害赔偿案件适用法律若干问题的解释》第6条规定："从事住宿、餐饮、娱乐等经营活动或者其他社会活动的自然人、法人、其他组织，未尽合理限度范围内的安全保障义务致使他人遭受人身损害，赔偿权利人请求其承担相应赔偿责任的，人民法院应予支持。""因第三人侵权导致损害结果发生的，由实施侵权行为的第三人承担赔偿责任。安全保障义务人有过错的，应当在其能够防止或者制止损害的范围内承担相应的补充赔偿责任。安全保障义务人承担责任后，可以向第三人追偿。赔偿权利人起诉安全保障义务人的，应当将第三人作为共同被告，但第三人不能确定的除外。"这一条文规定的侵权行为，在理论上叫作违反安全保障义务的侵权行为，凡是对他人负有安全保障义务的人，没有尽到合理限度内的安全保障义务，造成他人的损害，就应当承担侵权责任。作为向公众开放的体育设施，所有人、管理人必须保证体育设备、器材的安全性，不能让其存在隐患或者公开的危险。而所有人、管理人没有尽到这种注意义务，致使单杠两侧立柱顶部固定装置断裂脱落，为有过错，对于造成的损害应当承担责任。

第二，谁是该单杠的所有人或管理人？本案中，单杠属安徽省体育局捐赠，由萧县体育局安装在萧县社保局所有的工人会堂前供公众使用。受害人家属将萧县体育局和萧县社保局作为共同被告诉至法院，要求赔偿。法官判定由萧县体育局与被害人分担了责任。法院判决的依据是《安徽省全民健身条例》第二十七条："公共体育设施由体育行政主管部门或者政府指定的管理单位负责管理维护；利用体育彩票公益金建设的体育设施由受赠单位负责管理维护；其他体育设施由其建设或者管理单位负责管理维护。"萧县体育局作为体育行政主管部门，如能够证明该体育设施有指定管理单位，或已经捐赠给受赠单位，所有权发生转移，管理维护责任不应再由体育局承担则，则或可免除赔偿责任。如《北京市全民健身工程管理暂行规定》在此方面有明确规定："全民健身工程是指由国家体育总局统一组织，各级体育行政管理部门的体育彩票公益金作为启动资金，捐赠给城市社区、农村乡镇及公园、学校、机关等部门，由受赠单位兴建，旨在开展全民健身活动的公益性体育设施"（第二条）。"全民健身工程兴建地的街道办事处、乡镇人民政府、公园、小区物业管理部门等单位，是全民健身工程的受赠单位，拥有受赠或受赠资金购置的体育器材、设施等产权，负责全民健身工程的建设、使用、维护和管理，保证使用的安全性和公益性"（第三条）。也可以采用在捐赠健身器材时签署协议的做法，注明所有权转移，管理维护责任由受赠单位承担。作为体育行政部门，如果不明确捐赠体育设施的权属，又很难做到对本辖区内所有捐赠体育设施的监管，很容易在此类诉讼中败诉。

第三，今后应当采取何种措施来避免伤害的发生。凡是经营者和社会活动的组织者，以及为他人提供场地进行活动的人，对于进入的人都要承担安全保障义务，要保障进入者的人身安全和财产安全。对于免费开放的全民健身体育设施，应当注意下列几点：1. 所有人和管理人提供的设施设备有安全隐患的要及时排除。全面健身路径等户外体育设施长期日晒雨淋，使用人众多，又没有专人看管，非常容易发生安全隐患，因此受赠单位应当结合本地实际，制订切实可行、长期有效的管理制度或办法，定期检查维护。2. 全民健身工程必须设置使用说明和健身者须知等告示牌。对因使用不当可能危及人身安全或造成器材损坏的设施，必须设置警示标志及中文说明牌。3. 彩票公益金捐赠的全民健身路径，确实是为老百姓做了好事。但是也应该认识到，受赠单位都是免费开放这些健身器材，定期检查很困难，很难有力量来更换设备。健身器材有使用期限，捐赠部门应在捐赠同时配套建立更换、维修制度，尤其是到了这些器材临近故障高发期时应主动协助更换、维修、报废、拆除，防止好事变成坏事。赠与单位也可以在设备采购时，与供货商签订购买、维护和维修一揽子合同，由供货商提供检测和维修服务。4. 提供体育器材、设备的人，无论是有偿还是无偿，都必须对体育器材和设备的安全负责。没有尽到安全保障义务，造成损害，就要承担侵权责任。但在司法实践中，应考虑到体育设施免费开放的特点，适当减免所有人、管理人的赔偿。否则可能导致很多单位担心要负责维护管理体育设施，为避免诉讼赔偿的风险拒绝接受捐赠，对于大众体育开展不利。5. 将赔偿的风险转移到社会负担，如购买保险。造成损害的，由保险公司承担赔偿责任。如无适合险种，应建立专门的公共体育设施赔偿基金。6. 锻炼者到免费开放的公共体育设施锻炼，应该了解此类设施无专人看管的性质，保持足够的谨慎。

滑雪撞上造雪机案

案　情

2005年2月20日，娄某到哈尔滨某滑雪场滑雪，11时左右，娄某从雪道顶部向下滑至中下段时不慎摔倒，撞在停放在雪道旁（防护网内侧）的造雪机上致伤，后被送至哈医大一院救治，诊断为胸椎骨折并双下肢瘫痪。事后，娄某将该滑雪场诉至哈尔滨市中级人民法院，要求滑雪场承担赔偿责任。

判　决

哈尔滨市中院审理后认为，娄某在滑雪过程中，因滑雪场未尽到安全防护义务，将造雪机停放在滑雪道防护网内侧雪道旁，致使娄在滑雪中摔倒后撞在造雪机上，造成二级伤残的严重后果，对此，滑雪场应承担赔偿责任。

2006年8月，哈尔滨市中院一审宣判：滑雪场赔偿娄某医药费、住院伙食补助费和营养费、误工费、护理费、伤残赔偿金、被抚养人生活费、残疾辅助器具费、精神损害抚慰金等各项费用，合计人民币61.05万元。

一审宣判后，滑雪场不服，向黑龙江省高级人民法院提起上诉。黑龙江省高院经审理后判决：原判认定事实清楚、适用法律正确，驳回上诉、维持原判[3]。

评 析

作为经营性的滑雪场,对前来滑雪的消费者具有安全保障义务。滑雪场应该预见到,将造雪机停放在滑雪道防护网内侧雪道旁,会造成滑雪者与造雪机相撞的后果,但是仍然这样放置,导致娄某在滑雪过程中摔倒后撞在造雪机上,造成二级伤残的严重后果,滑雪场未尽到安全防护义务,对此,滑雪场应对受害人的伤害损失承担赔偿责任。

马匹受惊摔伤案

案 情

2007年3月25日,王某和同事到某马术俱乐部学骑马,并缴纳了马术课程费、会费,该俱乐部安排教练员陪练。在第一堂课上,马匹突然受惊,失去控制,王某从马背上摔下,致使头部、右脚受伤。俱乐部立即将其送进医院急诊治疗,经检查其右足骨折,进行了手术治疗。事发后,王某在家养病3个月,公司调整了她的工作岗位。对此,王某认为,这次伤害事件给她造成了巨大的经济损失,严重影响了她的职业生涯发展,故于同年8月,起诉至法院要求该马术俱乐部赔偿其医疗费、误工费、营养费等共计13.37万元。

被告马术俱乐部辩称,原告王某骑马摔伤是事实,但责任并不全在被告,被告提供了骑马的护具和专业教练员,尽到了安全保障的义务。骑马活动本身就有一定的危险性,原告骑术不佳,自己也有一定的过错,被告愿意承担50%的责任,在合理范围内进行赔偿。

经司法鉴定,王某因外力作用致右足骨折,尚未达等级伤残。

判 决

法院认为,原告在被告处办理了马术会员卡,并缴纳了会费学习骑马,双方形成了服务合同的法律关系。被告作为专业的马术俱乐部提供马匹供原告娱乐,有义务在合理限度范围内采取必要的安全保障措施,防止马匹对原告造成损害。从危险控制的要求来看,被告应当比一般常人更能清楚马匹的受训情况,更能预见马匹的行为不随人的意识而转移,也更清楚骑马运动具有不可避免的危险和可能发生的损害,并且最有可能采取必要的措施防止损害的发生或者使之减轻。原告在被告教练员陪练的情形下学习骑马,有合理理由相信被告能保证其人身安全和利益,因此,被告对于原告所受到的伤害应当承担全部责任。

2007年11月6日,上海市松江区人民法院依法判决被告马术俱乐部赔偿原告王女士医疗费、营养费等4000余元,同时赔偿原告3个月的误工费近10万元[4]。

评 析

原告交纳费用,在俱乐部练习骑马,双方形成服务合同。俱乐部提供马匹供顾客娱乐,有在合理限度范围内保障他人人身安全的法定义务。俱乐部理应清楚马匹受训情况,理应能预见马匹行为不随人的意志而转移,也清楚该项运动具有不可避免的危险。本案中,马匹突然受惊,应能客观反映该马匹受训程度不够。因此,俱乐部存在过错。

在本案中,还有一个问题要考虑,原告参加骑马这一项具有一定危险性的活动,是否自甘风险呢?原告交纳费用,参加骑马运动,应当预见该项运动具有危险,但她自愿参加,属自甘风险,被告可以以此作为抗辩理由[5]。

滚轴溜冰场未尽救助义务案

案 情

辛某带着同事的孩子到北京某滚轴溜冰场溜冰,在滑行中,辛某不慎摔倒后昏迷。溜冰场工作人员将其抬出场地,没有进行现场救治或为其联系急救车。后来,与辛某同去的孩子与辛某的单位联系,辛某的同事赶到事发现场将辛某送到医院。经诊断,辛某为外伤性蛛网膜下腔出血,头皮血肿。辛某入院治疗后仍需休息2周,共花费医药费近7000元。随后,辛某向北京市海淀区人民法院提起民事侵权诉讼。

辛某认为,由于溜冰场经营者不向滑冰者提供头盔、护膝等安全防护用具,且冰场内也无安全警告标识,致使其在滑行中为躲避他人而摔倒,造成昏迷、颅内出血。而冰场的工作人员置她的生死于不顾,不做任何现场救助。在她昏迷多时后,才被赶到现场的同事送到医院。被告作为滚轴溜冰运动的经营者,不尽安全保护之责,主观过错明显,致人损害后果严重,请求法院判令赔偿全部经济损失8000余元,并负担诉讼费用。

被告则认为,原告到冰场滑冰,如何摔倒、受伤的具体情形他们并不知晓。冰场经营者不是专业的医疗单位,不能随便给他人治病,后原告自行在同事的陪伴下离开。原告声称,因冰场不提供溜冰安全护具而致其受伤。实际上,溜冰场内多处悬挂告示牌,告诉溜冰者可向冰场租借、有偿使用冰场提供的安全护具。原告既不自备,又不租借,摔伤昏迷的后果应自负。此外,冰场内张贴有溜冰守则,12项内容明确、具体。原告作为成年人,又自称经常溜冰,技巧熟练,应当预见到滚轴溜冰这一体育运动的人身危险性,主动做好安全防护。原告不戴安全护具,自行摔伤,与被告方无任何因果关系。

判 决

一审法官认为,原告辛某在溜冰中不慎自己摔倒,伤了头部,若佩戴防护头盔,则极有可能避免伤害发生或可减轻伤害程度。从滚轴溜冰这一人身危险性较大的运动项目而言,被告作为经营者,未强制性地要求溜冰者佩戴防护器具,主观上有一定过错。同时,与原告同行者是未成年人,在辛某摔倒、昏迷,无力自救时,被告不及时联系医疗机构救治,也是主观过错行为,应承担相应的赔偿责任。

原告辛某本人作为自称熟练掌握这一运动项目的成年人,对此运动的危险性及应主动佩戴头盔等防护用具才能避免伤害发生的理解与认知远远高于初学者。但原告不主动采取自我防护,又是在滑行中自行摔倒,故应判定辛某对自身的伤害后果也有过错。根据我国《民法通则》关于"受害人对于损害后果发生也有过错的,可以减轻侵害人的民事责任"的规定,辛某应自行承担一定比例的损失。最终,被告被判决赔偿原告辛某经济损失2700余元[6]。

评 析

本案的主要问题有两个:

一、受害人未佩戴护具受伤是谁的过错?

受害人自称是熟练掌握这一运动项目的成年人,应该对滚轴溜冰的危险性及应佩戴护具避免伤害发生有清楚的认识。在溜冰场内多处悬挂告示牌,告诉溜冰者可向冰场租借、有偿使用冰场提供的安全护具的情况下,受害人不主动采取自我防护措施,又是在滑行中自行摔倒,因此受害人对自身的伤害后果存在过错。

而滚轴溜冰是人身危险性较大的运动项目,被告作为经营者,虽然在溜冰场内多处悬挂告示牌,告诉溜冰者可向冰场租借、有偿使用冰场提供的安全护具,但未强制性地要求溜冰者佩戴防护器具,也存在一定过错。

二、受害人受伤后冰场未及时救助是否违背安全保障义务?

公共场所经营者的安全保障义务即经营者对服务场所的安全保障义务,指经营者在经营场所内,对消费者、潜在的消费者或者其他进入服务场所的人之人身、财产安全依法承担的安全保障义务[7]。2003年12月26日最高人民法院出台的《关于审理人身损害赔偿案件适用法律若干问题的解释》第六条规定,"从事住宿、餐饮、娱乐等经营活动或者其他活动的自然人、法人、其他组织,未尽合理范围内的安全保障义务致使他人遭受人身损害的,赔偿权利人请求其承担相应赔偿责任的,人民法院应予支持。"

安全保障义务在很多国家的民法中都已经发展成一套成型的理论和法律规则。我国民法中对于经营者对服务场所安全保障义务没有一般性的规定,而是散见在一些法律、法规、司法解释和规章中[8]。如《中华人民共和国消费者权益保护法》第七条规定:"消费者在购买商品和接受服务时,享有人身、财产不受损害的权利。""消费者有权要求经营者提供的商品和服务,符合保障人身和财产安全的要求。"《合同法》第六十条关于全面履行合同的规定,也是经营者承担安全保障义务的法律依据。

《中华人民共和国侵权责任法》第三十七条规定,宾馆、商场、银行、车站、娱乐场所等公共场所的管理人或者群众性活动的组织者,未尽到安全保障义务,造成他人损害的,应当承担侵权责任。因第三人的行为造成他人损害的,由第三人承担侵权责任;管理人或者组织者未尽到安全保障义务的,承担相应的补充责任。

一般而言,经营者对服务场所的安全保障义务包括如下几个方面:1.建筑物及配套设施(设备)质量及安全符合要求;2.配备足够的安全保障人员;3.尽力消除不安全因素;4.有效制止来自外界或第三人对消费者侵害;5.对可能发生的危险的提示、说明、劝告和协助,对于已经或正在发生的危险,经营者应进行积极的救助,以避免损害的发生或减少损失。受害人在溜冰中不慎自行摔倒,致其头部昏迷,与原告同行者是未成年人,在辛某摔倒、昏迷,无力自救时,冰场应采取适当措施救助减少损失的发生。冰场不及时联系医疗机构救治,违反了安全保障义务,应承担相应的赔偿责任。

野长城雷击案

案　情

2009年6月13日，新婚夫妇陈某、魏某同3友人到怀柔区雁栖镇西栅子村生态观光园购票入园，后去攀爬箭扣长城。到达"鹰飞倒仰"景点时遭遇雷击，跌落山下身亡。死者父母陈某、杨某、魏某、闫某诉至北京市怀柔区人民法院，称西栅子村委会及生态观光园未能做好安全防范措施，没有安装避雷设备及在危险地段修筑防护栏，对事故发生负有过错责任，要求赔偿死亡赔偿金、被抚养人生活费、丧葬费等各项损失共计60万元。

西栅子村委会、西栅子观光园辩称，在观光园有禁止攀爬长城的提示；村委会无权在长城上安装避雷设备及防护设施。二人死亡与自己无关，不同意原告诉讼请求。

判　决

一审法院经审理认为，西栅子村村委会、北京西栅子生态观光园客观上存在利用箭扣长城的影响力吸引游客的事实，观光园没有明确园区边界，可以认定其在观光园管理上存在一定过错。但是，其过错行为与陈、魏的死亡结果之间并无法律上的因果关系。村委会、观光园无权在长城上安装任何设施。陈、魏作为智力正常且受过高等教育的成年人，看到观光园内及门票背面"禁止攀爬长城"的提示后，应知晓涉案长城系未开发长城，禁止攀登，且二人在危险的雷雨天气时仍未停止行进。此事件是一起意外事件，与村委会及观光园管理上的过错行为并无因果关系。据此，一审法院判决驳回原告诉讼请求。

二审中，上诉方提出：1. 被上诉人事实上违法经营箭扣长城，并非仅仅"利用箭扣长城的影响力吸引游客"。长城是观光园唯一旅游景点。被上诉人应该对其事实上违法经营箭扣长城的经营行为承担相应的法律责任。村委会、观光园未尽保障游客安全的义务。西栅子村委会、西栅子生态观光园未经批准，擅自将箭扣长城开辟为参观游览场所，招揽游客，利用箭扣长城设卡收费，违反了《中华人民共和国文物保护法》《长城保护条例》《北京市长城保护管理办法》的禁止性规定。西栅子村委会、西栅子生态观光园的行为，在行政法上是违法的，该二单位应承担行政责任。在民法上，西栅子生态观光园与北京市八达岭旅游总公司对购买门票进入其园区内的游客的安全保障义务是相同的。二被上诉人因不具有合法资格不能在长城上修筑设施，不能因此否认其因其违法经营行为而对受害人承担的安全保障义务。2. 意外事件是指行为在客观上虽然造成了损害结果，但不是出于故意或者过失，而是由于不能预见、不能避免的原因所引起的事件。本案不属于意外事件。如果没有二被上诉人的过错在先，这起悲剧完全可以避免。原审法院认定受害人并非因雷击而死亡，而系坠崖颅脑重度损伤而亡。受害人之所以死亡，是因为事发地点比较危险，而恰恰就是二被上诉人管理上存在的过错，观光园没有四至范围，同时未能在事发地点采取有效、安全的防护措施，直接导致了受害人坠崖身亡的客观事实。如果二被上诉人采取了安全措施，将特别危险地段进行防护隔离，悲剧就不可能发生。打雷是意外，但合法公园的雷击理应可以避免（可以加装避雷装置），坠崖更不应该发生（可以加装防护栏）。

二审法院认为：1. 被害人死亡属意外事件。被害人陈某、魏某的死亡原因，根据怀柔区公安分局的鉴定结论及证人证言可以认定：事发时，同去的几人位置前后相差不到10米，但都不同程度地感到了雷击，陈某、魏某处于代峰之后的有坡度位置，雷击后二人从原站立处坠落，均为重度颅脑损伤导致死亡。需指出的是，打雷属于不可控的自然现象，由此发生不幸应属不可控制亦不可预料的意外事件。被害人陈某、魏某在看到相关的公告牌警示之后仍擅自攀爬，且在攀爬长城过程中未注意天气变化，未及时采取避雷措施。遭遇雷击后坠落是导致二人死亡的直接原因，与西栅子村村委会、西栅子观光园的行为之间并无直接因果关系。2. 村委会、观光园已尽提醒义务。西栅子村村委会作为长城沿线的村落虽负有看护长城的责任，但长城作为自然、开放的区域，地域广阔，西栅子村村委会对其控制是有限的。西栅子观光园在出售的"北京箭扣生态观光园"门票的正面确实印有箭扣长城的图像，但在门票背面的《游客须知》的第一条亦写明：进入园区内的所有人员，严格遵循国家文物保护的法令法规；禁止攀登园区内古长城。西栅子观光园售票处亦有告知，应视为西栅子观光园已经尽到提醒义务。此外，入园后沿途多处亦有北京市怀柔区文化委员会、北京市怀柔区雁西湖镇人民政府等设立的公告牌，提醒游人不要攀登未经开发的长城。禁止攀爬未经国家有关部门批准允许游客游览、参观的长城应属众所周知的事实。3. 未开发长城不能设防护栅栏。依据相关法律规定，长城保护应坚持原状保护原则，禁止任何单位和个人架设、安装与长城保护无关的设施、设备，西栅子村委会、西栅子观光园无义务更无权利在未经开发的长城上设置护栏及避雷装置。不能认为其未尽到安全保障义务。

2010年6月11日，北京市第二中级人民法院做出维持原判的裁定[9]。

评 析

一、本案的责任分析

（一）受害人过错。陈、魏作为智力正常且受过高等教育的成年人，看到观光园内及门票背面"禁止攀爬长城"的提示后，应知晓涉案长城系未开发长城，禁止攀登，且二人在危险的雷雨天气时仍未停止行进，未及时采取避雷措施，遭遇雷击后坠落是导致二人死亡的直接原因，应对自己的过错承担责任。

（二）西栅子村村委会作为长城沿线的村落，虽负有看护长城的责任，但长城作为自然、开放的区域，地域广阔，西栅子村村委会对其控制是有限的。依据相关法律规定，长城保护应坚持原状保护原则，西栅子村委会、西栅子观光园无义务更无权利在未经开发的长城上设置护栏及避雷装置，因此不能认为未安装避雷针和栅栏是未尽到安全保障义务。西栅子观光园在出售的"北京箭扣生态观光园"门票的正面确实印有箭扣长城的图像，但在门票背面的《游客须知》的第一条亦写明：进入园区内的所有人员，严格遵循国家文物保护的法令法规；禁止攀登园区内古长城。西栅子观光园售票处亦有告知，应视为西栅子观光园已经尽到提醒义务。

二、京郊户外游事故及应对

近年来，北京郊区户外游异常火爆，事故也经常发生。本案发生后，北京红十字蓝天救援队、壹基金救援联盟成员——绿野救援队相继发布了2010年北京及周边户外事故的调查报告。报告显示，2010年北京统计到的户外事故共26起，涉及99人，其中1人死亡，2人受伤，动用搜救人员总数达400余人，平均每次耗时5小时。通过数据统计，事故频发地点主要集中在延庆、怀柔、门头沟等地的非旅游景区，而事故发生的时间则主要集中在秋冬两季，以10月份最为突出。其中，因为天黑、地形不熟、体力不支和雨、雾等原因造成迷路的，占户外事故中的多数。怀柔地界内的箭扣长城2010年共发生6起户外事故，成为事故的频发地段[10]。

针对这些野外事故，有关部门已经采取了相应措施进行应对。箭扣长城、海坨山等非景区景点已建立100多个"野外应急救援辅助定位灯杆"，帮助游客找到下山路径。而箭扣长城为野长城，属于历史悠久的文物，存在危险，山上也没有避雷针等安全设施，因此禁止攀登。在箭扣长城经过的村落，都设有双语禁登标牌。而箭扣长城所在地西栅子村内,有专职和兼职的长城管护员,劝阻游客攀登野长城。游客进入西栅子村时,需要进行身份证等信息登记,一方面起警示作用,另一方面也可以获知遇险者的个人情况,方便救援。作为参与户外活动的自然人,应意识到户外游存在的风险,注意安全,谨慎出行。

马拉松猝死案

案 情

2012年11月18日举行的广州马拉松比赛中,两名参赛选手猝死。广州体育局通报称,10公里选手陈某在终点处出现突然晕厥,扑倒在地。在场医务人员查体,陈某意识丧失,心跳、呼吸均停止。医务人员紧急给予心肺复苏术等抢救,立即由现场救护车在医疗指挥部的协调下紧急转送至省中医医院二沙岛分院。入院后陈某由该院医疗副院长亲自指挥抢救。经积极抢救治疗,患者一度恢复自主心跳和呼吸,但患者终因心脏停跳时间过长,多脏器损害明显,并出现弥漫性血管内凝血,于19日凌晨6:05,心跳呼吸停止,宣布临床死亡。死亡原因为猝死、心室颤动、心源性休克、多脏器功能障碍综合征(MODS)。抢救过程中多次与家属沟通病情,家属对病情表示理解,并对死亡原因无异议,签字不进行尸体解剖。

5公里选手丁某,在近终点1公里处出现突然晕厥,扑倒在地。广州医学院2名现场医疗志愿者接到消息后,立即到达患者丁某身边,当时发现该患者倒地抽搐,尚有自主呼吸,即对其进行腿部按压欲缓解抽搐状况。随后,志愿者拨打打"120"求救。"120"接报后,立即通知附近的中山大学附属第六医院现场医疗站医护人员前往抢救,同时报告现场医疗指挥部。由于比赛正在进行,赛道布满选手,救护车无法快速到达,医疗队员立刻下车,携带急救药械跑步到达事发处抢救该选手。现场医疗指挥部接到救护车通行困难报告时,立即请求警车开道。组委会第一时间将患者送进ICU,次日当晚因抢救无效死亡[11]。

评 析

一、赛事组织者的安全保障义务

在马拉松赛中,参赛与否是建立在平等、自愿基础上的,因此,这是一种民事法律关系。最高人民法院2003年公布的《关于审理人身损害赔偿案件适用法律若干问题的解释》第六条中规定："从事住宿、餐饮、娱乐等经营活动或者其他社会活动的自然人、法人、其他组织，未尽合理限度范围内的安全保障义务致使他人遭受人身损害，赔偿权利人请求其承担相应赔偿责任的，人民法院应予支持。"按照这一规定，马拉松赛事的组织者显然属于"从事娱乐等经营活动或者其他社会活动"，应承担安全保障义务。就安全保障义务的性质而言，无论是基于契约或法律的规定，抑或先行危险行为而产生，经营者、组织者对参与活动的公众（参加者、观众、第三人等）都负有法律规定的最低限度的安全注意义务，如果因未尽安全注意义务而造成他人损害的，应当承担损害赔偿责任。

从媒体披露的情况看，这次广州马拉松暴露出一些管理上的漏洞，如赛前体检把关不严、组委会未要求选手提供身体检查报告[12]；救护设施不到位，家属说救护车在选手晕厥半小时后才抵达现场[13]，大赛组织者应采取更完善的安全保障措施。这一安全保障义务至少包括以下三方面：1. 告知义务。在赛前必须以适当的方式明确告知参赛者比赛存在的一切风险，如人身伤亡、财产损失等，以备参赛者决定是否参赛。2. 预防义务。必须事先采取合理的安全预防措施，如实行严格的参赛资格审查、沿途提供充分的能量供给、全程交通监控等。3. 救助义务。在发生意外风险时，必须及时救助，防止损害进一步扩大。凡未尽到上述安全保障义务导致运动员受到损害的，大赛组织者应承担违约损害赔偿责任。

二、免责协议的法律效力

马拉松参赛报名表上一般都有免责协议——"本人（运动员）在这次比赛中发生任何伤亡事故均由本人（签名者）负责，家属、遗嘱执行人或有关人员均不能状告马拉松组委会，不能以此为由提出索赔要求"。大赛组织者推出的这一免责条款是否具有法律效力，能否减轻或免除其赔偿责任？

这种所谓的"生死合同"是否具有法律效力？国内目前有3种不同观点：第一种，免责协议有效，因为这是双方自愿达成的真实意思表示，基于合同自治的要求应当承认其效力；第二种，免责协议无效，因为人身伤亡赔偿是不能通过合同约定免除其责任的，根据我国《合同法》第五十三条"合同中的下列免责条款无效：（一）造成对方人身伤害的。……"之规定，"生死协议"属绝对无效。第三种，免责协议并非当然无效，应根据不同情况具体分析。借鉴各国的立法和司法实践，我国应当允许当事人以合同条款的内容对侵权责任提出抗辩，以有利于民事纠纷的解决，体现法律的公平原则，但应当根据体育赛事的具体情况和法律原则对限制责任条款的法律效力做出正确判断：

（一）从体育发展的历史与各国法律的现状来看，并非绝对禁止经营者组织者与参与者对风险负担进行约定。在英美侵权法中，有效的弃权书和免责条款通常是体育经营者和组织者避免或减轻其责任的有效方式，特别是自愿参加的危险性体育活动，法院允许参加者承担各种风险。

（二）很多体育活动都是公益性活动，参加者加入活动完全取决于自愿，在这种情况下，如果将免责条款一律视为无效，则对于那些致力公益性体育活动的组织者和志愿者而言是不合理的，将使有志于此者望体育而却步，将阻碍大众体育活动的开展，尤其是青少年体育活动的开展。如果体育活动组织者通过章程或公告等方式对活动风险、成员的权利义务等做出具体规定，参加者加入该组织或活动即应视为自愿接受其章程或公告内容的约束，至少对那些公益性体育组织而言，如果制定了较为规范的章程，对成员的权利义务也做了具体规定，接受会员申请时也履行了必要的告知义务，应当允许其对承担责任的减轻或免除进行约定。

（三）免责条款涉及责任放弃，可能会出现合同法和侵权法的冲突。侵权法的法理基础是任何因疏忽或故意行为导致他人的伤害都应承担责任，一个人应对自己的行为后果负责。合同法的基本理念是任何有缔约权的一方都有绝对的权利与有缔约权的另一方缔结有约束力的协议，对于合同自由应高度保护，只有当协议侵犯了公共政策时作为合同才是无效的。责任的放弃在缔约自由与人们应对自己导致他人伤害的行为负责之间产生了冲突。虽然在英美法的判例中两边的案例都可以找到，但合同法与侵权法原则的冲突的解决办法是：通常责任的放弃是有效的，除非它侵犯了重要的公共政策，或条约缔结过程是极其不公平的。

（四）从英美侵权法的有关体育伤害的司法判例来看，免责条款应符合以下要求：

1. 经营者组织者负有以合理方式告知参与者注意该免责条款内容的义务，并负有根据参与者的要求进行说明的义务。免责条款必须明显，不能被隐藏在整齐印刷的文字中导致即使细心的阅读者也不易察觉；没有阅读或理解该免责条款将导致其无效。另外，免责条款必须在正式契约性文件上明确地写出来，而不能只是记载在凭证或收条上。

2. 免责条款应基于自由和开放的协商过程，如果一方强迫另一方接受免责条款则无效。

3. 免责条款的语言应清晰、详细和特指，如果免责条款未被清晰陈述则无效。参与者签署甘冒一切与活动有关风险的条款不能免除因组织者因疏忽而导致的法律责任。

4. 在涉及未成年签订的合同时，只有在符合未成年人利益的前提下才被认为有效，因为既然权利的排除对未成年人不利，则合同就不具有强制执行力。

5. 基于对人身权益保护的法律要求，只有疏忽行为可以被免责，如果免责条款免除故意或重大过失的行为则无效，因为"故意"或"重大过失"的行为已经不具有道德上的肯定性。

三、参赛者是否自甘风险

这次马拉松赛中猝死的选手，未经体检参加了比赛，结果因体质不适而猝死。参赛者作为成年人，参加具有一定风险性的马拉松运动，应该认定其自甘风险。

英美法判例显示，由于体育的特殊性，体育活动是一个参与者对于一般疏忽可以免责的活动领域，这使体育成为一个非常独特的领域。法院通常认定体育比赛的参与者甘冒与观看比赛有关的通常的、能够预料的风险。在美国的一起长跑中暑案中，原告参与了一项万米公路赛，在比赛中因中暑、肾衰竭和其他失常导致了永久性的机能受损，因此对赛事组织者提起诉讼，认为没有提供足够的风险警示，因此存在疏忽。被告认为原告自甘风险并签署了免责条款。法院认为，除非免责条款侵犯了公共政策，否则该条款是有效的。原告签署的协议是有效的，并非是在被迫的情况下才签署了免责条款，因此他关于不对等的议价位置的理由不能成立。法院还指出，原告签署的协议上有关于该赛事由于天热和潮湿因此是"累垮人的"描述，既然原告承认已经读过该警告并意识到该风险，根据自甘风险的原则就不能获得赔偿。

四、购买保险转移风险

此次广州马组委会给运动员购买的是"团体险"，意外伤亡最高可赔付20万元。在2004年北京秋季马拉松比赛中，两名运动员不幸猝死，曾引来诸多争议。2005年北京春季马拉松接力赛吸取教训，主办单位北京市人民对外友协为所有运动员购买了保险，最高赔付达到20万元[14]。这也是该赛事举办20年来，组委会首次为所有运动员购买保险。据透露，为每位运动员购买保险花费大约十几元，3000多名运动员共需花费几万元。组委会也可要求参赛者报名时提供个人购买保险的证明。

五、本案的启示

大型社会体育活动,对于提高全民的身体素质和思想素质,具有特别重要的意义。对此,国家应该给予鼓励、指导和扶持。但大型社会体育活动也存在高风险的特征,应以此事件为契机,行业协会对运动员资格准入、赛前体检、安全保障措施、紧急救护、保险制度以及相关责任承担做出指导和规范。

游泳冠军公开水域游泳比赛溺亡案

案 情

2006年8月21日,第九届全国公开水域游泳公开赛在湖北省宜昌市长阳土家族自治县清江水域举行。公开水域游泳比赛是指在江河湖海等自然水域举行的比赛,此次公开水域游泳比赛是由国家体育总局游泳运动管理中心和湖北省体育局联合主办,是我国公开水域游泳最高级别的赛事。

代表江苏参赛的62岁的无锡运动员金某参加了此次公开赛男子2000米的比赛。金某曾在2002年全国公开水域游泳公开赛中获得男子组5000米冠军。

比赛开始40分钟后,一些选手陆续到达了终点,接近1个小时时几乎所有选手都到达终点。此时,江苏无锡代表队领队突然发现,金某没有上岸。按常理,他应该最多在45分钟之内就能游完2000米。无锡代表队领队立即将情况汇报给组委会,组委会马上组织人员进行搜救。直到第二天,搜救人员才在河道里发现了金某的尸体。

公开赛组委会认为:"金某是在游泳中猝死的,就好比马拉松运动员在赛道上猝死一样。这是一次意外事故,与我们组委会其实没有关系。"据悉金某是因为在比赛中心脏病突发而死亡的。有媒体追问:既然金某有心脏病,为什么还能参加比赛呢?难道组委会没有对运动员进行赛前体检?有关负责人向记者透露,全国公开水域游泳公开赛已经举办多次,组织方对赛前的体检有严格的程序,但心脏病这种病症一般很难被发现[15]。

补 偿

事后,金某家属接受了金某死于心脏病突发的鉴定结果,与组委会和当地政府就赔偿问题基本达成一致,由组委会支付12万元、当地政府支付8万元作为补偿。金某所属的无锡游泳协会泰丰游泳队虽不负直接责任，但体育局已经责成泰丰游泳队反省，吸取教训，把训练和比赛的工作做到万无一失[15]。

评　析

体育赛事的主办者对参赛选手负有安全保障义务。如果赛事组织者未按照行业规则、惯例对赛事进行运作和管理，使赛事存在安全隐患，导致参与者伤害，则赛事组织者应承担相应责任。

在本案中，关于赛事组织者的责任，媒体披露，江苏省游泳爱好者宋某作为亲历此次比赛的选手，对比赛的不严谨提出了强烈的质疑："1. 在这样一项大型的公开水域游泳比赛中，救护船对于运动员的安全将起到决定性的作用，正常救护船距离运动员的距离应该在 10 米到 15 米之间，而当金某比赛时，我也在水中，据我的观察，本场比赛的救护船肯定距离选手在 20~30 米之间，这一点事后也得到了其他运动员的证实。正常运动员出事了，救护船应该在第一时间上去救援，遗憾的是，金某在出事之后，救护船甚至都没有发现。这是金某发病而没有得到救助的根本原因之一。2. 和救护船一样，在比赛中配备潜水员（蛙人），也是保障运动员安全的一个重要因素。但本次比赛中没有一个潜水员。这是金某发生意外的另一个根本原因。3. 组委会对于运动员的体检也非常不严谨。按照大赛组委会要求，自己将健康证明、身份证复印件、照片寄到组委会，但是东西丢掉了，等他到了赛地之后，组委会也没有要求他出示健康证明，只是让所有参赛运动员签了免责协议。4. 组委会在运动员下水之前，没有按照规定测试参赛者的泳技。因为公开水域游泳比赛与纯竞技的比赛不一样，公开水域比赛是群体运动，并不是每个参赛者都有娴熟的泳技。"[16] 如果真如宋某所述，赛事组织的安全保障存在缺陷，则赛事组织者应对受害人的死亡承担责任。

同时，公开水域游泳比赛本身具有一定的风险性，受害人作为 62 岁的老年人，应该意识到参加这样的竞赛存在的风险，但是仍然参加，应该认为自甘风险，对死亡结果承担一定责任。

封闭游泳池女童溺亡案

案　情

2007 年 8 月 12 日 10 时许，爷爷带着 8 岁的孙女萌萌在新民市湖滨公园露天游泳池附近玩。在爷爷去厕所时，萌萌进入已停业的游泳池场地并掉进了深水区。后被游泳池业主曹某发现，立刻将萌萌拽出水面并控水，但萌萌经救治无效死亡。

萌萌家长认为，该游泳池四周是围墙，事发当天游泳池西侧大门已关闭，但在游泳池东侧留有 4 至 5 米一豁口，用木条拦上封堵，萌萌很有可能是从这里误入游泳池的。萌萌家长认为，既然游泳池有危险就应把豁口封好以避免事故发生。萌萌家长将新民市园林管理处和露天游泳池业主诉至法院，要求赔偿经济损失 54 万余元。

游泳池一方辩称：作为游泳池的管理者，我们已经尽到了合理范围内的保障义务。当时游泳池处于歇业状态，大门是关闭的，如果小孩有可能进入的话也是从豁口进入的。而豁口是新民市园林管理处扒开的，他们没有保障基础设施的完整，应由新民市园林管理处承担赔偿责任。

新民市园林管理处辩称：游泳池的经营者未尽合理范围内的安全保障义务，应由游泳池的经营者承担民事赔偿责任。园林管理处拆扒自己房屋留下的豁口与被害人死亡后果之间不存在因果关系，园林管理处不应当承担赔偿责任。

判 决

法院认为：导致萌萌的死亡后果有 3 个原因：一、萌萌的亲属未尽到监护职责，导致萌萌脱离监护发生意外，自己应负 30%的责任；二、游泳池的管理者疏于管理，未尽到合理范围内的注意义务，致使萌萌能够进入封闭的停业游泳池并最终导致溺水身亡，对此后果应负 40%的民事责任；三、新民市园林管理处未尽到合理限度内的安全保障义务，作为公园的管理者应对公园进行必要的管理以保障游客的人身、财产安全，但该管理处却在对游泳池东侧违建房拆除后不及时进行封堵，最终导致事故的发生，公园管理者也有过错，应承担 30%的民事责任。法院判决游泳池管理者赔偿萌萌父母经济损失 11 万余元，新民市园林管理处赔偿 9 万余元[17]。

评 析

安全保障义务是经营者在经营场所对消费者、潜在的消费者或者其他进入服务场所的人之人身、财产安全依法承担的安全保障义务。安全保障义务是义务人应当承担的最基本的义务，违反了该义务造成他人人身或者财产权益损害，就应当承担损害赔偿责任。

第九章 体育伤害——安全保障义务

违反安全保障义务一般表现为不作为，具体表现为：（1）行为人怠于防止侵害行为。负有安全保障义务的人没有对发生的侵权行为进行有效的防范或者制止。（2）行为人怠于消除人为的危险情况。即对于管理服务等人为的危险状况，行为人没有进行消除。（3）行为人怠于消除经营场所或活动场所具有伤害性的自然情况。如对设施设备存在的不合理危险，没有采取合理措施予以消除。（4）行为人怠于实施告知行为。对于经营场所或社会活动场所中存在的潜在侵权行为，没有尽到告知义务，亦未尽适当注意义务。

从本案看，一方面，管理者应尽到合理限度范围内的安全保障义务，尽量消除潜在的安全隐患；另一方面，监护人也应尽到监护职责，尽量避免事故发生。因此损失应由相关各方分担。

本案受害人是非法进入者。近些年来，我国司法判例处理了大量涉及非法进入他人不动产之内或者之上并遭受物件或者环境损害的未成年人案件。这些案件都具有共同特点：未成年人非法进入被告不动产之内或者之上；非法进入的未成年人年龄较小，在没有成年人陪同的情况下擅自进入他人不动产之内或者之上；因为他人不动产之内或者之上存在危险物件或者环境而遭受损害。在这些案件中，法官在非法进入的未成年人年龄较小时会责令被告对他们承担注意义务和侵权责任，而如果遭受损害的未成年人是年龄较大时，被告不会被判对他们承担注意义务和侵权责任。

为何物权人要对年龄较小的非法进入未成年人承担注意义务？其原因在于：

一方面，未成年人还不成熟，年纪太小，缺乏正常的、成熟的认识能力和判断能力，因此，他们无法认识、评估和确定在侵入他人不动产之内或者之后可能会遭遇的危险，也无法采取理性的措施避免损害危险的发生。而成年人则不同，他们已经具备了足够的认识能力和判断能力，应当知道自己非法进入他人不动产的行为是侵权行为，是对他人物权的侵犯，其进入行为是非法行为，非法进入者是非法行为人，因此，当他们非法进入他人不动产之内或者之上时，他们不得要求物权人对他们承担合理的注意义务，他们应当对自己非法进入行为承担后果[18]。

另一方面，被告不动产之内或者之上往往存在对小孩有吸引力的危险物件或危险环境，小孩基于此种危险物件或环境而被吸引到不动产权人的不动产之内或之上并因此遭受损害。此时，不动产权人应当合理预见其危险物件或环境会吸引小孩进入，应当合理预见小孩没有足够的知识和能力评估此种陷阱，应当采取措施防范未成年人遭受损害。这就是充满诱惑力的滋扰理论（the doctrines of attractive nuisance），指如果不动产权人不动产之内或之上存在某种对小孩具有诱惑力、吸引力的东西，不动产权人应当对侵入的小孩承担合理的注意义务，要采取合理的措施保护他们的人身安全，防止他们被不动产权人不动产之内或之上存在的危险物件或危险环境所伤害。在本案中，法院之所以责令被告对非法进入的受害人承担侵权责任，是因为被告的游泳池对未成年人有强烈的吸引力，受害人因为喜欢玩水而被被告的游泳池吸引到水边并因此受到损害。

游泳池跳水身亡案

案 情

2008年7月20日下午，26岁的李某与亲戚一同到勉县游泳池购票后游泳。李某从游泳池内游泳上岸，站到该池东南角方向第三个水泥墩子上向池中跳去，头部着地受伤。事故发生后，李某被"120"急救中心送往勉县医院救治，诊断为：颈5爆裂骨折并I0后脱位；颈髓损伤并截瘫；头皮血肿；多处软组织挫伤。因伤势严重，于当天转入汉中市中心医院进行救治，诊断为：1. 颈4、5椎体爆裂骨折并脊髓损伤（Frankel A级）；2. 急性呼吸衰竭；3. 急性呼吸窘迫综合征；4. 继发性高血压；5. 右肺不张。住院12天，因呼吸循环衰竭死亡。李某死亡后，李某父母找勉县文化体育局要求解决，勉县文化体育局以游泳池承包给张某经营为由未予解决。李某父母遂诉至法院，请求判令勉县文化体育局和张某共同赔偿医疗费43147.65元、护理费1200元、住院伙食补助费216元、丧葬费10619.50元、死亡赔偿金215260元、精神损害赔偿金20000元，合计290443.15元，并承担诉讼费用。

判 决

一审法院查明：2006年6月30日，勉县文化体育局将勉县游泳池对外承包给张某。合同约定承包时间自2006年7月1日至2011年6月30日止，共5年。同时约定张某承包游泳池后应严格加强安全管理，严防安全事故发生，勉县文化体育局对此项工作有监督权。如在经营期间发生任何安全事故，张某应承担全部责任。合同同时规定：张某承包后保证县游泳队的正常训练，且不得收取任何费用；在游泳池有水期间，每日12时以前及下午3至5时为勉县文化体育局使用时间，张某对此予以保证。该游泳池未办理经营许可证、工商登记、领取营业执照、税务登记证。张某在经营期间亦未办理经营许可证、工商登记、税务登记；《体育场所开放条件与技术要求第 1 部分：游泳场所》于 2004 年 5 月 1 日起实施；游泳池内无国家规定的要有救生观察台、救生圈、救生杆、救护板和护颈套，池面有明显的水深度和深浅水警示标识，有醒目的游泳人员须知及其他必要的安全警示等经营设施、安全保障设施及安全制度。但死者李某出事时，游泳场所没有救生员，亦未书写或悬挂任何安全警示标识。

法院认为：勉县文化体育局未办理经营许可证、工商登记，将不具有合法经营资质的游泳池发包，造成张某经营期间李某跳水死亡，勉县文化体育局具有过错，应承担民事赔偿责任。张某经营期间违反《体育场所开放条件与技术要求第 1 部分：游泳场所》的规定，对李某跳水死亡负有一定过错，亦应承担民事赔偿责任。且勉县文化体育局、张某应负连带责任。李某是完全民事行为能力人，跳水时未尽高度注意义务，对于损害的发生也有过错，可以减轻勉县文化体育局、张某的民事赔偿责任。具体数额由法院区分责任、根据过错的大小和原因力的比例予以确定。原告起诉的精神损害赔偿金 20000 元偏高，应结合当地的实际情况，确定赔偿 10000 元为宜。据此，法院依据《中华人民共和国民法通则》第一百零六条、第一百一十九条、第一百三十条、第一百三十一条及《最高人民法院关于审理人身损害赔偿案件适用法律若干问题的解释》第三条、第六条之规定，判决：李某住院治疗期间花费医疗费 43147.65 元、护理费 1200 元、住院伙食补助费 216 元、李某丧葬费 10619.50 元、死亡赔偿金 215260 元、李某父母精神损害赔偿金 10000 元，合计 280443.15 元，由勉县文化体育局赔偿 117786.13 元，张某赔偿 78524.09 元，勉县文化体育局与张某互负连带责任；其余部分由李某父母自负[19]。

勉县文化体育局不服一审判决提起上诉称：1. 原审判决认定上诉人未办理经营许可证、工商登记，将不具有合法经营资质的游泳池发包不符合客观事实，且有没有证照与李某受伤死亡之间没有直接必然的因果关系；2. 李某在游泳池垂直跳水之过错行为与其死亡结果之间存在法律上的因果关系，应对其后果自负其责；3. 原审判决严重偏袒、倾向被上诉人，损害上诉人的利益。请求撤销原判，并依法改判。

张某不服一审判决提起上诉称：1. 一审判决将应该由李某负的全部责任强加于二上诉人缺乏事实和法律依据；2. 自己履行了充分的注意义务，在本案中没有过错，不应承担民事责任；3. 本案中自己既不具备故意过错，也不具备过失过错，不应承担侵权赔偿的责任。请求撤销原判，并依法驳回被上诉人的诉讼请求。

李某父母答辩称：1.上诉人勉县文化体育局发包的游泳池没有相关执照，并且设施不符合相关的条件，在发包后不管不问，应承担相应的责任；2.上诉人张某在游泳池没有相关执照、设施不符合相关规定的情况下对外经营，并且没有安全警示牌，未尽到相关的安全注意义务。存在一定的过错，应当承担责任。请求驳回二上诉，维持原审判决。

法院经审理查明：原审判决认定事实部分中的事故发生经过、勉县文化体育局将其所属的游泳池承包给张某的情况、承包合同约定事项，以及死者李某的身份情况，事实清楚，证据充分，本院予以确认。

二审庭审中，上诉人勉县文化体育局提交证据，证明勉县文化体育局所属的游泳池经工商登记注册为"勉县青少年体育俱乐部"，登记注册类型为国有事业法人，勉县文化体育局法定代表人王某为该俱乐部的法定代表人，并办理了企业法人营业执照、税务登记证、体育经营许可证。

法院认为：上诉人张某作为游泳池的实际经营者，为消费者提供有偿服务，应当按照国家对游泳场所的标准设置相关的安全保障设施。但是在其经营的游泳场所内，未按国家标准设置相关的安全保障设施，未书写或悬挂任何安全警示标识，没有尽到合理限度范围内的安全保障义务，应该对李某的死亡承担主要赔偿责任。虽然其上诉称已履行了充分的注意义务，但是并没有相关证据予以证明，该上诉理由不能成立；勉县文化体育局将所属游泳池承包给张某，虽然办理了相关的证照，但是从承包合同上看，张某对游泳池并不具有完全的经营权，勉县文化体育局对张某的经营有监管义务。同时作为公共开放性游泳场所，该游泳池并不符合国家规范性标准要求。因此，作为发包方的勉县文化体育局应该对李某的死亡承担一定赔偿责任；死者李某在事发时已年满26周岁，具有完全民事行为能力，能够对自己的行为有充分的认知能力，应当对自己的过错行为负责。因此，应当减轻二上诉人的赔偿责任。综上，原审判决部分认定事实不清，责任划分不当，本院予以纠正。根据《中华人民共和国民事诉讼法》第一百五十三条第一款（三）项之规定，判决如下：一、撤销勉县人民法院（2008）勉民初字第769号民事判决；二、李某住院治疗期间共花费医疗费43147.65元、护理费1200元、住院伙食补助费216元、李某丧葬费10619.50元、死亡赔偿金215260元、李某父母精神损害赔偿金10000元，合计280443.15元，由张某赔偿140221.58元，由勉县文化体育局赔偿56088.63元，张某与勉县文化体育局互负连带责任；剩余部分由李某父母自负。限本判决生效之日起10日内履行清结。逾期履行本判决确定之金钱给付义务，依照《中华人民共和国民事诉讼法》第二百二十九条的规定，加倍支付迟延履行期间的债务利息。一审案件受理费5650元，二审案件受理费2690元，合计8340元，由张某承担4170元，由勉县文化体育局承担1668元，由李某父母承担2502元[20]。

评 析

国家质量监督检验检疫总局2003年4月1日发布、2004年5月1日起实施的国家标准《体育场所开放条件与技术要求第1部分：游泳场所》规定：游泳场所从业人员须持国家有关执业资格证书方能上岗；游泳池应有救生观察台、有救生器材（救生圈、救生杆、救护板和护颈套）、有急救室、有明显的水深度和深浅水警示标识，有醒目的"游泳人员须知"及其他必要的安全警示等经营设施、安全保障设施及安全制度。

张某是为消费者提供有偿服务的游泳池的实际经营者，应当按照国家对游泳场所的标准设置相关的安全保障设施，但该游泳池不具备相应的设施。死者李某出事时，该游泳池未按国家标准设置相关的安全保障设施，没有专业的救生员在场，亦未书写或悬挂任何安全警示标识，没有尽到合理限度范围内的安全保障义务，应该对李某的死亡承担主要赔偿责任。勉县文化体育局将所属游泳池承包给张某，从承包合同上看，勉县文化体育局对张某的经营有监管义务。同时作为公共开放性游泳场所，该游泳池并不符合国家规范性标准要求，勉县文化体育局应该对李某的死亡承担一定赔偿责任。李某作为完全民事行为能力人，能够对自己的行为有充分的认知能力，应意识到贸然跳水的危险性却未加以注意，应对自己的过错行为承担责任。

游泳池关闭后擅入者溺亡案

案 情

2007年7月19日晚10时许，北京某大学游泳池关门后，赵某翻越护栏进入游泳池游泳溺水身亡。发生事故的游泳池除房屋等屏障外，池外还建有3米多高的护栏。游泳池每晚8时准时关闭，管理人员休息。事发后，家人认为学校对运动场所监管不力，对赵某的死亡负有不可推卸的责任[21]。

评 析

合理的安全保障义务是有时间范围的。受害人游泳时游泳池已经关门落锁下班，事故发生在游泳池承担安全保障义务的时间范围之外，而且游泳池周围还建有3米高的护栏，护栏也没有任何缺陷，对于游泳池这一存在安全隐患的场所，大学已经尽到安全保障义务，因此对于受害人的死亡并无过错。

在本案中，受害人是非法进入者。非法进入者是精神正常的成年人，不动产权人原则上不对他们承担注意义务和侵权责任[22]。受害人作为成年人，应该预料到在已经下班、没有救生员的游泳池游泳可能发生危险，但是却仍然贸然翻越护栏、非法闯入游泳池游泳，自身存在过错，应对自己的死亡承担责任。

救生员失职游泳者溺亡案

案 情

2002年10月21日傍晚5时许，钟某吃过饭后去游泳馆游泳。当时游泳池里的人不多。钟某游了一会儿，突然溺亡。由于当时正好是工作人员交接班的时间，所以大约30分钟以后，工作人员才在游泳池里发现了钟某的尸体。

和 解

在有关部门的协调下，受害人家属与游泳馆双方达成和解，该游泳馆赔偿钟某家属人民币15万元。

评 析

在本案中，作为体育服务场所的被告主观上显然是存有过错的。公共游泳场馆系人身危险多发区，国家有关管理机关颁布有相关的强制性经营、管理规章，对救生人员实施特殊许可证制度。被告配备了一定的救生人员和器械，但其在提供服务中却存有疏忽管理的过错：被告配备的救生员因换岗在钟某溺水时未能及时发现，在半小时后才发现其尸体，未尽到救生员的注意义务。可以认定被告提供的消费服务中有瑕疵，被告应对钟某溺水死亡承担主要责任。

游泳溺亡救助不及时案

案　情

2006年8月19日下午15时，未满18周岁的高中生刘某在茶园游泳池游泳时溺水，在该游泳池南侧游泳的付某在听到其他游泳者呼救后，将刘某从游泳池中救出，但此时刘已嘴唇发乌，无任何反应。之后，该游泳池一救护员随即参与对刘的现场施救，可是在120接警医护人员到场后检查发现，刘已停止呼吸和心跳死亡。茶园缴纳相关急救费用，并支付刘的丧葬费6000元。刘某父母诉至法院。

判　决

一审法院认为，刘某的父母提交的证据，不能证明茶园在经营管理中未尽合理限度范围内的安全保障义务，故原告方要求赔偿死亡赔偿金、精神损害抚慰金等费用的诉请不能成立，但茶园表示自愿资助5万元（含已付的6千元）法院予以确认，因此判决茶园给付原告方4.4万元。

刘某父母不服提起上诉，称虽然游泳池的经营方提供了配备3名游泳池救护员的资料，但却未提供事发当日3人都在岗的证据，最初将刘某救出的付某也证明，当时在游泳池只看见一名救护员，这名救护员虽在岗，但并未按照责任制度的要求进行不间断巡视，因此请求撤销一审判决，改判茶园及3名个人合伙人连带赔偿上诉人死亡赔偿金、精神损害抚慰金、被扶养人生活费等共计37万余元。

二审法院认为，该案争议的焦点是游泳场的经营方是否在合理限度内尽到必要的安全保障义务，是否存在过错。

刘某在茶园经营的游泳场游泳，即与该茶园形成服务合同关系，茶园依法有义务向消费者提供合理限度范围内的安全保障。而游泳场的经营者，也应当知道游泳场本身较之其他经营场所对消费者存在的更大危险性，更应加强完善相关安全保障措施。

但从该案查明的事实来看，事发当日，是其他游泳者首先发现刘某在游泳中出现意外情况，且是同在该游泳场游泳的付某将刘某救出后，该游泳场的救护员方赶来与付共同对刘某施救。可见，该案中游泳场的救护人员并未在游泳场履行不间断巡视的义务，也未能在第一时间发现刘某出现意外。由于救护人员未能及时发现并采取专业、有效的救护措施，未能在合理限度内尽到必要的安全保障义务，故对刘某的死亡存在过错，茶园应当承担相应的民事赔偿责任。

同时，虽然受害方承担安全保障义务人具有过错的举证责任符合法律相关规定，但也应看到，此类纠纷异于普通的加害侵权纠纷，受害人对安全保障义务人存在疏于保障义务过错的举证只要达到一定客观认同度即可，且在很多情况下，损害事实本身即可证明该过错的存在。

该案中，已经查实的他人发现刘某出现意外、付某将刘从水中救出等相关事实已经能够证明茶园在对游泳场进行管理中存在未能及时发现突发事件、未能及时对相关人员进行救助等方面的过错，且在案件审理中，上诉人已就被上诉人存在过错向法庭举证，因此对要求被上诉人应承担相关赔偿责任的请求法院应予以支持。

由于该案现有证据不能证实刘某溺水死亡的唯一、直接原因是被上诉人未能及时施救所致，不能排除刘某自身身体原因等其他因素也有造成刘某最终死亡的可能，故结合该案实际情况，法院最终确定被上诉人茶园承担全部责任的60%，上诉人自行承担40%。法院经依法审查计算出该案的全部损害赔偿金共计为22万余，因此判决游泳池的经营者某茶园共计赔偿受害方135376.8元，扣除其先行已支付的6千元，实际应支付129376.8元，茶园的3名个人合伙人则承担无限连带责任[23]。

评　析

游泳场是否在合理限度内尽到必要的安全保障义务？是否存在过错？

茶园有向消费者提供合理限度范围内的安全保障的义务。游泳场的经营者因本身较之其他经营场所对消费者存在的更大危险性，更应加强完善相关安全保障措施。但从该案查明的事实来看，事发时，其他游泳者首先发现刘某在游泳中出现意外情况，并将其救出，该游泳场的救护员方赶来与付共同对刘施救。可见，该案中作为游泳场的救护人员并未在游泳场履行不间断巡视的义务，也未能在第一时间发现刘某出现意外，未能及时发现并采取专业、有效的救护措施，未能在合理限度内尽到必要的安全保障义务，故对刘的死亡存在过错，茶园应依照相关法律规定，承担相应的民事赔偿责任。

公园免费游泳溺亡案

案 情

2004年7月25日下午3时许,30岁的江苏沛县居民张某带着妻子王某和一对儿女,以及16岁的表弟邹某到沛县汉城公园的湖中游泳。邹某在游泳过程中不慎溺水,张某随即从不远处游过去救人,结果双双溺水。在岸上的王某等人立即大声呼救,随即游客梁某与宋某赶来施救。10多分钟后,梁某、宋某先后将邹某和张某救起至湖中的喷水池处,汉城公园工作人员也一同赶到。众人合力将二人救至岸上,并送到沛县人民医院抢救,但两人都丧生。

公园认为,园内湖为风景湖而不是游泳池,是禁止下湖游泳的,公园不应承担任何安全保护责任。况且,公园在湖的周围设置有60多处警示牌,已经尽到了警示义务,履行了安全保障职责。张某作为冬泳队员,对"公园为冬泳队员免费提供活动场所,不提供任何安全保障措施"是明知的,所以张某过错明显,应该自己承担全部责任;邹某非正常购票入园,未与公园建立合法的旅游消费合同关系,其溺水死亡是死者缺乏安全与服从管理的意识,监护人未尽到监护职责造成的。事故发生后,公园也打了120急救电话,所以不应承担责任。

死者家属认为,张某在湖里游泳是公园允许的。因为2003年12月26日,沛县文体局与沛县旅游园林管理局园林局(汉城公园为园林局下属的独立法人单位)经协商达成协议,在公园内建立冬泳队训练基地。为方便队员出入,双方还约定,公园按冬泳队员的名单放行出入。而张某就是冬泳队的一名队员。但双方约定:公园免费将园内的湖泊作为沛县冬泳队的训练基地,公园不提供安全保障措施,一切责任事故由冬泳队员自负。

2004年9月13日,张某的父母、妻子王某及儿女将园林局、公园诉至江苏省沛县人民法院,要求两单位赔偿丧葬费、被扶养人生活费、死亡补偿费等计16万元。

2005年7月13日,邹某的父母将公园诉至法院,请求法院判令公园赔偿死亡赔偿金、丧葬费、精神损害抚慰金等计13.2万余元。

判 决

2004年12月、2005年8月沛县法院分别做出判决。法院认为,公园对进入公园的每一位游客都有保证安全的义务,也有在游客受到伤害时进行救助的义务。张某持游园卡进入公园,公园对张某负有安全保障义务,在其遭遇危险时,公园应尽救助义务。公园在张某遇险时未尽合理限度范围内的安全保障义务,对张某的死亡应承担30%的责任。园林局对公园只是行政上的管理,不应承担责任。

邹某持有公园门票进入公园,邹某与公园的服务合同关系就已成立,邹某游泳遇到危险时,公园未能在合理的范围内及时对邹某进行救助,致使邹某溺水死亡,公园对邹某的死亡依法应当承担民事责任。因为邹某系未成年人,对于损害事故的发生,其监护人对邹某的监护没有尽到监护职责亦有过错,故邹某死亡造成的损失酌定以30%赔偿。公园的过错对邹某父母的精神造成了损害,公园应适当承担精神损害抚慰金赔偿责任。

一审判决后,原告和被告均不服,向徐州市中级人民法院提出上诉。原告认为,公园、园林局在设施设备、服务管理方面均未尽到安全保障义务,应承担全部赔偿责任。被告认为:一方面自己采取了积极的救助措施,拨打了120急救电话;另一方面,公园应尽的是安全警示义务,而不是安全保障义务,公园在湖面周围设有60多处警示牌,在公园的两个入口处竖有两块醒目的游园须知栏等,充分证明公园对禁止游客下湖游泳已尽到安全警示义务,对邹某等不服从管理、擅自入湖游泳至溺水身亡不存在过错,依据侵权行为法的规定,不应承担赔偿责任。

二审法院认为,张某作为沛县冬泳队队员基于文体局与园林局达成的协议入园游泳本无过错,但他应当认识到在不具有安全保障措施的非专业游泳场所进行游泳活动具有的危险,特别是他与另一非冬泳队队员的未成年人邹某共同下湖游泳,大大增加了行为的危险性。其后,因邹某溺水,张某在施救中导致自身溺水死亡,应当认定张某主观上过错明显,对其自身死亡的后果应承担主要责任。张某在溺水至被救起约十多分钟时间内公园未参与救助,结合公园设有湖面巡视员制度等相关事实,可以认定公园未完全尽到其安全保障义务,对张某溺水死亡的后果应承担次要责任。2005年6月10日,江苏省徐州市中级人民法院做出终审判决,判决沛县汉城公园给付溺水事件中的张某的家属死亡赔偿金、丧葬费、被抚养人的生活费计85567.7元。

2005年12月12日,江苏省徐州市中级人民法院对邹某父母诉沛县汉城公园的上诉案做出终审判决,判决公园给付溺水死亡的邹某父母死亡赔偿金、丧葬费、精神损害抚慰金计37791元。

评 析

本案系违反安全保障义务致人损害赔偿案件。最高人民法院《关于审理人身损害赔偿案件适用法律若干问题的解释》第六条第一款规定：从事住宿、餐饮、娱乐等经营活动或者其他社会活动的自然人、法人、其他组织，未尽合理限度范围内的安全保障义务致使他人遭受人身损害，赔偿权利人请求其承担相应赔偿责任的，人民法院应予支持。

公园系对公众开放的游览场所，不论是不是公园的消费者，不论是赠票还是持免费游园卡，公园对进入公园的任何人，包括张某和邹某，都负有安全保障义务。所以公园应当在未尽到与其所从事社会活动相应的安全保障义务范围内，承担与其过错相适应的赔偿责任。本案中，法院依据查明的事实，认定张某和邹某擅自入湖游泳，应承担主要责任，公园未尽安全保障，在事故后又未及时给予抢救，应承担次要责任。

但本案特殊性还在于，公园与沛县文体局签订的免费提供冬泳训练基地的协议中强调"公园不提供安全保障措施，一切责任事故由冬泳队员自负"，那么，公园能否据此免责呢？法院认为，公园与文体局签订的协议不违反法律、行政法规的强制性规定，应认定为合法有效，公园可以据此免除其保障安全的合同义务，但无法免除其作为向公众提供休闲娱乐场所的经营单位应具有的法定安全保障义务。所以仍然要承担一定比例的责任。

单位旅游员工景区溺亡案

案 情

应某是厦门某餐饮公司的一名员工。2008年8月19日，公司组织包括应某在内的16名员工到厦门野山谷生态乐园游玩，门票等费用由公司负担。进入景区后，野山谷生态乐园指派其内部导游戴某为这16人带队导游。当天中午，戴某带这16人在景区水上餐厅就餐。餐后休息期间，戴某因故暂时离开。这期间，应某及其部分同事看见景区水潭内的水很清且有人正在里面游泳，也跟着下水游泳。

14时10分左右，应某在游泳过程中爬上水潭旁的高处跳进水潭后不见人影，同事见状连忙寻找并大声呼救，闻讯赶来的景区工作人员也共同参与了搜救工作。应某被打捞出水后，景区工作人员随即对其进行人工呼吸，还拨打了120急救电话，但应某在送往医院后仍不治身亡。

8月31日，应某父母与餐饮公司达成协议，由公司一次性赔偿5万元，应某父母不再追究该公司任何责任。

9月18日，应某父母向法院起诉野山谷生态乐园，要求其对应某的死亡进行赔偿。

死者父母诉称：野山谷游乐园是营利性单位，对其景区内的游乐景点有严格的管理义务，对进入景区的游客负有安全保障义务。应某作为游客是野山谷游乐园的服务对象，其下水游玩应得到安全保障，发生意外后应获得及时救助，但由于野山谷游乐园未设立相应警示标志和配备救生设施，才导致应某溺水身亡。对此，野山谷游乐园应负主要责任，要求赔偿死亡赔偿金、丧葬费、精神抚慰金等共计34.5万元。

被告野山谷游乐园辩称：野山谷游乐园没有提供游客游泳的服务项目，游客须知和导游服务规则中也明确禁止游客游泳，相应景点包括应某溺水的地方均设置了警示标志，所有安全防范设置均达到法定的标准，对应某溺水也进行了及时抢救，已尽到了安全保障义务，对本案没有任何责任。应某作为成年人违反景区规定，擅自下水游泳，对出现的损害后果应承担主要责任。其单位组织员工游玩，负有管理义务，也应承担相应的赔偿责任。

据查，野山谷生态乐园在景区入口处有公示的《游客须知》，上面书写了禁止游客在景区内游泳等警示内容。应某溺水处的水潭旁设置有禁止游泳的警示牌。应某及其同事看见的在水潭内正在游泳的人，案发后得知是景区的工作人员，他们对应某及其同事下水游泳未加以劝阻。

在案件审理中，经法院主持调解，野山谷与原告达成一次性赔偿10.5万元的调解协议，但野山谷同时申请追加餐饮公司为共同被告，公司则请求法院驳回对野山谷游乐园的追诉申请。餐饮公司辩称：公司只是员工外出游玩的组织者，与野山谷游乐园不存在共同侵权，不应承担员工在景区内的安全责任。公司已与应某的父母达成赔偿协议，原告并没有起诉某公司，某公司不应对本案承担责任。

判 决

法院审理认为，应某具有完全民事行为能力，他不顾景区警示导致溺水身亡，自身应承担主要责任。野山谷游乐园作为景区管理单位，在指派内部导游带队过程中未对游客玩水加以制止，也应承担相应责任。餐饮公司在应某死亡后自愿与其家属达成的赔偿协议，并未违反法律规定，且原告已放弃对其主张权利，故应予准许，遂判决野山谷赔付原告 10.5 万元。一审宣判后，双方均未提起上诉[24]。

评 析

野山谷游乐园是以爬山观光为主要项目的收费休闲场所，景区内没有提示可以游泳的地方，也没有配备相关的游泳或跳水的设施。实际上，从景区入口处公示的《游客须知》及水潭旁设置的警示牌来看，野山谷是禁止游客在景区内游泳的。对此，应某作为一个正常的成年人应当知道景区内的水潭不是给游客游泳的场所，他不顾危险擅自从高处跳入水中导致溺死，自身有较大的过错，应承担主要责任。

野山谷虽然设有禁止游客在景区内游泳的警示标牌，但导游将游客带至水上餐厅就餐后，自己擅自离开游客，未对当时天热游客可能会就近下水游泳的情况加以必要的注意和告诫；特别是其工作人员在水中游泳对游客有一定的诱导作用，且对游客入水未加以阻拦，因此对游客应某的溺死也有过错，应承担次要责任。

餐饮公司是应某的工作单位，也是这次旅游的组织者。虽然员工进入景区之后由景区的导游带队游玩，但当出现应某等部分员工下水游泳时，其他员工无人阻止，说明该公司在组织这次旅游方面安全措施不到位，也有一定的过错，应承担比野山谷轻的责任。

海蜇蜇死游泳者案

案 情

2006 年 8 月 5 日，孟某与同事一行 10 余人到营口市鲅鱼圈区熊岳金沙滩海滨浴场（免费开放）游玩。当日下午，孟某和一名女同事在岸边的浅水区聊天，被海蜇蜇伤，两天后孟某经抢救无效死亡。

10 月，受害人家属在与对方协商无果的情况下，以被告营口经济技术开发区熊岳金沙滩海滨浴场、营口经济技术开发区熊岳金沙滩风景区管理处、营口鲅鱼圈熊岳镇人民政府存在过错为由，向法院递交起诉状，索赔医疗费、死亡赔偿金、丧葬费、交通费、被扶养人生活费、精神损害抚慰金等共计44万余元。

原告认为：

一、被告存在过错，应当承担赔偿责任

死者孟某在营口经济技术开发区熊岳金沙滩海滨浴场（以下简称海滨浴场）内被海蜇蜇伤致死，被告存在过错，应当承担赔偿责任。

（一）海滨浴场是从事经营活动的企业，经营范围包括旅游、饮食供应和住宿。对于在海滨浴场内的游客应当在合理限度范围内保障他们的人身安全。正是由于其未尽合理限度范围内的安全保障义务，才导致游客孟某被海蜇蜇伤致死。最高人民法院《关于审理人身损害赔偿案件适用法律若干问题的解释》第六条规定："从事住宿、餐饮、娱乐等经营活动或者其他社会活动的自然人、法人、其他组织，未尽合理限度范围内的安全保障义务致使他人遭受人身损害，赔偿权利人请求其承担相应赔偿责任的，人民法院应予支持。"因此，海滨浴场应当承担损害赔偿责任。海滨浴场未尽合理限度范围内的安全保障义务主要体现在以下几个方面：

1. 没有在海滨浴场附近设立警示牌或相关警示标志。每年的6月下旬至8月中旬是海蜇的活动期，在孟某被海蜇蜇伤致死前曾经发生过海蜇蜇伤人的事件（有上诉人提供的光盘，《华商晨报》和《环球时报》新闻报道，证人朱某某、孙某某、秦某某的证人证言予以证明），因此，海滨浴场应当在其浴场附近设立警示牌或相关警示标志，告知游客在海滨浴场内进行游泳、戏水时，可能会被海蜇蜇伤。同时，海滨浴场还应当通过警示标志告知游客该海滨浴场是一个开放性的海滨浴场，海滨浴场周围没有设立防护网等能够阻止海洋危险动物侵入的防护措施，以使游客了解这种客观危险性的存在，使其慎重考虑是否在该海滨浴场内进行游泳、戏水。

2. 没有在海滨浴场附近设立宣传栏。海滨浴场的相关责任人对海蜇能够蜇伤人的事实应当是明知的，对在海滨浴场内可能出现海蜇也是应当预见到的。因此，应当在浴场附近设立宣传栏，宣传栏的内容包括对海蜇的形状、特征进行描绘，介绍与海蜇有关的知识，告诉游客如何防止被海蜇蜇伤以及一旦被海蜇蜇伤应当采取哪些措施等内容，以提高游客对海蜇的防范意识。

3. 海滨浴场应当在其经营的浴场周围设立防护网或采取其他防护措施，以阻止海蜇或者海洋中其他危险动物进入该浴场，对游客造成伤害。海滨浴场辩称没有与海滨浴场相关的国家、行业及地方标准规定其应当设立防护网或采取相关的防护措施。但是，其在庭审过程中提及过其他海滨浴场设立了防护网，并称其他海滨浴场所设立的防护网并未起到防护的作用。这种辩解显然是在回避其应当设立防护网的义务。

4. 在孟某被海蜇蜇伤后，海滨浴场方面没有采取任何救护措施。海滨浴场的代理人对此在庭审中辩称事发当时及事发后其均不知情，而是在媒体曝光之后才知道事情的经过。事实上，还有一名9岁的小女孩于当日被海蜇蜇伤致死，同一天，两位游客先后被海蜇蜇伤致死，如此严重的后果，海滨浴场的相关人员当时居然不知情，这一事实本身就说明其在经营管理方面存在严重的漏洞。另外，海滨浴场与持有失效医疗机构执业许可证的熊岳镇大铁村卫生所法定代表人梅某某（不具备医师执业资格）签订协议书，确定熊岳镇大铁村卫生所为海滨浴场定点医疗诊所（救护站）显然是违法的，这一非法的救护站实际上也根本未起到任何救护的作用。

5. 关于海滨浴场的安全管理制度根本没有得到贯彻、实施。海滨浴场的代理人在庭审中提供的证据2-1《金沙滩风景旅游区安全管理制度》第2条规定"建立健全专职流动安全保护队伍。在金沙滩风景区森林处、景区内水域等游览危险地段设专职人员巡逻值勤。设提示、警告标志。发现隐患和问题及时救护并报告。"第5条规定："加强对游客安全宣传教育工作，景区内要开展安全知识广播，展示安全说明与须知，配置安全警告标志、标识，做到齐全、醒目、规范。"这些制度根本没有实施，这一事实有证人苏某、付某证人证言为凭。《金沙滩风景区管理处应急预案补充》第1条规定："增加广播次数，加大宣传力度，提醒游客在海里游玩时注意人身安全，以免被海蜇蜇伤。"事实上，根本没有广播和宣传，因而，"增加广播次数"和"加大宣传力度"无从谈起。海滨浴场的代理人在庭审过程中承认安全管理制度确实没有实施，原因是经费不足，如果贯彻、实施，海滨浴场早就关门了。这种辩解根本站不住脚，以牺牲游客的人身安全为代价，维持海滨浴场的经营，正是海滨浴场方面未尽合理限度范围内安全保障义务的最好体现。

（二）被告营口经济技术开发区熊岳金沙滩风景区管理处（以下简称风景管理处）作为海滨浴场的管理部门，没有尽到管理职责。孟某被海蜇蜇伤的当时，海滨浴场方面没有采取任何救护措施。由此可以看出，此前风景管理处所制定的《金沙滩风景区管理处应急预案》《营口经济技术开发区熊岳金沙滩水上预防和处理突发安全事故应急预案》等管理制度没有落实到位。孟某被海蜇蜇伤致死后，风景管理处制定了《金沙滩风景区管理处应急预案补充》，并在海滨浴场附近设立了公告牌，提醒广大游客进入海水浴场游泳时特别注意防止被海蜇蜇伤，同时派人在海滨浴场内巡视，打捞海蜇。可以肯定地说，风景管理处在孟某被海蜇蜇伤致死后采取了一些补救措施，但是，这些措施都是在损害结果发生以后进行的，这对于原告来说没有任何意义。如果风景管理处在此之前能够采取一些相关的管理措施，可能就不会出现孟某被海蜇蜇伤致死的后果。因此，风景管理处同样存在过错，也应当依法承担损害赔偿责任。

（三）被告营口鲅鱼圈熊岳镇人民政府作为风景管理处的上级主管部门，应当对其进行监督、管理、指导，履行政府相应职能，但是没有做到，这也是孟某被海蜇蜇伤致死后果发生的一个重要因素。

因此，本案中的三被告没有尽到自己的职责，均存在过错，依据我国民法通则第119条和最高人民法院《关于审理人身损害赔偿案件适用法律若干问题的解释》第6条之规定，应当依法承担对原告的赔偿责任。

二、本案既不是意外事件，也不属于不可抗力

在民法上，意外事件是指非因当事人的故意或过失而偶然发生的事故。不可抗力，是指不能预见、不能避免并不能克服的客观情况。而对于本案悲剧的发生，被告存在严重过错，不是偶然发生的事故，更不存在不能预见、不能避免并不能克服的客观情况：1. 对于海蜇能够蜇伤人，被告应当是明知的，那么，海蜇蜇伤人到严重程度就会造成人的死亡，被告对此是应当能够预见到的。而被告却没有预见到，这正说明其主观上存在过错。孟某被海蜇蜇伤致死之前，曾经发生过海蜇蜇伤人的事件，在全国范围内也曾发生过海蜇蜇人致死的事例，被告对此没有引起重视，没有采取相应的措施，这也是被告存在过错的表现。2. 被告申请出庭作证的证人能证明这些证人在孟某被海蜇蜇伤致死之前，他们没有听说过或者没有见到过海蜇蜇死人的事例，但同时能够证明这里曾经发生过海蜇蜇伤人的事件。另外，孟某被海蜇蜇伤致死之前，在全国范围内或者是在全球范围内不乏被海蜇蜇伤致人死亡的先例，相关媒体进行过报道。被告分别作为经营企业和管理单位应当充分了解这方面的信息，充分尽到注意义务，这种注意义务要高于一般人的注意义务。因此，被告应当预见到海蜇能够蜇人致死。

三、不收门票不能成为免责的理由

虽然被告海滨浴场没有对包括死者孟某在内的游客收取门票，但其营业执照上已经明确其经营范围包括旅游、饮食供应和住宿，其收费项目主要在饮食供应和住宿上，但饮食供应和住宿的收费对象来源于其免费对外开放的海滨浴场吸引来的游客，三种经营项目是相辅相成的，不能单纯地认为不收门票就是免费的、因为免费所以是免责的。另外，被告为了吸引游客到海滨浴场进行了必要的宣传，这一事实有照片、光盘等证据证明。既然被告吸引游客到海滨浴场，就应当有在合理限度范围内保障游客人身安全的义务。但从被告的代理人在庭审过程中陈述的事实上看，被告的安全管理制度没有贯彻、实施。因此，对于保障游客人身安全的具体行为，被告根本就没有做。综上，被告用不收门票作为免除其赔偿责任的理由不能成立。

判 决

营口市鲅鱼圈区法院认为，作为完全民事行为能力人的死者孟某，应当预见在开放的海水浴场野浴，存在着溺水或被其他海洋动物攻击致伤的可能性，且其在被海蜇蜇伤后，其同事根据当地渔民提供的土经验用明矾搓被蜇处，长时间进行自救，至晚上 7 点多孟某才被送到营口经济技术开发区第二人民医院治疗，8 月 6 日上午转入营口经济技术开发区中心医院进行治疗，由于未能采取有效的救治措施，延误到正规医院救治的时间，致使死亡后果发生，对其死亡事件有一定的过错，应承担主要的民事责任。孟某在金沙滩海滨浴场游玩时被海蜇蜇伤致死，被告海滨浴场是海水浴场的直接经营管理者，对其所经营的海滨浴场内可能出现的各种突发情况应有相适应的有效的警告、指示说明、通知和救护义务，故对孟某死亡事件存在着一定的过错，应承担相应的赔偿责任。被告海滨浴场是具备独立的法人资格的企业，应独立承担民事责任。综观本案情况，原告应自行承担 80%的责任，被告营口经济技术开发区熊岳金沙滩海滨浴场承担 20%的赔偿责任为宜。

受害人孟某被海蜇蜇伤后，在营口经济技术开发区第二人民医院及营口经济技术开发区中心医院抢救时花去医药费 7215.2 元。丧葬费依据最高人民法院《关于审理人身损害赔偿案件适用法律若干问题的解释》第二十七条关于"丧葬费按照受诉法院所在地上一年度职工月平均工资标准，以 6 个月总额计算"的规定，孟某的丧葬费应以 2005 年度的标准计算，其丧葬费为 5955 元。其死亡赔偿金根据最高人民法院《关于审理人身损害赔偿案件适用法律若干问题的解释》第二十九条规定给付，应以 2005 年的标准计算 20 年，即 8008 元/年×20 年=160160 元。根据最高人民法院《关于审理人身损害赔偿案件适用法律若干问题的解释》第二十八条的规定，被抚养人王某（孟某之子）的抚养费应按照《辽宁省 2005 年度道路交通事故损害赔偿标准》中城镇居民人均消费性支出 6543 元/年的标准计算被抚养人生活费，应为 6543 元/年×9 年÷2 人=29443.5 元、被抚养人孟某某（孟某之父）的被抚养人生活费应为 6543 元/年×18 年÷4 人=29443.5 元、被抚养人朱某某（孟某之母）应为 6543 元/年×20 年÷4 人=32715 元。以上合计 91602 元。交通费 307.5 元，查询工商案、病志费用及复印费额 139.8 元。以上总计 265379.5 元。按责任比例，被告实际应赔偿原告的医药费、丧葬费、死亡补偿费、被扶养人生活费、交通费、复印费、查询费等 53075.9 元（即 265379.5 元×20%）。

对于原告提出的给付精神损害抚慰金的问题，根据《最高人民法院关于确定民事侵权精神损害赔偿责任若干问题的解释》第八条规定：因侵权致人精神损害的，但未造成严重后果，受害人请求赔偿精神损失的，一般不予支持。人民法院可以根据情形判令侵权人停止侵害、恢复名誉、消除影响、赔礼道歉。因原告在举证期限内未提供因侵权致人精神损害而造成严重后果的相关证据，故对此请求本院不予支持。对于原告提出孟某的配偶目前正在享受城市最低生活保障待遇，没有抚养能力，其被抚养人生活费应全部由 3 被告承担的意见，根据婚姻法的规定，父母对其子女有抚养教育的义务。原告的该请求于法无据，故本院不予支持。

对于被告提出的其不存在过错，在受害人被海蜇蜇伤致死的不幸事件发生之前，所经营的范围从未出现过海蜇蜇伤人并致死的类似事件，此项事件属于意外事件，也就是不能预见，不能避免，并且历年来在旅游季节该范围内难以见到海蜇，被告没有任何理由去预见会出现海蜇蜇伤人并致死情况的出现的问题，因被告海滨浴场在其经营和管理浴场的同时就应当对可能发生的各种危险有相应的有效的预警措施，以防他人受到损害。故被告海滨浴场不能以此为由，否认自己应当预见可能发生海蜇及其他海洋动物对人伤害的事件发生，且本地系海蜇产地，每年 8 月都是本地海蜇捕捞季节，虽未出现海蜇蜇人致死事件的发生，但并不能以此否认该危险性的存在。

因被告风景管理处和熊镇政府是行政管理部门，对被告海滨浴场只能行使行政管理和行业指导的职能，故在孟某之死这一事件中不存在任何过错。因此，不承担民事责任。

综上，根据《中华人民共和国民法通则》第一百一十九条、第一百三十一条、最高人民法院《关于审理人身损害赔偿案件适用法律若干问题的解释》第六条、第十七条、第十九条、第二十七条、第二十八条、二十九条之规定，判决如下：

第一，被告营口经济技术开发区金沙滩海滨浴场于本判决生效后 10 日内一次性赔偿 4 原告医疗费、丧葬费、死亡赔偿金、被扶养人生活费、交通费、查询费、复印费等53075.9元。

第二，驳回原告其他诉讼请求。案件受理费7980元（缓交）、被告负担2102元，4原告负担5878元；其他诉讼费450元（缓交），由被告海滨浴场负担。

原告和被告海滨浴场均不服一审判决，上诉于营口市中级人民法院。

原告的上诉理由主要是：

第一，原审判决认定事实部分有误。原审判决经审理查明，"下午（具体时间不详）孟某在浴场游泳时被海蜇蜇伤"。在上诉人向法庭提供的病历"首次病程记录"中记载，孟某"约2小时前被海蜇蜇伤双下肢"，而"首次病程记录"书写的时间是2006年8月5日19时30分，因此，可以推定孟某被海蜇蜇伤的时间是2006年8月5日17时30分左右。另外，孟某被海蜇蜇伤当时，并没有在"游泳"，而是站在浴场浅水区。因此，原判决认定"下午（具体时间不详）孟某在浴场游泳时被海蜇蜇伤"是不准确的。

第二，原审判决减轻被上诉人80%的民事责任是不当的，显失公平。1. 原审判决认为"作为完全民事行为能力人的死者孟某，应当预见在开放的海水浴场野浴，存在着溺水或被其他海洋动物攻击致伤的可能性"。上诉人认为，首先金沙滩海滨浴场存在直接的经营者和管理者，并有特定的水浴范围，孟某仅是站在浅水区，并没有游泳，更谈不上野浴，完全有理由相信这是一个安全的环境。因为，海滨浴场的经营者或管理者并没有提示游人这个浴场是开放性的，没有任何警告、指示、说明或者其他提醒游人应当注意的内容。因此，包括死者孟某在内的一般游客，都有足够的理由认为海滨浴场是安全的，不存在应当预见到被"海洋动物攻击致伤的可能性"这一过失，更不存在"野浴"这一行为。在这一点上，死者孟某没有过错。2. 原审判决认为孟某"被海蜇蜇伤后，其同事根据当地渔民提供的土经验用明矾搓被海蜇蜇伤处，长时间进行自救，至晚上7点多孟某才被送到营口经济技术开发区第二人民医院治疗，6月6日上午转入营口经济技术开发区中心医院治疗，由于未能采取有效的救治措施，延误到正规医院救治的时间，致使死亡后果发生。"事实上，"长时间进行自救"不是事实。孟某被海蜇蜇伤后，在被上诉人没有采取救助措施的情况下，孟某的同事对其进行救助是正当的，是不得已而为之，没有证据证明救助行为对死者孟某是不利的，也没有证据证明救助行为与孟某死亡后果的出现具有因果关系，并且救助行为并不是长时间的，从孟某被蜇伤到被送入医院中间间隔两个小时左右的时间可以判断出这一点。即使是"延误到正规医院救治的时间"，也是由于被上诉人没有采取任何救助措施所致。

被上诉人在经营海滨浴场的过程中，没有履行任何安全保障义务，致使孟某被毒性极强的海蜇蜇伤,事发后被上诉人又没有任何救助措施,说明被上诉人对损害后果的发生存在重大过失,这是孟某被海蜇蜇伤致死的最主要的原因。

综上,死者孟某对损害后果的发生是没有过错的,即使存在过错也是十分轻微的。《中华人民共和国民法通则》第一百三十一条规定:"受害人对损害的发生也有过错的,可以减轻侵害人的民事责任。"同时,最高人民法院《关于审理人身损害赔偿案件适用法律若干问题的解释》第二条规定:"受害人对同一损害的发生或者扩大有故意、过失的,依照民法通则第一百三十一条的规定,可以减轻或者免除赔偿义务人的赔偿责任。但侵权人因故意或者重大过失致人损害,受害人只有一般过失的,不减轻赔偿义务人的赔偿责任。"而原审判决认为死者孟某"对其死亡事件有一定过错,应承担主要的民责任",并因此减轻被上诉人80%的民事责任显然是不当的,显失公平。

第三,原审判决适用法律不当。1. 原审判决认为丧葬费、死亡赔偿金、被扶养人生活费依据《辽宁省2005年度道路交通事故损害赔偿标准有关数据》计算,属于适用法律不当。孟某被海蜇蜇伤致死的时间2006年8月7日,本案法庭辩论终结的时间是2006年12月18日。最高人民法院《关于审理人身损害赔偿案件适用法律若干问题的解释》第三十五条第二款规定:"'上一年度',是指一审法庭辩论终结时的上一统计年度",《辽宁省2006年度道路交通事故损害赔偿标准有关数据》是"根据辽宁省统计局公布的2005年度有关数据,确定辽宁省2006年度道路交通事故损害赔偿有关数据"。而原审判决适用的《辽宁省2005年度道路交通事故损害赔偿标准有关数据》是根据2004年统计年度做出的。因此,丧葬费、死亡赔偿金、被扶养人生活费依法应当依据《辽宁省2006年度道路交通事故损害赔偿标准有关数据》计算。2. 原审判决对上诉人请求给付精神损害抚慰金不予支持属于适用法律不当。最高人民法院《关于确定民事侵权精神损害赔偿责任若干问题的解释》第八条规定:"因侵权致人精神损害,但未造成严重后果,受害人请求赔偿精神损失的,一般不予支持。人民法院可以根据情形判令侵权人停止侵害、恢复名誉、消除影响、赔礼道歉。因侵权致人精神损害,造成严重后果的,人民法院除判令侵权人承担停止侵害、恢复名誉、消除影响、赔礼道歉等民事责任外,可以根据受害人一方的请求判令其赔偿相应的精神损害抚慰金。"原审判决认为因上诉人"在举证期限内未提供因侵权致人精神损害而造成严重后果的相关证据,故对此请求本院不予支持"。上诉人认为,凡是造成受害人死亡的,受害人近亲属遭受的精神损害就是严重的精神损害,就属于"造成严重后果的"情形。因为4位上诉人分别为死者孟某的配偶、子女、父母,他们分别经历了中年丧妻、幼年丧母、老年丧女的悲痛,这种严重的精神损害后果是无法用语言来形容的，是不需要用证据来证明的。

第四，被上诉人风景管理处应当对上诉人承担赔偿责任。风景管理处在一审向法院提交的证据《金沙滩风景区管理处应急预案》能够证明管理处的职责，即"管理处每日通过广播对游客和经营户做好宣传工作"，"组织有关单位成立安全生产小组（后附小组成员表）配备救生艇、救护车和专职医护人员为事故者做急救服务，确保游客的人身安全"，"派6名救护员在海岸上执勤，发现险情及时上报，及时救助"，"发现受伤和溺水者及时送到金沙滩浴场指定诊所救治"等等，这一系列的"应急预案"条款均是死者孟某被海蜇蜇伤致死前就存在的，但风景管理处却没有履行相应的措施，其在一审庭审过程中承认由于经费不足，管理制度、措施没有落实到位，这不仅是风景管理处的过错所在，也是其应当承担赔偿责任的最好证明。另外，被上诉人向法庭提供的证据《营口经济技术开发区熊岳金沙滩水上预防和处理突发安全事故应急预案》和《金沙滩风景区管理处应急预案补充》都能证明风景管理处的职责，而不仅仅是原审判决认定的"行政管理和行业指导职能"。因此，风景管理处在孟某被海蜇蜇伤致死事件中存在过错，应当对上诉人承担赔偿责任。

海滨浴场上诉的理由主要是：一审判决认定事实错误，适用法律错误，其没有过错，孟某死亡事件是一起不幸的意外事件。

营口市中院经审理认为，过失责任只能是出现于行为人明知或应当知道损害结果会发生的可能性存在，却仍然放任自己行为的情况，即行为人只能对其过失行为所导致的损害后果承担与其过失程度相应的法律责任，且该责任的确定应当合乎人情并遵循法理的理性判断。让一个人去对一个他既不可能在合理、正常范围内预见的损害结果，也不可能在合理、正常范围内避免损害结果发生的事件去承担法律责任，既是强人所难，也是不公平的。

就本案而言，让孟某在供游人使用的天然浴场游泳时应当预见可能会有生命危险，这是不正常的；同时，让海滨浴场在当时做到应具备有防止海蜇攻击人并可能致人死亡相适应的防护措施，也是不客观的。对孟某不幸被海蜇蜇伤致死，双方均无过错，当属意外事件。我国民法通则第一百三十二条规定："当事人对造成损害都没有过错的，可以根据实际情况，由当事人分担民事责任。"因此，本案应适用公平原则处理，因意外事件形成的损失由两方上诉人分担。考虑到上诉人王某等4人家庭生活较困难之实际情况，由海滨浴场分担上诉人王某等4人实际损失的60%较为妥当。另外，《辽宁省2006年度道路交通事故损害赔偿标准有关数据》在一审辩论终结前已公布，其相关数据系根据上一年度相关统计数据确定，故补偿应适用该年度标准。因本案中两方上诉人均无过错，本院对上诉人王某等 4 人关于精神损害抚慰金的上诉请求不予支持；被上诉人风景管理处作为行政职能部门，并非海滨浴场经营者，故本院对上诉人王某等 4 人相应上诉请求不予支持。综上所述，依据《中华人民共和国民事诉讼法》第一百三十条、第一百五十三条第一款第（二）项之规定，判决如下：

1. 撤销鲅鱼圈区人民法院（2006）营鲅民一权初字第 451 号民事判决。2. 上诉人营口经济技术开发区熊岳金沙滩海滨浴场于本判决生效后 10 日内一次性给付王某某等 4 人上诉人医疗费、丧葬费、死亡赔偿金、被扶养人生活费、交通费、查询费、复印费等共计 180992.7 元。3. 驳回上诉人营口经济技术开发区熊岳金沙滩海滨浴场、上诉人王某某等 4 人其他上诉请求。一审案件受理费 7980 元（缓交）和二审案件受理费 8976 元（其中缓交 7450 元）共计 16956 元，由上诉人王某等 4 人承担 6172 元，上诉人营口经济技术开发区熊岳金沙滩海滨浴场承担 10784 元。

评　析

一、海滨浴场的合理预见义务

本案中，海滨浴场应否承担侵权赔偿责任的关键在于是否尽了合理限度范围内的安全保障义务。"安全保障义务"的履行应当限定在"合理限度范围内"，这里的"合理限度范围内"，应当与安全保障义务人所从事的营业或者其他社会活动相适应，一般的判断标准是，该安全保障义务人的实际行为是否符合法律、法规、规章或者特定的操作规程的要求，是否属于同类社会活动或者一个诚信善良的从业者应当达到的通常的程度。另外，预见可能性的大小也是作为判断保障义务是否属于"合理限度范围内"的标准之一。本案的终审判决即以经营者对损害后果不具有可预见性为由，认为其没有过错，承担的不是损害赔偿责任，而是公平分担损失。

那么海滨浴场对于海蜇伤人是否应具有预见性呢？辽宁省海洋水产科学研究院博士周遵春在接受采访时表示，海蜇是水母的一种，有相当一部分水母是有毒的，有一些毒性大，有一些毒性小，毒素进入身体以后，就会导致毛细血管扩张，有效循环血量减少，然后血压就会下降，严重的导致休克。每年的 6 月到 8 月是海蜇的繁殖期和成熟期，这个时候海蜇会频繁地、大面积地出现在近海海域，而此时也是海边游客最多的时候。因此在全国各大海滨浴场，几乎每年都会发生海蜇蜇伤人的事情。除了发生在辽宁的这起事件外，近几年来，旅游胜地北戴河海滨医院已收治3000多名被蜇伤的病人,其中引起暴发性过敏性肺水肿患者占0.3%,4例死亡。秦皇岛海滨近几年被海蜇蜇伤的人数也达到了3400多人。山东青岛第一海水浴场救生队的统计,今年7月底以来,每天都有近100人被海蜇蜇伤[25]。当地几名老渔民接受记者采访时表示,蜇人的海蜇是一种红蜇,俗称沙蜇,虽然比较罕见,但是对这种海蜇也颇有一些经验:6月下旬到8月中旬是沙蜇的活动期,8月初,常见的海蜇就会沉到海里,但沙蜇比较晚,要到8月中旬才会消失;海蜇是一种趋向淡水的生物,下雨时,海蜇会自动向海边靠近,所以,到8月中旬前,刚下过雨后的海边危险比较大[26]。

在一些比较成熟、规模比较大的海滨浴场,每年夏季都会组织海上打捞队定时打捞、清理海蜇。也有的海滨浴场在海岸线设置了漂浮网线,一是把游人和渔船分开,防止游人在游泳过程当中被船伤害,二是下面的暗网可以阻挡外来水生物的进入,如记者在辽宁营口采访过程中即发现沿鲅鱼圈海岸线的月牙湾海滨浴场设置了网线分隔。澳大利亚的海滨是否封闭会有明显标识,如果是未封闭海域,有明显标识提醒游客注意鲨鱼,虽然鲨鱼的出现非常罕见;在有水母出现的海域会有明显标识(黄底黑色图案)提醒游客注意。

但在发生事故的金沙滩海滨浴场,既没有类似的防护网,也没有任何打捞措施,连最基本的警示标示都没有,一些在海上捕捞作业的渔船竟然穿梭在下海游泳的游客身边[25]。事发后当地旅游部门也表示,发生这样的事对他们的触动也很大,他们已准备逐步在所属的海滨浴场完善相应的防范措施。金沙滩很多海边浴场已经做出警示,提醒广大游客在海里游泳时注意这方面。从8月10号开始,辽宁省有关部门已责成营口海洋与渔业部门,每天对当地的4家海滨浴场进行包括海蜇在内的海洋生物监测,并将监测结果及时通报当地旅游部门。

综上,认为海滨浴场对于海蜇伤人没有预见性是不够准确的。相对于远道而来、可能只到浴场一次的消费者而言,由浴场的管理者和经营者承担责任,对于海蜇存在有所认知并且采取相应的应对措施,显然更具有可能性、经济性和合理性。因此海滨浴场应对未履行安全保障义务承担责任。

二、精神损害赔偿的认定

一审判决对原告请求给付精神损害抚慰金不予支持有待商榷。最高人民法院《关于确定民事侵权精神损害赔偿责任若干问题的解释》第八条规定:"因侵权致人精神损害,造成严重后果的,人民法院除判令侵权人承担停止侵害、恢复名誉、消除影响、赔礼道歉等民事责任外,可以根据受害人一方的请求判令其赔偿相应的精神损害抚慰金。"一审判决认为因原告在举证期限内未提供因侵权致人精神损害而造成严重后果的相关证据,故对此请求不予支持。凡是造成受害人死亡的,受害人近亲属遭受的精神损害就是严重的精神损害,就属于"造成严重后果的"情形,这种严重的精神损害后果是不言自明,不需要用证据来证明的。

海浪冲击游客受伤案

案　情

2000年8月22日傍晚,原告与其朋友一起到小梅沙海滨游泳场,各花15元购票后即下海游泳。因风浪较大,原告游了一会儿即回到岸边沙滩,上岸跑动过程中,一股海浪突然冲来将原告打倒在沙滩上,致其无法起身。其朋友见状喊来泳场保安,将原告抬到泳场医务室,医护人员给原告擦了一些红花油。约半小时后,泳场工作人员用车将原告送到盐港医院救治,原告伤被诊断为左腿胫骨及腓骨粉碎性骨折。当晚,原告自行转到深圳市红十字会医院治疗,该院得出同样诊断结论。由于原告的医疗保险关系在铜陵市,故于同月24日回铜陵市人民医院住院治疗,经手术后于10月27日出院,住院64天。所花医药费7363.58元,由社保基金承担5758.09元,原告自行承担1605.49元。出院时医生记录:"患者一般情况良好、体温波动正常、无明显不适,建议其继续加强左膝功能锻炼,我科随诊。"原告住院时有3人护理。出院后,原告自称休息治疗了6个月。2001年6月27日,经深圳市公安局伤残鉴定中心红会法医室进行伤残鉴定,原告伤残等级为八级。原告支付鉴定费300元。原告向深圳市盐田区人民法院提起诉讼称:被告作为经营者,负有保护游客人身和财产安全的义务。但其在明知风浪很大,可能危及游客人身安全情况下,仍出售门票,让游客下海游泳,事先没有尽到告知义务、事中没有尽到防范义务、事后没有尽到救助义务,被告存在明显过错。他返回深圳后即找被告协商赔偿事宜,但被告不睬,也不告诉门票款中含有保险费。根据《民法通则》第一百一十九条,《消费者权益保护法》第十八条、第四十一条,《深圳经济特区实施消费者权益保护法办法》第三十五条之规定,请求判令被告赔偿其医疗费2039.39元、陪护费18600元、误工费32000元、交通费3000元、后续医疗费5000元、残疾者生活补助费170270元及残疾赔偿金85135元,共计316044.39元。

被告答辩称:我方已尽到了经营者应尽的义务。在度假村的正门和东门均有"游客须知"告知游客注意事项;广播室从上午9点到晚上22点30分不停广播，内容为安全注意事项和游客须知；事发当天并不具备严禁下海的条件。广东省《海滨游泳场安全管理规定》第八条规定，有台风、暴雨、赤潮时严禁下海，当天报纸上的天气预报可以证明当天未发生禁止开放游泳场的天气。事发后，我方也积极协助原告进行了治疗，我方也曾向原告告知了向保险公司索赔的途径，但不知什么原因原告未走这个途径。我方的行为没有过错，也与原告受伤没有客观联系，原告受伤是由于其对海浪的危害性不甚了解造成的。请求驳回原告的诉讼请求。

深圳市盐田区人民法院经审理查明：被告游泳场的正门、东门入口通道处均建有"游客须知"警示牌，告知游客在风浪较大时的游泳注意事项。游泳场的广播室每天从上午9时到晚上22时30分进行广播，内容包括安全注意事项、游水须知、风浪较大时游水注意事项及台风警报等。深圳市气象台发布的2000年8月22日白天到夜间深圳市的天气预报为：晴间多云、偏东风、风力4至5级、阵风7级、最低温度27度、最高温度34度；受当年10号"碧利斯"台风外围环流影响，深圳市区短时阵风5至6级、小梅沙等地沿海风力6至7级；10号台风在8月21日晚20时距深圳市约1400公里，8月22日晚20时距深圳市约860公里，台风运行路线为从台湾东南海面向西北方向移动。深圳市气象台当天未发布台风预警信号，全天无降水记录。据被告提供的每日营业收入报表反映，当天进入被告泳场的人数为3490人。

判 决

法院认为：海浪是一种非人力所能控制的自然现象，不是劳动产品，因而不属商品。游泳时因受海浪冲击造成游客伤害的，法律并未规定海滨游泳场的经营者应承担无过错民事责任，因此本案应适用过错责任原则。事故当天的10号台风在距深圳市860公里以远的台湾东南海面，深圳市气象台没有发布本市范围的台风预警信号，当天也无其他应当关闭海滨游泳场的法定情形，被告在当天出售门票并无不当。被告提供的场地、设施和服务亦属正常，并通过设立告示牌、广播等方式尽到了提醒、告知的义务。原告作为完全民事行为能力人，海有风浪是其应知的自然常识。每一次海浪的冲击，因时间、地点和环境的变化会有不同，而最有可能结合时间、地点、环境的变化在瞬间做出判断和躲闪海浪以避免损害发生之人是原告自己，原告自己负有闪避海浪的注意义务；又由于原、被告之间未约定被告有特别保护原告闪避海浪的义务，法律对此也无明确规定，故被告对原告损害结果的发生没有过错，是原告自己未尽到应尽和能尽的注意义务造成，原告应自担民事责任。依照《中华人民共和国民法通则》第一百零六条、《广东省海滨游泳场安全管理规定》第八条之规定，该院于2001年11月15日判决驳回原告钟某的诉讼请求。

钟某不服一审判决，向深圳市中级人民法院上诉称：根据《广东省海滨游泳场安全管理规定》，被上诉人应在1998年11月31日前取得《海滨游泳场安全鉴定书》，但至今没有取得此鉴定书，因此，其自1998年12月1日起就不再具备从事海滨游泳场的经营资格。事发当天，受10号台风影响，深圳市天气恶劣，被上诉人没有禁泳及采取有效的安全防范保护措施，导致我在游泳时受伤害，其主观过错非常明显。请求撤销原判，判令被上诉人赔偿我各种损失及费用315910.49元。

深圳市中级人民法院进一步查明：被上诉人2000年度已通过工商注册年检，其经营范围包括利用小梅沙海滨度假村的海滩与设施合作经营海上娱乐及运动场。经向深圳市旅游局调查被上诉人《海滨游泳场安全鉴定书》办理情况及2000年度安全检查情况，该局函复称：1. 截至2002年3月15日，深圳市现有海滨游泳场均未领取该安全鉴定书，主要原因是现有海滨游泳场均未在深圳市海洋局办理《海域使用证》，不符合《广东省海滨游泳场安全管理规定》中关于办理安全鉴定书的要求。2. 2000年8月15日，市旅游管理局、技术监督局及市消防局对小梅沙度假村进行安全检查，未有设施设备不符合要求的记录。

法院认为：被上诉人获准开办小梅沙海滨游泳场，2000年度已通过工商年检。由于客观原因，截至2002年3月15日，本市所有海滨游泳场都没有取得《海滨游泳场安全鉴定书》。但根据有关职能管理部门对被上诉人小梅沙度假村的安全检查结论，其海滨游泳场的设施设备符合安全要求，足以认定被上诉人经营主体资格是合法的。事发当天属夏季，是本市海滨游泳的旺季，被上诉人提供的资料显示当天进入其海滨游泳场人数达3490人是可信的，没有证据证明当天此游泳场发生大量泳客受伤的事实。原审判决认定事实清楚，适用法律正确，应予维持。依照《中华人民共和国民事诉讼法》第一百五十三条第一款第（一）项之规定，法院于2002年4月29日判决驳回上诉，维持原判。

评　析

本案这起因海浪冲击而致人身损害的民事责任如何承担，其重点在如何适用归责原则和如何认定过错问题上。

一、归责原则问题

适用何种归责原则，是决定本案处理结果的关键。首先应遵循法律的规定。其次，在法律没有明确规定的情况下，要考虑归责原则体系所具有的制裁和教育行为人，以预防损害发生的功能。海浪冲击造成人身损害，我国现行法律没有明确规定可以适用无过错责任原则，应适用过错责任原则。公平责任原则是在当事人均无过错的情况下，为弥补当事人的损害而适用，而本案损害结果的发生是因原告疏于防范所致，因此本案不应适用公平责任原则。

二、如何认定行为人的过错？

过错是基于对注意义务的违反而构成，就是行为人未尽自己应尽和能尽的注意而违反义务。本案原告作为一名身体正常、没有生理缺陷的普通游客，前往小梅沙海滨游泳，未向被告提出予以特殊保护的要求，在法律上应称其为是一个谨慎、明智之人，应当具有正常的自我保护能力。在海滨游玩时，海浪随时随地都在发生变化，而最有可能结合时间、地点、条件的变化做出正确判断，以避免本案损害结果发生的人是原告，因此在本案中原告自己负有注意义务。原告没有尽到自己应当注意和能够注意的义务，原告自己就有过错。

被告经营中是否存在问题亦即被告是否有过错？首先是被告的经营资格是否合法的问题。广东省人民政府于1998年颁行《广东省海滨游泳场安全管理规定》，该规定要求经营者在开办海滨游泳场、办理注册登记前应取得《卫生许可证》《体育经营许可证》《海域使用证》和《海滨游泳场安全鉴定书》，对于此前已经开办的并已经办理工商注册登记的并没有规定。该规定的执行应由政府主管部门负责，而在深圳如何具体落实该规定，有关政府主管部门尚未明确，被告已办理工商注册登记，2000年度也已通过工商年检，其安全检查也是合格的，工商管理部门和行业主管部门均认可被告的经营，因此被告经营主体资格是合法的，不存在违法经营的行为。

其次是被告在经营中的具体经营行为有无不当，其提供的服务、设施有无缺陷？根据查明认定的事实，被告在事发当天开放泳场并无不当；被告在事发前经有关职能部门检查，已确认其设施和服务均符合要求；被告已尽到告知、提醒的义务。被告应尽的义务已经尽到，因此可以认定被告对事故的发生没有过错。在原告自己存在过错而被告没有过错的情况下，就不应当适用公平原则来让被告承担责任。因此，一、二审均判决由原告自己承担责任，驳回了原告的诉讼请求[27]。

参考文献

[1] 大学生做引体向上被球门架压死 法院昨判决 [EB/OL]. 东方新闻, http://news.eastday.com/epublish/gb/paper148/20020201/class014800006/hwz593064.htm.

[2] 安徽省宿州市中级人民法院民事判决书(2012)宿中民三终字第00275号.

[3] 梁书斌. 滑雪者撞上造雪机 法院判决滑雪场赔偿 [EB/OL]. 新华网, http://news.xinhuanet.com/legal/2007-01/26/content_5657926.htm.

[4] 马匹受惊摔伤女学员 马术俱乐部担全责赔偿10万元 [EB/OL]. 中国法院网, http://www.news315.com.cn/2007/1107/141689.html.

[5] 女子骑马庆生摔断肋骨 马场以有告示为由拒赔 [EB/OL] 新浪新闻, http://news.sina.com.cn/s/2010-11-28/030621545354.shtml.

[6] 健身受伤引发官司 经营者对安全保障应尽责 [EB/OL]. 搜狐新闻, http://health.sohu.com/20080303/n255476102.shtml.

[7] 张新宝, 唐青林. 经营者对服务场所的安全保障义务 [J]. 法学研究, 2003, (3).

[8] 程武龙. 从两起人身损害赔偿纠纷看银行经营场所的安全保障工作 [EB/OL]. 中国法律信息网, http://article.chinalawinfo.com/article/user/article_display.asp?ArticleID=32699.

[9] 高鑫. "新婚夫妇登长城遭雷击坠亡"案二审维持原判 [EB/OL]. http://old.chinacourt.org/html/article/201006/11/413761.shtml .

[10] 京郊野游地事故频发 箭扣野长城成遇险第一景点 [EB/OL]. http://www.cnqjw.com/2011/0105/wOMDAwMDAzNDUwOQ.html.

[11] 刘仰奇. 两名广州马拉松选手发病死亡 官方称未延误治疗 [EB/OL]. 腾讯网, http://news.qq.com/a/20121127/000039.htm.

[12] 广州马拉松晕倒选手死亡 组委会被指审查不严 [EB/OL]. 腾讯体育, http://sports.qq.com/a/20121119/000764.htm.

[13] 广州马拉松官员：理解家属心情 猫狗死了也会伤心 [EB/OL]. 水母网. http://news.shm.com.cn/2012-11-27/content_3922096.htm.

[14] 郭婷婷. 北京：国际接力马拉松选手最高可获20万保险赔付 [EB/OL]. 北京青年报, http://news.xinhuanet.com/sports/2005-04/09/content_2806408.htm.

[15] 申延宾. 全国游泳冠军比赛时离奇溺死 鉴定为心脏病突发 [EB/OL]. 新闻晨报, 转引自: http://old.jfdaily.com/gb/jfxww/xinwen/node1224/node3252/userobject1ai1423308.html.

[16] 江苏籍前游泳冠军溺死在全国公开赛上 [EB/OL]. 人民网, http://society.people.com.cn/GB/1062/4739371.html.

[17] 周贤忠. 封闭泳池留缺口 八岁女童溺水亡 [EB/OL] 沈阳日报, http://epaper.syd.com.cn/syrb/html/2008-09-23/content_404585.htm.

[18] 物权人对非法进入者承担的注意义务 [EB/OL]. 中国民商法律网, http://www.civillaw.com.cn/article/default.asp?id=49805.

[19] 勉县人民法院 (2008) 勉民初字第769号民事判决.

[20] 勉县文化体育局、张小旺与李社生、张宝琴生命权纠纷案——陕西省汉中市中级人民法院 (2009) 汉中民终字第247号.

[21] 男子北京交大游泳身亡 家属校内烧纸奠亡灵 [EB/OL]. 新京报, http://news.e23.cn/Content/2007-07-22/200772200088.html.

[22] 物权人对非法进入者承担的注意义务 [EB/OL]. 中国民商法律网, http://www.civillaw.com.cn/article/default.asp?id=49805.

[23] 王鑫. 高中生游泳池溺亡案终审 死者家属获得赔偿 [EB/OL]. http://sichuan.scol.com.cn/fffy/20070827/2007827173057.htm.

[24] 郑金雄, 李昌明. 组织员工出游 好心别办坏事 [EB/OL]. 网易新闻, http://news.163.com/09/0701/02/5D3PLQP6000120GR.html.

[25] 姜兆臣, 张颖, 彭江. "吃人"的海蜇 [EB/OL]. 新华网, http://news.xinhuanet.com/video/2006-08/22/content_4994072.htm.

[26] 游客浴场遭意外 海蜇夺两命! [EB/OL]. 东北新闻网, http://www.nen.com.cn/77972966595362816/20060808/1981038_2.shtml.

[27] 最高人民法院/中国应用法学研究所. 钟银遐诉小梅沙度假村在其海滨游泳场游泳时受海浪冲击致伤人身损害赔偿案 [M]. 民事二〇〇二年第四辑 (总第42辑), 2002-04-29.

第十章 体育伤害——学校体育伤害

铅球投掷受伤案[1]

案 情

1999年5月21日下午，某中学体育教师刘某给初一（2）班上课，内容是铅球投掷补考等。课前，刘老师已在操场上画好一个投掷圈及两条扇形白线，投掷方向朝南。投掷铅球前，刘老师要求旁观同学站在两条白线外，不要靠近。几个同学投掷过后，陈某与几个女同学站在东侧白线外10~20厘米处。这时朱某上去投掷，刘老师站在东侧白线外记成绩。当朱某第二次投掷时，方向偏东，击在了陈某头上，学校老师当即将原告送入海宁市第三人民医院治疗，行开颅血肿清除术。后住院至6月24日出院。出院诊断：右颞顶急性硬膜外血肿。

同年7月21日，原告因头晕头昏再次在海宁市第三人民医院住院治疗至8月11日，出院诊断：脑外伤后综合征。后原告因仍有头晕头痛，由学校陪同或家长陪同，住海宁市第三人民医院、海宁市人民医院、浙医二院等处进行门诊治疗、配药。共花去医疗费20243.66元、就医交通费1890元、住院伙食补助费840元、护理费2400元。其中医疗费19927.86元、就医交通费1820元、护理费2400元已由中学支付。诉讼中，因学校对原告提交的（2000）嘉检技医鉴字第002号嘉兴市人民检察院法医学活体检验报告及嘉康司鉴字（2000—7）司法精神医学鉴定书有异议，参照《浙江省人身损害和精神病医学鉴定暂行规定》第十一条，法院多次告知原告重新鉴定，原告均未同意。

判 决

一审法院认为，本案事故发生在学校上体育课时，朱某是在老师的指令下投的铅球，且为尚未满13周岁的初一学生，对自己投掷出去的铅球可能会伤及旁观者缺乏判断力。同时由于老师的错误指导，让原告等旁观学生站在东侧白线外，使学生误以为白线外为安全区，埋下了安全隐患。而原告当时亦系未满13周岁的初一学生，对朱某投掷出来的铅球会伤及人身亦缺乏预见和判断能力。老师刘某由于疏忽大意，且当陈某靠近白线时未及时制止，显然是未尽组织、管理之责，对原告发生受伤的后果依法应由学校负责。原告提供的鉴定书与事实存在较大差异，缺乏客观性，不予采纳。当然，依据该鉴定书做出的检验报告亦不予采信。因原告不同意重新鉴定，只能承担对其不利的后果。

2000年8月21日，法院做出一审判决：1. 被告学校赔偿原告陈某的医疗费20243.66元、交通费1890元、护理费2400元、住院伙食补助费840元，共计25373.66元，扣除已付的24147.86元，余款1225.80元，于本判决生效后10内付清。2. 驳回原告陈某的其他诉讼请求。案件受理费6833元，由原告负担5604元，被告学校赔偿1228元[2]。

陈某不服一审判决，提起上诉称：1. 嘉兴市人民检察院的（2000）嘉检技医鉴字第002号法医学活体检验报告及嘉兴康慈医院的嘉康司鉴字（2000—7）号司法精神医学鉴定书，具有真实性、合法性、关联性，依法应当作为认定案件事实的依据。原审不予采信，无正当理由。2. 上诉人的外伤遗留癫痫和智能障碍，需要具有专科技术能力的医生和医疗部门诊治，上诉人前往有治疗条件的有关医院治疗，都是必要和合理的就诊，虽无转院证据，但也应依法保护无辜的受害者的合法权益。此外，上诉人现仍有癫痫发作，需进一步治疗，因此，原审不认定上诉人主张的继续治疗费用20000元有误。请求二审撤销一审判决第一项；判令学校赔偿上诉人医疗费20819.26元、护理费2400元、交通费3429.90元、住院伙食补助费840元、营养费1132.88元、残疾者生活补助费72960元、精神损失费12000元、继续治疗费20000元、鉴定费812元，合计人民币134394.04元；一、二审诉讼费由被上诉人承担。

学校答辩称，上诉人提供的法医检验报告及康慈医院的鉴定书，在鉴定程序上、实体上均有问题，故原审不予认定，判决驳回上诉人的残疾者生活补助费等诉讼请求是完全正确的。但原审判决认定上诉人和第三人朱某没有过错，并判令答辩人承担全部医疗费等不妥。因上诉人和第三人虽属限制民事行为能力人，但毕竟已是初中学生，对投掷出去的铅球可能会伤及旁观者具有一定的判断能力。而且老师刘某也进行了安全教育，并多次制止站得过于靠近白线的行为。在这种情况下，上诉人不听老师的制止，故上诉人与第三人对事故的发生均有一定的过错。此外，答辩人不是直接的加害人，所应承担的责任应是一种类似监护的管理责任，依法应承担适当的民事责任。

经审理查明,一审认定事实正确、证据确实,有上诉人提供的病历、医疗费收据、交通费凭证、证人证言、事发现场草图;被上诉人提供的陈某小学、中学学籍卡、证人证言;原审依职权调查的证人调查笔录及双方当事人陈述等证据予以证实。三方当事人对原审认定的事实及证据均无异议,二审予以确认。

本案的争议焦点是:1. 上诉人伤残等级的认定;2. 赔偿范围的认定;3. 责任的认定。

二审中,上诉人请求对其伤残程度进行重新鉴定。为此,二审委托省高级人民法院鉴定。鉴定认为:据资料摘要及本处检查所见,受检人陈某在1999年5月21日因头部遭受铅球打击致右颞顶急性硬膜外血肿,经手术治疗,目前存在人格改变及发作性癫痫、头痛、头晕等脑外伤后遗症状,影响其学习和生活。参照中华人民共和国《职工工伤与职业病致残程度鉴定》标准H、2的规定,其伤残等级属八级伤残[3]。对以上鉴定,仅上诉人提出异议。上诉人认为该鉴定未涉及上诉人的智力障碍问题,请求补充鉴定。为此,二审依职权咨询了省高级法院鉴定法医,法医认为,根据陈某的两次住院病历记载,陈某不构成智力障碍。庭审中,三方当事人对该咨询笔录均未提出异议。同时,原审被告朱某的法定代表人明确表示愿意补偿上诉人人民币2000元。

二审庭审中,上诉人提供以下新的证据:5份医疗费收据及1份海宁市第三人民医院门诊病历,证明新增加的医疗费为575.60元;交通费单据59份,证明新增加的交通费为381.60元。被上诉人对以上上诉人新提供的证据均提出异议,认为上诉人无法明证上述费用与本案有关联,不能认定。被上诉人及其原审被告均未提供新的证据。

经审查,上诉人提供的新增医疗费、交通费中有因二审法医鉴定所需的检查费90元、交通费97.10元。上诉请求中的法医鉴定费812元,其中300元为二审法医鉴定费。

法院认为,侵害公民的身体造成伤害的,应当承担民事赔偿责任。学校在上体育课投掷铅球时,体育老师未按规定指导学生站在投掷圆圈后面的安全区域,而是错误指导学生站在为记分而画的两条白线外,且在上诉人靠近白线时,体育老师又未及时制止,未尽组织、管理之责,对陈某的受伤该老师主观上有过错,客观上其行为与损害结果有因果关系,依法应承担民事赔偿责任。鉴于老师的行为是职务行为,故对外应由学校承担民事赔偿责任。上诉人在事发时站在白线外10~20厘米处,是在老师的错误指导下,误以为该区域为安全区,且当时上诉人为初一学生,属限制民事行为能力人,对朱某投掷的铅球会伤及其人身,缺乏预见和判断能力，故上诉人主观上无过错，不应承担民事责任。原审被告朱某是在老师的指导下，在规定的区域内投掷铅球，主观上无过错，也不应承担民事责任。故原审对责任的认定是正确的，应予维持。上诉人在原审中提供的法医检验报告及嘉兴康慈医院的鉴定书，因被上诉人提出异议，且与事实存在较大差异，原审不予采纳无不当。上诉人不同意重新鉴定，只能承担无法确定伤残等级的法律后果。二审中经上诉人申请，委托省高级法院法医所做出的鉴定，内容客观、真实，应予认定。此外，二审依职权向省高院法医所做的关于上诉人不存在智力障碍的咨询笔录，当事人均未提出异议，也应予认定。关于赔偿范围问题，对原审判决的医疗费、交通费、护理费、住院伙食补助费以及学校已付款数额，当事人均无异议，应予维持。二审中上诉人新增加的医疗费、交通费、护理费，除其中因法医鉴定需要所花费的医疗费 90 元、交通费 97.10 元应予认定外，其余不属本案处理范围，可另行处理。伤残补偿费的认定，应按法医鉴定的八级伤残，并按 1999 年平均生活费 6080 元×20 年×30%，应为 36480 元。鉴于上诉人受伤后的实际情况，上诉人提出赔偿精神损失费的诉讼请求成立，应予支持。但赔偿数额的确定，应从被上诉人的过错情况、侵害情节、赔偿能力及上诉人的伤残程度等综合因素考虑，确定为 6000 元为妥。关于上诉人提出的继续治疗费、营养费均未提供相应的证据，故该上诉请求不能成立，不予采纳。关于法医鉴定费的认定，上诉人在原审中提供的鉴定未被采纳，故该鉴定费理所当然也不能认定。但请求认定二审的鉴定费理由成立，应予支持。二审中，原审被告为弥补上诉人的损失，自愿补偿上诉人 2000 元，应予准许。鉴于二审诉讼主要是因上诉人在原审中不同意重新鉴定而引起，故二审受理费应由上诉人负担。

据此，二审法院判决如下：1. 维持（2000）海少民初字第 15 号民事判决的第一项，即学校赔偿陈某的医疗费 20243.66 元、交通费 1890 元、护理费 2400 元、住院伙食补助费 840 元，共计 25373.66 元，扣除已付的 24147.86 元，余款 1225.80 元。2. 撤销（2000）海少民初字第 15 号民事判决的第二项，即驳回陈某的其余诉讼请求。3. 被上诉人学校赔偿上诉人陈某伤残补偿费 36480 元、精神损失费 6000 元，法医鉴定所花费的检查费 90 元、交通费 97.10 元，合计 42667.10 元。以上 1、3 项相加，中学尚应支付赔偿款共计为 43892.90 元，于本判决生效后 10 日内履行。4. 原审被告朱某的监护人朱有兴自愿补偿陈某 2000 元人民币，予以准许。5. 驳回上诉人的其他诉讼请求。一审受理费 6833 元，由上诉人陈某负担 5604 元、被上诉人学校负担 1228 元。二审受理费 4197.88 元，由上诉人陈某负担；法医鉴定费 300 元，由被上诉人学校负担。

评 析

一、学校有过错应承担责任

《中华人民共和国未成年人保护法》第十七条规定："学校和幼儿园安排未成年学生和儿童参加集会、文化娱乐、社会实践等集体活动,应当有利于未成年人的健康成长,防止发生人身安全事故。"学校在上体育课投掷铅球时,体育老师未按规定指导学生站在投掷圆圈后面的安全区域,而是错误地指导学生站在为记分而画的两条白线外,且在上诉人靠近白线时体育老师又未及时制止,未尽组织、管理之责,对陈某的受伤该老师主观上有过错,客观上其行为与损害结果有因果关系,依法应承担民事赔偿责任。鉴于老师的行为是职务行为,故对外应由学校承担民事赔偿责任。

二、受害人无过错不承担责任

受害人在事发时站在白线外10~20厘米处不正确的位置,是在老师的错误指导下,误以为该区域为安全区,且当时受害人为初一学生,属限制民事行为能力人,对朱某投掷的铅球会伤及其人身,缺乏预见和判断能力,故受害人主观上无过错,不应承担民事责任。

三、加害人无过错不承担责任

加害人朱某是在老师的指导下,在规定的区域内投掷铅球,主观上无过错,也不应承担民事责任。

铅球伤人案

案 情

2001年4月12日,下午第四节课是学生孙某所在班级的语文课,任课教师为增添学生写作文的灵感,安排全班同学到校操场观看其他班级正在进行的篮球比赛。观看期间,孙某和其他3个同学私自来到铅球训练场,观看本校毕业班报考体育专业的学生崔某练习掷铅球。因体育教师未在场,孙某等几人就轮流抛掷铅球玩。孙某到铅球场内拾铅球时，被崔某掷出的铅球砸中头部，经医院抢救治疗，孙家共花去医疗费用1.28万元。法医鉴定孙某为十级伤残。孙某向法院提起诉讼。

判　决

经过审理，一审法院根据过错原则按比例划分了各方责任，判决崔某和学校各赔偿孙某损失5131.04元，其余费用由孙某自己负担。判决生效后，崔某不服，提起上诉。新乡市中院维持了原审判决[4]。

评　析

在本案中，学校、受害人和加害人三方都有过错，应各自承担相应责任。

一、学校的过错

《中华人民共和国未成年人保护法》第十七条规定："学校和幼儿园安排未成年学生和儿童参加集会、文化娱乐、社会实践等集体活动，应当有利于未成年人的健康成长，防止发生人身安全事故。"原告所在学校的任课语文教师在组织学生观摩期间，对学生擅自离开篮球场前往铅球场的行为未予及时阻止，对事故的发生存在过错；铅球场负责训练的体育教师对铅球训练活动管理不力，对事故的发生也存在一定过错。因两位教师是在履行教学职务过程中对学生疏于管理，侵犯了他人的合法权益。由于教师的行为是职务行为，依法应由学校承担对孙某的赔偿责任。

二、加害人的过错

《中华人民共和国民法通则》第一百零六条第二款规定："公民、法人由于过错侵害国家的、集体的财产，侵害他人财产、人身的，应当承担民事责任。"该案中，致害人崔某作为限制民事行为能力人，对一般事情已具有一定的认识和预见能力，在掷铅球时，应意识到场地里有其他同学，秩序混乱，在此情况下投掷铅球可能会发生伤害危险，但他仍然出手投掷，未尽到注意安全的义务，造成受害人头部受伤，理应承担过错责任。《民法通则》第一百三十三条规定："无民事行为能力人、限制民事行为能力人，造成他人损害的，由监护人承担民事责任。"崔某的监护人应对其给他人所造成的损害承担侵权责任。

三、受害人的过错

《中华人民共和国民法通则》第一百三十一条规定:"受害人对于损害的发生也有过错的,可以减轻侵害人的民事责任。"本案中的受害人孙某作为限制民事行为能力人,不按照语文老师的安排活动,擅自离开篮球场地,在铅球场内未注意自身安全,对损害结果的发生也存在一定过错。

学校篮架倒塌伤人案

案　情

虞某为井冈山大学教育学院2012级教育本科学生。2013年4月9日中午,虞某等6名学生在学校五栋教学楼后的篮球场练习篮球,准备参加之后举行的班级篮球比赛。虞某从北面篮球架下运球向南面的篮球架练习上篮,扣篮之后双手吊在篮筐上,结果篮架随即倒下,篮板下沿砸中虞某胸部,致使其当即卧地不起。事发后,现场同学立即拨打120,等120赶到事发现场时,发现已无生命体征,但校方还是将其送往医院尽力抢救。

当日下午17:00,记者赶到井冈山大学事发篮球场地,倒地篮球架还在现场,肉眼识别篮球架年久失修,略显陈旧,其他3个篮球架都已经贴上告示"篮架急需维修,不得使用,禁止一切练习活动!"[5] 据调查,井冈山大学的篮架为2004年修建的,学校承认,"篮筐有些倾斜,高度不标准",以至于身高1.71米左右的虞某也能扣篮。学校表示,学生打球时操作没有问题,发生这起悲剧的主要原因可能在篮架的基座[6]。

和　解

学校通过精神抚恤、赔偿等方式解决此次事件。经双方友好协商,达成了一致。家长觉得校方处理得当,平静地接受了。赔偿金额双方均未透露[7]。

评　析

学校场地设施存在安全隐患,未履行安全保障义务,应承担责任。篮架作为地上人工构建物倒塌侵权，实行的是过错推定责任。根据我国《民法通则》第一百二十六条的规定，建筑物或者其他设施以及建筑物上的搁置物、悬挂物发生倒塌、脱落、坠落造成他人损害的，其所有人或者管理人应当承担民事责任。但能够证明自己没有过错的除外。学校应对其教学设施——篮球架负有管理义务，这些教学设施一旦发生危险，并给别人造成侵害，学校就应当承担责任。在本案中，如事发前篮球架都已经贴上告示"篮架急需维修，不得使用，禁止一切练习活动"，学生作为大学生，有识别能力仍然贸然使用，则学生放任对自己安全的注意，有过错；如警示是事后贴的，则学生无过错。

篮架倒塌砸死砸伤打球者的案件近年来时有发生：2012年9月19日，海南东方市板桥镇一名小学六年级学生被学校操场倒下的生锈的篮球架砸中头部当场死亡；2011年9月，江苏昆山震川中学高一学生顾某在学校打篮球时，不幸被倒塌的篮架砸中脑部，经一天抢救无效身亡；2011年8月，福建省平安县一位16岁少年在该县一公园打篮球时，被倒下的篮球架砸中，抢救无效死亡，该案系篮球架根部锈蚀严重所致；2004年4月，21岁的张某在北京某大学操场打篮球时被突然倒塌的篮球架砸伤，法院一审判决张某获赔17余万元。之所以篮架伤人频发，主要是篮球架具有一定的使用年限，尤其是室外球场的篮球架，由于日晒雨淋尤其易坏，地下部分也会因为积水、螺丝生锈等问题提前进入退休年龄。大部分学校可能因为资金等问题，更换篮球架的时间都在8~10年。在篮球架服役期的最后几年，学校尤其要注意对它的安全检查。

在篮球架倒塌伤人案件中，大部分案件由学生抓住篮筐扣篮而致，一些学校因此对学生进行教育，或者在篮板或篮架上写有警示"禁止抓篮筐"，也是可行的预防措施。

体育课踢足球受伤案

案　情

2002年3月5日，在某中学下午上体育课自由活动时，初中二年级学生马某与其他10余名男同学在未经体育老师允许的情况下，在学校用红砖铺就的西侧教学楼操场上踢同学焦某带到学校的足球。马某因与张某抢足球而摔伤，被送到医院治疗。经鉴定为伤残七级，医疗终结时间为伤后5个月。马某的法定代表人在其住院期间支付医药费1714.15元。

2002年5月12日，马某诉至法院，要求被告的学校赔偿其伤后各种经济损失29129.16元，法院依法追加张某为共同被告。

判 决

法院认为：马某和张某在学校上体育课自由活动期间，未经许可擅自与其他同学在不适宜踢足球的操场上踢足球，致使马某在与张某抢球时摔伤。损害发生时，马某和张某作为初中二年级学生，虽已超过10周岁，但未满18周岁，都属于限制民事行为能力人。根据他们的年龄和智力状况，能够理解并预见在不适宜踢足球的操场上抢球的行为可能造成的损害后果。因此，马某和张某对损害后果的发生都有过错，应当承担此起损害的主要责任。因他们属于限制民事行为能力人，其民事责任应由各自的监护人承担。学校对在校学生在上体育课时的活动疏于管理，致使马某在与张某抢足球时摔伤，应当承担此起损害的次要责任。据此判决：1. 马某伤后的各种经济损失14794.4元，由马某的法定代理人自负4438.32元；张某的法定代理人负担4438.32元；学校负担5917.76元。

马某不服原审判决提起上诉，认为学生在学校上课期间，监护权利已转移。马某与张某在体育课时无过错，是体育老师安排其到操场上玩球，造成的人身损害被上诉人应承担全部责任。故请求撤销原判，依法改判。

二审法院驳回上诉，维持原判。

评 析

按照教育法和未成年人保护法的规定，教育机构对未成年人负有教育、管理、保护的法定职责和义务。对此，理论界和实务界进行了深入的探讨，已经取得了共识[8]。学校如违反法律规定或怠于行使法律义务而导致学生伤害，则要承担赔偿责任；如学校已经履行法定义务，非其能够控制或预见而发生学校体育伤害，则学校可以免除其责任。在本案中，学校、受害人、加害人各方都有过错，应根据过错程度承担相应的责任。加害人和受害人都是初二学生，根据他们的年龄和智力状况，能够理解并预见在不适宜踢足球的场地上踢球可能造成的损害后果，却仍然贸然从事此活动导致伤害，因此存在过错；此伤害发生在体育课上，体育老师对于学生在不适宜的场地上踢球没有及时制止，也存在过错。

学生跑步猝死案

案 情

小强,男,15岁,武汉某大学附属中学高中一年级学生。2003年10月,小强经确诊患有肥厚型心肌病。2004年7月,小强被附中录取,入学体检时,医生发现其有心脏病,小强如实陈述其心肌病史,体检档案对此记载。

2004年12月9日下午,附中组织学生参加冬季越野长跑比赛。小强坚持半个小时(16:30—17:00左右)完成约3000米长跑。长跑结束后,小强继续在学校上完晚自习(18:30—20:10)。骑自行车半个小时后回到家,刚一进门对父亲说了句"下午跑得好累啊"便倒地不醒,小强父亲随即拨打120急救电话,后经广州军区武汉总医院抢救无效,于22:10被宣告身亡,诊断结论为猝死。

学校最初打算以5000元对死者家属进行慰问,之后口头表示以人道救助名义和教工捐款形式给予总额不超过3万元的经济补偿,但拒不承认与事故相关的过错责任。

死者父母于2005年4月20日向武汉市洪山区人民法院提起民事诉讼,状告附中及其上级主管单位武汉某大学,索赔经济损失和精神损失合计30.6万元。

判 决

一审判决认定:学校组织冬季越野长跑时明知小强有心脏病,应当加以劝告并制止。小强的猝死与其当天大运动量过大有一定的关联,由于学校劝告小强参加长跑的力度不够,故学校组织冬季越野长跑对小强的管理存在一定的过失,因此对小强猝死所造成的经济损失和精神损失应当给予一定的赔偿。由于小强的父母明知其子患有心脏病,在其子参加长跑时未全面履行监护责任,作为监护人监护不够,对其子的死亡自身存在一定的过失,亦应承担相应的责任。判决认定死亡赔偿金146440元、丧葬费3661元、其他损失5250元、精神损失44649元,合计20万元,由学校承担60%的责任,即赔偿小强父母经济损失12万元,小强父母承担40%的责任。

评 析

学校和受害人对于伤害后果都有过错。

一、学校的过错

1. 学校组织冬季越野长跑比赛，具有一定的危险性，应当通知学生家长，请家长反馈学生是否有不适合参加长跑的疾病，以便行使监护权利和履行监护义务。

2. 小强被附中录取，入学体检时，医生已经发现其有心脏病，小强如实陈述其心肌病史，体检档案对此进行记载。在此情况下，属于学校知道或者应当知道小强有特异体质的情况，但学校没有尽到必要的谨慎，仍然让小强参加具有一定风险性的体育活动，导致了死亡的结果，学校显然缺乏对特异体质学生体育参与的相应制度并保证其实施，因此学校是有过错的。

二、受害人的过错

学生和家长应该对学生的身体状况最为了解，小强有心肌病史家长和学生都早已知晓，但是却没有注意，仍然让小强参加具有一定危险性的长跑，因此小强的死亡结果与其自身的特异体质和未尽对自身安全的谨慎义务有关，受害人是有过错的。

参考文献

[1] 浙江省嘉兴市中级人民法院民事判决书（2000）嘉民终字第300号.

[2] 海宁市人民法院（2000）海少民初字第15号民事判决.

[3] 浙高法技活（2000）55号法医学活体检验鉴定书.

[4] 张思杰，杨志鹏，孙玉兰. 一个铅球惹祸端 三方有责 [EB/OL]. 新浪体育，http：//news.sina.com.cn/c/2003-07-22/0536420839s.shtml.

[5] 大学生打篮球时因球架老旧倒塌被砸身亡 [EB/OL]. 新浪体育，http：//news.sina.com.cn/s/2013-04-09/205426776895.shtml.

[6] 江西吉安井冈山大学一大一新生扣篮时篮架倒塌被压身亡 [EB/OL]. 新民网，http：//news.xinmin.cn/shehui/2013/04/11/19668925.html.

[7] 篮架砸学生学校担责任 已和家属达成赔偿事宜 [EB/OL]. 腾讯体育，http://sports.qq.com/a/20130413/000073.htm.

[8] 杨立新. 制定民法典侵权行为法编争论的若干理论问题——中国民法典制定研讨会讨论问题辑要及评论（二）[EB/OL]. http：//www.yanglx.com/dispnews.asp?id=285.

第十一章 体育伤害——驴头驴友案

雪山遇难诉领队未采取适当措施救助案

案 情

2000年5月5日,北大山美登山队成员任某在格尔木与凯图登山队相遇,任某要求加入到该队,成为该队成员,凯图登山队同意。凯图登山队原成员有领队刘某、攀登队长董某、队员张某等6人,成员根据个人的经济能力和装备交纳登山经费,经费包括带队人员的路费食宿费、队员路费食宿费、公用装备磨损费,队员所出费用3500~4500元不等。任某交纳费用500元。5月10日,凯图登山队攀登玉珠峰。根据宾宇丹撰写的《黑色的5月10日—K2登山队玉珠南坡山难亲历记》记载,"当日15时左右,队员王某受伤后,由张某、任某负责照管,我先回营地去寻求救援。当我15时30分左右到达C1营地时,天气突变,风力已达七八级,气温达零下30℃左右。当时,营地里只有已无体力和救援经验的戴某和于某。当日16时,刘某回到C1营地,得知张某、任某的情况后,立即去救援,但因天气原因,无法成行。5月11日凌晨3点钟左右,刘某去寻找张某、任某、王某,凌晨4点左右回到营地。5月13日,刘某、董某与格尔木市有关部门的人员一同到玉珠峰进行搜寻失踪人员。"根据青海省登山运动管理中心出具的证明书证明,任某于2000年5月10日在攀登青海省境内的昆仑山脉东段玉珠峰(6178.60米)时遇难,并由搜寻队将其掩埋在玉珠峰南坡东南侧海拔5350米处。

2001年5月,任某父母诉至北京市海淀区人民法院称:由于刘某组织的登山活动违法,并且在任某遇险时未采取适当的救助措施,其不救助的行为与任某的死亡有直接的因果关系。同时,在任某遇难后,刘某不仅不将任某遇难的情况告诉我们,反而在我们得知情况对其进行询问时,说了一些极不负责任的话,伤害了我们的感情,给我们造成了物质和精神损失,任某在加入凯图登山队时,支付了登山费用,刘某组织的凯图登山队具有商业目的,因此,刘某对任某负有保证生命安全的义务。我们要求法院判决刘某承担任某的丧葬费用，赔偿我二人处理任某死亡事宜的实际支出3445元（人民币，下同）及精神损失费10万元。

刘某答辩称：我组织的登山活动并不违法。任某不是凯图登山队的成员，而是北大山美登山队的队员。由于北大山美登山队在攀登玉珠峰时未能登顶，该队撤离途中，任某与我队在格尔木相遇后，临时加入我队。之前，我们同任某素昧平生，根本不知道他的具体情况，出于共同对登山活动的热爱，才同意任某加入我们登山队的。我们登山队没有任何的商业目的，登山队员的费用是根据其个人经济能力的大小而自愿承担的，费用完全用于登山所需的开支。任某加入我队后，自愿交纳了500元的登山费用。在登山活动中，大家都做到了相互帮助。我作为领队，尽到了自己的职责。任某的死亡系天气突然变化所致，属不可抗力，与我没有直接因果关系。在任某遇难后，由于我们事先都不清楚任某准确的个人信息，因此，无法同其单位和家人联系。在与任某父母进行交涉过程中，我并没有任何伤害他们感情的言语。不同意两原告的诉讼请求。

法院根据双方当事人提供的证据，经过庭审质证后，认为不能证明任某的遇难系该登山队的登山活动违法及出现危险时刘某采取措施不力造成的。同时，不能证明这次登山活动中当事人所交的费用中包括利润和该次登山活动具有商业目的。

《国内登山管理办法》第四条规定：登山活动须组织两人以上的团队，有组织、有计划地进行。第五条规定：登山团队须由具有独立法人资格的单位予以组织指导，并代表登山团队统一办理登山活动有关事务。第六条规定：组成登山团队，计划攀登一座山峰须具备以下条件：（1）团队成员须经县级以上医院身体检查合格，无障碍疾患；（2）须有半数以上成员系统学习过登山基础知识，持有各级登山协会颁发的合格证书；（3）须有一定数量的成员具备登山计划目标下档山峰的经历（山峰高度档次按5000米、6000米、7000米、8000米4个级别划分）；（4）须配有登山活动所需的技术、防暴、通讯、生活等基本装备器材。第八条规定：攀登8000米以下高峰，向组队所在省、市、自治区体委申报。经批准后，发给一次性《登山活动批准书》。省、市、自治区体委在办理批准手续的同时，向国家体委登山运动管理中心备案。第九条规定：登山团队进山前须向山峰所在地省、市、自治区体委交验批准书和全队人身保险证明，领取《进山许可证》，并接受其指导。进山前组织者对有关活动的各种社会宣布，皆不能作为进山的依据。第十二条第一项规定：按照国家体委登山运动管理中心和山峰所在地省、市、自治区体委核准的山峰和路线攀登，不得攀登其他未经批准的山峰和路线。第十八条规定：不经申报、擅自进山活动，成绩不予承认，其组织者取消申报资格 3 年。凯图登山队是一支无固定组织和固定成员的业余登山队,它所进行的登山活动是由登山爱好者自愿结队利用业余时间而开展的。虽然该登山队的登山活动不符合《国内登山管理办法》规定的程序要求,但根据《办法》的有关规定,对不经申报、擅自进山进行登山活动的,其后果是登山成绩不予确认,对其组织者取消申报资格 3 年。按该办法的规定,并不禁止业余登山爱好者自发组织登山队开展登山活动。因此,两被告所诉刘某未按该办法的要求组织登山活动是一种违法行为,该违法行为直接导致任某参加登山活动后遇难,没有事实和法律依据,法院不予采信。

登山是一项具有高度危险性的体育活动。特别是在一定海拔高度以上、环境恶劣地区进行的登山活动所存在的危险性更大。作为完全民事行为能力人,任某在参加凯图登山队的登山活动之前,应当认识到登山活动现实存在的危险性,并应当对自己参加登山活动可能出现的后果有所预见。根据双方的证据材料,在 5 月 10 日攀登玉珠峰时,由于天气突然变化,任某与张某在当时无法救助受伤队员王某而自行下撤过程中,突遇七八级的暴风雪,任某失踪。之后,刘某等队员在得知情况后,试图救援,但因恶劣的天气原因而无法进行搜救工作,任某于玉珠峰 6178.60 米处遇难。在这样的事实背景下,刘某作为凯图登山队的领队,对任某的死亡是否应当承担民事责任,法院认为:当事人承担民事责任应当具备以下要件:第一,由于行为人的行为导致损害后果的发生;第二,行为人的行为与损害后果的发生具有法律上的因果关系;第三,行为人对损害后果的发生具有主观过错。在具体的登山过程中,每个登山队员都具有完全的民事行为能力,其对自己行为的后果应当具有清醒的认识和预见。刘某作为领队,对登山队成员的登山活动并不具有法律上的监护责任。任某的死亡,是因为他在撤往营地的过程中,突遇七八级暴风雪及恶劣的周边环境等不可抗力的自然原因所致。没有证据证明任某死亡的发生与刘某的行为具有法律上的因果关系,以及因刘某存在主观过错而导致任某遇难后果的出现。刘某作为登山活动的领队,虽然对登山活动具有一定组织管理职责,但是,根据本案事实,刘某即使未尽到管理的职责,也与任某因不可抗力原因的出现而导致死亡的后果没有因果关系。

为人父母,老年丧子,的确是值得同情的。但是,法律所体现的公平,是要将不幸的损失确定由造成该损失的人来承担。而在本案中,根据双方提交的证据材料,法院无法认定是刘某的行为造成了任某死亡的后果,以及因此造成了任某的父母的不幸及损失。相反,根据本案查明的事实,任某是在其意识清醒的情况下,自愿攀登玉珠峰的过程中遭遇不可抵抗的暴风雪而不幸死亡的。同时,任某死亡后,掩埋在玉珠峰,并没有丧葬费用的发生。因此,被告要求刘某承担任某死亡的民事责任，没有法律依据，本院不予支持。综上所述，法院依据《中华人民共和国民法通则》第一百零七条之规定，于2001年5月30日判决如下：驳回要求刘某承担任某的安葬费用，并赔偿处理任某死亡事宜而实际支出的费用人民币3445元及精神损失费人民币10万元的诉讼请求。

一审判决后，双方当事人均未提出上诉[1]。

评 析

一、违反行政规定，不是侵权构成的要件

凯图登山队是一支无固定组织和固定成员的业余登山队，其所进行的登山活动是由登山爱好者自愿结队利用业余时间而开展的。虽然该登山队的登山活动不符合《国内登山管理办法》规定的程序要求，但根据该办法的有关规定，对不经申报、擅自进山进行登山活动的，其后果是登山成绩不予确认，对其组织者取消申报资格3年。按该办法的规定，并不禁止业余登山爱好者自发组织登山队开展登山活动。该办法属于部门规章，不能以此规定来认定民事行为的违法性。被告认为刘某未按该办法的要求组织登山活动是一种违法行为，因为其行为具有违法性，因此，他就应当对任某的遇难承担民事赔偿责任的诉求，是没有事实和法律依据的。根据案件的事实，即使刘某组织登山的行为具有违法性，但这种组织行为的违法性也与任某遇难结果之间没有必然的联系。

二、归责原则

《民法通则》第一百零六条规定："公民、法人由于过错侵害国家的、集体的财产，侵害他人财产、人身的应当承担民事责任。没有过错，但法律规定应当承担民事责任的，应当承担民事责任。"由此可见，在我国，承担民事责任的基础是当事人具有主观过错，除特殊的民事责任外，当事人无过错，则不应当承担民事责任。在本案登山活动中，每个登山队员都具有完全的民事行为能力，对自己行为的后果应当具有清醒的认识和预见。刘某作为领队，对登山队成员的登山活动并不具有法律上的监护责任，并不能对成员个人在登山过程中的人身安全负绝对保障责任，对任某的遇难没有任何过错。

三、任某遇难是意外事件

本案受害人任某在高海拔环境恶劣的玉珠峰进行登山活动时，因天气的突然

变化，在暴风雪中遇难，解释为意外事件可能更为合适。意外事件，是指非因当事人的故意或过失而偶然发生的事故，它是包括自然因素在内的一些外在于当事人的意志和行为偶然因素合力产生的一种事故，也是侵权行为法上的一种免责事由。登山是一项具有高度危险性的体育活动，特别是在一定海拔高度以上、环境恶劣地区进行的登山活动所存在的危险性更是如此。任某作为完全民事行为能力人，在参加凯图登山队的登山活动之前，应当认识到登山活动存在的现实危险性，并应当对自己参加登山活动可能出现的后果有所预见。根据双方的证据材料，任某在 5 月 10 日攀登玉珠峰时，由于天气突然变化，他与张某在当时无法救助受伤队员王某而自行下撤过程中，突遇七八级的暴风雪，任某失踪。之后，刘某等队员在得知情况后，试图救援，但因恶劣的天气原因而无法进行搜救工作，任某因此在玉珠峰 6178.60 米处遇难。由此可见，任某的遇难，是因为他在撤往营地的过程中，突遇七八级暴风雪及恶劣的周边环境等不可抗力的自然原因所致。刘某作为登山活动的领队，虽然对登山活动具有一定的组织管理职责，但在遇到这种自身无法预见、不能避免并不能克服的恶劣的天气状况时，对所发生的损害后果是不应当承担责任的。法院认为这是一种不可抗力，即《民法通则》第一百五十三条规定，不可抗力"是指不能预见、不能避免并不能克服的客观情况"。因人力自身无法抗拒的自然现象和某些社会现象造成的后果，当事人不承担法律责任。这是各国民法普遍规定的免责事由。我国民法通则第一百零七条规定："因不可抗力不能履行合同或造成他人损害的，不承担民事责任，法律另有规定的除外。"

四、受害人自甘风险

无论是正规的还是业余的登山队，无论是经批准的还是未经批准的登山活动，由于其危险性，特别是登高海拔的山这样一项具有高度危险的活动中，登山队员是在对危险有充分、清醒的认识，对所登山峰的地理、气候环境有较详细的了解下，为征服大自然所进行的冒险，就是为了与大自然进行抗争，以克服前人及他人所克服不了的自然现象来证明自己的能力。任某作为登山队员，在脱离本队后自愿加入被告做领队的登山队，再次冲击同一山峰。这种行为或者职业爱好，说明其已做好了自甘风险的准备，即明知攀登此山峰的危险而甘冒风险，并与之一搏，即"任某在参加凯图登山队的登山活动之前，应当认识到登山活动现实存在的危险性，并应当对自己参加登山活动可能出现的后果有所预见"。本案所出现的意外事件后果，正是属于受害人甘冒风险的范围。

南宁驴友案

案 情

2006年7月7日,梁某在南宁时空网休闲生活栏目驴行驿站版块上发帖,帖子内容为:"7月8、9号赵江泡水FB,有人要一起吗?这地方我想也有很多人知道了……这周周末人还要继续,有人要一起来吗?……要一起的报名了哦!好定人数,费用AA,应该每人60左右,明天周六8点整准时在安吉站集合。"

受陈某邀请,受害人骆某答应与陈某一同前往参与活动。7月8日上午,共有包括骆某在内的10名成员在南宁市安吉客运站汇集,另有1名成员韦某在两江镇等候与10人队伍会合。由于梁某自驾的柳微车无法载乘10人,陈某和骆某则乘坐另一团队的车辆到达武鸣县两江镇赵江与梁某等人一起进行户外探险活动。而另2名成员潘某、梁某自驾车辆到达赵江加入该探险活动。12名成员每人交付给梁某60元的活动费用。

当晚,因活动区域的周围地势险峻,该团队就在赵江河谷裸露的较为平坦的石块上安扎帐篷露营休息,其中骆某与陈某同住一个帐篷。从晚上至7月9日凌晨,该团队露营地区连下了几场大雨。7月9日上午6时许,梁某、覃某起床查看水情。7月9日上午7时许,由于连场的大雨导致赵江山洪暴发,在河谷中安扎的帐篷被山洪冲走,骆某亦被冲走。梁某等12名成员在混乱中通过自救或互救基本脱离危险后,发现骆某已经失踪,遂打电话报警。

此后,由两江镇政府组织的搜救队在赵江下游离事发地点大约3公里的三联村处河谷石缝中找到已经遇难的骆某的遗体。当日,武鸣县公安局两江派出所分别把陈某、黄某、徐某等带回派出所,对整个事件的前后经过进行询问,并制作了询问笔录。7月10日,武鸣县公安局两江派出所出具一份《证明》,内容为:"2006年7月9日上午7时许,武鸣县两江镇赵江电站河道发生洪水,发生一起意外死亡事故,死者骆某,女……"。

骆某的父母遂于2006年8月4日向南宁市青秀区法院起诉,请求法院判令梁某等12人赔偿各项经济损失共计191068元的80%,即152854元;赔偿精神损害抚慰金20万元;梁某等12人对上述赔偿款负连带赔偿责任。

原告认为,梁某等12人对被害人的死亡负有不可推卸的责任:第一,发帖人梁某未持有任何经营旅游业的合法证照，组织团队出游并向队员收取费用，其行为不具有合法性；第二，7月正值雨季，梁某未考虑气候灾害等因素，不顾他人人身健康与安全组团出游露营，甚至让团队在十分危险的河床中安营扎寨，是户外活动的禁忌，而且晚上过夜时也没有安排人员守营防范危险发生，以致险情发生时没有及时发现并通知成员迅速安全撤离，最终导致悲剧的发生；第三，与被害人同一帐篷的陈某是一位具有较丰富经验的户外活动者，其此次邀被害人随团出游，理应对其负有安全防范义务；第四，作为同行的其他被告按社会道德规范，被害人与他们之间形成了相互关照、相互救助的义务关系，然而竟然没有一个人告知被害人有危险，事发时被告各自都幸免于难，而被害人却在无任何提醒和防范的情况下失去生命。

被告则认为：自助游属于"风险自担"的行为，即受害人参加某种活动时，事先做出甘愿承担风险的明示或默示的意思表示，当风险发生时应当自己承担损害后果，如足球、拳击等对抗性较强的活动都属于"风险自担"的行为。其次，本案各被告主观上无过错、无违法行为，损害结果是由于山洪暴发所造成的。公安机关证明这是一场因洪水发生的意外死亡事故，而山洪暴发是自然灾害，它的发生不以人的意志为转移，因此各被告并无侵权行为。被害人的死亡是因山洪暴发导致的意外事故，原告诉求的理由是基于道德而非法律上的义务规范，原告要求的赔偿项目没有事实和法律依据。

据事后《法律与生活》的报道，由于我国目前对于户外自助游并无明确的法律规定，一审法院的判决颇费周折。法院认为，案件的重点在于：第一，梁某在网上发帖召集并收取每人60元的费用，没有订立任何形式的合同，梁某也不具备任何组织旅游的资质；第二，13人乘坐梁某提供的车辆在梁某的带领下赴赵江露营；第三，夜晚梁某组织团员在河床中裸露的石块上露营且未安排人员守夜；第四，事发当晚当地连下了几场大暴雨；第五，山洪暴发后几秒钟之内冲走了骆某露营的帐篷，12名同行人员慌乱中完成自救，但不能确定当时是否有机会和能力救助骆某。

当合议庭讨论到同行的12人是否需要承担责任时出现分歧意见：看法一，认为由于山洪暴发是瞬间发生，当时谁都没有时间也没有机会去救助他人，法律不能要求一个人放弃自己的生命去救助其他人的生命，因此这12个人不用承担责任；看法二，认为这12个人并不存在过错，但基于公平原则，应当适当分担损害后果（关于这一点，这次合议没有取得一致意见）；看法三，认为他们选择一同出游时相互间就产生了互相救助的义务，由于他们未能举证证明自己已对骆某实施了积极的救助行为，且从后果上看，这个义务并没有被很好地履行，因此应当承担一定的责任,但由于当时的环境及条件所限,这12个人对损害后果承担的责任应当被适当限制。这次合议还确定了责任的比例分担问题,认为骆某未能对他人进行救助,连自救义务都未完成,同行人员虽未能对骆某进行有效救助,但完成了自救义务,因此,骆某应承担比其他同行人员更重的责任比例。最后看法三占据了上风。

判 决

青秀区法院于2006年11月22日对骆父、骆母与被告梁某等12人人身损害赔偿纠纷案一审做出判决,针对本案最重要的争议焦点,法院认为应根据受害人骆某、被告梁某与其余11名被告在本次户外活动中的主观过错大小、事发当时的客观条件及行为与损害后果之间的因果关系来确定本案的民事责任较为适宜。最终,酌定受害人骆某、被告梁某与其余11名被告按2.5∶6∶1.5的责任比例来承担本案的民事赔偿责任。判决被告梁某赔偿原告死亡赔偿金、丧葬费、误工费、交通费、住宿费和精神损害抚慰金共163540.35元,其余11名被告连带赔偿原告各项经济损失48385.09元。

法院在一审判决书中指出:"梁某的一系列行为均具有组织行为的特征,应认定其为组织者。"在认定梁某作为活动的发起人的基础上,法院指出梁某负有下列义务:第一,对探险活动的危险性应具有前瞻的意识,事前对队员可能发生的困难和危险应负有说明和警示的责任;第二,在各种可供选择的户外探险方式中,应选择最有利于避免危险的方式进行活动,将损害发生的可能性降到最低;第三,在意外事故发生时,应负有组织成员及时撤离和积极施救的义务。法院判定梁某承担侵权责任,就是因为梁某违反了其先行行为(网上发帖号召)而引发的上述三项作为义务,其行为已具备疏忽大意、疏于防范、未尽职责的重大过失,具有明显的主观过错。

此判决一出,网上评论风起云涌,声讨声、指责声沸沸扬扬[2]。梁某等人不服一审判决,提起上诉。

二审法院认为:上诉人梁某等人及骆某进行户外集体探险,各参与人系成年人,有完全民事行为能力,对户外集体探险具有一定风险应当明知。各参与者之间基于对风险的认识而产生结伴互助的依赖和信赖,具有临时互助团体的共同利益。各参与者之间并不存在管理与被管理的关系。梁某在网上发帖提出到武鸣县两江镇赵江进行户外探险活动的想法,帖子的内容只有出行时间、集合地点、目的地、费用估算及分担方式,并没有以组织者的身份制定具体活动方案,要求参与者服从其管理。从活动情况看，参与者之间也是松散的关系，没有具体的组织分工，也没有公推梁某为组织者，故梁某只是这次活动的发起人，并非组织管理者。活动费用在发帖时也已明确是"AA"制，即自助式，事实上不存在梁某通过此次活动营利的行为，一审判决认定梁某为此次活动的组织者，其行为具有营利性质，缺乏事实依据。上诉人梁某等人及骆某在户外集体探险活动中突遇山洪暴发，骆某死亡，属于不可抗力造成的意外身亡，上诉人已尽必要的救助义务，主观上并无过错。被上诉人主张上诉人对骆某的死亡存在过错，依法无据，法院不予支持。一审判决认定上诉人对骆某的死亡存在过错，并据此判决上诉人承担赔偿责任是错误的，应予纠正。但是，尽管上诉人对骆某的死亡主观上不存在过错，根据《中华人民共和国民法通则》第一百三十二条"当事人对造成损害都没有过错的，可以根据实际情况，由当事人分担民事责任"以及《最高人民法院关于贯彻执行〈中华人民共和国民法通则〉若干问题的意见（试行）》第157条"当事人对造成损害均无过错，但一方是在为对方的利益或者共同的利益进行活动的过程中受到损害的，可以责令对方或者受益人给予一定的经济补偿"的规定，上诉人作为参加户外集体探险的当事人仍应分担民事责任，给予被上诉人以经济上的适当补偿。梁某在该户外集体探险活动中作为发起人，应比其他参与者适当多分担责任，2009年2月25日，广西南宁市中级人民法院对受到普遍关注的"驴友"案做出二审判决：梁某补偿骆父、骆母3000元；其余11名上诉人各补偿骆父、骆母2000元[3]。

评　析

本案是我国AA制户外活动发生的纠纷（也称自助游、驴头驴友案）中较早的一例，引发的社会关注极大，两审判决也有很大差异。

一、自助游的性质

所谓户外活动，指所有在户外进行的以健身、休闲、娱乐为目的的运动项目，包括远足徒步、登山、露营、山地越野、攀岩、蹦极、漂流、溯溪、沙漠穿越、摩托越野、极地探险、洞穴探险等运动。户外活动不可避免地具有一定的风险性，极易出现伤害。目前户外活动有两种组织者：一种是营利性旅行社、俱乐部；另一种是不以营利为目的的纯义务爱好者，也称自发性户外活动或者自助游。营利性旅行社、俱乐部的注意义务显然要高于自助游。

自助游是一种完全自发的、松散型的自助组合，形式上一般具有以下特点：

活动者自由结合，自愿参加；由一个或数个组织者（领队）负责安排活动路线、出发时间和费用等事宜，组织者同时也是参加者，对于其他参加者没有绝对的管理权力；活动费用由参加者平均负担，即所谓的"AA 制"，活动不具有营利性质，也不产生合同相对应的权利义务关系。通过网络组织自助游是最重要的形式。旅游者此前只知道相互之间的昵称，不知道真实姓名，甚至不曾谋面。一般是某个资深驴友作为发起人，发帖推介某条旅游线路，介绍该线路具体情况、出行时间、行程、困难等级等并发起号召，该驴友因此被称为"驴头"。其他网友觉得行程适合自己，就在网上响应，结伴进行自助游。本案符合上述特征，梁某网上发帖，出事那天同行的 13 人是临时拼凑而成的，有的坐在被告梁某的 7 座面包车里，有的搭其他队伍的车到达，另有两人半途中决定加入。网名"果菜汁"的被告之一称："我之前根本不认识死者，那天的活动，连她的长相都没有看清。山洪来临时，我们也死里逃生，根本没有能力救她，我们为什么对她有责任呢？""60 元是预交的，有人没有零钱，还没有交足。本来是打算周日夜里回南宁后再算明细账，哪知周日早上就出事了。"[4]

有研究者认为，从本质上说，自助游的性质是情谊行为。情谊行为为正常社会生活所必需，一般目的是为了增进情谊，并具无偿性特征[5]。"有些行为发生在法律层面之外，因此它们不能依法产生后果，这类行为没有统一的名称，学者们通常称之为纯粹的'情谊行为'或'法律层面之外的行为'。"[6] 作为与法律行为相对应的概念，情谊行为设立的目的在于区别市民社会与政治国家之间的界限，避免国家过多干涉私人活动，在私人领域给予公民个人最大的自由。因此，情谊行为"有其自己的调整规范（社会、道德规范），即使一方违反约定，另一方请求法律保护，法律也不应介入，除非涉及严重侵权，则由侵权行为法调整。"[7]

二、驴头的性质

自助游活动中所称的驴头，一般是倡议自助游的人，驴头的性质及对驴友的法律责任是什么呢？一审法院认为，梁某是自助游的组织者，依据最高法院《关于审理人身损害赔偿案件适用法律若干问题的解释》第 6 条第 1 款的规定，"从事住宿、餐饮、娱乐等经营活动或者其他社会活动的自然人、法人、其他组织，未尽合理限度范围内的安全保障义务致他人受人身损害，赔偿权利人请求其承担相应赔偿责任的，人民法院应予支持。"由于梁某是组织者，且选择河谷扎营，"未尽合理限度范围内的安全保障义务"，则梁某应承担过错责任。

但像梁某这样的驴头是否是法律上的"组织者"？是否拥有从属管束权是区别两者的关键。"组织者"在活动中应享有一定的权力，能够对他人下达命令，产生约束性，相应地要负担起一定的义务。旅游活动中的"组织者"起码应当具有人身管束权、财产支配权和行动监督权等权力。在自助游中，他只是提倡者；在活动过程中，他的权利义务与其他人没有区别。发帖者的驴头并不具有特权，除了制定活动方案、规划旅游线路外，其他事情都是活动过程中大家协商解决，参与者中没有任何人自愿置于他人管理之下，也就不存在服从与被服从、管理与被管理的关系。另外，发起人不以营利为目的，也就不能为其设定过高的义务。对结伴自助游来说，它还是一个松散型的队伍，各参与人都是完全民事行为能力人，之间没有管理与被管理的关系，也就没有侵权法意义上的"组织者"[8]。驴头可能经验相对丰富，对气象、地形、地貌更为了解，在野外防范、规避危险和救助知识方面更有经验，因此，常常成为事实上的协调者，在道义上承担了更多的责任，但这是道义上的责任，而不是法律上的义务。在本案中，驴头梁某是20岁的一个户外新手，死者21岁，和其他参与者都没有什么户外经验。队伍出发前他们忽视了目的地将要下雨的事实，面对即将出现的恶劣天气准备不足，而且在休息时，将帐篷扎到河谷中，晚上不留人守夜，使这次活动存在十分严重的隐患，导致伤害的发生。死者是自助游参与者之一，具完全民事行为能力，既然积极参加此次活动，并默认活动的方式、宿营地点的选择等事项，应该说，这和其他同行者的责任是一样的。

三、自助游应自甘风险

户外探险符合自甘冒险行为的特征，具有较多不确定的风险存在，活动的参加者基本都是具有完全民事行为能力的成年人，理应对自己的行为后果有清晰的认识。组织者和发起人往往要公开免责声明和签署免责协议。如果活动参与者和组织者之间达成了明示的风险自负协议，则可以适用明示的自甘风险，承认免责协议有效；如果没有达成明示的免责协议，而参与者只是以自己的自愿加入行为表示承担活动中的特定的内在风险，免除被告对于活动潜在风险的注意义务，则可以适用主要的默示自甘风险。其间发生危险，造成损害后果，应当根据自甘风险规则，免除其他组织者及参与者的责任。如果组织者或者其他参与者对于损害的发生有过失，则应适用次要的默示自甘风险；如果没有过失，不得责令其承担责任。

自甘风险理应成为自助游的免责事由。首先，自助游参与者都是完全民事行为能力人，在活动之前都清楚活动所包含的风险因素，对具体活动的困难等级、危险状况等都有必要的了解。其次,明知此危险存在,各参与人仍然积极报名参加,说明他们以自己的行动认可了免责声明的效力,对由此造成的后果承担完全责任。第三,自助游活动属于当事人对自己行为的自由处分,它实质上没有违反社会公共利益或公序良俗。

四、自助游应有风险意识

当不可抗力和意外事故发生后,参与者负有自救和互相救助的责任。但是,参与者不能因此就将希望寄托在自助组织、团友或发起人身上。

灵山驴友案[9]

案 情

2007年3月6日,郝某、张某在网站论坛上发帖子,约定于3月10日组织一次由网友自愿报名参加的野外登山活动。在帖子中,郝某公布了活动路线、集合时间、地点及相关注意事项。在郝、张二人发布的免责声明中明示:"本次活动为非营利自助活动。户外活动有一定的危险性和不可预知性。参加者对自己的行为及后果负完全责任。领队组除接受大家监督、有责任控制费用和公开账目外,不对任何由户外运动本身具有的风险以及往返路途中发生的危险所产生的后果负责。凡参加者均视为具有完全民事行为能力人。如在活动中发生人身损害后果,赔偿责任领队组不承担。由受损害人依据法律规定和本声明依法解决。代他人报名者,被代报名参加者如遭受人身损害,赔偿责任领队组不承担。"

2007年3月7日,孙某报名参加活动并获批准。在3月10日的活动中,原定的路线变更,行走时间大大超出了原先的计划,一直持续到当天的午夜,全体人员已不间断行走超过12小时,参加活动的孙某突然出现虚脱症状,后经多方抢救无效死亡。经法医鉴定,孙某系由于寒冷环境引起体温过低,全身新陈代谢和生命机能抑制造成死亡。

失去爱女的孙某父母将活动发起人郝某、张某诉至法院,以郝某和张某的组织行为导致孙某死亡,具有侵权的主观以及网络公司为追求商业利益,盲目鼓励存在风险及安全隐患的活动,具有明显的主观过错为由,要求郝某、张某及网络公司连带赔偿各种损失40余万元。

判 决

一审法院审理后以发起组织者郝某、张某不具备对环境的控制能力和管理责任、不承担应对产品或服务承担保障人身、财产安全的经营者义务、出现意外后也履行了必要的救助义务等为由驳回了孙某父母的全部诉讼请求。一审判决后孙某父母不服,提起上诉。

二审法院审理后认为,在我国,自助式户外运动是近年来兴起的一种运动方式。该种户外运动一般有多人参加,在组织形式上一般具有以下特点:活动者自由结合,自愿参加;由一个或数个组织者或称领队负责安排活动路线、出发时间和行程等事宜,组织者同时也是活动的参加者,对于其他参加者没有绝对的管理权力;活动费用由参加者平均负担,即所谓的"AA 制",活动不具有营利性质,且最高人民法院《关于审理人身损害赔偿案件使用法律若干问题的解释》第四条规定:"从事住宿、餐饮、娱乐等经营活动或者其他社会活动的自然人、法人、其他组织,未尽合理限度范围内的安全保障义务致使他人遭受人身损害,赔偿权利人请求其承担相应赔偿责任的,人民法院应予支持。"自助式户外运动虽不属于经营活动,但仍属于司法解释规定的"其他社会活动"的一种,领队属于活动的组织者,仍应尽到合理限度范围内的安全保障义务。所谓的"合理限度范围",就要考虑该活动的性质、特点,参加者之间的相互关系。

就郝某、张某与孙某家人之间纠纷案件的情况,法院认为郝某、张某是这次自助式户外运动的发起者,同时也是组织者。根据查明的事实,郝、张二人于2007年3月6日在网上发帖的内容包括活动时间、地点、路线、行程安排、装备要求、活动强度、风险提示等。发帖后,在队员报名后,张小姐还给包括孙某等队员打电话,提示山上会很冷,要多带衣服。应当说郝先生、张小姐在发起户外运动之初,尽到了应当注意的义务。

在活动过程中,当天因客观原因不能按原计划进行时,郝某、张某组织包括孙某在内的一行人共同协商并经大家一致同意后决定改变行程路线。关于孙某父母认为郝、张临时修改活动路线,其二人对更改后的路线并不熟悉,且是在冬季雪后地形地貌发生较大变化的情况下选择这样的路线,是人为地扩大了风险的主张。法院认为:首先,郝某、张某也只是一个户外运动的爱好者,非专业人员,没有理由要求他们此时对风险的预见十分准确;其次,到目前为止,双方当事人均未能举出充分证据证明前后两条线路的难易差距;再次,更改线路也是经全体参加者同意，并非组织者个人行为。在事发当晚孙某出现虚脱症状后，郝、张等人对其采取了人工呼吸等救助措施，并报警求助。郝、张二人采取的救助措施符合当时的客观环境及自身条件，不能认为是没有积极救助。而孙某本人作为具有完全民事能力的人，理应了解该类运动所具有的特殊自然风险，因此她完全可以依实际情况及自身的状况决定是否参加，并采取相应的有效防范措施。事实表明当天其身体状况较差，并且未注意保暖。她自甘风险的行为最终造成损害后果的发生。

根据以上理由，可以认定，郝某、张某在本次自助式户外运动中，并未出现明显的重大错误，作为组织者对参与者尽到了相应的安全保障义务。孙某所受损害的发生，原因在于自助式户外运动本身所具有的自然风险及自身身体状况，作为组织者的郝、张二人对此并无过错，不应承担侵权损害赔偿责任。但是，尽管郝某、张某的行为尚不足以使其承担民事侵权责任，但鉴于孙某毕竟在二人组织的活动中遇难，给其父母带来巨大悲痛。出于道义上的考虑，法院建议郝某、张某向死者父母道歉，以使其心灵得到慰藉。最后，法院终审判决维持了一审法院的判决。

评 析

在南宁驴友案一审中，法院判决"驴头"承担主要责任，死者承担次要责任，其他"驴友"承担适当责任——该判决广受诟病，因为它不符合侵权法自甘风险原则。自甘风险原则就是行为人明知所要参加的活动存在风险，仍然冒险参加，造成损害，无权就其损害请求其他相关人承担损害赔偿责任。

驴头驴友自助探险活动本身就存在风险，有可能受到损害，本案的发起人甚至发布了免责声明。孙某自愿参加自助风险游，应视为接受免责声明，这就是自甘风险。其间发生危险，造成损害后果，应当根据自甘风险原则，免除其他组织者及参与者的责任。当然，如果组织者或者其他参与者对于损害的发生有过失，则另当别论；如果没有过失，不得责令其承担责任。只有这样，才能够体现民法和侵权责任法的公平。因此，本案一审和二审判决理由充分，是一个经得起考验的判决[2]。

参考文献

[1] 中国应用法学研究所. 王俊香等因其子在登山时突遇恶劣天气遇难诉登山队

领队刘雪鹏未采取适当措施救助赔偿案［A］．人民法院案例选（2002年第3辑）（总第41辑）［C］．北京：人民法院出版社，2003．

[2] 杨立新．公平正义观念的市民社会表达（一）北京："驴友"自冒风险索赔无理由［EB/OL］．法律快车，http：//www.lawtime.cn/info/jianding/sfjd/20111112777368.htmlhttp：//club.topsage.com/thread-1788799-1-1.html.

[3] 李佳，王文波．"驴友"登山意外死亡　家人索赔未获支持［EB/OL］．中国法院网，http：//www.chinacourt.org/public/detail.php?id=328256；孙晓梅.备受关注的"驴友案"二审宣判［EB/OL］．中国法院网，http：//nnzy.chinacourt.org/public/detail.php?id=7371；陈华婕，田波．"驴友"案：主审法官"吃螃蟹"［EB/OL］．《法律与生活》半月刊，2007年1月上半月刊．

[4] 吴琪．南宁"驴友第一案"的责任纷争［EB/OL］．新浪体育，http：//news.sina.com.cn/s/2006-12-07/122511726560.shtml.

[5] 姜纪超．自助游的法律性质及其司法适用［EB/OL］．天津法院网，http：//tjfy.chinacourt.org/public/detail.php?id=17647.

[6] 迪特尔·梅迪库斯.德国民法总论［M］．邵建东，译．北京：法律出版社，2000：148.

[7] 董学立、王晓燕．论民事法律行为的成立与生效［J］．山东大学学报（哲学社会科学版），2003：4.

[8] 姜纪超．自助游的法律性质及其司法适用［EB/OL］．天津法院网，http：//tjfy.chinacourt.org/public/detail.php?id=17647.

[9] 李佳，王文波．"驴友"登山意外死亡　家人索赔未获支持［EB/OL］．中国法院网，http：//www.chinacourt.org/public/detail.php?id=328256.

第十二章 体育不当行为与处罚——与体育有关行为

新加坡假球案

案 情

新加坡是世界上为数不多的允许引进整支外国球队参加国内顶级足球联赛的国家。2007年,有8支国外球队申请加入已经成立了11年的新加坡联赛(S-League,简称新联赛),竞争空前激烈。新加坡足总对引进一支球队的考察主要基于3个方面——俱乐部管理水平,财务状况,球员技术素养。希望能够引进水平稍高于新加坡本土球队的外国球队带动新联赛发展。来自中国的辽宁广原队与韩国的超红队最终胜出加入新联赛。新足总认为辽宁广原实为辽足二队,这与在新联赛表现活跃的日本新潟队非常类似,母队与子队的模式比较稳固。而且,为了打开广阔的中国市场,新足协一直瞄准中国球队[1]。

加入新联赛后,辽宁广原在新加坡踢比赛时的一些不正常情况引起了新足总的注意。2007年10月3日,在新加坡联赛第二阶段的最后一场,辽宁广原对阵实力不是很强的芽笼。赛前,突然有大量资金涌入盘口,而且几乎全是买芽笼赢球的盘。如此诡异的情况引起了新足总的注意。那场比赛,辽宁广原0∶3惨败。还有两次,广原分别以0∶5和0∶2的比分输给了实力很弱的赶柏联队,这些都被认为是不正常的比赛[2]。

11月14日,新加坡联赛2007赛季刚结束3天,新加坡贪污调查局(Corrupt Practices Investigation Bureau,以下简称CPIB)的执法人员在清晨突然闯进辽宁广原队的队员宿舍实施搜查与拘捕。此次搜查收获颇丰,在一些队员的床下和衣橱里发现了大量现金,与他们的正常收入并不吻合。同时,辽宁广原队总经理兼领队王鑫也被控制[1]。王鑫在上世纪80年代后期入选沈阳队,职业联赛第一年代表沈阳六药出场,之后因伤离开球队进入大连铁路,不久退役。2003

年，王鑫曾在陕西国力任职，协助当时的总经理王珀。2006年，又以副总经理的身份在山西路虎协助王珀。

当晚，辽宁广原所有队员被带回CPIB进行审讯。CPIB一直对可能操纵比赛的行为保持高度警惕和密切监控，辽宁广原案发也是源于CPIB此前收到了相关情报。早在这之前，CPIB对辽宁广原队的调查就已经进行了几个月，掌握了充足的证据后收网。以球员赵志鹏为例，最直接的证据就是手机短信，他曾经在比赛前发短信回国，预先透露了比赛结果。

2008年1月7日，新足协发布公告，正式宣布王鑫被禁止参与所有和足球有关的活动，舆论哗然。球队经理直接参与踢假球，这在新加坡体育史上是从来没有的情况[1]。

2月6日，赵志鹏与李雪柏、王林、董雷、李铮、彭志毅、佟迪7名球员在新加坡初级法院第一次出庭受审。

2月13日，赵志鹏率先再次出庭受审。赵志鹏在法庭承认自己在3场球赛中踢了假球。其中，王鑫要赵志鹏在2007年10月3日举行对垒芽笼联队的球赛中输至少3球。赵志鹏听从指示在赛场上没有尽力，结果辽宁广原队以0:3输球。几天后，王鑫给了他2000元新币。11月1日，王鑫又要求赵志鹏在对垒甘柏联队的球赛中输至少3球，结果辽宁广原队以0:5告负，王鑫又给了赵志鹏2000元新币。最后一场于11月12日举行的辽宁广原队对垒阿比雷斯队比赛，王鑫希望自己队输至少2球，结果是0:2，当时贪污调查局已收到线报，赛后两天便将赵志鹏逮捕，因此这次没能收到酬劳。原本赵志鹏需要面临3项指控，但法庭出于他主动认罪等各方面考虑最终免除了另外两项控诉[1]。

按照新加坡法律，踢假球是很严重的罪行。对此，赵志鹏的律师极力申明，被告只是一个小卒，和王鑫的关系并不是一般的球员和俱乐部总经理的关系，而是仆人与主人的关系。赵志鹏在加入辽宁广原队时，曾和王鑫签订"主仆条款"：赵志鹏需无条件听从王鑫的支配。而且王鑫在俱乐部独揽大权，赵志鹏作为刚刚加盟广原的新手如果不听话，将有失业危险。最初赵志鹏也曾抵制过王鑫的无理要求，但王鑫声称跟中国黑帮势力有联系，还时常列举和他作对的人遭受何等惨烈的处置，赵志鹏的家人在中国，他不能不为家人的安全着想，不敢违背王鑫的指示。因此律师辩护说："赵志鹏完全受制于主仆劳工条款，他无法执行自己的自主选择。"为了撇清赵志鹏贪钱的嫌疑，律师声称赵并没有花掉王鑫给他的4000新加坡元（约合两万人民币），这些钱已经全部上交到新加坡反贪污调查局[3]。

判 决

新加坡初级法院判决：2007年辽宁广原队7名球员收受球队总经理兼领队王鑫总计20704美元的贿赂，故意输掉6场联赛比赛。7人均违反新加坡《反贪污法案》中的6（a）条款，违者"可被判罚10万新币、入狱5年，或两者兼得"。赵志鹏最终被判处7个月监禁；李学白、李政、董雷、彭志宜和童迪5人被判处5个月监禁；王林被判处4个月监禁。这6人还被处以罚金，罚金数额是他们从球队总经理兼领队王鑫那里接受的贿赂金额。法官认为这6名球员都是在球队总经理兼领队王鑫的控制下，没有选择只能踢假球，所以对这6人进行从轻判罚[4]。

这也是新加坡联赛自1996年以来涉及球员人数最多的打假球案。在宣判中，新加坡地方法官表示：参与打假球是严重的罪行，损毁了受大众喜爱的足球运动以及新加坡足球联赛的声誉[5]。

辽宁广原队领队兼总经理王鑫在1月16日并未按规定前往法庭，法庭认为他弃保潜逃，新加坡初级法庭对他发出拘捕令。针对王鑫的指控共有25项，他涉嫌在2007年3月到11月之间，以2.8万新元（约合1.95万美元）的贿金，收买自己球队的8名球员，要他们在和5支球队进行的6场比赛中，故意输给对方两个或3个球。当时王鑫已被禁参与所有足球相关活动；一旦罪名成立，他将永久被禁参与新加坡的所有足球活动及担任球会领队。同时，新加坡足球总会也将致函亚洲足球联合会和国际足球联合会，建议把对王鑫的禁令扩大至全世界。

2008年年底，国际刑警组织新加坡国家中心局发出红色通缉令，请求我国警方协助抓捕弃保回国的王鑫。由于王鑫是辽宁大连人，根据属地管制原则，2009年年初，公安部部署辽宁省公安厅协助调查王鑫在新加坡非法操纵足球比赛一案。辽宁省公安机关经过4个月工作，终于让王鑫投案自首[6]。在接受审讯时，他供出了大量国内联赛的赌球信息，揭开了广州医药队与山西路虎队踢假球等内幕，从而引爆了这一震惊海内外、牵扯数十名被告人的足球腐败系列案。

评 析

新加坡对贪腐行为实行"零容忍"（Zero Tolerance）制度，体育领域的腐败也不例外。CPIB是主要的打击足球控制比赛的力量。CPIB成立于1952年，最初只是新加坡警察总署刑事调查部下辖的一个反贪处，随着《反贪污法案》不断修订完善，CPIB权限越来越大，成为凌驾于其他政府部门之上、直接隶属于总理公署，局长由总统根据总理的提名任命，工作由总理直接领导，是对总理负责的机构。

CPIB 对新联赛的监控除了抽查比赛录像、接受举报之外，还会不定期地对球员进行抽检，甚至动用测谎仪等一系列高科技设备。不用说像辽宁广原这样赤裸裸地操纵比赛，即便是无意中的违规都决不能容忍。2003 年，一位本土球员在比赛前向对手队伍的朋友无意中透露了球员上场和伤病信息，后来被禁赛 1 年，并罚款 5000 新币。新加坡法律还规定，足协与球会内部人士都不许购买足球彩票，也不能将任何比赛信息透露给亲朋好友，其严格可见一斑。每年联赛开始前，新联赛的每一个人，包括新足协工作人员、各球队球员、教练员及俱乐部工作人员，都会签署《职业道德承诺协议》，以此警示每个人的行为必须符合体育职业道德，足协与球会绝对不会袒护任何有问题的人。

1999 年，新联赛开始后的第四年，新加坡建立了足球彩票制度，由新加坡博彩公司全权负责运营。新加坡赌球合法化之后，CPIB 对盘口的监控从来没有放松。一支幕后监管团队时刻都在注意着赌球盘口的变化，稍微有异动就会进行追踪。如果某场比赛在赛前出现了投注异动，有大笔的资金突然买了俱乐部比赛某个盘口，CPIB 会通过足总告知俱乐部注意。发现嫌疑后 CPIB 会通过各种手段来进行调查。以 CPIB 在新加坡的地位和权限，监视涉嫌控制比赛人员的通信易如反掌。作为独立反贪机构，CPIB 有权对一切怀疑对象实施调查、搜查、逮捕及监视跟踪[1]。新加坡博彩制度规定，5000 新币以下的投注和奖金，可以到投注站去领取，但凡超过 5000 新币的大单，必须到总站去投注和领取，留下详细的个人信息，以便于事后追查。想通过控制比赛在这个盘口下注获利风险极大，也就几乎无人敢冒这个险。

2006 年，有中国国内赌盘瞄准了新加坡联赛，将其列为正式的赌球盘口，2007 赛季这个针对新加坡联赛的盘口正式上线。王鑫率领的辽宁广原队因此来到新加坡。王鑫并未涉足新加坡赌球系统，而是在国内由专人下注新加坡联赛，广原队则按照庄家的意图来比赛。他们认为这种模式是安全的。但辽宁广原队在联赛中不断出现的离奇表现引起了新加坡调查反贪部门的注意。其实，新加坡赌球合法化之后，司法机关特别注意防范境外赌球势力对国内的影响。很多新加坡当地人会在英国等境外赌球网站下注，但是新加坡的金融系统对这种资金流向给予密切关注，一旦一个账户向赌博网站投注的资金超过一定标准或者交易过于频繁，就会立刻被控制，金融系统还将阻止这个账户继续与赌博网站交易。王鑫等人以为在国内下注不会被人发现，但他们的行动其实也在监控范围之内。往来的账号、通信的电话记录等就是证据的一部分。所以，在新加坡警方采取行动的时候，基本证据已经确凿。

足球反赌扫黑案

案　情

2009年，一场由境外赌球事件为导火索、由司法部门牵头并直接领导的"反赌战役"在中国足坛轰轰烈烈地展开。从2009年8月份起，公安部门先后两次公布了中国足坛反赌打黑行动的案情，王鑫、王珀、尤可为等10多名足球圈内人被捕[7]。

10月16日，前广东雄鹰俱乐部总经理钟国健被南下羊城的辽宁警方控制，成为在中国足坛扫赌反黑风暴中落马的第一人。

10月18日，一名涉案建筑工程老板被警方带走；10月19日，广州市足协官员杨旭因涉嫌行贿落案。

10月下旬，前广药俱乐部成为主要调查对象，其财务总监、俱乐部副总和相关官员被警方带走。

11月，辽足十连冠球员吕东被警方传讯；11月6日，中国足协负责商务开发的范广鸣被警方要求协助调查，成为第一个涉案的足协官员。

11月10日，曾担任过陕西国力、呼和浩特等多家俱乐部总经理的王珀被警方控制。王珀被认为是中国足坛参与赌球、假球最多的人，他的落网，也成为这次扫赌风暴的一大突破口。据悉，王珀交代出多名中国足坛资深人士，仅大连就有70多人被查。

11月13日，前成都谢菲联队助理教练尤可为以涉嫌赌博犯罪被捕。尤可为供认，在他任职厦门蓝狮助理教练期间，仅在2005年厦门蓝狮冲超那一年，就有11场球有问题。

11月16日，原青岛海利丰领队刘宏伟被拘留，在此前后，多名退役球员接受调查。据媒体报道，扫赌仅一个月，公安部掌握的涉赌"黑名单"就有百人之众。

11月25日，公安部公布了"王鑫等16人涉嫌利用商业贿赂操纵足球比赛结果"案件的初步情况，具体涉及的比赛场次是2006年8月19日中甲联赛广州医药对山西陆虎的比赛。

12月11日，公安机关表示，在侦查王鑫一案时，经过进一步深挖和调查，发现犯罪嫌疑人尤可为还涉嫌利用商业贿赂，参与操纵 2007 年中甲联赛个别场次的犯罪线索。尤可为、许宏涛（成都谢菲联俱乐部董事长）被依法逮捕，刘红伟等涉案人员被刑事拘留。

12 月 12 日，青岛海利丰俱乐部总经理王守业被协助调查。

12 月 15 日，前鲁能队长邢锐被警方带走协助调查。至此，由海利丰牵涉出来的延边队也有人员被要求协助调查。

12 月 15 日，一封匿名检举信寄至公安部及相关部门和许多记者手上，信件标题为《中国足协黑幕揭秘》，信中检举了足球运动管理中心主任南勇如何勾结他人、致使足协亏空，包括爱福克斯公司冠名赞助 2006 年中超联赛的黑幕等经济问题。

12 月 29 日，媒体报道前全兴主力后卫、现任香港谢菲联主帅的张伟哲因为涉嫌涉足坛假赌事件已于日前被公安部门带走，而且很可能牵扯到香港联赛和全运会比赛。

2010 年 1 月 15 日，专案组带走了足协高官南勇、杨一民和原足协裁判委员会主任张建强。

1 月 18 日，媒体曝浙江绿城涉假被调查，球员曾收受巨额财物打假球。

1 月 21 日，公安部证实，南勇、杨一民、张健强被专案组传讯接受调查。

1 月 22 日，国家体育总局宣布免除南勇、杨一民一切职务，同时宣布任命原水上运动管理中心主任韦迪为足球运动管理中心主任[8]。

2 月 16 日起，涉案人员陆续被宣判：

谢亚龙身为国家工作人员，利用职务之便，非法收受他人财物，为他人谋取利益，1998 年至 2008 年 6 月，非法收受他人财物，合计折合人民币 136.38 万元，犯受贿罪判处有期徒刑 10 年 6 个月，并处没收财产 20 万，71 万元非法所得予以追缴。

南勇在担任国家体育总局足球运动管理中心副主任、主任，并兼任中国足球协会副主席期间，接受他人提出的在足球领域相关事务中给予关照的请托，于 1998 年至 2009 年间，收受多人给予的现金合计人民币 119.6554 万元及手表、项链等物品，为多家足球俱乐部、球员、教练员及相关人员谋取利益，犯受贿罪判处有期徒刑 10 年 6 个月，罚金 20 万人民币。

杨一民在 1997 年至 2009 年，利用担任国家体育总局足球运动管理中心领导的职务便利，为足球教练员、足球俱乐部谋取不正当利益，非法收受他人财物人民币 125.4 万余元，犯受贿罪判处有期徒刑 10 年零 6 个月，罚金 20 万元。

蔚少辉利用担任国家体育总局足球运动管理中心开发部副主任、比赛总协调、比赛监督、中国国家男子足球队领队等职务上的便利，为他人谋取承办、协调组织商业比赛、俱乐部甲级联赛比赛、聘用国家队管理人员等方面的利益，以及利用中国国家男子足球队领队职权和地位形成的便利条件，通过北京体育大学国家工作人员职务上的行为，为他人谋取体育考试中的不正当利益，1995年至2010年间，非法收受或索取他人财物，合计人民币123.6554万元，犯受贿罪判处有期徒刑10年6个月，并处没收个人财产人民币20万元。违法所得人民币123.6554万元依法予以追缴。

李冬生在2003年3月至2010年，为他人和部门谋取利益，先后多次收受贿赂，共计人民币79万余元。于2005年2月至2008年3月，先后6次以虚开发票的方式从地方承办单位的代收款项中套取公款人民币4.63万元，犯受贿罪判处有期徒刑7年，并处没收财产人民币10万元；犯贪污罪判处有期徒刑5年；执行有期徒刑9年，并处没收财产人民币10万元。

6月13日，沈阳中级人民法院对申思、祁宏、江津、李明（小）进行一审宣判，申思被判处有期徒刑6年，另外3人被判处有期徒刑5年6个月。4人均被处罚金50万元，并没收800万非法所得。4人均被控非国家工作人员受贿罪，涉案比赛为2003赛季甲A联赛最后一轮上海申花与天津泰达的比赛。时任泰达总经理张义峰通过中间人以共800万的贿金将4人买通，要求4人在比赛中放水[9]。

邵文忠任中国福特宝足球产业发展公司法定代表人、总经理兼任北京福特宝广告公司法定代表人、总经理期间，利用职务上的便利，1998年至2003年，共贪污人民币420万元、挪用公款人民币400万元。犯贪污罪判处有期徒刑12年，并处没收个人财产50万元；犯挪用公款罪判处有期徒刑6年，执行有期徒刑15年，并处没收个人财产人民币50万元。

黄俊杰在2005年至2009年，利用执裁足球比赛的职务之便，为相关足球俱乐部及相关人员谋取不正当利益，先后20余次非法收受他人财物共计人民币148万元、港币10万元，犯非国家工作人员受贿罪判处有期徒刑7年，并没收财产人民币20万元。

陆俊在1999年至2003年，利用执裁足球比赛的职务之便，为相关足球俱乐部及相关人员谋取不正当利益，先后7次非法收受他人财物共计人民币81万元，犯非国家工作人员受贿罪，判处有期徒刑5年6个月，并处没收财产人民币10万元。

周伟新在2001年至2005年，先后8次非法收受他人财物共计人民币49万元；2009 年，对黄俊杰等 4 名足球裁判员行贿 8 笔，共计人民币 35 万元、港币 10 万元，犯非国家工作人员受贿罪和对非国家工作人员行贿罪，执行有期徒刑 3 年 6 个月。

万大雪在 2003 年至 2009 年，利用执裁足球比赛的职务之便，先后 11 次非法收受他人财物共计人民币 94 万元，犯非国家工作人员受贿罪判处有期徒刑 6 年，没收财产人民币 15 万。

2001 年，被告人吕锋为感谢时任足球运动管理中心主任兼中国足球协会副主席南勇在工作中给予的关照，送给南勇人民币 5 万元。2007 年至 2009 年，吕锋在担任中超联赛总经理期间，利用职务之便，帮助广州市众一体育发展有限公司获得相关活动的承办权，收受该公司执行总监孙杰，法定代表人、被告人李东红给予的人民币 140 万元。犯行贿罪判处吕锋有期徒刑 1 年；犯非国家工作人员受贿罪判处有期徒刑 6 年，并处没收财产人民币 15 万元，决定执行有期徒刑 6 年 6 个月，并处没收财产人民币 15 万元。

张建强 1997 年至 2009 年，利用担任国家体育总局足球运动管理中心领导的职务便利，为足球教练员、足球俱乐部谋取不正当利益，非法收受他人财物人民币 273 万余元。犯受贿罪判处有期徒刑 12 年，罚金人民币 25 万元。

2007 年 9 月，杜允琪利用担任青岛海利丰俱乐部总裁的职务便利，与成都谢菲联俱乐部董事长许宏涛等人通谋，收受成都谢菲联 50 万元，指使青岛海利丰队在中甲比赛中故意输给成都谢菲联队。2008 年 10 月，杜允琪指使本队球员贿买对手无锡中邦队员，后青岛海利丰队赢得比赛成功保级，行贿人民币 100 万元，并共同侵占了海利丰俱乐部 30 万元。2009 年，伙同被告人杨向明、杜涛对周伟新非法拘禁、殴打、辱骂。2010 年，反抗公安干警对其实施的依法抓捕，致使一名公安干警轻微伤。犯对非国家工作人员行贿罪，职务侵占罪和非法拘禁罪、妨害公务罪，数罪并罚，判处有期徒刑 7 年，没收个人财产 10 万元。

范广鸣在 2006 年受指使向多支俱乐部人员行贿 100 万元，犯对非国家公职人员行贿罪判处有期徒刑 3 年 6 个月，并处罚金 15 万人民币。

许宏涛在 2007 年为帮助成都谢菲联足球俱乐部赢得球赛，与尤可为向被告人杜允琪、刘红伟行贿人民币 30 万元，犯对非国家工作人员行贿罪判处有期徒刑 1 年，缓刑 1 年，并处罚金 10 万。

尤可为在 2007 年，为帮助成都谢菲联足球俱乐部赢得球赛，与许宏涛向被告人杜允琪、刘红伟行贿人民币 30 万元。犯对非国家工作人员行贿罪判处有期徒刑 1 年，缓刑 1 年，并处罚金 60 万。

2006年，王鑫为赌球获利，与被告人刘彤、刘心斌共同送给王珀人民币90万元。2006年至2009年，通过他人获取"皇冠"赌博网站代理资格，接受投注，涉及赌资人民币1100余万元。犯对国家工作人员行贿罪和开设赌场罪判处有期徒刑7年，并处罚金330万。

2003年，李志民利用担任陕西国力足球俱乐部董事长的职务便利，为其他足球俱乐部谋取不正当利益，非法收受他人财物共计人民币250万元。以非国家工作人员受贿罪判处有期徒刑5年，没收财产人民币25万元。

2006年8月19日，被告人王珀利用担任西藏惠通陆华足球俱乐部总经理的职务便利，指使球队助理教练丁哲与广州医药足球俱乐部联系，在中甲联赛第17轮比赛中故意输给广州医药足球俱乐部。丁哲收受广州医药足球俱乐部20万元，王珀分得10.1万元。2006年5月和8月，王珀在无权决定的情况下，允诺帮助他人进入西藏惠通陆华足球俱乐部足球一线队，以办理进入球队注册相关手续为由，骗取他人23万元[10]。法院以受贿罪，判处王珀有期徒刑6年；犯诈骗罪，判处有期徒刑3年，并处罚金人民币23万元，决定执行有期徒刑8年，并处罚金人民币23万元[11]。

被告人陈宏作为重庆力帆足球俱乐部直接负责的主管人员，与高健为给力帆俱乐部谋取不正当利益，向身为裁判员的非国家工作人员黄俊杰贿予钱财。以对非国家工作人员行贿罪判处有期徒刑2年，缓刑2年。

2013年2月18日，中国足协纪律委员会根据《中国足球协会纪律准则及处罚办法》的规定，经纪委会全体委员会议讨论并表决，对中国足坛涉及假球黑哨案的单位和个人依据不同行为性质和后果，做出了扣分、罚款、退回比赛奖项及5年、终身禁止参加足球运动等行业处罚。此次处罚有两个原则：一个是尊重司法机关认定的事实和法律；二是综合考量行为发生时的历史环境及中国足球未来发展的现实。

在足协的处罚名单中，个人处罚分为终身禁止从事足球活动和5年内禁止从事足球活动两类。原中国足协副主席、足管中心主任南勇、谢亚龙，原中国足协副主席杨一民，原国足领队蔚少辉；原中国足协官员张建强、李冬生、邵文忠、范广鸣；原国际级裁判陆俊、黄俊杰、周伟新、万大雪；原中超公司总经理吕锋，原福特宝公司总经理邵文忠；原中国国家队球员申思、祁宏、江津、李明（小），以及原青岛海利丰俱乐部总裁杜允琪、队长杜斌、队员梁明，原西藏惠通俱乐部王珀、丁哲，原陕西国力俱乐部李志民，原青岛海利丰俱乐部王守业、左文清，原青岛中能俱乐部冷波，原广药俱乐部吴晓东、杨旭，原绿城足球俱乐部沈刘曦、胡明华，原无锡中邦俱乐部高峰、李丹，原延边俱乐部高珲、金光洙等

34人被终身禁止参加足球活动。处罚依据是《准则及办法》第63条（贿赂）或第70条（不正当交易）条款。

被禁止5年内从事足球运动的有24人，其中14人违反了《准则及办法》第63条（贿赂），10人违反了第70条（不正当交易），前者包括原泰达俱乐部张义峰，原上海申花俱乐部眭建华、郭峰，原中超公司官员杨峰、张祖建，原重庆足协秘书长高健，原重庆力帆俱乐部总经理陈宏，原沈阳华晨俱乐部章健、许晓敏，原广药俱乐部谢彬、陈志农，原青岛海利丰俱乐部刘红伟，原成都谢菲联俱乐部许宏涛、尤可为；后者包括原上海申花俱乐部总经理楼世芳，原广州松日俱乐部王学智、慕军，原无锡中邦球员陈琦、谭旭、陈亮、姚幼明、孙晓鸥、张扬，原四川冠城俱乐部主教练徐弘[12]。

评 析

历时三年多的涉足球系列犯罪案件，自2009年4月前沈阳队球员王鑫被辽宁警方逮捕到延伸案件的依次侦破，从众多案件被提起公诉到谢亚龙、南勇等前足协官员被依法重罚而尘埃落定。舆论认为，中国此次严惩足球腐败行为，不仅是对饱受诟病的中国足坛的一次强力整治，也从一个侧面显示了国家反腐倡廉的力度正在继续加强[13]。

从此次足坛反腐系列案所揭露的事实来看，过去几年中，中国足坛的腐败，可谓是触目惊心。涉及人员不仅限于裁判以及球员，还包括主管官员；涉案内容从赌球、操纵比赛到贪污、受贿；不仅涉案人数多，而且犯案行为还呈现出经常性、日常化的特征。由此看来，中国足球的腐败，不是偶发性的，而是具有制度性的特征。对这种制度性腐败，如果不从体制上脱胎换骨，单靠用刑法惩罚几个人，可能还是无济于事的。要防止体育领域内贿赂犯罪现象，仅从刑法角度考虑尚不完全，刑法具有补充性而居于保障法的地位，在犯罪治理中首先应当寻求预防的政策，建立良好的体育自治，然后采取行政和民事等制裁措施，只有在不得已的情况下才适用刑法，刑法只是最后的屏障。

不管是雷霆万钧般的国家司法介入还是严厉的刑事处罚，其震慑、惩戒效果往往只能管住一时，之后必须依靠从业者主动提高自身的素质和觉悟，依靠有效的、可操作的长期监管机制，并辅以良好的内外部环境，才能维持下去。否则在整个行业监管制度有待加强、资本泡沫逐渐累积、国内外引发足坛各种丑恶现象的利益链条尚未从根源上断绝的背景下，很容易重蹈覆辙。中国足球仍然未真正建立起一个动态的、有效的长期监管制度。中国足球需要加快建立由多方参与的、与公安、金融等部门合作的一整套长期动态抽查、防治机制，并建立起良好的行业自治，才可能防止境外和地下赌博集团对职业联赛的渗透和操控。

徐弘禁赛案

案　情

2013年2月18日，中国足协纪律委员会根据《中国足球协会纪律准则及处罚办法》的规定，经纪委会全体委员会议讨论并表决，对中国足坛涉及假球黑哨案的单位和个人依据不同行为性质和后果，做出了扣分、罚款、退回比赛奖项及5年、终身禁止参加足球运动等行业处罚。

中国足协纪律委员会对徐弘做出的处罚通告称："原四川冠城足球俱乐部及其官员徐弘为谋取不正当比赛成绩，给予他人不正当利益，进行不正当交易，操纵比赛，严重违背体育道德，丧失体育精神，造成了恶劣的社会影响。依据《中国足球协会纪律准则及处罚办法》第五条、第六十三条、第七十条、第四十九条之规定，做出如下处罚：禁止徐弘从事任何与足球有关的活动5年（自2013年2月18日至2018年2月17日止）。"这意味着已受聘担任大连阿尔滨主教练的徐弘在5年内将不能在足球行业履职。

2月27日，徐弘向中国足协仲裁委员会进行申诉，认为中国足协对自己的处罚决定存在严重错误、认定事实不清、适用规范错误，请求撤销对自己的禁赛处罚。

一、关于认定事实不清

徐弘被中国足协认为有"谋取不正当比赛成绩"，但中国足协处罚中并无对事实的描述。徐弘在申诉书中称，中国足协所指的比赛是2003年四川冠城主场与陕西国力队的比赛，在2010年公安机关曾经向自己调查取证，自己已将事件的过程全部说明清楚：2003年9月，国力俱乐部总经理王珀主动给徐弘打电话提出国力准备在9月21日冠城对国力的那场比赛输球，因为当时王珀准备拿主教练卡洛斯开刀。在得到王珀的想法之后，徐弘将此事报告给俱乐部上级领导，俱乐部领导后来让自己通知王珀，至于背后的金钱问题自己既无权决定又没有传递，自己只是执行了主教练的职责，布置球员打好自己的主场比赛。徐弘在接受采访时曾经表示过，冠城当时的实力在国力之上，而且那场球又是冠城的主场，赢球并不是非常困难，因此没有必要为谋求不正当比赛成绩去主动联系王珀。

在申诉中，徐弘强调：自己当教练11个年头，从未收过球员家长一分钱，从未参与过赌球，从未从赌球中拿过一分钱，从未在引进外援上拿过一分钱。自己没有收取国力一分钱。因为没收钱属于不作为，是没有做的事情，所以自己没有办法举证。从举证责任分配上看，谁主张谁举证。如果中国足球协会或其他任何人认为自己收取了国力的一分钱，请拿出事实证据。

二、关于适用法律不当

徐弘也认为中国足协罚单之中的依据《中国足球协会纪律准则及处罚办法》第四十九条、第六十三条、第七十条这些规定并不适用于自己。按照纪律处罚准则第四十九条的"期限"规定：（一）比赛中的违规行为发生2年后，纪律委员会将不再受理。该条明确规定，比赛中违规行为发生2年后，纪律委员会将不再受理。中国足球协会处罚决定指证的事实即使是存在的，也已经过了2年期限。（二）上述第1款不适用于对贪污腐败的处罚（参见第63条）。第二款不适用于2年期限指的是腐败行为。《中华人民共和国刑法》第九十三条对贪污腐败有了极为明确的界定，即适用主体必须是国家工作人员，而国家工作人员是指国家机关中从事公务的人员。国有公司、企业、事业单位、人民团体中从事公务的人员和国家机关、国有公司、企业、事业单位委派到非国有公司、企业、事业单位、社会团体从事公务的人员，以及其他依照法律从事公务的人员，以国家工作人员论。中国足球协会的规定应当严格按照上位法《中华人民共和国刑法》的明确规定处理，不能违反，否则无效。自己作为一个民资足球俱乐部的教练员，不可能是国家工作人员，所以不适用第二款，故只能适用第一款，即已过了纪律委员会受理的期限。同样，在第六十三条"贿赂"的规定之中：（一）任何运动员、官员、俱乐部（球队）代表自己或第三方向中国足球协会有关机构、比赛官员、运动员、官员、俱乐部（球队）等提供、许诺或给予不正当利益，企图促使其违反中国足球协会规定，将受到处罚。对此徐弘认为，自己根本没有、也不可能为王珀提供、许诺或给予不正当利益，因此此条也并不适用于对自己的处罚。第七十条的"不正当交易"规定：参赛球队或运动员违背体育道德，丧失体育精神，为谋取不正当比赛成绩或不正当利益进行私下交易，经纪律委员会认定，给予处罚。对此徐弘认为：此条只适用于参赛球队及运动员，自己只是教练员，因此，该条并不适用。

三、关于不符合程序正义原则

徐弘认为,中国足协如果怀疑自己有任何违法违纪的行为应当摆事实,列法规,讲清道理,如果是采用第三方调查的材料(处罚决定中只有一句"根据有关司法机关认定的事实"),这些材料或所谓的"司法机关认定的事实"是否真实,也应当进行充分质证,即使是公安机关、检察机关举证的材料,也必须经过充分的质证,哪些证据可信,哪些证据不可信,分别违反了什么规定等,而且应当在处罚决定中明确写出。这是一个法治国家的基本要求[14]。

因此,徐弘认为:中国足球协会的处罚决定认定事实不清,而且适用规范错误,所以处罚决定不成立。在此,强烈申请足球纪律委员会在认真查清事实、正确适用规范的基础上,撤销中国足球协会对我的处罚,还我公正[15]。

评 析

在本案中,徐弘提出的抗辩有3点:

第一点,是否对事实认定不清的问题,因无更多证据披露,无法对其进行分析。

第二点,徐弘的行为是否已过追诉时效的问题。徐弘认为,《中华人民共和国刑法》第九十三条对贪污腐败有明确的界定——适用主体必须是国家工作人员,而自己作为民资足球俱乐部的教练员,不可能是国家工作人员。这种抗辩是不能成立的。作为职业联赛的教练员,徐弘的行为要受《中国足球协会纪律准则及处罚办法》约束。如果徐弘的行为是涉及贿赂操控比赛,则依据《中国足球协会纪律准则及处罚办法》第四十九条"期限"的规定,不受两年追诉时效的限制。第四十九条"期限"规定:(一)比赛中的违规行为发生2年后,纪律委员会将不再受理及处理。(二)上述第1款不适用于对弄虚作假、威胁、贪污腐败、使用兴奋剂、严重违背公平竞赛原则、不正当交易、关联交易等的处罚。本条款规定的"弄虚作假、威胁、贪污腐败、使用兴奋剂、严重违背公平竞赛原则、不正当交易、关联交易"并非刑法中规定的贪腐行为,而是行业管理的规定。

《中国足球协会纪律准则及处罚办法》第六十三条"贿赂"规定:(一)任何运动员、官员、俱乐部(球队)代表自己或第三方向中国足球协会有关机构、比赛官员、运动员、官员、俱乐部(球队)等提供、许诺或给予不正当利益,企图促使其违反中国足球协会规定,将受到下列处罚,即1.运动员:罚款、停赛、禁止转会、取消注册资格、禁止从事任何与足球有关的活动。2. 官员：罚款、禁止从事任何与足球有关的活动。第七十条"不正当交易"规定：参赛球队或运动员违背体育道德，丧失体育精神，为谋取不正当比赛成绩或不正当利益进行不正当交易的，经纪律委员会认定，给予下列处罚：（一）罚款、扣分、降级；（二）取消注册资格；（三）中国足球协会规定的其他处罚。因此，如果徐弘"为谋取不正当比赛成绩，给予他人不正当利益，进行不正当交易，操纵比赛"行为成立，则中国足协纪律委员会对其进行"禁止从事任何与足球有关的活动"的处罚并无不当。

第三点是处罚的程序正义问题。在程序正义方面，对徐弘的处罚是值得商榷的。程序正义是指在做出决定剥夺公民的生命、自由或财产时，必须遵循正当的法律程序。在一些特别严重的案件中，体育行业已经建立了与司法程序的标准相似的体育纪律处罚程序，包括：及时召开听证会；公正的听证委员会；自费聘请代理人出席听证会的权利；告知被控罪名及理由的权利；答辩权；出席听证会各方有出示证据的权利，包括约请、提问证人的权利；要求必要帮助，如翻译等的权利，以及做出及时、书面和合理的决定；申诉权[16, 17]。体育参与者正是以这些程序上的权利，抗衡体育组织的权力，调和与体育组织法律地位不对等造成的巨大反差。在体育纪律处罚中，体育组织居于优越一方，可以以其权力制裁相对人；相对人则处于弱势，如果没有公正的程序保障机制和救济机制，就无法预防和矫正违法和不当的体育纪律处罚行为。如果处罚违法或不当，不仅不能达到预期目的，还会损害相对人的合法权益。保障相对人权利的原则实际上主要是由保障相对人的陈述权、申辩权和救济权构成的。体育组织在实施处罚时必须遵守法定程序，未经正当程序，相对人的权利不能被剥夺，这一原则的确立，有助于均衡、协调体育组织和相对人地位的不对等及纠正体育组织处罚人员因为主客观原因导致的差错，确保体育组织依法处罚。在本案中，徐弘的程序性权利至少应包括：

1. 听证的权利。中国足协纪律委员会对中国足坛涉及假球黑哨案的单位和个人的处罚，是经纪委会全体委员会议讨论并做出裁决的。《中国足球协会纪律准则及处罚办法》第八十六条"工作方式"规定：（一）以委员会会议或通讯的方式研究和处理一般违规违纪行为。（二）以委员会全体会议的方式研究和处理重大违规违纪行为。（三）与处理的案件存在利害关系的委员应当回避。（四）处理重大违规违纪行为时，可由主任委员决定组织听证会[18]。按照此规则，以委员会全体会议的方式研究和处理此重大违规违纪行为并无不当。但是，对于徐弘的处罚涉及对其从业资格长达5年的剥夺，并且具有道德谴责性，是非常严重的处罚，行业协会应对此类处罚提供听证机会，是否举行听证，不应由现在的"处理重大违规违纪行为时,可由主任委员决定组织听证会",而应由被处罚者决定是否提出听证申请。《中国足球协会纪律准则及处罚办法》(足球字〔2011〕139号)是迄今为止中国足球协会按照国际足联相关规定所设立的结构最完整、条款最经得住推敲的纪律处罚规则,但在听证制度的建立方面,仍然有待完善。

2. 要求说明理由的权利。徐弘认为,中国足协的处罚未说明自己的违法事实,也未在处罚决定中明确写出,只有一句"根据有关司法机关认定的事实",不符合法治国家的基本要求。在徐弘申诉后,足协纪律委员会主任接受采访时表示,纪律委员会对徐弘的处罚,依据的是司法机关认定的事实[15]。但到底事实是什么,处罚决定中并未提及。

说明理由制度要求体育组织在做出涉及相对人权益的决定、裁决,特别是做出对相对人权益有不利影响的决定、裁决时,必须在决定书、裁决书中说明其事实根据、法律根据或行政机关的政策考量等理由[19]。说明理由既是对体育纪律处罚的一种直接制约,防止其主观武断和滥用权力,也是为事后的救济提供根据,从而构成对体育组织处罚的间接制约。相对人要求听证者对其所做出的决定给出理由的权利,乃是基于权力必须理性地行使这一基本法律精神延伸而来的。如果听证者以一种理性的方式行使权力和做出决定,自然能够为其决定说明理由。说明理由的意义在于,作为相对人的一项程序性权利可以制约决定者自由裁量权的恣意,促进权力以富有理性的方式行使。同时,说明理由也有助于相对人理解已经做出的决定并对该决定的合理性做出评价。当相对人对决定不服申诉时,决定者所给出的理由可以作为申诉或审查的基础。

但是,如果体育组织做出决定而不给出理由是否有违自然公正呢?英美法系国家的法院没有要求体育组织对于自己的处罚一定要给出理由。如果体育组织自己的规则要求内部裁决机构给出决定处罚的理由,则裁决机构必须给出,否则没有规定内部裁决机构必须给出理由。即使这样,国外很多体育组织都在规则中规定,处罚要给出理由,大概出于以理服人的考虑。如果不是有什么特殊理由,如国家秘密、个人隐私等内容,裁决所依据的事实不应秘而不宣,否则很难以理服人。

孙福明假摔案

案 情

2005年10月13日,在十运会柔道女子78公斤以上级决赛中,竞技状态一直很好的奥运冠军孙福明在其教练员的示意下,站着不动让解放军选手、20 岁的闫思睿推倒在地,失去十运会冠军。此前,31 岁的奥运冠军孙福明一路过关斩将,均轻松地以"一本"击败对手。

赛后,孙福明当场流下了眼泪,让很多人怀疑她的失败另有原因。随后,孙福明和她的教练员在发布会上默认了"假摔"。孙福明赛后接受央视采访时表示,这次没有拿金牌算不上失利,两个人都是辽宁队员,谁拿金牌都一样。当被问到比赛进行的时候到底发生了什么事,孙福明说:"教练员给了我一个手势,我非常明白,教练员跟我很多年了,彼此很默契。"她承认她对今天击败自己夺金的闫思睿是非常了解的,因为她们两个是"一个师傅带出来的"。她还表示对于教练员的这一安排赛前并没有做好准备,所以当时有点出乎意料,但她还是照教练员的指示做了。孙福明说,自己已经拿过全国冠军了,而且赛前状态不好,而对手还年轻,把机会让给年轻人没什么不好[20]。

教练员刘永福说:"在确保辽宁队拿到这块金牌后,我确实给了孙福明手势,示意她输给对手。孙福明作为一名优秀的运动员,无论她是否得到这块金牌,她的运动生涯都是圆满的,而闫思睿是个年轻队员,很有潜力,让她拿这块金牌对她以后参赛是个激励。"[20]

2005 年 10 月 14 日,十运会组委会召开新闻发布会,宣布《关于对柔道女子+78 公斤级决赛发生问题的处理意见》:

在 10 月 13 日进行的十运会柔道女子+78 公斤级决赛的比赛过程中,由于辽宁队临场教练员当场示意其运动员孙福明放弃比赛,导致双方运动员没有进行真实竞技即结束比赛。教练员的这一决定造成的结果违背了运动员个人的意志,违背了体育道德和体育精神,违背了公平竞赛的原则,同时,这一结果也无视观众的权益和感受,造成了非常恶劣的影响,损害了十运会的形象。经柔道项目竞赛委员会和仲裁委员会研究,并报组委会竞赛部批准,做出如下处理决定:第一,对干扰本场比赛的辽宁省柔道队教练员刘永福给予十运会赛会通报批评。第二,宣布该场比赛无效。第三,重新组织闫思睿和孙福明之间的比赛。望所有参赛的运动员、教练员引以为戒,严格遵守体育公平竞赛的原则,认真对待每场比赛[21]。

10 月 15 日,十运会女子柔道 78 公斤以上级重赛中奥运冠军孙福明再次负于闫思睿,获得亚军。本届全运会柔道竞委会执行主任、国家体育总局举重摔跤柔道运动管理中心党委书记、副主任宋兆年对本场重赛给予了较高的评价,认为孙福明和闫思睿都表现出来很好的精神面貌,并强调"重赛"的处罚决定将下不为例[22]。

评 析

一、假摔与双计分制和协议计分制

无论是假摔还是弃权，双计分制和协议计分制都是其背后原因。该制度从八运会开始实行，是全运会独有的计分规则，即对解放军代表团中符合规定的选手适用。按照《十运会竞赛规程总则》的规定，双计分制的具体计分办法是：运动员在单人项目获得名次，奖牌和分数分别给解放军代表团和原输送单位各计算一次；双人项目获得名次，解放军代表团计算相应的奖牌和分数后，两名运动员各按50%计入原输送单位；多人项目则只给原输送单位计算分数而不计算奖牌。❶在本案中，闫思睿是辽宁队输出给解放军队的，闫思睿获得金牌意味着解放军队和辽宁队同时获得一块金牌，可谓是皆大欢喜。

双计分制是为了解决解放军队的发展问题，解放军队条件好，管理水平高，但是到地方去却招不到运动员，因为地方队不想把选手给竞争对手。国家体育总局疾呼要地方支持解放军队，但却因为涉及利益问题而没有效果，于是双计分制被设计出来激励地方队向解放军队输送运动员。但制度出台却产生了立法者意想不到的作假效果。

与双计分制同时出台的，还有协议计分制，协议计分制依附于协议交流规定，也是从八运会开始实行的。2003年，国家体育总局出台《关于施行全国运动员注册与交流管理办法（试行）的通知》，督促参加十运会的参赛单位在2004年10月底之前，办好运动员交流手续。而按照十运会规程，符合4个条件的西部地区交流运动员可以进行协议计分，计分的方式是双方单位各按运动员所获名次的奖牌和分数的50%统计。4个条件分别是：必须是西部（13个单位）运动员；运动员代表单位必须是首次注册的同一单位；西部地区单位必须在2004年10月底之前提交运动员联合培养协议及明确表示协议计分；西部地区每个单位实行协议计分的项目不超过5个大项。

实施双计分、协议计分的初衷是为了保证有实力的运动员都有参赛机会，同时促进体育实力不均衡的省市之间进行交流，求得共同发展，提高我国的竞技水

---

❶不过，有一部分解放军运动员不能实行双计分。这包括入伍前已获得奥运会、世锦赛、世界杯总决赛、全国锦标赛、全国冠军赛等大赛前六名选手，两次及多次入伍的运动员不能在同一个项目实行双计分。那些从小入伍、由解放军独立培养、已经和原单位不存在什么关系的运动员，也不能实行双计分。

平。按照十运会报名资格规定，柔道预赛时每个队（一个项目）男、女队员都只能报 12 名，同一个级别不能超过 3 个人。这种名额的限制直接导致一些强队的运动员缺少比赛机会。作为柔道强队的辽宁队，同一个项目中，排在五六名的运动员在比赛中如果发挥得好的话，都有可能夺得冠军，有可能成为国家队的后备，但报名限制的规定却让他们失去了在重大比赛中参赛的机会，他们很有可能会因此而废掉。情况恰恰相反的是，一些省份在一些项目上缺少后备力量，运动员的水平比较低，教练员的训练水平也不够。

双计分、协议计分制度出台之初，确实起到了人才交流的作用，运动员也可以得到更大的发展空间。但各省市队越来越重视对金牌的追逐，眼前的利益高于一切，双计分、协议计分成了场外的不当利益利用工具。比柔道孙福明假摔事件毫不逊色的是在男子柔道 100 公斤以上级的淘汰赛中，解放军队选手魏向军仅用 1 秒钟的时间便"战胜"对手，创造了本次十运会柔道比赛最快取胜的纪录。"他们早就商量好了"，看台上的一位柔道运动员对记者说，"因为魏向军的输出地是山东队，按照本次比赛的规定，解放军队的选手双计分，如果解放队的选手得分的话，解放军队计分，输出地也计同样的分数。因此，山东队是故意放弃比赛的，魏向军如果夺冠的话，他们同样可以算是得到一块金牌。这样还可以保存魏向军的体力"[20]。而在跆拳道比赛中，运动员索性不上场，弃权成风。10 月 15 日一天 8 场比赛中有 6 场因运动员弃权而无法进行，而所进行的 111 场比赛中，有 26 场比赛成了摆设，占到五分之一强。据介绍，这 26 场中因选手交流因素弃权的有 14 场，因伤弃权的有 12 场[23]。很多比赛都有背后协商，之后利用弃权来达到内定胜负的目的。舆论认为，体育界的作假潜规则已到了不加掩饰、心安理得的地步。中国体育伦理观中凸现的扭曲成分，已到了令人悚然的地步[24]。

二、假摔与重赛

孙福明假摔发生后，舆论哗然，组委会、运动管理中心认定孙福明消极比赛，并做出重新组织闫思睿和孙福明之间的比赛的决定。这是全运会历史上的第一次重赛，在国际赛场上也十分罕见。因为通常重赛发生的情况是：在计分制项目中，裁判发生了严重判罚的错误而导致比赛结果出现异常，比赛双方中的某一方提出上诉，才可能重赛。像这样比赛双方都没有异议，而是赛事主办方迫于舆论压力而安排的重赛，非常罕见[25]。

双方重赛的结果是一样的，只是这次孙福明抵抗了 10 分钟才被摔倒。柔道协会对重赛给予了较高的评价，并强调"重赛"的处罚决定将下不为例。

"重赛"实际上是组委会无奈的选择,按照惯例,在这种情况下,如果认定孙福明弃赛,则应判对手胜,这样正中作假者下怀;如果判定双方造假控制比赛,则应取消两人成绩,但组委会需要提供闫思睿参与作假的证据来支持自己的裁决。组委会最后在应急状态下选择了容易的方法——重赛,"我们需要通过媒体向大众表明我们的姿态,柔道赛场需要的是真刀真枪"[25]。但双方造假意图如此明显,公众怎能相信这次的比赛成绩是真实的?而赛后称"重赛下不为例",也说明了在这种情况下,重赛缺乏公正欠公平,也违背了体育比赛的惯例。

为防止孙福明事件重演,十一运会组委会对柔道、摔跤等交手类对抗项目中两次计分的运动员计分规则进行了改动,即一旦两次计分的解放军运动员和原输送单位的运动员在决定名次的比赛中相遇,两次计分运动员所获得的奖牌和分数分别给所代表的两个单位按照50%计牌或计分。同样的情况,在十一运会上,"闫思睿"获得的金牌只能是解放军队和辽宁队各分0.5枚,从而可以防止因计分规则漏洞再次上演"假摔事件"[26]。

奥运会羽毛球消极比赛案

案 情

2012年7月31日伦敦奥运会羽毛球女双小组赛A组最后一场比赛,女双A组中国选手于洋/王晓理和韩国选手郑景银/金荷娜的比赛,以及C组韩国选手河贞恩/金敏贞和印尼组合波莉/娇哈里的比赛,8名选手失误频频,击球不是出界就是下网,场面上全然不像是奥运会羽毛球的比赛水平,这两场比赛不仅受到了现场观众的集体嘘声,也受到了赛事监督的多次警告。

最后世界排名第一的中国组合于洋/王晓理,以14:21和11:21爆冷不敌韩国组合郑景银/金荷娜。据称,于洋/王晓理为了避免在接下来的淘汰赛中过早与另外一对中国选手田卿/赵芸蕾相遇,而韩国3号种子河贞恩/金敏贞和印尼女双组合娇哈里/波莉也为了同样的目的选择了消极比赛。

处 罚

8月1日,国际羽联(the Badminton World Federation,BWF)纪律委员会(Disciplinary Committee)就此事进行听证。听证会后国际羽联秘书长托马斯宣布了国际羽联的决定——4 对涉及消极比赛的羽毛球选手被取消继续参加伦敦奥运会的资格，这 8 名选手因为"没有尽全力赢得比赛"（not using one's best efforts to win a match）和"做出了明显有辱于或有害于羽毛球运动的行为"（conducting oneself in a manner that is clearly abusive or detrimental to the sport）。这两条分别出自《国际羽联运动员行为规则》（BWF's Players' Code of Conduct）第 4.5 和 4.16 款。

印尼和韩国选手对此处罚向国际羽联申诉委员会（Appeals Committee）提出了申诉，印尼选手在申诉委员会主席确认申诉前撤诉。中国未申诉。

8 月 2 日，申诉委员会主席根据国际羽联纪律规定第 3.1 条驳回韩国选手申诉。该条规定，如果申诉委员会主席认为已经施加的罚款或禁赛处罚适当，则主席可驳回申诉。

评 析

一、国际羽联的处罚是否有依据？

国内有舆论认为，这是对规则的合理利用：故意输球以避开强手，这种现象在中国体坛已经见怪不怪。这类做法不违反比赛规则，常常被解释为聪明的策略和战术：既然规则允许，对夺得金牌有利，为何不能采取？主动求输，在国内的篮球、足球赛场上出现过，在女排的国际赛场上有过先例，中国羽毛球队为了保名额、双保险，以往也出现过类似情况。

那么，在本案中，选手因赛制原因，为避开强大对手而消极比赛是否违反规则，国际羽联对其进行处罚有无依据？国际羽联及其他体育组织规则中都有规定，运动员不能违背"体育精神"，或"将体育带入耻辱"，而消极比赛显然是违背体育精神的做法。至于什么是"违背体育精神"或"将体育带入耻辱"，体育组织有自由裁量权。在涉案的比赛中，双方莫名其妙地发球出界和回球下网，虽然比赛监督走进场内提醒双方，但情况并无明显改观，现场观众的嘘声震耳欲聋[27]，认定其"没有尽全力赢得比赛"和"做出了明显有辱于或有害于羽毛球运动的行为"并不为过。

中国选手消极比赛并非首例。2002 年女排世锦赛，中国女排在小组赛确保出线的情况下为了在复赛中选择对手而意外败给希腊，复赛阶段又为了避开俄罗斯队而让球给韩国队，这在当时引起了很大的争议。一届比赛中两次涉嫌让球，当时女排遭遇到了国内媒体和球迷铺天盖地的谴责，主教练陈忠和也险些因为此事下课。而中国女排在那届世锦赛上也没有取得太好的成绩,最终只获得第 4 名。

二、国际羽联赛制是否存在问题?

任何一种赛制都存在其优缺点,没有十全十美的赛制,而只能由赛事主办者根据自己的需要选取。就国际羽联的赛制而言,羽毛球赛制以前一直按照排名对阵,单轮淘汰往前,本国选手遇到非常正常,不会出现这种为避开本国选手放水比赛的情况,但是淘汰赛一赛定胜负,比赛场次少,偶然性比较大。现在为了让更多人打更多比赛就采取了小组赛方式。小组赛比赛场次多,可以减少偶然性,所以容易出现出线后本国队员提早火拼的现象。各国际体育组织竭力为比赛制定合理规则,规避运动员的投机心理,通过规则将运动员的竞争导向积极和公正。所以,世界羽联此次赛事规则不合理导致的问题也需要引起重视。或许正因为自身规则有问题是运动员消极比赛的重要因素,此次世界羽联的处罚还是有节制的,声明对 8 名运动员的禁赛仅限于本次奥运会[28]。有专家认为,如果想要避免这样(让球)的情况,以后所有的比赛凡是比赛的胜负会影响到下一场对到谁,可以让赢得比赛的人去挑对手,这样就不会出现消极比赛了。

三、如果选手不服处罚结果应如何申诉?

韩国选手已经穷尽国际羽联内部程序,如果仍然不服,可向国际体育仲裁院提出仲裁;中国和印尼选手在规定时间内未提起申诉,未能穷尽国际羽联内部纠纷解决机制,则丧失提交国际体育仲裁院仲裁的机会。因为根据国际体育仲裁院(CAS)奥运会仲裁规则第一条规定,如果对 IOC、国家奥委会、国际单项体育联合会的处罚不满,在向 CAS 提起申诉前,一般要先用尽内部救济,除非这种内部救济会阻止及时有效地向 CAS 奥运仲裁申诉。

CAS 奥运会特别仲裁分院主要解决针对国际奥委会执行理事会的决议所提出的申诉。2003 年 10 月 14 日国际体育仲裁理事会在新德里通过了《奥林匹克仲裁规范》,规定对那些发生在奥运会开幕前 10 天至奥运会结束期间的争议适用该规范进行仲裁。根据具体争议的具体情况,仲裁裁决可能包括一个最终的裁决或者将该争议转到国际体育仲裁院普通仲裁院或者申诉仲裁院进行仲裁的指示。后一种方法对于那些案情复杂且并不需要在奥运会结束前进行裁决的争议可能会是一个比较好的选择。仲裁庭也可以将这两种方法结合起来使用,就部分争议做出一个有约束力的最终裁决,而将未解决的部分转到 CAS 进行仲裁。

第十一届全运会篮球"乌龙"案

案 情

2009年10月24日晚,十一运会男篮小组赛进入到最后一轮争夺。此役之前,B组的广东和江苏已经出线。若上海队赢球,上海、湖北和新疆队战绩相同,按照规定,以3队之间的小分计算,来定最后一个出线名额。若上海赢湖北队16分以上,上海同新疆队出线。若上海队赢5分至16分,上海同湖北队出线。否则,上海队被淘汰。

在上海队对阵湖北队比赛的最后一节,比赛最后时刻两队战成89平,刘炜获得两次罚球机会。不过按照比赛规程,上海队必须净胜对手5分才能晋级八强。因此刘炜故意两罚不中,希望将比赛拖入加时,并有机会以5分以上的优势胜出。

看此情景,湖北队宋康明抢在终场哨响前把球补进自家篮筐,想帮助本队以2分之差输掉比赛,赢得出线权,从而避免加时赛的夜长梦多。不过当值主裁在与技术官员交流后,认为宋康明行为违规,进球无效。比赛进入加时。宋康明没能如愿。但是这一怪现象却遭到现场观众的一片嘘声。

本场比赛的技术代表高树颂表示:"根据国际篮联规则,如果比赛中一方,无意间把篮球碰进了本方篮筐,进球有效,得分记在对方的队长身上,但是如果比赛一方是故意把球补进自己篮筐的,这种进球被规定为违例,进球无效。昨天湖北队宋康明这种进球,就属于故意把球打进本方篮筐,因此裁判当时判违例在先,进球无效,比赛进入加时的判罚是完全正确的,符合国际篮联的规则。"

加时赛,上海队以105:104领先时,眼见无法将分差拉到5分,只能选择再次扳平比分,从而采取犯规战术。湖北队当然不愿意将比赛拖入第二个加时,于是也故意两罚不中。上海队以107:104击败湖北,但是通过计算小分依然逊于战绩相同的新疆和湖北队而无缘八强。

现场,观众的"假球"呼声不断。不少媒体和球迷质疑双方是否消极比赛、是否违反了体育道德。根据上海队主教练王群的解释,最后两分钟内故意罚球不进,其实是出于战术需要。上海队在平局情况下,不罚进,是为了打加时赛,而湖北队是为了不想打加时赛,以防加时赛中万一被上海队赢下16分而遭出局。

若想要打假球，湖北队根本无须同上海队死磕，干脆放手让上海队再赢2分，双方携手出线，挤掉新疆。连新疆队主帅蒋兴权都说："这当然不是假球。若是上海和湖北打默契球，最后时刻，湖北完全可以让上海赢5分，把我们新疆队做掉。"本场比赛的一位负责人也认为："比赛本身没有什么问题，湖北队只是想尽快结束比赛，而上海队则是想把比赛拖进加时，净胜对手5分以上。湖北队的做法是他们想进入八强的一种策略，虽然违背了公平竞争的原则，但不能称之为假球。所谓'假球'或者'默契球'是为了配合对方，比赛的一方故意作假。但湖北队与上海队之间的比赛不同，双方是在争夺一个八强资格，而上海队故意罚球不进争取打加时是为了争取更大的胜利，并不违反体育道德，而是利用了规则，所以不应受罚。"

处　罚

10月25日，中国篮协联席会议召开，对湖北乌龙案做出了严厉处罚。篮协并没有对上海队进行处罚，但认为湖北队15号宋康明和14号顾全因在比赛中的反常举动违背了体育道德，被停赛一场，取消体育道德风尚奖运动员奖的评奖资格，同时取消湖北男篮参加运动队道德风尚奖的评奖资格。相关人士表示，宋康明、顾全的行为属于"违反体育道德违例"，同时违背了第十一届全运会竞赛精神中"全力争胜"的要求。

评　析

这场比赛中出现的问题早有先例。上世纪70年代，欧洲篮球锦标赛上，根据小组赛各队的胜负和得分情况，保加利亚队必须净胜捷克斯洛伐克队7分才能出线。当比赛还剩下5秒钟即将结束时，保加利亚队领先2分，但他们必须还要赢下5分。保加利亚队员即在终场哨声响起前将球扣进自家篮筐，将比赛拖入加时赛，赢得了加赛5分钟的宝贵时间，并最终战胜对手如愿以偿出线。

国际篮联基于此情况专门制定了规则，其第16.2.2条款规定："如果队员意外地将球投入该队的本方球篮，中篮计2分，如同对方队的场上队长得分一样地记录。"16.2.3条款规定："如果队员故意地将球投入该队的本方球篮，这是违例，中篮不计得分。"因此，湖北队对规则理解得不透，以为能够利用规则，但自摆乌龙的做法已经被FIBA的规则堵上了漏洞。湖北队宋康明此举并没有违反任何体育道德，也没有违反篮球规则，只是属于违例，进球无效，对方发界外球重新开始比赛，队员本人也不应受任何处罚。

山东黄金队与广东宏远队篮球场上冲突案

案 情

2009年4月5日,在2008—2009赛季CBA职业联赛四分之一决赛第三轮山东黄金对广东宏远的比赛中,双方球员之间发生肢体冲突、个别球迷向场地投掷杂物导致比赛中断。

比赛进行至距第四节比赛结束还有1分17秒时,山东黄金5号队员睢冉上篮时肘部碰到了防守队员广东宏远12号苏伟的面部,因裁判员认为双方均是合理的攻防动作而未做判罚。但苏伟认为睢冉是出于故意而指责睢冉,睢冉也不甘示弱两人发生对峙,幸被及时分开而未发生肢体冲突。双方也因此分别被主裁判判罚一次技术犯规。比赛进行至距第四节比赛结束还有1分07秒时,睢冉在拼抢中将对方球员陈江华顺势摔倒,被裁判员判罚推人犯规。此时,睢冉极不冷静,径直走向后场挥动双臂做出煽动性的动作,睢冉也因此举动而被判罚第二次技术犯规。本次判罚随即招来部分现场球迷的不满和责骂。睢冉也因两次技术犯规被取消当场比赛资格。在距离全场比赛结束还有3.1秒时,广东宏远32号球员董瀚麟在防守山东10号球员李敬宇时,故意用右脚踢中对方足踝部,立即被判罚夺权犯规。在裁判员判罚的哨声鸣响以后,山东7号球员孙杰极不冷静地上前推了董瀚麟一把,董瀚麟立即双手用力推开孙杰。但此时,因6次犯规已被罚下的山东15号球员吴轲带头从球队席进入场地,双手猛推董瀚麟,双方发生推搡。已经被取消比赛资格的山东球员睢冉也冲进场地,赵永刚、张晓薇、侯冰、邹易霖、王刚等坐在替补席上的山东球员及广东宏远队外籍球员帕克也先后进入场地。看台上有一些球迷受主队球员情绪的影响而失去理智,辱骂客队并有打火机等杂物投下,场面一度陷入混乱,比赛被迫中断。面对此突发事件,现场保安、武警、主持人等非常负责,安抚观众情绪,很快将场面控制,3分钟后比赛继续进行。

此冲突性事件引起媒体和社会的广泛关注。联赛纪律委员会听取了比赛巡视员的情况汇报,参考了临场技术代表、裁判员的工作报告,认真审核、分析了比赛录像,在经过全面调查的基础上,认定以上即为事发时的基本事实。从比赛录像上看,广东宏远外援帕克进入比赛场地后,未与山东队球员发生肢体冲突,后被裁判等拉开劝回。山东替补席上进入场地的7名球员,除吴轲与董瀚麟发生肢体冲突外，其他6人均未与广东宏远队球员发生肢体冲突。因此，联赛纪律委员会认为，此事件不属于打群架事件，但其对联赛所造成的负面影响仍然是严重的[29]。

处 罚

中国篮协基于事实及基本判断，为严肃联赛纪律，惩戒本人，警示他人，对本次冲突事件中的主要当事人做出以下处罚：

山东5号球员睢冉，不服从裁判管理，无视联赛纪律故意煽动主场观众情绪，被取消比赛资格后还冲入比赛场地，根据《中国男子篮球职业联赛纪律处罚规定》（以下简称《处罚规定》）第二章第二十五条，给予睢冉通报批评、罚款5万元、追加停赛5场的处罚。广东宏远12号球员苏伟，出口不逊、指责对方、挑起事端，根据《处罚规定》第二章第七条，给予苏伟通报批评、罚款2万元、追加停赛3场（半决赛前三轮）的处罚。山东7号球员孙杰，在裁判员判罚的哨响后，仍然上前推搡对方；广东宏远32号球员董瀚麟，在防守中使用非篮球动作脚踢对方，并与对方球员发生推搡。根据《处罚规定》第二章第十条，给予孙杰通报批评、罚款5万元、追加停赛两场的处罚；给予董瀚麟通报批评、罚款5万元、追加停赛两场（半决赛前两轮）的处罚。山东队15号球员吴轲，不遵守联赛规定，不服从管理，擅自进入比赛场地，双手猛推对方球员并有多次推搡，根据《处罚规定》第二章第六条、第十条，给予吴轲通报批评、罚款6万元、追加停赛两场的处罚。因山东队本赛季比赛已全部结束，追加停赛处罚从下赛季首轮比赛开始执行。

事发时，山东黄金队除吴轲、睢冉外，还有赵永刚、张晓薇、侯冰、邹易霖、王刚等共7名替补球员擅自进入比赛场地，广东宏远队外籍球员帕克也违规进入比赛场地，他们违规进入比赛场地是造成场面更加混乱的原因之一。在此，对山东球员赵永刚、张晓薇、邹易霖、王刚以及广东球员帕克给予通报批评。双方领队、教练员对问题及隐患处置不及时、措施不得当，发生明显事件时，对球队席人员管理、制止不力，在此，对山东黄金、广东宏远俱乐部、双方领队和教练员一并给予通报批评。

本赛季开赛以来，山东赛区安保工作认真负责，各方面积极配合，赛场秩序与以往赛季相比，取得了很大进步。但在本赛季最后一场比赛中，由于主队年轻球员过激的、煽动性的动作，部分现场观众情绪失控，对场上发生的突发事件不能理智面对，导致出现了一些有损赛区形象的行为，伤害了大多数球迷的感情。

根据《处罚规定》第六章第十六条，给予山东黄金篮球俱乐部和山东济南赛区警告、各罚款 5 万元的处罚。希望济南赛区、山东黄金俱乐部能够正确面对，查找分析问题原因，在今后的工作中进一步改进和提高。

评析

经过多年的制度建设，《中国男子篮球职业联赛纪律处罚规定》对各种违规条例规定得已经比较全面，这是中国职业联赛制度建设的进步。《中国男子篮球职业联赛纪律处罚规定》对各类处罚规定得非常具体，仅第二章"运动员违纪违规的处罚规定"就有 25 个条款，基本涵盖了运动员的各类不当行为。如对睢冉的处罚"通报批评、罚款 5 万元、追加停赛 5 场"依据的是第二十三条，"联赛期间，在比赛中或在比赛休息期间，包括所有参赛队运动员在内累计出现第二次及以上在场上公开指责、辱骂裁判员或到记录台无礼责问、挑衅闹事、干扰记录台工作，造成观众骚动和/或比赛中断的，处以通报批评、罚款 10 万元、取消本赛季参赛资格的处罚"。对苏伟的处罚"通报批评、罚款 2 万元、追加停赛 3 场（半决赛前三轮）"依据的是第七条"在比赛场馆内，与对方运动员有侮辱性、挑逗性、恐吓及威胁性语言的，或持球、掷球攻击对方身体，或向对方吐口水、做不文明手势等侮辱性、攻击性行为，视具体情节恶劣者，处以通报批评、罚款 2 万至 510 万元、取消本场比赛资格（不得在球队席就座，去本队运动员休息室）、追加停赛 3 至 100 场的处罚"。对吴轲的处罚"通报批评、罚款 6 万元、追加停赛两场的处罚"依据的是第十条"在比赛中，凡故意用身体任何部位与对方运动员有顶、推、击打、踢、踩、绊等伤人行为并引起观众骚动者，不管临场裁判员是否对此进行了判罚，主办单位经调查认定属恶意行为犯规仍然可给予追加处罚，处以通报批评、罚款 5 万元、追加停赛 2 场的处罚"。

但这种列举式的方式也可能出现遗漏，列举的行为越细节，遗漏的可能性越大，如对于山东队赵永刚、张晓薇、邹易霖、王刚以及广东队帕克等从替补席冲入球场的队员只能通报批评，《中国男子篮球职业联赛纪律处罚规定》条例中，并没有针对替补球员冲入场地这种情况的处罚规定。篮协经过录像鉴定对帕克等队员给予了通报批评。

这几名替补队员违规进入比赛场地造成了场面更加混乱，在 NBA 中对于替补球员冲入场地的行为处罚十分严厉。实际上可以利用该《处罚规定》的兜底条款第二十五条进行处罚，"联赛期间，运动员出现了本规定中没有预见到的不良行为并且给比赛或联赛造成了不良或严重后果,联赛纪律委员会有权按照程序在本规定的处罚种类和标准范围内进行处理,处理意见报联赛纪律委员会和中国篮协审批"。

云南红河队与上海西洋队篮球场下冲突案

案　情

2008 年 11 月 28 日晚,在 2008—2009 赛季 CBA 职业联赛第 6 轮第 48 场云南红河队与上海西洋队比赛中,当比赛进行至终场前 1 分 53 秒时,云南红河队外援嘉伯和上海西洋队 6 号队员蔡亮在场上争抢球时发生冲突,临场裁判员对云南红河队外援嘉伯判罚了技术犯规,云南红河队教练员随即把嘉伯换下场,随后,上海西洋队部分球员和教练对此判罚和对方外援嘉伯表示了不满。

赛后,在体育馆内的通道处,上海西洋队部分队员与云南红河队外援嘉伯发生冲突,历时 1 分 16 秒(根据监控录像显示,冲突发生在 22 点 09 分 33 秒至 22 点 10 分 49 秒之间)。事发时,临场技术代表和比赛巡视员正在参加赛后新闻发布会,闻讯后立即赶到事发现场,第一时间展开调查取证,找在场人员包括冲突双方有关人员和值勤的保安、球迷、裁判接待人员等了解情况,并调看了事发现场的监控录像,让双方球队以及第三方目击证人书写冲突的经过。11 月 30 日,中国篮协又安排工作人员在宁波赛区对上海西洋队部分队员分别作了询问和笔录,核实事发当时的细节。

中国篮协于 12 月 4 日在北京召开了征询会,参会人员有当事双方相关球员和教练员、俱乐部负责人、第三方证人、中国篮协领导、联赛纪律委员会成员、中国篮协的法律顾问及相关法律专家等。此外,还邀请了媒体代表、当事双方球队联赛指定记者及球迷代表列席旁听。在征询会上,联赛纪律委员会分别听取了双方当事人的陈述并进行了询问,认真分析研究了现场监控录像和多名目击证人的证词和证言[30]。

中国篮协认为,经认定,事发当时的基本事实是:比赛结束后约 10 分钟,上海西洋队队长刘炜带领多名队员走出本队休息室,穿过通道,向云南红河队休息室方向走去,没有见到嘉伯、刘炜与其他队员退回,而上海西洋队 6 号队员蔡亮等 3 名队员则留在原地。此后,云南红河队外援嘉伯走出云南队休息室,携 3

个孩子及妻子、岳母准备返回住地,在通道内遇到了等候在此的蔡亮等上海西洋队队员,蔡亮首先向嘉伯砸过去一瓶矿泉水,而此时再次返回通道的刘炜等多名队员随即冲上前去,现场两名保安人员阻拦未果,之后,上海西洋队多名队员将嘉伯逼到墙角进行围攻。整个过程持续了1分多钟,后刘炜等上海队队员被闻讯赶到的大批保安人员和工作人员拉开。

冲突发生后,刘炜多次对外宣称,事发当时自己是看到嘉伯先上来击打队友蔡亮,在蔡亮反击后自己是上去劝架的。直到进入中国篮协听证会现场,刘炜都坚持自己从未动手打人,最多就是劝架中相互之间有推搡。不过,刘炜忘记了球馆内部装有可转动摄像头,在调查中中国篮协得到了冲突的视频。

但是,监控录像从画面上看不出是哪一方先动手[31]。这段长达11分钟的监控录像起始时间是11月28日22点07分,画面显示刘炜、蔡亮等上海队员走出更衣室,在门口张望一会儿后返回。两分钟后,刘炜再次走出客队休息室,从摄像头下经过。22点10分,画面经过几十秒的空白后,多名上海队员跑出更衣室,大约1分钟后,上海队外援泰特、大量保安和闻讯赶来的云南当地记者出现在画面中。但整个过程没有记录下任何打架的画面[31]。中国篮协认为,在冲突前刘炜已经带领队友冲出更衣室直奔云南队更衣室方向——除非是要到云南队更衣室,否则刘炜和队友们完全没有可能要朝这个方向走——这里既没有出口也没有厕所。中国篮协的调查认定刘炜当时是"冲上去",随后在现场对云南外援进行了为时1分多钟的围攻。

处 罚

中国篮球联赛纪律委员会认为,本次冲突事件,虽然事发在赛后场馆通道内,且没有人受伤,但上海西洋队部分队员蓄意围攻对方外援,且上海西洋队刘炜等队员在事件调查过程中所述内容与事实不符。此事件情节恶劣,性质严重,造成了极坏的社会影响,严重损害了CBA的品牌形象和声誉。为严肃联赛纪律,维护联赛形象,根据《中国男子篮球职业联赛纪律处罚规定》第三章第二条、第二章第七条和第二十五条的规定,就上海西洋队所在上海东方篮球俱乐部教育管理不力给予通报批评、罚款10万元的处罚;给予冲突事件中的主要责任人——上海西洋队队长8号刘炜通报批评、罚款5万元、追加停赛10场的处罚(12月5日第九轮至12月26日第十八轮停赛);给予冲突事件中的主要责任人——上海西洋队队员蔡亮通报批评、罚款5万、追加停赛10场的处罚(12月5日第九轮至12月26日第十八轮停赛)[32]。

评 析

在本案的处理中有几个值得称道之处：

第一，篮协对运动员的场下行为进行处罚有据可依。在赛区场下打架，虽然不像场上斗殴影响那么大，但是也会极大破坏项目的形象和团结，因此应对此种行为进行处罚。本案中联赛纪律委员会做出处罚的依据是《中国男子篮球职业联赛纪律处罚规定》，其第三章第二条规定：在赛区出现违法乱纪行为，对联赛造成重大影响的，处以通报批评、罚款10万元，并取消本场比赛资格（不得在球队席就座，去本队休息室）和取消本赛季参赛资格的处罚，另视情节，保留进一步追加处罚的权利。第二章第七条规定：在比赛场馆内，与对方运动员有侮辱性、挑逗性、恐吓及威胁性语言的，或持球、掷球攻击对方身体，或向对方吐口水、做不文明手势等侮辱性、攻击性行为，视具体情节恶劣者，处以通报批评、罚款2万至510万元、取消本场比赛资格（不得在球队席就座，去本队运动员休息室）、追加停赛3至100场的处罚。第二十五条规定，联赛期间，运动员出现了本规定中没有预见到的不良行为并且给比赛或联赛造成了不良或严重后果，联赛纪律委员会有权按照程序在本规定的处罚种类和标准范围内进行处理，处理意见报联赛纪律委员会和中国篮协审批。在职业联赛初期，由于缺乏经验，中国足球联赛和篮球联赛的很多规则的不太健全，过于简单，出现问题无法可依的情况经常出现。经过多年发展，CBA的制度建设已经取得了很大进步，纪律处罚规则的内容已经比较健全了。

处罚结果张贴在篮协官方网站后，被各大网站转载，球迷纷纷发表意见。有接近一半的球迷表示处罚过轻，因为按照规则，如果是比赛中发生的多人群殴事件，责任方会被罚款10万元、停赛1年。本次事件性质恶劣，唯一和规则不同的就是发生在比赛后，但处罚力度却打了对折[33]。但这种处罚是在体育组织自由裁量权之内的，而且冲突在场下发生，有从轻处罚的依据。

第二，听证程序与裁决。据媒体称，篮协吸取了武汉光谷退出中超的教训，所以采取听证会方式谨慎处理此事，让当事双方都有一个澄清机会。中国篮协在发生重大问题需要处理后，已经形成了召开听证会处理的传统。而且，可以看出，这种听证会并非走过场，而是真正地对事件来龙去脉进行调查，给各方当事人陈述自己理由的机会，这对于公正公平地解决问题，平息纠纷都具有重要意义。

第三，处罚决定既给出事实，也写出处罚所依据的规则，而且非常详细地阐述案件的事实细节,值得称道。我国体育组织的纪律处罚决定往往过于简单,几百字就做出重大处罚,如中国足协对于徐弘禁止从业 5 年的处罚,很难说服人。在本案中,中国篮协为了查明群殴到底如何发生,从而分清打架双方的责任,不仅调取了监控录像,而且在监控录像没有记载下打架细节的情况下,根据常理和逻辑判断,推断出上海队队员在赛后奔向对方更衣室寻衅,围攻对方外援,并且将细节写入处罚通知,使公众、媒体、参与人都一目了然,也显示出篮协对自己处罚的信心。

西安球迷闹事案

案 情

2006 年 8 月 12 日,中国足球协会杯赛第四轮第一回合西安浐霸国际队与山东鲁能泰山足球俱乐部队的比赛在陕西可口可乐体育场举行。赛后,鲁能的大巴在体育场门口被围堵,并受到石头和矿泉水瓶的袭击,大巴的玻璃窗被砸碎。

事件发生后,山东鲁能俱乐部把自己的遭遇用文字和图片的形式发送给中国足协,详细描述西安风波的经过。山东方面表示,比赛进行期间,山东队在球场内就屡次遭受矿泉水瓶的骚扰。比赛结束之后,鲁能队的大巴在体育场门口受到围堵,并受到石头和矿泉水瓶的袭击,大巴的玻璃窗被砸碎。鲁能队工作人员当场拍照取证。希望中国足协仔细调查此次西安风波,并能严肃处理,避免类似事件的再度发生。10 天之后,山东鲁能将再次做客西安,进行中超联赛,希望足协能慎重考虑西安的主场资格[34]。鲁能俱乐部称:如果届时无法保证球队的人身安全,联赛客场作战时将拒绝赴西安比赛[34]。

此前西安主场曾发生过类似的事情,该赛季上海申花做客西安时,赛后申花队的大巴车就遭到球迷的围堵和水瓶袭击,此次属于再犯。为避免以后出现更加不利的情况,足协非常重视此事。据称,中国足协有意取消西安余下 4 个主场资格,将西安国际队的主场迁移到宝鸡。

西安方面对此事非常重视。砸大巴的激进球迷被行政处罚,按照西安警方公布的情况,陕西兴平籍 19 岁青年李某在 12 日比赛结束后,向客队(山东鲁能)所乘大巴投掷硬物,砸碎玻璃。根据《治安管理法》相关规定处以治安拘留 10 天,并在 12 个月内不得进入同一种比赛的任何场馆观看比赛。为最大限度地消除影响,还要求这名球迷写出书面检查,并当众宣读,保证不再出现类似情况[35]。陕西警方和球迷协会希望当地球迷要珍惜目前来之不易的足球环境,"文明看比赛,理智对输赢"[34]。

8月17日,西安国际足球会员俱乐部给中国足协领导写信:"这只是个别滋事球迷的不文明行为,并不能代表广大喜爱足球的西安球迷,所以从这个角度,不能因为这个事情毁了西安的金牌球市。"[36]

8月17日下午,中国足协就此事举行了听证会[36]。

处 罚

8月18日,中国足协召开新闻发布会,宣布对8月12日在西安举行的足协杯比赛赛后西安球迷发生不理智群体行为的处理决定[37]。中国足球协会纪律委员会做出的《关于对西安赛区违规违纪的处罚决定》称:2006中国足球协会杯赛第四轮第一回合上海永大足球俱乐部西安浐霸国际队与山东鲁能泰山足球俱乐部队的比赛于8月12日在陕西可口可乐体育场举行。在比赛进行中,部分球迷向体育场内投掷矿泉水瓶等杂物,并将山东鲁能泰山足球俱乐部队领队头部击伤。在比赛结束后,一些球迷以矿泉水瓶等杂物攻击客队车辆,并将客队车辆的数块玻璃击碎,此举严重破坏了赛场秩序并在社会上造成了恶劣影响。中国足协纪律委员会曾于4月29日针对西安赛区一些球迷赛后围堵并攻击客队车辆的行为提出过通报批评。为严肃纪律,维护赛场的基本秩序,依据《全国足球赛区安全秩序规定》第十九条,对西安赛区做出如下处罚:中超联赛第二十三轮西安主场比赛进行无观众比赛;对西安赛区罚款5万元。

中超联赛第二十三轮西安主场比赛前,公安部责成陕西省公安厅、西安市公安局务必抓好本场比赛的安全工作,并派专人来到西安,督察有关工作的落实情况。西安市有关领导已经批示,本场比赛的安全工作绝对不能再出问题。与此同时,中国足协也对西安赛区明确表态,如果再次出现安全问题,西安赛区将面临直接取消资格的处罚。西安警方提前驻扎到泰山下榻的酒店,密切注意西安球迷的动向。另外,运输泰山的大巴将准备两辆,分别停放在内场和外场,比赛结束后根据警方的安排,选择最安全的撤离路线。西安警方对泰山的行动提出了一些特殊要求,要求队员在比赛前、后尽量减少外出。而俱乐部方面也表示,全力配合西安警方的工作。

票务经营商为已经购票的球迷办理了退票,他们给球迷的忠告是:如果你真喜欢国际,那就请在家里为他们加油吧[38]。

8月23日16:00,中国顶级联赛史上的第一次没有观众的"裸赛"在陕西省体育场上演，2800名警察出动执行警戒任务。1999年的乙级联赛，河北赛场也曾受过这样的处罚[38]。

评　析

本案是足球俱乐部为球迷的不当行为负责的典型案例。

《国际足联纪律准则（FDC）》（2011年版）第九部分"协会及俱乐部的责任"第67条"为观众行为负责"中规定：1. 观众的不当行为由主办协会或主办俱乐部负责，将根据情况予以处罚，无论是否有过失或是否误报。视受妨碍程度将加重处罚。2. 无论是否有过失或是否误报，客队观众的不当行为由客队协会或俱乐部负责，将根据情况予以处罚，并视妨碍比赛程度加重处罚。除非有证据证实，占据客队看台球迷的不当行为由客队协会或客队俱乐部负责。3. 不当行为包括对人和物的暴力、放出易燃装置、投掷弹头、用任何形式展示侮辱和政治性标语、口吐脏言或声响、冲进场地等。4. 上述第1、2指出的责任方在中立场地进行的比赛同样适用，特别是决赛阶段的比赛。

对此类行为的处罚在第24、25、26条中规定。第24条"进行无观众比赛"：进行无观众比赛是要求协会和俱乐部的某一场比赛在没有观众的情况下进行。第25条"在中立场地进行比赛"：在中立场地进行比赛是要求协会和俱乐部的某一场比赛在另外一个国家或同一个国家的另一个地区进行。第26条"禁止在某一体育场比赛"：禁止在某一特定体育场比赛，是剥夺协会和俱乐部球队在某一体育场比赛的权利。

"进行无观众比赛"主要是为了保证比赛的安全，同时对俱乐部进行处罚，俱乐部因此会失去有本地球迷助威的主场优势，也会损失门票收入。比如，在2011年4月，德国足协对在联赛中主场球迷肇事丢掷杂物砸伤边裁的圣保利俱乐部予以处罚，在下一个主场的比赛既不允许公开发售门票也不允许任何球迷进场现场观战。据估算，俱乐部至少直接的门票和相关销售的损失就将达到至少百万欧元[39]。

本案做出处罚的依据是《全国足球赛区安全秩序规定》[40]第十九条的规定：对赛区出现下列情况之一者，中国足球协会纪律委员会将予以进行无观众比赛、禁止在某体育场（馆）比赛、在中立场地进行比赛等处罚，并处以5万元以上10万元以下的罚款：1. 已被警告两次，再次出现应被警告的情况；2. 观众大规模向场内投掷饮料瓶等杂物，使比赛多次中断或较长时间中断，或造成重要伤害；3. 大量观众强行进入赛场，使比赛中断且难于继续进行；4. 大量观众围堵、攻击裁判员、运动员、赛区工作人员及所乘车辆，较长时间未能制止，或造成伤害；5. 观众之间在较大范围内发生冲突或相互攻击，虽然被制止，但造成重要伤害。

也有协会采取变通的处罚方式，如用"无成年男性观众观赛"替代"无观众比赛"，减轻处罚。例如土耳其足球联赛委员会曾因贝西克塔斯俱乐部比赛发生严重的暴力事件，而裁决其在未来的4场比赛中禁止成年男性球迷入场，只能有妇女和儿童球迷观赛[41]。中国足协也可考虑采取此处罚方式，既能够避免球迷闹事，又有利于项目普及和推广。

足球俱乐部高管批评裁判被处罚案

案 情

2013年7月14日，武汉卓尔队1∶3客场负于北京国安。输球之后，卓尔队对于裁判员的一些判罚非常不满。比赛尚未结束，卓尔集团董事长阎志就发表了微博："不看了！我们可能赢得了对手，但肯定赢不了裁判！"[42]

处 罚

8月9日晚，中国足协在官网上公布了对卓尔俱乐部的处罚决定，称武汉卓尔职业足球队俱乐部队高管人员在第17轮与国安的比赛期间利用微博发表了不当言论，造成不良社会影响。足协决定对武汉卓尔职业足球俱乐部队予以警告，罚款人民币1万元[43]。

评 析

体育纪律处罚主要针对两类行为，一类是违反体育道德的行为，如兴奋剂的使用和控制比赛；另一类是损害体育组织和体育运动本身最大利益的行为，如对体育组织和组织中的人进行公开批判的行为。美国棒球大联盟总裁库恩（Bowie Kuhn）曾对扬基队（Yankee）的外场球员鲍比·莫塞（Bobby Murcer）罚款500美元，原因是他公开批评"美国职棒联盟主席没有勇气制止投手投口水球"，这样的批评可以说是温和而无大碍的，但体育组织也认为这是不当行为，并且坚决处罚[44]。有运动员因出版《四球》（Ball Four）一书被MLB处罚，MLB认为，公开暴露棒球内部的不和会影响棒球的最大利益。

体育组织必须在保护个体言论自由和体育运动形象之间平衡——运动员应该有言论自由，但为了联盟的安定团结和最大利益，人人都不能乱说乱评，尤其是不能将组织内部矛盾暴露于公众面前。NBA 有明文规定禁止俱乐部和有关人员批评裁判员，我国篮协职业联赛也有类似规定条款，因为体育组织认为公开的争议对该运动形象影响不佳。

本案的处罚依据是《中国足球协会纪律准则及处罚办法》第七十八条"不负责任评论"：运动员、官员、俱乐部（球队）通过新闻媒体发表与比赛相关的不负责任的评论的方式蓄意攻击比赛官员、其他运动员、官员、俱乐部（球队）、会员协会、赛区委员会及中国足球协会的，给予下列处罚：（一）运动员：至少停赛 1 场，并处至少 5000 元的罚款；（二）官员：至少禁止随队进入体育场（馆）工作 1 场，并处至少 8000 元的罚款；（三）俱乐部（球队）：警告、罚款或其他处罚。俱乐部（球队）负责人实施前款行为的，追究俱乐部（球队）责任。

尤纳斯批评裁判被禁赛案

案　情

2013 年 2 月 3 日晚，广东男篮客场输给北京男篮后，教练员尤纳斯对记者批评当场裁判员执法不公："裁判员的执法尺度导致我们输球"，"如果裁判员做出了让北京队赢球的决定，那么我们很难对结果做出改变"。尤纳斯在该场比赛中就因为不满并抱怨裁判员的吹罚而被判技术犯规。中国篮协规定，球员和教练员不能在公开场合评论裁判员的吹罚，违反规定要被停赛。尤纳斯说："我知道批评裁判员会受到处罚，但是我不能装作视而不见。"[45]

处　罚

2 月 4 日，中国篮协对尤纳斯做出停赛 2 场、通报批评、球队罚款 1 万元的处罚。《中国篮协关于对 CBA 职业联赛广东宏远俱乐部及助理教练员尤纳斯处罚的通知》称：2013 年 2 月 3 日，在 2012—2013 中国男子篮球职业联赛（以下简称联赛）第三十一轮北京金隅与广东东莞银行的比赛结束后，广东东莞银行队助理教练员尤纳斯公然指责裁判员，经媒体报道给联赛形象造成不良影响。为严肃联赛纪律，根据《2012—2013 中国男子篮球职业联赛纪律处罚规定》第三十二条，给予广东东莞银行队助理教练员尤纳斯通报批评、停赛2场、核减广东宏远俱乐部联赛经费1万元的处罚[46]。在尤纳斯之前，青岛队外援麦迪也曾因为批评裁判员而受到中国篮协的处罚，不过麦迪当时被停赛了1场。中国篮协表示，希望其他球队能引以为戒，严格遵守联赛相关规定。

评　析

与上一案例相似，职业联赛为了维护自身形象，一般都会在行为准则等规则中规定，禁止球员、教练员、官员等相关从业者发表不负责任的言论，尤其是批评裁判员的言论，否则将对其进行处罚。

本案的处罚依据是《2012—2013中国男子篮球职业联赛纪律处罚规定》第三十二条，"联赛期间，教练组成员及俱乐部工作人员如有以下违纪行为，视情节轻重，给予其通报批评、停赛1~5场的处罚，核减其所在俱乐部联赛经费1万~3万元人民币；情节恶劣者，取消本赛季参赛资格。……（三）教练组成员或俱乐部有关工作人员对比赛监督、裁判员、技术代表、推广监督、新闻监督等联赛工作人员公然进行指责、威胁或辱骂的，给联赛造成不良影响的。"这是CBA关于"不能公开指责裁判员"的明文规定，目的是为了维护项目的形象和裁判员的权威。

国安罢赛案

案　情

2004年10月2日，中超联赛第14轮沈阳金德与北京国安的比赛在沈阳五里河体育场进行。双方拼抢相当激烈，场上的犯规动作非常多。第30分钟，阿莱克萨在中场与埃孔争抢时犯规，累计两张黄牌被判罚出场，北京国安不得不以10人迎战沈阳金德队，裁判员的这一判罚令双方的火药味更浓。比赛的转折点发生在第79分钟，当时沈阳金德从右路发动进攻，张扬在突入禁区时欲超越背对自己的张帅，在发生了不十分明显的身体接触后摔倒，裁判员周伟新立刻判罚点球，北京队员对于这一判罚不满，第79分12秒，国安球员在姚健的带领下走向本方的替补席。直到第91分40秒，即比赛中断12分28秒的时候，周伟新吹响了比赛结束的哨音，这是中国职业足球联赛首次提前结束比赛。当时坐在替补席上的北京国安教练组组长杨祖武并无调解的意思，而是不停地拨打着手机，应该是向俱乐部高层紧急汇报现场的情况。

在赛后的新闻发布会上,北京国安方面拒绝出席,在没有办法的情况下,只好由沈阳金德单方面召开了新闻发布会。

10月14日晚19时,中国足协公布了对北京国安足球俱乐部队罢赛事件的说明:

2004年10月2日,在中超联赛第14轮沈阳金德队与北京国安队的比赛进行到第80分钟时,沈阳金德队攻入北京国安队禁区,在双方争抢过程中,沈阳金德队队员倒地。裁判员判罚北京国安队队员犯规,由沈阳金德队罚点球。北京国安队部分队员向裁判员提出疑义,随后全部退场。在裁判员要求该队恢复比赛无果的情况下,通知双方队长:从当时开始,5分钟内如果北京国安队不能恢复中断的比赛,则判为弃权。此间,北京国安俱乐部总经理、北京国安队教练组组长、领队杨祖武与中国足协联赛部主任、中超委员会秘书长郎效农接通电话。杨祖武对裁判员点球判罚提出异议,并称"这样的比赛无法进行下去"。郎效农要求其什么问题都先不要讲,应立即恢复比赛,一切问题可以待比赛结束后再说,并强调了罢赛的严重性质及必须在国庆期间保证联赛的顺利进行。但遗憾的是劝说始终无效。裁判员在计时超过5分钟之后,鸣哨宣布比赛结束。根据《中国足协纪律处罚办法》规定,国安队罢赛终成事实。

北京国安队的罢赛事件是一起严重的违纪事件。在我国足球职业联赛11年的历程及我们所知的国际足坛纷争中,虽曾有过许多重大争议,但无一队罢赛。9月29日中国足协曾发出《关于加强国庆期间足球比赛安全管理的通知》,特别强调"要做到尊重队友、尊重对手、尊重裁判、尊重观众,无条件服从裁判员的判罚。在此期间,任何俱乐部(球队)的违纪行为,都将由纪律委员会在规定范围内从重处罚。"因此,北京国安队罢赛的性质更为严重。

众所周知,北京国安足球俱乐部及其球队是在我国职业足球队伍中建设较为规范、管理较为严格,且几乎不涉及任何假球、黑哨、赌球等传闻的俱乐部和球队,在我国足坛有着重要的影响和良好的声誉,为我国职业足球的发展做出了积极的贡献。令人遗憾的是,此次罢赛事件不但有损于其自身形象,也开创了一个很不好的先例,给本来就不安定的中超联赛环境,又造成了新的损害。为了维护中超联赛的正常秩序,防止其他俱乐部及球队以此效尤,不能不对北京国安俱乐部队予以相应的处罚。为了客观、公正、严肃、认真地妥善处理本次事件,使其向积极的方向转化,以达到教育当事者和警示其他人的良好效果,坚持原则、实事求是、惩前毖后、有利联赛是中国足协在研究处理该事件过程中始终坚持的方针。为此,中国足协各相关委员会及其工作人员进行了认真而慎重的工作。这期间，裁判委员会多次召集评议委员会会议及评议委员会扩大会议，认真反复地对当场比赛的判罚录像进行分析，以便客观评议当值裁判员的判罚是否符合规则和比赛实际；纪律委员会对国安罢赛事件仔细观看了当场比赛的有关录像，审阅了相关报告，依照《中国足协纪律处罚办法》进行了认真的讨论和研究；中国足协负责人多次与北京市体育局负责人、北京国安俱乐部负责人进行电话联系与沟通，并听取了部分媒体的意见。我们真诚希望北京国安足球俱乐部能够正确认识此次事件的严重性及其带来的消极影响，吸取教训，从自身的长远利益及中超联赛、中国足球的大局出发，坦诚接受中国足协纪律委员会做出的处理决定，继续为中国足球的发展做出新的贡献。由于社会不良风气的影响及足球小环境的自身问题，近年来，所谓"假球"和"黑哨"等行业不正之风，不断损害着职业联赛的环境和形象。澳门等境外博彩公司以中超联赛开盘以来，国内地下赌盘也更加猖獗，赌球之风又不断侵害着中超联赛。中超联赛环境的确到了非大力整治不可的时候。9月10日召开的中超委员会常务委员会会议，就此提出了治理整顿的"健康行动计划"，该计划包括全面治理联赛环境、提高足球竞技水平、培育开拓足球市场、改善俱乐部财务状况等。该计划提纲已经中超委员会常委反馈，目前正在进一步修改之中，待中超委员会全体会议讨论通过后，将在明年全面推出。职业足球市场化、社会化的发展，已使其扩张并融入整个社会的方方面面，联赛环境中的问题，也从各个方面表现出来。因中国足协权力和职能有限，治理联赛环境不仅需要中国足协、中超委员会、各俱乐部的共同努力，也需要社会有关部门和在座各位的支持与合作。中国足协已在前一段时间，通过国家体育总局向中宣部、国家新闻出版署、公安部呈交报告，请求他们依法禁止各种媒体传播境内外赌球信息，打击地下非法赌球活动。中超委员会也将在"健康行动计划"的基础上，不断改进和完善各项工作，努力推动中超联赛的健康发展[47]。

裁　决

以下为中国足球协会对国安罢赛行为的处罚决定：2004西门子移动中超联赛第十四轮第080场沈阳金德足球俱乐部队与北京国安足球俱乐部现代队（以下简称北京国安队）的比赛于2004年10月2日在沈阳举行，当比赛进行到80分钟时，北京国安队由于不满裁判员的判罚而罢赛。依据《中国足球协会纪律处罚办法》第十一条之规定，中国足球协会纪律委员会对上述违规违纪行为做出如下处罚：一、对北京国安足球俱乐部罚款人民币30万元；二、判本场比赛北京国安队0:3负；三、扣除北京国安队2004年中超联赛积分3分；四、停止北京国安足球俱乐部总经理兼北京国安队领队杨祖武随队进入比赛场工作半年（2004 年 10 月 14 日至 2005 年 4 月 13 日）。

关于本场比赛第 80 分钟点球判罚争议和整场比赛的判罚情况，中国足协裁委会高度重视。在该场比赛结束后，便立即调集裁判方面的报告和录像带等资料，并向比赛监督、裁判员和有关人员了解情况，积极为评议工作进行准备。10 月 3 日上午评议工作开始，中国足协裁委会要求评议委员会一定要本着全面、客观、实事求是的一贯原则，严格依据《足球竞赛规则》的条文及精神和比赛录像的实事，对判罚情况进行分析、认定。由于对上述点球判罚的正误存在评议意见分歧和一些方面人士的不同看法，为了更为客观、准确地做出评议结论，评议委员会又反复对录像和规则精神进行研究，在此基础上召开了评议委员会扩大会议，对该场比赛的判罚情况进行了全面复议。评议委员会认为，除比赛第 80 分钟点球判罚出现较大的争议外，整场比赛裁判员对双方的判罚尺度是一致的。比赛第 80 分钟的点球判罚，通过对录像画面能够看到情况的反复分析、判断，评议委员会根据最后比较趋于一致的意见做出结论：依据规则的精神，双方队员争球的动作程度均尚未构成犯规，裁判员在认定上有一定误差，判北京现代队 3 号队员犯规（点球）属误判。关于对本场比赛裁判员误判点球的处罚，中国足协裁委会根据误判的具体情况，并对相关因素进行了认真调查，目前未发现其他问题，依照《中国足球协会赛区裁判工作管理规定》中的有关条款，经研究决定：停止本场比赛裁判员 2004 年中超联赛剩余八轮比赛的裁判工作[47]。

中国足协公布对国安罢赛的处罚当晚，大连实德集团徐明带头声援国安。

10 月 17 日，由徐明牵头制定出 13 个文件，涉及 9 项实质性内容的"中国足球"革命方案出炉。

10 月 18 日，中超联赛委员会全体会议于当天下午 3 点半在北京大宝饭店举行，会上北京国安足球俱乐部总经理杨祖武表示：中国足协必须向全国球迷道歉。

10 月 19 日，包括徐明、张曙光等在内的 6 家中超俱乐部高层来到国安宾馆召开会议，中国足协官员阎世铎和郎效农、董华到场与其沟通。

10 月 23 日，大连实德、北京国安等 7 家中超俱乐部汇聚香河召开了第一次投资人会议。7 家俱乐部联合向足协发难，要求改革足球体制，史称"G7 革命"或"中超投资人革命"。

10 月 24 日，大连实德主场对沈阳金德的比赛中，陈涛在下半场第 39 分钟追平比分，大连球员认为手球在先，实德对裁判员的不作为极度愤怒，比赛因而中止了 35 分钟。

10月26日，中国足协与投资人在大宝饭店二楼会议室进行，中超执委会初定4点意见。在当晚的中国足协通气会中，公布了暂停降级的决定。

10月27日，中国足协公布了对大连队的处罚决定，实德被罚款人民币30万元；判连沈之战大连实德队0：3告负，同时扣除积分6分。

此后G7联盟虽然也曾经尝试发起二次革命，并在11月9日齐聚广州番禺的长隆酒店召开中超俱乐部投资人联系会议第二次会议，但终究未能再造成重大影响。

在2009年开始的中国足球打假扫黑中，裁判员周伟新被捕并交代，在当年这次导致国安罢赛的争议性比赛中，主队沈阳金德方面领队兼助理教练刘宏，在赛前与他进行了"沟通"，并承诺球队一旦赢球将有所表示。所以在当时的比赛中，周伟新在比赛最后时段判给了主队一个点球。周伟新则在赛后收到了沈阳金德方面的"表示"20多万元。最后法院认定，周伟新在2001年至2005年，先后8次非法收受他人财物共计人民币49万元；2009年，对黄俊杰等4名足球裁判员行贿8笔，共计人民币35万元、港币10万元，犯非国家工作人员受贿罪和对非国家工作人员行贿罪，执行有期徒刑3年零6个月。

评 析

对于任何体育项目而言，罢赛都是一种极端手段，尤其是职业联赛。为了保证职业联赛的健康发展，在法治国家的职业联赛中，在联赛运行之初参与者中的各种利益代表就会通过磋商和谈判的方式，建立该联赛的规则，这些规则包括章程、竞赛规则、行为规范和纪律规则、项目场上规则等。规则的形成必须是在参与者共同参与下进行，为参与者认同。这样，其规则才具有正当性，才具有实施的正当基础。这些规则中，一定包含关于对于裁判员裁决的解决机制，也包括对罢赛等不当行为的处罚。如果裁判员在执法过程中出现不公的现象，球队会按照规则，提交争议解决机构解决。争议解决机构会查清事实，如果裁判员属于徇私枉法而故意不公，将永远失去执法的资格；如果裁判员属于经常性的误判，即属于裁判水平问题，应当降级使用；如果裁判员属于偶然性误判，即属于正常的误判范围，无须追究责任。

在本案中，北京国安队认为当值裁判员判罚不公，没有按照规则提出申诉，而是因此罢赛，显然违反了竞赛规则，应当受到处罚。

但是，国安为何用这种极端的行为来表达不满？实际上是因为中国足球处于前法治时代，足球俱乐部对中国足球，特别是对中国足协公信力的怀疑，对中国足协管理能力信心的丧失。国安罢赛实际上促成了中国足球深层危机的爆发。在此之前的第 12 轮国安客场挑战冠城的比赛中,就出现了国安俱乐部认为的裁判员不公正对待自己的现象,从而使得最终的比赛"反胜为败"。当时国安就在比赛中停止了一段时间,但出于对中国足协能够妥善处理此事的信念,重新恢复了比赛,并在赛后按照规则将书面申述材料递交给中国足协,期待得到满意的答复。但是显然他们对于中国足协的处理并不满意。俱乐部认为,中国足协对俱乐部的申述都采取了被媒体称之为"和稀泥"的行为,根据《中国足协关于联赛违规违纪处罚办法》采取不痛不痒的处罚,如对成都赛区和四川冠城俱乐部的处罚。从渝沈案不了了之、甲 B 五鼠受惩、龚建平案发,到国安罢赛,裁判员一直是焦点,作为上级管理部门的中国足协在这一问题上难辞其咎。"甲 A 和中超进行了将近 11 年,裁判问题却越来越严重,说明中国足协在对裁判员的管理、任用方面的能力确实有所欠缺。"[48]

北京女子橄榄球队罢赛案

案　情

2013 年 9 月 3 日,第十二届全运会女子 7 人制橄榄球决赛在北京队和山东队之间展开。北京队是夺冠热门,比赛开始后,一度将山东队压在半场猛攻。但上半场过半后,山东队开始掌握主动,接连达阵,将比分改写成 10∶0。此后北京队被罚下两名球员,山东队在下半场第三次达阵成功,北京队对此非常不满,助教在场边高喊:"进攻无效,应该判任意球!"替补席上的队员也纷纷起身,高喊"换裁判!换裁判!"山东体育局组织的助威团则在看台上针锋相对,高喊"北京输不起",比赛中一度出现双方互骂的局面。很快,北京队队员纷纷走到场边,不再继续比赛。教练员姜旭明挥手称:"这还怎么打?没法打了!没有这么判的!"经过现场官员劝说,大约 5 分钟后,北京队回到场内,但队员们围站成一圈,不再比赛。山东队发球后,在无人防守的情况下不断达阵,现场大屏幕上的比分不断刷新,直至最终定格为 71∶0[49]。此举引发了媒体和舆论的大力批评。

比赛结束后,现场颁奖迟迟无法进行。

事后,北京队和北京体育代表团分别向公众道歉,北京队道歉信称:"9 月 3 日,在全运会女子 7 人制橄榄球决赛中,北京女子橄榄球队的不冷静和不当处理，造成了不良的社会影响，辜负了社会各界对中国橄榄球这项新兴运动的关心和厚爱，损害了橄榄球项目和全运会的形象，对此，我们备感后悔和自责，我们向各界人士真诚道歉。我们诚恳地接受社会各界和广大媒体的批评。我们将进一步加强队伍赛风赛纪和思想道德教育，认真从这次事件中吸取教训，刻苦训练，以实际行动和优异的成绩回报社会，回报关心和爱护体育事业的广大群众。"

北京团致歉信称："首先，北京市体育代表团就9月3日北京女子橄榄球队在全运会女子7人制橄榄球决赛中的消极比赛行为，向关心体育事业的社会各界表示深深的歉意。本场比赛后，我团召开紧急会议，进行了认真总结和深刻反思，对北京女子橄榄球队进行了严厉批评，调查结束后将对相关责任人进行严肃处理。消极比赛的错误行为违背体育道德，给全运会抹了黑，给橄榄球运动的健康发展带来了负面影响，也损害了北京体育的良好形象。我们尊重组委会及有关方面的处罚决定，诚恳接受各界批评并将认真整改，要求北京运动队以此为鉴，吸取教训，举一反三，在场上尊重裁判、尊重对手、尊重观众，树立良好的体育道德和文明礼仪，切实维护体育精神和体育人的荣誉。"

处 罚

比赛结束后约3小时，中国橄榄球协会秘书长刘荣耀宣布了对北京队的处罚："关于北京对山东女子橄榄球决赛中出现的问题，经裁判委员会和仲裁委员会反复观看比赛录像，由西班牙主裁执裁本场比赛的判罚是公正和准确的。北京队在比分落后的情况下，球员在场上消极比赛，主裁根据比赛规则维持比赛继续进行，直至本场比赛结束。根据中华人民共和国第十二届运动会体育道德风尚奖评选办法，决定取消北京女子橄榄球队第十二届全运会橄榄球比赛体育道德风尚奖的评选资格"。

9月6日，小球中心和中国橄榄球协会发表对北京橄榄球女队主要涉事人员的处罚决定。小球中心和中国橄榄球协会认为，此事件"严重违背了体育的精神和道德，产生了不良的社会影响，损害了全运会和国家体育的形象，也给中国橄榄球运动的健康发展蒙上了阴影。因此：1. 取消领队郑红军和教练员姜旭明在国家橄榄球集训队担任的教练员资格；2. 取消7名运动员代表国家参加2013年国际比赛的资格；3. 对北京女子橄榄球队进行通报批评，罚款人民币2万元；4. 给予本场比赛的北京队教练员停赛3场、场上队员停赛2场、替补席队员停赛1场的处罚；5. 责成北京女子橄榄球队深刻反思，吸取教训，引以为戒。"

小球运动管理中心和橄榄球竞委会也受到国家体育总局、组委会竞赛部的通报批评："在组织管理中存在着教育管理不到位、工作不严谨、处置不得力等问题,对该事件的发生负有不可推卸的领导责任。"

9月7日,参加第十二届全国运动会的北京代表团向所属各相关单位下发了通报,对北京女子橄榄球队做出追加处罚:免去其领队和教练组相关人员职务,并表示还将在专项调查结束后,对相关责任人进一步做出严肃处理[49]。

评　析

这是一起因为消极比赛引发的纪律处罚。有处罚权的体育组织,包括赛事组委会、项目协会和参赛团队可以依据规则和权限,分别对参赛队伍、教练员、队员做出处罚。

在小球中心和中国橄榄球协会对北京橄榄球女队做出的处罚中,只有第三条是根据《中国橄榄球协会纪律准则和处罚办法》做出的,即"对北京女子橄榄球队通报批评,罚款2万元;给予本场比赛的北京队教练员停赛3场、场上队员停赛2场、替补席队员停赛1场的处罚",并且该处罚并未告知依据的是哪一条款。

2013年的《中国橄榄球协会纪律准则及处罚办法(试行)》可能与本次北京橄榄球队场上行为有关的条款计有:第65条"弃赛"、第66条"罢赛"和第67条"退出比赛"。

第65条"弃赛"规定,"除不可抗拒的因素外,参赛球队事先没有经过主管部门允许,未参加比赛的,视为弃赛,将给予下列处罚:(一)罚款;(二)弃赛队将被取消本次赛会资格,与其他队比赛的所有结果视为无效。即弃赛队在本次赛会所有达阵得分、转换射门得分、罚踢得分均为无效,在分组赛中的积分和名次排列都不予以考虑。如果因此而涉及其他参赛队的名次排列,将由大会组委会选择合理的决定名次的办法;(三)禁止转会;(四)其他处罚。前款各项处罚可以独立或合并使用"。第66条"罢赛"规定,"参赛球队中断比赛的,视为罢赛;对于罢赛球队将取消本次赛会资格,与其他队比赛的所有结果视为无效。即罢赛队在本次赛会所有达阵得分、转换射门得分、罚踢得分均为无效,在分组赛中的积分和名次排列都不予以考虑。如果因此而涉及其他参赛队的名次排列,将由大会组委会选择合理的决定名次的办法。此外,纪律委员会可酌情将给予取消注册资格并罚款的处罚"。第67条"退出比赛"规定,"参赛球队擅自退出中国橄榄协主办的各级各类比赛,将比照本准则及处罚办法第66条的规定给予处罚"。

按照本案的情节，球员出现在场上，在比赛结束前仍然在场上，显现既不属于"弃赛"也不属于"退出比赛"，而是属于中断比赛的"罢赛"情况。按照第66条"罢赛"规定，对于罢赛球队将取消本次赛会资格，与其他队比赛的所有结果视为无效。纪律委员会可酌情将给予取消注册资格并罚款的处罚。这其中并未规定可以对运动员教练员做出"停赛"的处罚。

第40条关于"累计黄牌"规定，"(一) 在一项赛事中，因运动员做出危险动作和有违反体育道德行为而被黄牌警告将计入到另一项赛事当中。(二) 因运动员做出危险动作或有违反体育道德的恶劣行为而被出示的黄牌在同一项赛事中将累计到下一场或下一轮比赛。(三) 在同一项赛事中，因同一名运动员做出危险动作或有违反体育道德的恶劣行为而被出示黄牌累计三次，将被罚停赛一场。纪律检查委员会将根据被罚令出场队员的违规的动作性质，按照国际橄榄球理事会《橄榄球比赛规定》附件1《对违规和暴行的处罚建议》的相关处罚尺度进行斟酌，考虑是否给予被罚令出场的运动员停赛等追加处罚。纪律委员会可以延长停赛的期限"。在本案中，对于北京橄榄球女队罢赛的行为，裁判并未出示黄牌，因此也无从累计停赛。根据上述规则，对罢赛运动员进行停赛处罚未能找到规则依据。

肖战波旷赛案

案 情

2004年，球员肖战波转会到上海申花俱乐部。

2007年11月4日，肖战波缺席申花足球队的比赛，被指旷赛。当天，申花队主场迎战陕西队。赛前，教练员吴金贵在安排出场名单时将球队队长肖战波安排为替补。肖战波不满这一安排，在球队大巴离开康桥基地去球场比赛时，他没有随车前往球场。随后，他在没有跟教练组打招呼的情况下，一个人驾车离开了训练基地。

处 罚

11月10日，申花俱乐部官方网站正式刊发了处罚决定：上海申花足球俱乐部签约球员肖战波于11月4日擅自旷赛，严重违反队规队纪，在俱乐部内外造成极其严重的影响。为严肃队规队纪，根据俱乐部相关规章制度，经俱乐部管理层集体研究决定,给予肖战波本人如下处罚:第一,处以其年薪50%的罚金;第二,该罚金自本决定公布之日起10日内必须如数交纳至俱乐部指定账户;第三,俱乐部保留就此次违纪可能造成的其他严重影响及后果做进一步处理的权利。

据媒体报道,肖战波当时在申花俱乐部的年薪为300万元,50%即为150万,对肖战波的这一处罚也创下了中国足坛历史上罚金之最[50]。

评　析

对于职业球员而言,旷赛显然是严重违反体育规则和球员行为规范,同时给俱乐部带来巨大影响和损失的行为,因此应受到处罚。处罚的依据,一般应为国际足联、中国足协和俱乐部的纪律处罚规则和球员行为准则。

关于处其年薪50%的罚金是否合法合理,取决于上述规则,尤其是俱乐部纪律处罚规则和球员行为准则中关于罚款数额的规定,以及50%的年薪罚款是否有明确规定或在罚款数额的范围内。如果俱乐部规则和球员合同中都无此规定,对球员扣罚其半年年薪显然是不合理的。

第十届全运会处罚摔跤裁判案

案情与处罚

2005年,第十届全国运动会在江苏举行。之前,十运会摔跤预赛分两个阶段在全国举行,这期间有举报说有运动队给裁判员现金。国家体育总局得知此事后非常重视,专门派调查组深入调查取证。经过3个多月的调查,6月16日在江西南昌举行的十运会摔跤预赛裁判工作会议上进行了通报。结果有3人被终生禁裁,其他人根据收取钱财的数额以及承认错误的态度,分别得到相应的处罚[51]。

负责此事的中纪委驻国家体育总局纪检组组长王宝良在介绍这一事件的处理过程时说:"摔跤项目内受贿现象由来已久,几乎已经是不成文的规定。很多运动队在经费中有专项的'公关费用',并称不这样做就拿不到名次。有的运动队给钱并不是为了让裁判员偏向他们,只是因为别人都给,自己花钱买个公道。"在十运会摔跤预赛赛场上,有相当一批裁判员出现了收受运动队现金的问题,而且这已不是个别裁判员行为,有的裁判员有礼必收,来者不拒,有的甚至通吃[52]。

尽管体育总局重竞技中心严格强调赛风赛纪，但十运会摔跤比赛还是乱象丛生。在十运会摔跤的首日男子66公斤级决定前八的比赛中，对阵双方分别是江苏的李超杰和山东的王兵宣，前两局双方战成1:1，关键的第三局，李超杰获得两分，但山东队教练员认为李超杰有犯规动作，于是提出申诉，裁判员在反复观看比赛录像之后，认定李超杰确实有犯规动作，把两分判给山东选手王宾宣。江苏队教练员张文秋冲上跤垫，大声斥责裁判员，江苏队助理教练闵永建几乎要冲上场和裁判员对打，现场观众也跟着起哄。在各种因素的作用下，现场执法裁判员竟然将比分改了8次，现场近千名观众的情绪愈发激动，齐声喝骂"黑哨"，将矿泉水瓶扔进了场内，赛事组织者不得不出动防暴警察来清理闹事观众。最终的比赛以李超杰险胜而告终，山东队助理教练员刘国科离场之前拿起一个矿泉水瓶砸向裁判员，口中大骂黑哨[53]。

2005年8月25日，十运会摔跤男子60公斤级淘汰赛中，湖北吴雷对阵上海钱跃明。第一节还未进行到一半，吴雷被判两次消极警告。随后，又是一次有争议的判罚，湖北队教练兼队员王心军冲上赛台直奔裁判员席，拿起裁判员台上的分数牌砸向了其中一名裁判员姚强。场上顿时一片混乱，场边警察将王心军架出赛场。第二局开始，吴雷获得3分。此时，执法的7名裁判员在观看完录像回放后，宣布吴雷第二局成绩取消，被判罚第三次警告。出局的吴雷一把撒开裁判员的手，围着场地边跑边喊"黑哨"。警察再次出动维持秩序，吴雷坐在场地中央不肯下来，比赛又一次被中断。当日下午，十运会组委会宣布了处罚决定：1. 取消湖北队队员王心军的比赛资格，不允许其进入比赛场馆；2. 对湖北队进行通报批评；3. 组委会保留进一步处罚的权利。8月31日，十运会摔跤竞赛委员会做出追加处罚：取消湖北运动员王心军2年参加全国性比赛的资格[54]。

8月30日进行的女子55公斤级比赛中，裁判员杨进的判罚造成不良影响。十运会摔跤竞赛委员会取消裁判员杨进决赛阶段的裁判资格，并给予他严重警告一次。

9月6日下午，十运会摔跤竞委会做出对裁判员的处罚。在9月6日上午男子自由式摔跤84公斤级北京袁孝华对江苏高健的比赛中，由于临场裁判组判罚出现严重失误并造成不良影响，摔跤竞委会根据《十运摔跤决赛裁判员选拔与管理办法》及有关规定，对场上裁判员王超给予严重警告一次，并停止其十运会男子自由式摔跤决赛阶段的临场裁判工作。同时接受处罚的还有技术代表王增才、罗器宇和裁判长顾国飞，他们将被警告并通报批评。另外，安徽队员王志国因为在与江苏队员吴正东的男子自由式74公斤级比赛中对裁判有过激行为而受到严重警告和停赛一年的处罚[53]。

评 析

摔跤乱象并不是十运会上唯一的丑闻,还有孙福明假摔、艺术体操"金牌内定"曝光。新华社评论认为"在和谐社会的氛围下居然出了这么多不和谐之音,不和谐之事,神人共愤"。

全运会的不当行为,早已不是依据规则进行处罚的问题了,十运会暴露出来的是全运会道德危机——竞技体育在很大程度上已经沦为套取社会资源的工具,现行由财政资金所供养的竞技体育举国体制存在合理性受到质疑。全运会金牌已不简单地代表运动员成绩,背后有更多体育以外的意义:运动员要靠全运会的表现获取经济、社会地位,以及日后的求学之路和生存环境;教练员靠全运会成绩获得奖金、发展空间、名声地位;各省体育局的任期和换届,基本都是围绕全运会的日程进行的,金牌可以获得政治资源。

在全国范围内,各级各地政府用于体育事项的支付并未以大众体育为重点,而是主要用于供养专业体工队。如果不从根源上加以反思,尽快进行制度改革,全运会丑闻将使体育道德和社会道德的底线不断受到冲击。

亚运会体操裁判改分案

案 情

2010 年 11 月 16 日,广州亚运会男子自由操决赛,中国张成龙和韩国金洙眠同以 15.400 分并列冠军。

2011 年 3 月 16 日,国际体操联合会(FIG)宣布中国男子竞技体操裁判员邵斌涉嫌违反裁判规则和体育道德,"在 2010 年广州亚运会竞技体操男子自由操单项决赛时,来自中国的 D 组(难度组)裁判员邵斌在完成分被公示前,在未经通告完成分裁判和高级裁判组的情况下修改了张成龙的完成分"。而根据 2009 年版男子竞技体操国际规则,修改完成分是高级裁判组的权力,并且必须在观看技术录像后进行[55]。

据参加亚运会执法的裁判员介绍,在广州亚运期间,当时参与广州亚运会体操比赛裁判工作的国际体联男子技术委员会主席阿德里安·斯托伊卡就曾在内部会议上对一位裁判员出现改分的情况提出过批评,"应该说当时就已经知道(比赛中有裁判改分)了"。负责邵斌一案的官员菲利普表示,在亚运会比赛现场就有官员看出了"猫儿腻"。作为比赛的技术代表，正常情况下斯托伊卡是可以通过高级裁判组的仲裁监视器看到这个情况的。国际体联官员菲利普称："当时我们只是发现情况有些不对，还不能马上做出判断，需要做进一步的调查。"调查工作包括观看影像资料、和其他裁判组成员进行沟通，以及再次评判决赛中张成龙和金洙眠两位运动员的表现。通过这些调查，国际体联进一步确定，邵斌做出了违背体育道德的行为。

3月16日国际体操联合会宣布对"邵斌涉及违规改分"提出诉讼后，当事人邵斌在第一时间对此只是表示"不清楚"。随后，邵斌出面详细说明了整件事情的原委，并表示改分得到韩国裁判默许，自己问心无愧。邵斌表示，自己修改的其实是韩国选手的完成分，而且是改低了，同时还得到了另一位韩国裁判的认同，对方也认为韩国选手得分偏高，干脆中韩选手并列冠军。"从我个人角度来讲，刚开始的分数出来后，张成龙的分数是低于韩国选手金洙眠的，但实际上张成龙完成的动作情况比金洙眠好得多。当时不但是我有这样的看法，连我一旁的韩国裁判也是这么认为的。"同时，当值的技术代表对此签字，并认可了这一分数，邵斌以为，这次改分行为已经被默许。

时任高级裁判组组长的斯托伊卡却表示，他曾试图在现场挽救错失，但是因打分系统没有记录原始得分，最终只能被迫接受了公布在大屏幕的得分。邵斌则直接给予反驳："他的话漏洞很多，这明显是在推卸责任。他作为高级裁判组组长的职责是什么？既然已经知道改分，他为何不重新打分？而且还会在成绩表上签名？"[56]

3月17日，中国体操协会召开通气会，指出：第一，协会已按照国际体联的要求通告邵斌本人，并立即展开调查。经初步调查，改分是邵斌本人擅自所为。协会还将对此事进行深入调查，并要求他配合调查。第二，协会对违反国际体操规则的事情历来是坚决反对的。协会一贯要求裁判员遵守规矩，任何违反国际体育规则的行为都是错误的。第三，目前国际体联正对此事进行调查，一经查实并做出处理，协会也将对当事人做出相应处理[57]。广州亚运会体操裁判的管理是由亚洲体操联合会负责。国家体育总局体操运动管理中心只负责国内体操比赛的裁判员管理。

在通气会上还证实，国际体联在本月10日就将声明的内容通知中国体操协会，并通过协会转达给邵斌本人[58]。

4月27日、28日，国际体操联合会在其瑞士洛桑总部举行了听证会。邵斌与律师一起，在听证会上递交了详细的材料，并陈述了自己的立场。斯托伊卡也出席了听证会，也正是因为他在事后的报告中指责邵斌，才最终引发了国际体操联合会的裁决。

在听证会之后,国际体操联合会在最新的公告中称:此事发生在第16届广州亚运会上,在男子自由体操决赛中,邵斌不顾规则,在分数公布之前,在既没有通知完成分裁判长也没有通知评审委员会的情况下,擅自修改了一个难度分,他的行为导致中国体操选手张成龙从第二上升到和韩国选手并列第一。联合会的纪律委员会目前已经了解到了足够多的细节,能够做出最终的结论,而这个结果将在5月份期间公布[59]。

处 罚

8月30日,国际体操联合会在其官方网站上公布了对中国裁判邵斌改分一事的处理决定,称:体联纪律委员会于4月27日在国际体联总部对邵斌改分一事进行了听证,"同时纪律委员会也听取了男子技术委员会主席斯托伊卡(罗马尼亚)的证词,(改分)事发时他也在现场"。裁定邵斌在广州亚运会体操比赛中存在擅自改分的"欺骗"行为,国际裁判等级由二级降至四级。国际裁判等级降至四级后,邵斌失去了参加世锦赛等重大国际比赛执法的资格。他还须负责承担此案的听证费用7200瑞士法郎(约合5.6万元人民币)。邵斌有权在得到通知后的21天内提出上诉,上诉期限为9月9日午夜之前[60]。

评 析

作为靠裁判员打分定胜负的难美类项目,体操比赛裁判员会受个人喜好、民族、观点等影响,很容易成为争议对象,即便在奥运会这样万众瞩目的国际大赛上也不例外。2004年雅典奥运会上,"体操王子"涅莫夫一套精彩绝伦的单杠动作遭到压分,在裁判员被迫改分的情况下,依然未能领得一枚奖牌,引起了现场观众的愤怒。

正因为如此,国际体操联合会需要建立一整套制度,来规范裁判员行为,避免裁判员打分不公给项目发展带来的不良影响。

有体操圈内资深人士、竞技体操国际级裁判员称,一般体操比赛裁判员分为两组,即难度分裁判员和完成分裁判员。前者往往是两个人,须协商共同打出难度分;完成分裁判员则往往是6个人,对于运动员成套动作的艺术及完成错误、技术和编排错误进行评分,6名裁判员的完成分将被去掉最高分和最低分后取平均值。而一个运动员的最终成绩,就是难度分和完成分相加得出的值。此外,体操比赛还设有高级裁判组,他们有权根据实际情况对分数做出修改,其他裁判则无权改分[61]。这样的规则设计，就是为了避免某个裁判员任意改分，在打分之后再凭自己好恶来修改完成分从而人为地确定金牌归属。邵斌作为难度分裁判员，未通报高级裁判组擅自修改完成分显然违规。

新华社记者质疑，邵斌为什么要冒着当场被抓住的危险擅自改分？他是否受利益驱动，为自己或某个利益团体牟利[62]？也有学者认为，"改分门"事件折射出中国体育，特别是竞技体育在"金牌体制"下陷入了深深的误区。他指出，为夺金牌而改年龄、使用兴奋剂、在裁判上做手脚，这些行为的后果十分严重[62]。

篮协公开处罚裁判案

案 情

2014年1月29日，中国篮协发布了《关于进一步清洁比赛、整肃CBA赛场秩序意见的通知》[63]，指出：

2013—2014赛季CBA联赛常规赛已近尾声，比赛争夺激烈，场面精彩。激烈的比赛中出现一些"火爆"的场景，本应是件很正常的事。但是，在第26轮和第27轮比赛的个别场次中出现了一些与正常赛场秩序相违背的场景，并造成了一定的负面影响，必须引起我们的高度重视，并引以为戒。

经裁判员监评组赛后的比赛录像审核后，认定如下：

1. 常规赛第26轮福建浔兴（主场）与东莞新世纪的比赛中，第四节还剩1分22秒时，东莞队6号队员布朗竖中指挑衅福建队22号队员王哲林；随后，第四节还剩1分16秒时，王哲林利用给同伴掩护之际借势大力推倒布朗，被判犯规；布朗倒地后又竖起中指继续挑衅。

2. 常规赛第26轮天津（主场）与辽宁衡业的比赛中，第三节还剩1分54秒时，辽宁队12号队员杨鸣伸脚绊倒正在运球突破的天津队31号队员特尔菲尔，造成赛场一度出现混乱；究其坏动作应被判成违反体育道德的犯规。

本场比赛第三节还剩2分20秒时，辽宁队教练员郭士强到记录台，抱怨裁判员对本队5号队员判罚的侵人犯规和技术犯规。在裁判员判罚了其技术犯规后更是加大了抱怨的行为，与此同时，该队的助理教练员接君也上前抱怨、纠缠裁判员，造成了比赛不应有的延误。

3. 常规赛第27轮广东宏远（主场）与新疆广汇的比赛中，第二节还剩1分

24 秒至 1 分 22 秒的时间段内，新疆队 1 号辛格尔顿（外援）在抢进攻篮板球时用肘拨开广东队 11 号队员周鹏强行占位，出现犯规；随后周鹏借转身之际就势挥拳击打辛格尔顿头部后面，导致辛格尔顿站稳后大力将周鹏推倒，出现了恶劣的违反体育道德的动粗场面。究其行为，周鹏和辛格尔顿两人均应被判取消比赛资格。

经研究，对发生上述场景的相关人员布朗（新世纪）、王哲林（福建）、周鹏（广东宏远）、辛格尔顿（新疆）、杨鸣、郭士强、接君（辽宁）予以警告、通报批评。如再发生类似情况，从重处罚。

此外，在上述三场比赛中，临场裁判员对赛场上出现的突发场面控制不力，对个别运动员的一些违犯行为观察不周，判罚失当，在某些场合下做出的判罚不够理性，管理不够到位。经研究，暂停上述三场比赛的 9 名当值裁判员（自 29 轮开始）三场抽签选派临场裁判员的资格。

与此同时，为加大清洁比赛、净化赛场的执行力，展示和弘扬 CBA 赛场文化的正能量，我们对进一步整肃 CBA 赛场秩序提出如下意见：

1. 我们坚决反对运动员在赛场上对对方队员的任何报复性行为，如出现后果造成不良影响的，将给予不限于停赛的追加处罚。在此，我们也提醒各运动队：不要把用不道德的手段去激怒对方队员作为一种"约定俗成"的策略去实施，一旦造成动粗后果，则严加判罚。

2. 虽然自常规赛第 26 轮开始我们采用"抽签选派临场裁判员"的办法，但中国篮协仍将对临场出现严重错、漏判或临场管理不力而造成不良影响和后果的裁判员按有关规定予以处理。

3. 常规赛接近尾声，季后赛席位的争夺日趋激烈，各俱乐部和运动队必须加强包括对外援在内的球队成员的教育和管理，必须清醒地认识到每支球队应尽最大的努力去获取胜利，但胜利的取得必须符合体育道德的精神和公正竞赛的要求。临场的教练员和领队一定要摈弃"主场一定占优"的错误观念，要给自己的球队做出表率。为了保证本赛季 CBA 后续赛事的正常进行，我们再次强调：运动队的每一名成员，在比赛场上必须无条件地服从裁判员的判罚和管理，如有异议可在赛后按抗议程序进行申诉；也可使用电话、邮件进行沟通，以对比赛中出现的问题达到客观、合理、统一的认识的目的。

4. 我们重申：在赛场上执行"六项规定"是清洁比赛的需要，是维护赛场良好秩序的需要，是保证我们篮球良好的竞赛环境的需要。我们裁判员必须认真、理性并坚决地执行，绝不能以任何理由消极或简单地对待和处置。裁判员要不断提高责任心，端正对比赛和对运动队的服务意识，提高裁判的专业水准。管理好一场比赛是衡量裁判员执裁能力的唯一标准,在后续的比赛中,如因裁判工作的原因致使比赛失控,造成不良影响的,我们对担任临场裁判员的行为,按照有关规定给予处罚,并视情节予以公示。

5. 良好的篮球赛场氛围是由俱乐部、运动队、裁判员、观众等各方共同努力、完美合作的结果。联赛从业各方必须努力加强行业自律,规范行为,向广大青少年篮球爱好者传递出篮球运动的魅力和赛场上的正能量,用我们的榜样担当起我们应尽的社会责任。

上述意见,要求各赛区、各俱乐部认真传达到参与CBA联赛的所有成员(包括外援、外籍教练员等),要求全体裁判员、技术代表认真学习和领会,更好地完成本赛季CBA比赛任务[64]。

这次大规模处罚裁判后不久,CBA赛场再起裁判争议。2月20日,在新疆主场迎战辽宁的比赛还剩下4秒时,辽宁只落后两分。辽宁队赵继伟从三分弧顶向篮下切入,并在距离比赛结束还剩下两秒时将球传给内线球员韩德君。这时,新疆队员可兰白克·马坎从背后搂住韩德君并将其拽倒。两人同时倒地后比赛的时间也已耗尽,辽宁因此以两分劣势不敌新疆,遗憾告负。然而对于这一明显的犯规动作,三位当值的裁判无动于衷。这一明显的误判赛后引起广泛关注,许多CBA球员都在第一时间发微博表达无奈的心情。之后,辽宁主帅郭士强宣布辞职,他表示无法接受这样的结果,已经不能胜任主教练之职。21日下午,篮协就此事进行了处罚。由于在比赛最后时刻存在明显漏判,给予对此漏判负有主要责任的当值主裁判员郑军停赛15轮的处罚(根据联赛相关规定,在本赛季中未履行完的停赛场次,将延续至下赛季联赛)。这次处罚是CBA联赛历史上对裁判最严重的一次处罚。

评 析

为了保证裁判的权威性,即使裁判出现错判和漏判,中国篮协基本都是内部处罚,不会公布具体名单。2005—2006赛季小结会,篮管中心负责人承认有一些发生错判漏判的裁判员受到了内部处罚,但拒绝公布名单。媒体猜测是第26轮福建队与上海队的比赛中出现误判的裁判员被处罚,有消息称被禁赛超过8场,但没有获得中国篮协的证实。2008—2009赛季常规赛过半时,中国篮协公开承认有9场比赛的裁判出现较大争议,对此中国篮协对4名裁判员和1名技术代表进行了处罚,但没有公布具体名单。2010—2011赛季第23轮上海队与辽宁队的比赛,当值主裁判的判罚引起了鲍勃·邓华德和郭士强的强烈不满,最终裁判员受到了内部处理。2010—2011赛季新疆队与北京队的季后赛，裁判员再次成为争论的焦点。篮管中心竞赛部主任白喜林承认当值裁判员确实存在错漏误判并进行了内部处罚，当时全国媒体都希望中国篮协能公开处罚结果，而白喜林表态不会公开结果[65]。

但篮协此番处罚裁判员并非孤例，之前公开处罚裁判员也曾发生，在近几年愈加密集：

2002年12月26日，在浙江对北京的比赛中，当值的第二副裁判在最后时刻的一次争议判罚导致客队北京奥神在比赛最后1分钟领先4分的情况下惨遭逆转。赛后的新闻发布会，奥神队主帅公开指责裁判员，随即奥神队向中国篮协申诉。由于出现明显的错判漏判，龚万宽受到取消8轮执法资格的处罚，这也是CBA联赛历史上第一次对裁判进行公开处罚。

2012年12月，在福建主场118:117险胜天津的比赛中，当值主裁判吴敏华在做出1次判罚之后，又连续改判3次，致使比赛中断长达7分钟。中国篮协决定，由于吴敏华工作失误，将对其进行内部调整。

2013年1月9日，在八一对青岛比赛最后时刻，八一队进攻24秒违例，青岛队抗议。经协调，主裁吴敏华认定八一队24秒违例，但比赛结果不予更改。对判罚不满意的青岛队，选择用罢赛的方式表达不满。事后，吴敏华被禁赛10场，两位助理裁判贺京周和韩栩各自被禁赛5场，青岛队被罚款14万元。

2013年11月28日，在天津对广东的比赛中，主客队临场执行教练员以夸张的动作表示对判罚的不满，而临场裁判员未对其宣判技术犯规。为严肃裁判工作纪律，对临场3名裁判员提出批评，暂停选派5轮执裁工作。

可以看出，最近几个赛季，裁判员招来的非议非常多。浏览各大门户网站，对裁判员吐槽的文章，远胜过比赛本身。人们认为，CBA存在由来已久的"主场哨"，篮协放弃使用外籍裁判员是造成如今这种乱象的重要原因[66]。

在裁判水平有限，又面临巨大压力，还常常受到黑哨传闻影响的情况下，中国篮协除了"乱世重典"，公开处罚裁判员外，还需要努力营造机制，将球场的误判、漏判几率限制在最小。2011—2012赛季开始前，中国篮协曾颁布政策，包括对裁判员再次启用末位淘汰机制，还有新闻监督和记者都将参与给裁判员打分，并对裁判员的场外行为进行暗访监督。一旦裁判员受贿证据确凿，将遭到终身禁赛。2010—2011赛季，广东男篮俱乐部工作人员到裁判员驻地，同裁判员发生非工作接触，篮协对广东宏远俱乐部相关工作人员予以通报批评、停赛5场、罚款3万元的处罚，广东接触过的裁判员郑军被停哨一个赛季[66]。这些都是积极的措施，但是备受压力的篮协还是需要用公开处罚裁判员的方式，来维护比赛的公平和正义。

  CBA 可参照 NBA 的做法，引入即时回放制度。NBA 第一次引入即时回放制度是在 2002—2003 赛季，当时引进这一规定是用来回放最后 1 秒钟投篮和在每节比赛最后阶段的犯规。此后，每个赛季 NBA 都不断对回放规定进行调整和增加。即时回放主要能够克服人类观察能力上存在的极限和盲区，帮助裁判员做出精确公允的判断，同时减少裁判员在关键球上的自由裁量权，化解争议。但批评者也认为，即时回放虽然提高了比赛的公正性，可是价格昂贵，比赛有可能因频繁地回放而变得不连贯。有限制地使用回放是一种合理选择。

参考文献

[1] 魏一平. 新加坡：零容忍下的辽宁广原假球事件 [EB/OL]. 三联生活周刊，http://www.lifeweek.com.cn/2009/1207/26816.shtml.

[2] 王鑫用黑社会威胁球员踢假球　测谎仪对其不好使 [EB/OL]. 网易体育，http://sports.163.com/10/0923/12/6H90SRLU00051C89.html.

[3] 在新加坡假球案背后 [EB/OL]. 法律教育网，http://www.chinalawedu.com/news/1000/5/2008/4/li461453418148002808-0.htm.

[4] 6 名中国球员在新加坡受贿踢假球被判刑 [EB/OL]. 网易新闻中心，http://news.163.com/08/0422/20/4A5KOK4K00011229.html.

[5] 新加坡审判辽宁广原假球案　赵志鹏入狱主犯潜逃 [EB/OL]. http://sports.sohu.com/20080214/n255158949.shtml.

[6] 新加坡被通缉王鑫中国自首　陆虎 VS 广药 20 万假球 [EB/OL]. 搜狐体育，http://sports.sohu.com/20091126/n268487882.shtml.

[7] 足球病人　体制造就了南勇 [EB/OL]. 中国新闻周刊-新浪体育，http://sports.sina.com.cn/r/2010-01-27/11004811778.shtml.

[8] 揭中国足球 16 年尝试功与罪　必体制改革方有出路 [EB/OL]. 新浪体育. http://sports.sina.com.cn/c/2010-02-02/08014821867.shtml.

[9] 申思一审被判 6 年祁宏江津李明 5 年半　并处 50 万罚金 [EB/OL]. 新浪体育，http://sports.sina.com.cn/c/2012-06-13/09276097923.shtml.

[10] 足坛反赌案核心人物金牌"做球人"王珀被判 8 年 [EB/OL]. 法制网，http://www.legaldaily.com.cn/index_article/content/2012-02/18/content_3359704.htm.

［11］俱乐部涉案人中王珀刑期最长　法院未询问是否上诉［EB/OL］.新浪体育，http://sports.sina.com.cn/c/2012-02-20/09065950037.shtml.

［12］南勇谢亚龙陆俊等34人被终身禁止参加足球活动［EB/OL］.东南网，http://sports.fjsen.com/2013-02/19/content_10642519.htm.

［13］2012年度人民法院十大典型案件：王立军案等入选［EB/OL］.法制网，http://www.legaldaily.com.cn/index_article/content/2013-01/06/content_4111925_3.htm.

［14］徐弘正式向足协申诉　强烈申请撤销其5年停赛处罚［EB/OL］东方体育，http://sports.eastday.com/gd/2013/0304/1727524925.html.

［15］徐弘正式向足协申诉　强烈申请撤销禁赛［EB/OL］.新浪体育，http://sports.sina.com.cn/c/2013-03-04/04036447156.shtml.

［16］中国奥委会反兴奋剂委员会官方网站，http://www.cocadc.org.cn/chinese/sanji/sj01.php?id=3132.

［17］Grayson, E., *Sport and the Law*. 2 ed. 1994, London: Butterworths. 306.; Kelly, G., *Sports and the Law-An Australian Perspective*. 1987, Sydeny:, Law Book Company. 67-88.

［18］足球字〔2011〕139号

［19］王锡锌.行政程序理性原则论要［J］.法商研究，2000（4）.

［20］宋兆年，"这样的比赛违背了柔道运动的精神。"［EB/OL］搜狐体育，http://news.sohu.com/20051014/n227200863.shtml.

［21］柔道假赛受罚：孙福明择日重赛　刘永福通报批评［EB/OL］新浪体育，http://sports.sina.com.cn/o/sy/2005-10-14/20151820433.shtml.

［22］总局官员：重赛处罚下不为例　孙福明态度值得赞誉［EB/OL］.新浪体育，http://sports.sina.com.cn/o/sy/2005-10-15/15481822172.shtml.

［23］蔡玉高、胡锦武、张寒.十运赛场闹剧频传,变味的"双计分"制、"协议计分"制该不该取消？［EB/OL］新华网，http://www.js.xinhuanet.com/jiao_dian/2005-10-19/content_5385161.htm.

［24］中国体育伦理观扭曲到令人悚然的地步［EB/OL］.新华网，http://www.china.com.cn/zhuanti2005/txt/2005-10/16/content_5999594.htm.

［25］孙福明的眼泪［EB/OL］.新浪体育，http://sports.sina.com.cn/r/sy/2005-10-28/14211849015.shtml.

［26］邓卫华　邹大鹏孙福明假摔引发全运规则改写　从此再无漏洞可钻［EB/OL］.http://news.xinmin.cn/rollnews/2009/10/19/2758011.html.

[27] 新华社杨明：国羽输球又输人 丢人丢到家了！[EB/OL]. 网易新闻，http://2012.163.com/12/0801/07/87Q8NE6H000506A2.html?f=index#p=87Q0I1R-A51LH0005.

[28] 竞技谋略·运动道德·体育精神之辩——从伦敦奥运四对女羽选手的遭遇说起 [EB/OL]. 百度文库，http://wenku.baidu.com/link?url=fWg2BAPWnZa_3QpCd0rS9fbjh9zRkYyq6QprYjiTqBAD_rcwOyNBJPOG554jBrumhJZUGEnKIx-2meKN_e6Egevm_ZpXi1LeGNig5fteUZte.

[29] 篮协开史上最大罚单 鲁粤冲突五人停赛罚款33万 [EB/OL]. 搜狐新闻，http://sports.sohu.com/20090411/n263325707.shtml.

[30] 篮协开最重罚单 "群殴门"刘炜蔡亮停赛10场罚5万 [EB/OL]. 腾讯网，http://sports.qq.com/a/20081206/000179.htm.

[31] CBA联赛14年最重罚单砸向刘炜 因撒谎引发重罚 [EB/OL]. 搜狐新闻，http://sports.sohu.com/20081206/n261049250.shtml.

[32] 关于对上海东方篮球俱乐部及运动员刘炜、蔡亮的处罚通知 [EB/OL]. 新浪体育，http://sports.sina.com.cn/cba/2008-12-05/01294107822.shtml.

[33] 王智. CBA联赛14年最重罚单砸向刘炜 因撒谎引发重罚 [EB/OL]. 搜狐新闻，http://sports.sohu.com/20081206/n261049250.shtml.

[34] 顾晨. 西安赛区面临停赛"极刑" 足协今明日最终判决 [EB/OL]. 网易新闻，http://sports.163.com/06/0815/15/2OIVND4200051O3A.html.

[35] 足协杯十九岁闹事球迷公开检讨 治安拘留10天 [EB/OL]. 网易新闻，http://sports.163.com/06/0814/04/2OF76K8800051C8P.html.

[36] 革命 球迷砸车事件听证会今举行 西安主场定生死 [EB/OL]. 网易新闻，http://sports.163.com/06/0818/17/2OQVSSS600051C89.html.

[37] 殳禹. 西安赛区砸车事件处罚公布 罚款5万主场无观众 [EB/OL]. 网易新闻，http://sports.163.com/06/0818/16/2OQPBPGQ00051C89.html.

[38] 西安国际VS鲁能泰山 中超"裸赛"今日首演 [EB/OL]. 网易新闻，http://sports.sohu.com/20060823/n244941652.shtml.

[39] 重罚！圣保利主场需闭门比赛 [EB/OL]. 澳客彩票网，http://dejia.okooo.com/teams/665788.html.

[40] 足球字（2006）118号

[41] 贝西克塔斯主场受罚 [EB/OL]. 东方网，http://sports.eastday.com/gd/2013/0927/2688262283.html.

[42] 卓尔老板斥主裁帮国安：赢不了裁判就别想赢国安！［EB/OL］. http：//sports.163.com/13/0714/22/93PE1UMP00051C89.html#p=93P9TE760B6P0005.

[43] 卓尔董事长微博讽国安遭处罚　足协宣布罚款1万元［EB/OL］. 网易体育，http：//sports.163.com/13/0810/01/95SNGCV500051C89.html#p=93P9TE760B-6P0005.

[44] L.A. Times, June 30, 1973, Part ⅲ．

[45] 尤纳斯批评裁判被禁赛两场　称早知道会受罚［EB/OL］. 人民网，http：//sports.people.com.cn/n/2013/0205/c22176-20438296.html.

[46] 尤纳斯炮轰裁判被处罚：停赛两场　广东队罚款1万［EB/OL］. 新浪体育，http：//sports.sina.com.cn/cba/2013-02-04/16346411568.shtml.

[47] 足纪字（2004）30号．

[48] 风波易解痼疾难除［EB/OL］. 新浪体育，http：//sports.sina.com.cn/s/2004-10-11/0206385633s.shtml.

[49] 全运会女子橄榄球北京罢赛　江苏北京外教对骂［EB/OL］. 新华网，http：//news.xinhuanet.com/video/2013-09/04/c_125321121_2.htm.

[50] 肖战波旷赛旷训　朱骏处罚出怪牌：先罚款150万［EB/OL］. 搜狐新闻，http：//sports.sohu.com/20071111/n253178422.shtml.

[51] 十运会摔跤预赛阶段　三裁判收取贿赂被终生禁裁［EB/OL］. http：//www.nen.com.cn/72627141061115904/20050630/1711272.shtml.

[52] 全运之累　为什么十运会丑闻迭出［EB/OL］. 新浪体育，http：//sports.sina.com.cn/o/sy/2005-10-28/14151849002.shtml.

[53] 范天亮十运会摔跤首罚裁判　取消王超临场裁判工作资格［EB/OL］. 搜狐体育，http：//sports.sohu.com/20050906/n226879587.shtml.

[54] 十运会摔跤赛场纠纷有了结果　运动员王心军和裁判杨进受处罚　湖南日报［EB/OL］. http：//www.sports.gov.cn/cngames/quanyun/0504/200591101932.htm.

[55] 体操"改分门"存3大疑点：为何四个月后才公布？［EB/OL］. 网易新闻，http：//sports.163.com/11/0318/01/6VD14G9G00051CAQ.html.

[56] 体操"改分门"后续　邵斌：改分得韩国裁判默许［EB/OL］. 搜狐体育，http：//sports.sohu.com/20110319/n279899115.shtml.

[57] 中国体协回应"裁判门"丑闻：改分系个人行为［EB/OL］. 体育频道，http：//sports.dbw.cn/system/2011/03/18/053049421.shtml.

[58] "改分门"向谁追责：体联不清白　当事人有隐情？［EB/OL］. 北方网，http：//sports.big5.enorth.com.cn/system/2011/03/18/006178399.shtml.

[59] 体操改分门听证会结束 最终裁定结果五月宣布 [EB/OL]. 腾讯体育, http://sports.qq.com/a/20110501/000343.htm.

[60] 体联裁定邵斌改分有罪 等级降两级承担高额听证费 [EB/OL]. 新浪体育, http://sports.sina.com.cn/o/2011-08-31/07005725914.shtml.

[61] 潇湘晨报：体操改分拿金牌？这也属个人行为 [EB/OL]. 北方网, http://sports.enorth.com.cn/system/2011/03/18/006177543.shtml.

[62] "改分门"向谁追责：体联不清白 当事人有隐情？ [EB/OL]. 北方网, http://sports.big5.enorth.com.cn/system/2011/03/18/006178399.shtml.

[63] 篮球字〔2014〕39号.

[64] 篮协发布整肃CBA赛场秩序通知：7人遭通报批评 [EB/OL]. 新华网, http://news.xinhuanet.com/sports/2014-01/29/c_126079937.htm.

[65] CBA史上最重罚单：主裁被禁赛10场 助理裁判各5场. [EB/OL]. 新闻频道, http://www.s1979.com/news/china/201301/1271069112.shtml.

[66] 篮协开停赛处罚几近失效 应借鉴NBA电视回放制度. [EB/OL]. 人民网, http://sports.people.com.cn/n/2014/0222/c22176-24436061.html.

第十三章 体育不当行为与处罚——与体育无关行为

崔鹏酒驾案

案 情

2007年11月20日凌晨，刚刚入选国奥队的崔鹏在大连中山广场发生车祸。崔鹏驾驶的马自达汽车报废，崔鹏和同车的两个女子都受到轻伤。据称，当时崔鹏车内酒味弥漫，被送往医院后发现3人都喝了不少酒。随后在经过短暂的包扎后，崔鹏被家人接走。

11月22日，鲁能官网正式对外公布了崔鹏事件的原委。鲁能方面表示，崔鹏当夜并没有喝酒，更不能说是酒后驾车。当时崔鹏送同学回家，因为天黑无灯，对大连道路不了解的崔鹏才发生了交通事故。崔鹏事件不会影响到他参加国奥队的集训。

事件发生后，鲁能俱乐部与中国足协以及国奥队进行了沟通。11月24日，中国足协官员表示，他们将对崔鹏事件进行调查。在事情明确之前，他们不会对崔鹏进行任何处罚。崔鹏仍然会前往国奥队报到。

11月25日，崔鹏并没有出现在国奥队在海南的军训基地。足协官员表示，对崔鹏的处罚意见仍然要根据警方最终的结论。如果警方认定崔鹏是酒后驾车，将会对其进行处罚。

11月26日，大连警方对崔鹏做出行政拘留的决定。11月27日，崔鹏被正式定性为醉酒驾车。根据大连警方出示的酒精含量分析来看，崔鹏发生车祸后的酒精含量远超出80mg/100ml，不过由于崔鹏的特殊身份，警方表示可能让崔鹏在自己的家中度过拘留期。

12月2日，崔鹏彻底缺席国奥冬训。

处 罚

12月17日,山东鲁能队下发了对崔鹏的处罚意见,崔鹏被开除队籍并留队查看1年,同时扣除全年30%的奖金。如此严重的处罚,在中国足球的历史上并不多见[1]。

评 析

运动员私生活中和场下(Off-field)的不当行为,如酗酒、滋事、服用娱乐性药物、骚扰女性、酒驾、飚车、打架等不检点行为和触犯刑法的行为,即使行为与体育无任何关系,体育组织也倾向于认定该行为会给相对人履行公共职责带来消极影响,认定行为会"将体育带入耻辱"(Bringing a sport into disrepute)。这些不当行为即使已经由国家司法追究,为了体育的健康发展,体育组织仍然要追究。为了维护体育的形象,体育组织对此类行为的处罚往往相当严格。澳大利亚堪培拉奇袭队(Canberra Raiders)运动员诺·纳鲁库(Noa Nadruku)曾因酒后骚扰两名女性被控而被俱乐部中止合同[2]。2005年,弗农·史密斯(Vernon Smith)的会员资格和参加田径运动的资格被美国田径联合会终身取消,原因是对未成年人的性侵犯,该处罚要比使用兴奋剂的处罚更加严厉[3]。

崔鹏酒驾,不仅违反了交通法规,未能按照良好市民的标准严格要求自己,损害了俱乐部和足球项目的形象,而且给自己造成了伤害。对于俱乐部而言,签下球员的目的就是要球员上场比赛,并为此支付了球员薪水,签约球员因伤不能上场,尤其是主力球员不能上场,对俱乐部是巨大的损失。而且,这种伤害是由训练比赛之外的原因造成的,如果球员足够谨慎,完全可以避免。在这种情况下,俱乐部应制定管理制度,对球员违反法律和纪律进行约束,在球员合同中也应有球员行为规范和处罚的条款,如果未能以良好市民标准约束自己,俱乐部可以对其进行处罚。

毛剑卿等酗酒、围殴市民案

案 情

2008年12月1日凌晨5时许,上海市卢湾公安分局瑞金二路派出所接分局指挥中心指令,在长乐路175号避风塘餐厅内有人被打。接报后民警迅速赶往现场了解情况,并且在茂名南路长乐路口将离开现场的违法行为人抓获,口头传唤其到派出所。

经查,12月1日凌晨5时左右,违法行为人毛剑卿、刘寅涛、徐咏等人在避风塘餐厅用餐时,因口角与在同一餐厅临桌就餐的被侵害人发生争执。这期间,违法行为人毛剑卿、刘寅涛、徐咏对被侵害人进行殴打。经过验伤,被侵害人头部、胸部及上肢软组织挫伤。

处 罚

12月2日凌晨,在经过了20多个小时的调查取证之后,警方向媒体公布了申花队球员打人事件最终的处理结果:申花球员毛剑卿被处行政拘留7天,罚款500元;申花球员刘寅涛被处行政拘留5天,罚款500元;上海男篮队员徐咏因身患重病,警方对其处以500元罚款[4]。

12月8日7点05分,毛剑卿在其家人的陪同下走出了上海市卢湾区看守所,正式结束了7天的拘留期。

从看守所出来后,毛剑卿在俱乐部向公众公开道歉。申花总顾问张德发表示,对毛剑卿打人一事的处罚决定,是基于"惩前毖后,治病救人"的方针,俱乐部决定:1. 鉴于此事造成的严重恶劣影响,对毛剑卿记大过一次。2. 如果再犯,直接开除出队。3. 按照此事的性质及后果来看,俱乐部本考虑将队员毛剑卿直接开除出队,但经过俱乐部领导和投资人朱骏再三商量,鉴于毛剑卿母亲目前身患重病,手术费用巨大,而毛剑卿又是家中最主要的经济来源,其本人也是一名难得的足球大才,先后入选过国少队、国奥队和国家队,于是破例再给他一次机会,希望得到教训的毛剑卿能够继续踢好球,做好人[5]。

中国足协宣布,在新一届的国家队集训名单中弃用毛剑卿。一位足协官员对此就做出了证实,他表示:"中国国家队不会容忍任何球员的流氓行径。毛剑卿虽然具有很好的实力,教练员也对他充满期待,但是,他的这次打人的可耻行为,毁了他的国足生涯。"[6]

评 析

本案是典型的运动员私生活和场下行为中的不检点。球员毛剑卿因酒后殴打他人,违反了治安管理处罚的相关规定,被行政拘留;同时,由于他未能按照良好市民的标准严格要求自己,显然损害了俱乐部和足球项目的形象;被拘留期间,显然对俱乐部的正常训练比赛造成了影响;特别是这种恶劣影响是由训练比赛之外的原因造成的,如果球员足够谨慎,完全可以避免。在这种情况下,俱乐部应制定俱乐部管理制度,规范球员违反法律和纪律的行为,如果球员未能以良好市民标准约束自己,俱乐部可以对其进行处罚。在国家队层面,将损害项目形象的球员排除在国家队之外,有助于对项目健康形象的维护。

女排教练性骚扰队员案

案 情

2012年11月13日,实力不俗的上海女排在联赛中0∶3被天津队横扫,原本一场势均力敌的比赛,从一开始就变成了一边倒。上海队马蕴雯、张磊、杨婕三大国手加在一起的得分不敌天津女排陈丽怡一人,很多球迷对此都感到大惑不解。赛后,上海女排的失常表现便引来种种猜疑。

当晚赛后,账号为"不吐不快111"的网友在微博爆料,上海女排姑娘们集体恍惚其实另有原因:"11月9日晚,上海女排教练组在以往体罚、罚现金的做法上发展出了新内容。以为队员放松肌肉做按摩为由,对几个队员进行了性骚扰。事发后,教练班子居然以比赛为重的借口,只是让当事人做个书面检查。所有队员还必须天天面对他,还对队员做思想工作不让声张。"

指称性骚扰的微博发布后,引发了网络的极大关注。

11月14日,在回复一个网友的微博中,"不吐不快111"写道:"辛呸明干的,老张护的,看看马蕴雯前日一条关于'干净'的微博吧,所以为了所谓的面子,队员们就该忍气吞声……如何投入专注比赛,天天身体累,心里又怒又怕……为这样的教练班子去赢得比赛,你有那动力吗?!"据分析,微博中的"辛呸明"指的应该是上海女排教练员辛丕鸣,而马蕴雯的微博内容是:"无论是从我们的环境、生态亦是到人类的行为、思想、作风,心态,'干净'两个字已经离我们越来越远,无奈、可悲。"很显然,马蕴雯所删的微博,与性骚扰事件不无关联。

11月14日下午,上海市体育局认证微博"@965365上海体育发布"对此事做出回应,"13日晚,有网民称上海女排个别队员遭教练员性骚扰。市体育局对此事高度重视,立即责成体职院球类中心就该微博所涉内容进行严肃认真的调查核实,如果查明微博内容属实,对涉事者将严肃处理。"

11月14日晚，在经过一系列调查之后，上海市体育局对此事的调查做出了最新的情况发布。"@965365上海体育发布"发长微博称："女排队员遭教练员性骚扰初步调查：11月10日，两名上海女排队员向领队反映，某副教练9日晚为她们放松按摩时有不轨言语及行为。市体育局将做进一步调查处理。""初步调查核实的主要情况：经与当事人核实，涉事教练员称，事发当晚，他曾在应酬中喝了不少酒，对本人的言行已经记不清楚。一名队员反映，该教练员在放松按摩时有不轨言语及行为，她当即制止：'你酒喝多了，今天不按摩了'，随即离开房间。两名队员均明确表示，过去从未发生过类似情形。体职院球类中心负责人表态：不会因为涉事教练员是初次、酒后失态而不予追究，他应对自己的言行负责。作为教练员，对运动员有如此行为是决不允许的。将待事情调查清楚后报上级部门处理。目前，体职院已暂停涉事教练员的带训工作，责令其向当事人及其家长认错和赔礼道歉，并做出深刻书面检查。市体育局将对此事做进一步调查处理。"

11月16日，市体育局再度发布声明："11月9日晚，上海女排某副教练在为队员放松按摩时有不轨言行。上海体职院在处理意见中称，事发后，其本人懊悔不已、深深自责。但作为教练员，有这种不轨言行，性质是十分恶劣的，造成了负面影响，直接损害了上海女排和竞技体育的形象。体职院党委经过研究，为严肃纪律，稳定队伍，杜绝此类事件的发生，决定对涉事教练员做出如下处理：1. 责成其深刻反省，做出书面检查，并向运动员及其家长道歉；2. 撤除其女排副教练职务，调离女排；3. 给予其行政警告处分。"[7]

上海市体育局的迅速反应赢得了一片称赞，但也有部分球迷表达了异议："为何从头到尾都不提该副教练的名字？为何处罚这么轻？"据记者了解，由于爆料人已经在后一条微博中指名道姓地说出了此人名字，而且不少媒体的报道也都提到了该副教练，所以官方声明中并没有出现他的名字，也是经过了慎重的考虑。至于处罚较轻，则是因为有一些意见认为该教练员一时酒后失德，而且向受害人认错态度良好，加上他年纪已大，所以作为主管部门的处罚，确实留了情面，但已不算太轻[7]。

评　析

尽管曾有中国女足"陪睡"事件的传闻，但被证实的"教练员性骚扰队员"，在中国体坛当属首例。在国际体坛，类似的性骚扰事件不在少数。几年前，韩国KBS电视台就曾曝光女排前国手遭教练员性侵犯的丑闻，而这在韩国体坛并非个案。女运动员是体育中的弱势群体,很多时候她们不得不保持缄默,直到退役之后才敢将事实公诸众人。除此之外,美国、巴西、意大利等诸多国家的体育圈均有同质事件。

体坛性骚扰事件出现后,体育组织为了维护项目形象,都会对当事人进行行业处罚。美国奥委会在 2010 年设立了一个特别委员会来规范全国教练员的行为。在 2011 年有媒体揭露美国泳坛长期存在教练员性骚扰队员的情况后,美国游泳协会首次把 46 名教练员(其中 36 位与性骚扰有关)的名字公之于众,并宣布他们被终身禁止执教或永远退出美国游泳协会。而著名体操教练员彼得斯因涉嫌骚扰队员,尽管他已经宣布退出教练员岗位并辞去了俱乐部主任一职,根据加州法律,由于诉讼时效已过,彼得斯并未受到法律惩处,但美国体操协会做出了对彼得斯终身禁止执教的处罚[8]。

如果国内立法有"性骚扰"罪名,则当事人还可能受到刑事处罚。2000—2002 年期间,美国体操学院教练员米歇尔·卡达蒙利用职务之便性骚扰 7 名未成年女弟子。2005 年 12 月 8 日,美国当地法院判处其性骚扰罪名成立,服刑 20 年。2010 年 2 月,61 岁的前圣何赛游泳教练员安德鲁·金被逮捕,因为从上世纪 70 年代末起,性骚扰 5 名女运动员,其中一名 14 岁的队员还因他流产,最终安德鲁·金被判入狱 40 年[8]。

亚洲国家对性骚扰的打击力度较美国为轻。日本和韩国主要从经济方面进行处罚。近些年来,日本和韩国成为体坛性骚扰的重灾区,但很少有人因此受到法律制裁,更多的是当事人辞职了事。2011 年 11 月,曾为日本获得过雅典和北京奥运会两枚柔道 66 公斤级金牌的内柴正人在寓所被警方带走,罪名是在去年 9 月的暑期训练中,用酒灌醉一名女性受训者,然后带回宾馆进行性骚扰。内柴对事实供认不讳,但称是"双方自愿"。随后,内柴供职的九州看护福祉大学将其开除。日本《朝日新闻》曾撰文表示,日本体育界的性侵犯丑闻其实很多,但每次出现情况,管理机构都是睁一只眼闭一只眼。据日本《朝日新闻》统计,近 3 年来,体育界的性侵犯案件全部以"民事和解""罚款""人权委员会给予警告""教委给予惩戒"等收场。韩国《东亚体育》报道,自 2009 年 4 月 12 日起,韩国体育协会和首尔大学联合对女运动员日常训练进行了调查,调查共走访了 1830 名女运动员、210 名教练员以及 110 位家长,总调查人数达到 2150 人。结果显示,在一年中,遭到过性侵犯的比例达到了惊人的 26.6%,其中更有 1.3% 的人声称遭到严重的性暴行。几年前,韩国电视台报道了一名前女排国手先后遭到两任主帅强奸的新闻。如此严峻的情况,导致韩国体育协会从 2010 年开始对此类事件进行彻底的严查,杜绝性侵犯的再度发生和蔓延[8]。

参考文献

[1] 回顾崔鹏车祸事件：屡度犯错不改 醉酒驾车惹祸 [EB/OL]. 搜狐新闻, http: //sports.sohu.com/20071217/n254139801.shtml.

[2] Coach Tips Lockyer to Shine on UK Tour, The Age (Melbourne), 27 October 1997, 17.

[3] USATF 官方网站, http: //www.usatf.org/about/legal/suspensions.asp.

[4] "上海申花球员毛剑卿等人凌晨酗酒、围殴市民"案件 [EB/OL]. 搜狐新闻, http: //sports.sohu.com/s2008/0689/s260966691/.

[5] 毛剑卿返回申花基地 接受俱乐部处罚并进行道歉 [EB/OL]. 搜狐体育, http: //sports.sohu.com/20081209/n261105063.shtml.

[6] 陈小凤. 外媒关注毛剑卿打人事件 称其为流氓 [EB/OL]. 腾讯体育, http: //sports.qq.com/a/20081204/000733.htm.

[7] 上海女排性骚扰涉事教练被撤职、处分 [EB/OL]. 网易新闻, http: //sports.163.com/12/1117/11/8GGS5DAS00051CAQ.html.

[8] 世界体坛性骚扰案：美国立法严惩 日韩成重灾区 [EB/OL], 搜狐体育, http: //sports.sohu.com/20121116/n357754794.shtml.

第十四章 兴奋剂

孙英杰案

案 情

2005年10月16日早5时,长跑名将孙英杰参加了北京国际马拉松比赛暨全国第十届运动会马拉松比赛,并夺得冠军。赛后例行的尿检正常,A瓶尿样为阴性。

10月17日早9时,孙英杰乘飞机赶到南京,晚上参加了十运会女子万米决赛,获得第二名。在赛后的兴奋剂检查中,孙英杰A瓶尿样呈外源性雄酮阳性。

10月20日,中国第十届运动会组织委员会、中国奥委会反兴奋剂委员会对孙英杰及其所代表的火车头体协代表团做出处罚:孙英杰违反《禁止在体育运动中使用兴奋剂的暂行规定》使用了外源性雄酮,取消其十运会女子万米比赛成绩,并取消继续参加第十全国运动会其他项目比赛的资格;取消火车头体协代表团体育道德风尚奖评选资格。对运动员、相关人员和单位的进一步处罚将由中国田径协会依照有关规定做出。由于孙英杰是在女子万米比赛后被查出兴奋剂阳性,在女子马拉松赛后的药检中她的尿样不呈阳性,因此孙英杰所获得女子马拉松比赛冠军成绩没有被取消。

按照国家体育总局的有关规定,将对孙英杰处以不少于两年的停赛处罚,其教练员王德显处以不少于1年的停赛处罚。

11月4日,孙英杰的B瓶尿样开启,结果仍为阳性。

11月15日,孙英杰对于海江提起名誉权侵权诉讼并要求赔偿。由于被告于海江是五大连池市人,所以,孙英杰起诉法院为五大连池市人民法院。

11月18日,孙英杰要求召开的听证会举行,但听证委员会认为她无法举出实质性证据。

12月12日,五大连池市人民法院公开开庭审理了此案。

原告孙英杰诉称，她于2005年10月17日参加全国第十届运动会女子万米比赛后，按照规定进行尿检。2005年10月20日，中国第十届运动会组织委员会、中国奥委会反兴奋剂委员会宣布其违反《禁止在体育运动中使用兴奋剂的暂行规定》使用了外源性雄酮，被中国第十届运动会组织委员会取消了万米比赛成绩，并取消继续参加第十届全国运动会比赛的资格。此后，孙英杰委托国家女子中长跑队主教练王德显对与此有关的人员进行调查，发现青海省体工队运动员于海江在孙英杰不知情的情况下于2005年10月16日中午私自在孙英杰平时习惯饮用的猕猴桃果汁饮料中放入被告自己服用过的"强力补"。原告孙英杰认为，在2005年10月16日参加北京国际马拉松比赛暨全国第十届运动会马拉松比赛，赛后例行的尿检正常，并没有外源性雄酮。事隔33小时在第十届运动会女子万米比赛后却发现了兴奋剂，因此被告于海江的"强力补"是造成原告孙英杰被处罚的直接原因。原告孙英杰请求人民法院判令被告于海江在全国性报纸上公开向原告孙英杰赔礼道歉，判令被告于海江赔偿精神损害费3万元，并承担本案的诉讼费用。

被告于海江在庭审中承认了原告的指控，辩称其动机是出于想帮孙英杰。于海江在法庭说："我就是出于想帮她，因为孙英杰是我心中的偶像。可以说她的一举一动都牵动我的心，我对她特别痴迷，特别崇拜。"

法院经审理查明，原告孙英杰系中国火车头体协体育工作队运动员，国家女子中长跑队队员。王德显系国家女子中长跑队教练员。王德显之弟王德明系被告于海江的教练员。被告于海江系中国青海体育工作队运动员。原告孙英杰于10月16日前来北京，住在教练员王德显家中。于海江、程乾育、李壮、杨威峰4名队员也于10月16日早去王德显家用餐。早餐过后原告孙英杰开启一瓶猕猴桃果汁，并饮用两纸杯。剩余果汁放在桌旁的纸箱上。然后去参加比赛，孙英杰同时取得北京国际马拉松赛暨全国十运会马拉松赛冠军。赛后兴奋剂检测正常。10月16日中午被告于海江去王德显家取箱子。王德显家只有保姆一人在家。听保姆说"孙英杰取得了第一，但到终点累得坐地上了"。于海江乘保姆做饭之机将自己平时服用的药物胶囊（强力补）取出7~8粒，掰开将药粉放进10月16日早孙英杰所剩的猕猴桃果汁瓶中。然后，于海江返回山海关的训练基地。当天下午3时许，孙英杰回到王德显家中，饮用了早晨饮剩的猕猴桃果汁饮料，并于17日早将剩余的果汁喝掉。随后乘飞机赶往南京参加当日的十运会万米比赛。在10月18日十运会组委会实施的兴奋剂检查中，孙英杰A瓶尿样检测呈外源性雄酮阳性。对于"强力补"的来路，于海江在法庭上说，药是他在北京天安门附近的一个厕所里挂在挂钩上的一个蓝色的包里拣的，自己以为是补药，并不知道是兴奋剂，不过吃过几次后感觉身体很有劲，于是当时就想到放进孙英杰喝剩的饮料中，暗中帮助偶像。同时也有好奇心作祟。

五大连池法院认为，被告于海江擅自在原告服用的饮料中放入竞技体育运动中禁止使用的兴奋剂，致使原告孙英杰在十运会万米比赛后尿样检查呈外源性雄酮阳性，原告孙英杰因此受到处罚，部分媒体公开进行了报道，损害了孙英杰的名誉，破坏了孙英杰在公众中的形象，侵害了孙英杰本人的名誉。

12月16日，五大连池法院一审判决原告孙英杰胜诉。被告于海江在国家级报纸上登报公开向原告孙英杰赔礼道歉、恢复名誉、消除影响。赔偿原告孙英杰精神损害抚慰金3万元及诉讼费。登报内容需经法院审核[1]。

处　罚

2006年1月12日，中国田协对孙英杰及其教练员王德显违反反兴奋剂规定一事做出了最终处罚。孙英杰被停赛两年并罚款1万元，孙英杰的主管教练员王德显被终身禁赛。中国田协确定孙英杰的停赛期为2005年10月20日至2007年10月19日。中国田协表示，孙英杰如要停赛期满后恢复比赛资格，在停赛两年期间必须接受4次兴奋剂抽查，如她不能按时接受检查，也将被处以终身禁赛的处罚。王德显则因第二次违反反兴奋剂规定而被终身禁赛，同时也被处以个人罚款1万元。他的弟子左清梅曾在1995年全国马拉松赛上被查出服用了兴奋剂。根据国际田联反兴奋剂条例规定，一名教练员的下属出现两名以上的运动员服用禁药被禁赛的情况，该名教练员将被终身禁赛。孙英杰所在单位火车头体协也被给予警告处分。中国田协还指出，在对孙英杰和王德显做出以上处罚决定的同时，孙英杰的国家田径集训队运动员资格以及王德显的国家田径集训队主教练资格被取消。

评　析

《世界反兴奋剂条例》第10.5条款规定了"关于特殊情况下的免除或缩减禁赛期"："1. 无过错和无疏忽。在'发现禁用物质或其代谢物或标记物的'个人案件中，如果运动员能证明自己对违规无过错和无疏忽，则将免除该禁赛期。作为取消禁赛罚期的条件，运动员必须举证禁用物质是如何进入其体内的。2. 无重大过错和无重大疏忽。如在此类违规的个人案件中，运动员能证实自己无重大过错和无重大疏忽,则可缩减禁赛期,但缩减后的禁赛罚期不得少于适用的最短禁赛期的二分之一。运动员也必须证明禁用物质是如何进入其体内的。"但《条例》特别指出,该条款仅对那些确实特殊的情况有影响,对绝大多数案件是不适用的[2]。

在《条例》的举例说明中特意指出,如运动员的配偶、教练员或与运动员有关的其他人,有意在运动员的食品或饮料中投放了禁用物质,这种情况不能视为"无过错和无疏忽"而完全免除对运动员的处罚。因为运动员应对其摄入体内的任何物质负责,也应对受其委托、可接触其食品或饮料的人的行为负责。但《条例》也视某个特殊案件的特定事实而定,对上述情况有可能基于"无重大过错和无重大疏忽"而缩减禁赛罚期。

在本案中,虽然有法院判决,但是在民事诉讼中,被告对原告的诉求完全认同,法院依原告诉求做出判决,而完全未考虑案件情节之离奇和原被告有串通滥用诉讼的嫌疑,以及这种串通对公共利益的损害。反兴奋剂机构实行的是严格责任原则,要求运动员能证实自己无重大过错和无重大疏忽。在这样的情况下,反兴奋剂机构坚持对孙英杰进行处罚,并无不当。

佟文案

案 情

2009年8月30日,佟文在荷兰鹿特丹举行的世界柔道锦标赛上获得了女子78公斤级冠军。在9月8日进行的兴奋剂检测中,佟义的A样本被查出含有克伦特罗(clenbuterol)。但国际柔道联合会(International Judo Federation, IJF)却未在规定时间内通知佟文该药检结果,直到10月18日才通过其下属机构中国柔道联合会(Chinese Judo Association, CJA)通知佟文该药检结果。

佟文称,中国柔道联合会副主席告诉她如果请求B样本检验,会引起大家对她的反感,这样国际柔道联合会可能会给她比接受A样本检验结果更长的禁赛期,所以最好的办法就是合作以求减轻处罚,这样她就可以早日重返赛场、积累足够的积分来参加伦敦奥运会。佟文称,没有人告诉她:第一,要减轻可能适用的处罚需要满足什么条件;第二,根据奥运会宪章第45条,被处以6个月以上的禁赛,佟文就将被禁止参加伦敦奥运会。

10月25日，中国柔道联合会的翻译刘某代表中国柔道联合会秘书长告诉她应当向国际柔道联合会写一封信表示她愿意接受A样本检验结果，因为这样做对她是最有利的。于是佟文在刘某的指导下给国际柔道联合会写信表示她愿意接受A样本检验结果。在信中她说，她在参加世锦赛之前的几个星期和一些朋友去了她家附近的一个非正规餐厅吃烧烤，很可能就是这些食物中含有克伦特罗而使其药检呈阳性。她表示愿意承担责任，但请求轻判，也很希望能参加伦敦奥运会。

11月11日，刘某要求她再给国际柔道联合会写一封申请撤回B样本检验的信，并口授了信的内容由佟文签字确认后寄给国际柔道联合会。

11月25日，国际柔道联合会仍对佟文的B样本进行了检验，但并未通知她，也并未给她机会亲自或通过其代理人到场参加检验。B样本检验结果依然是呈阳性。

2010年4月4日，国际柔道联合会决定给予佟文2年禁赛的处罚，同时收回其世锦赛金牌[3]。

7月6日，佟文向CAS提出仲裁申请，她认为国际柔道联合会的处罚决定违反了联合会2009版《反兴奋剂规则》（2009 Anti—Doping Rules）：1. 用于A样本检验的机器已经18个月未标刻度了，违反了2009年1月世界实验室标准（International Standards for Labomtories，ISL）5.4.5.2和5.4.5.4，所以A样本检验结果不具可采性；2. 佟文未被给予出席B样本的开瓶和检验的机会，违反了世界实验室标准5.2.4和3.2.6以及国际柔道联合会2009版《反兴奋剂规则》7.1.4和7.1.6；3. 根据国际柔道联合会2009版《反兴奋剂规则》的规定，佟文的若干基本程序权利都被侵犯，如告知其检验结果比规定延迟了7周，且结果未直接由国际柔道联合会通知其本人，同时中国柔道联合会给了佟文不正确的信息和建议，包括告诉她挑战A样检测结果处罚将更重，使她错误地认为与国际柔道联合会合作可使她重返赛场参加奥运会，未告知她禁赛6个月就不能参加奥运会，以致她做出错误的放弃B样本检验的决定，国际柔道联合会还未在8个月内给她任何有关A样本检验的材料、没有给予她任何听证的机会等，因此整个程序应当是无效的，所以应撤销国际柔道联合会的处罚决定。

2011年2月23日，CAS公布裁决书，推翻了国际柔道联合会做出的对中国柔道运动员佟文因兴奋剂禁赛两年的处罚决定。CAS最终采纳了佟文的第二点意见，认为根据国际柔道联合会2009版《反兴奋剂规则》的规定，在运动员放弃B样本检验且B样本未被检验时，或者B样本被检验且B样本检验结果证实了A样本检验结果所发现的违禁物的存在时，就构成兴奋剂违规。所以只有在运动员放弃B样本检验时且B样本未被检验时，才能单独依赖A样本检验结果来认定兴奋剂违规。佟文未被给予B样本的开启和检验的机会，违反了世界实验室标准5.2.4和3.2.6以及国际柔道联合会2009版《反兴奋剂规则》7.1.4和7.1.6。既然开启了B样本检验就不能只依照A样本检验结果来认定兴奋剂违规，而此时B样本检验结果因程序瑕疵而无效，不能证实A样本检验结果，无法构成兴奋剂违规，所以CAS撤销了国际柔道联合会的处罚决定。

评　析

这是1984年CAS成立以来，中国运动员诉至CAS成功推翻兴奋剂处罚的第一起案例，具有重要意义。

一、程序正义的重要性

本案佟文胜诉的原因在于她成功地利用了兴奋剂检验程序的漏洞，国际柔道联合会因检验程序中的错误而未完成其承担的证明佟文使用兴奋剂的举证责任。运动员出席B样本的开启和检验的权利，不但是各体育组织反兴奋剂规则中规定的运动员权利，也是为CAS判例所确认的运动员的基本程序权利。通过运动员出席B样本的开启和检验，运动员可以确定被检验的容器是否为运动员样本号码所对应的容器，可以确认在样本开启时封条是否完好无损、样本是否被篡改，还可以检查当时样本的状态。在这个阶段如样本有何变化或者检验有何不规范的地方，运动员都很容易发现。这些都可以被记录下来作为之后质疑检验结果的依据。由此可见，运动员出席B样本的开启和检验是B样本结果公正的程序保障，也是运动员维护自己权益的重要武器。不告知运动员B样本检验的时间地点，在运动员完全不知情的情况下就进行B样本检验，将使运动员变成检验程序的客体而不是主体，是极为严重的程序错误，这一错误足以引起整个B样本检验结果的无效。

而本案的特殊之处在于运动员已经放弃了B样本的检测，是否意味着同时她也放弃了B样本的开启和检验的知情权和到场权呢？CAS对这一问题做了明确的解释：运动员可能放弃B样本检验，国际柔道联合会却可以自行决定对B样本进行检验。在一般的情况下，当运动员放弃检验时，反兴奋剂组织不会再进行B样本检验，但只要进行了B样本检验，无论是基于什么原因进行的，无论B样本检验请求是由运动员提出的还是由体育组织提出的，运动员都有B样本开启和检验的知情权和到场权。不能因为运动员放弃了B样本检验而不告知其B样本检验的时间、地点，不告知其有权出席B样本的开启和检验。所以放弃B样本的检验并不意味着放弃了 B 样本检验的知情权和到场权[4]。由此可见，在兴奋剂案件中，CAS 不仅重视是否使用兴奋剂这一事实，而且也重视在兴奋剂检验中运动员程序权利的维护。

为了免于兴奋剂检查结果公正性受到质疑。在各体育联合会的反兴奋剂规则中，都规定了运动员在兴奋剂检查程序中的程序权利。《世界反兴奋剂条例》规定的运动员药检程序权利包括：一、要求检验程序遵守国际标准的权利，包括：（一）禁用物质和禁用方法清单；（二）国际检验标准；（三）国际实验室标准；（四）国际治疗用药豁免标准。二、初步审查权。运动员所在国的国内反兴奋剂组织收到了 A 样本呈阳性的检验结果报告后，应对阳性结果进行初步审查，以确定运动员是否存在用药豁免，是否有任何与国际标准的偏离。三、结果告知权。如果认为阳性结果成立，反兴奋剂组织应立即按照其规则中规定的方式通知运动员其阳性结果和对反兴奋剂规则的违反。四、要求对 B 样本进行检验的权利。五、B 样本检验的被告知权。六、出席 B 样本的开启和检验权。七、检验资料的获取权。运动员有权要求得到有关 A 样本和 B 样本的实验室文件复印件，其中包括 1ST 要求提供的信息。对这些程序权利的侵犯都有可能成为运动员申诉的理由。

二、本案违禁物质克伦特罗的特殊性

在本案中，佟文虽然是以程序权利胜诉，但与其阳性物质为克伦特罗有很大关系。近年来，越来越多的证据表明，兴奋剂检查的克伦特罗阳性有可能是由食品污染造成的，而且食品中的克伦特罗污染已成为世界范围的公共卫生问题，在中国尤其严重。佟文的律师团队还在上诉中引用了德国乒乓球新秀奥恰洛夫和 4 名队友涉嫌因服用了含有瘦肉精的猪肉而查出克伦特罗阳性的案例，德国乒协未对奥恰洛夫进行禁赛处罚。佟文的律师团队也为佟文提出了测谎申请。虽然仲裁小组最终并未认定佟文的阳性结果是误服被污染的肉类导致的，但这些背景可能已经使仲裁员的判断倾向于认定佟文并无服用兴奋剂的故意。

廖辉案

案　情

2011 年 9 月 2 日，北京奥运会举重男子 69 公斤级冠军廖辉接受了由世界反

兴奋剂机构主持的检测，经认证的北京实验室分析，这个样本呈阴性结果。

同一天，在国际举重联合会（International Weightlifting Federation，IWF）实施的赛外飞行检查中，科隆反兴奋剂实验室出具的检测报告显示，廖辉的尿样呈宝丹酮和宝丹酮代谢物阳性。

廖辉要求国际举联兴奋剂听证小组（IWF Doping Hearing Panel，IWF DHP）举行听证会。

9月17日和18日，国际举联的听证会在香港举行。廖辉认为，根据世界反兴奋剂机构的最新标准，宝丹酮这种物质有内源性产生的可能，但在听证会上，他的申诉理由没有被接受。

处 罚

10月3日，国际举联兴奋剂听证小组做出裁决："根据国际举联反兴奋剂政策第10.2条，运动员被禁赛4年，日期从运动员被临时停赛的9月30日开始。"廖辉将无缘伦敦奥运会。

针对国际举重联合会给予廖辉停赛4年的处罚决定，中国举重协会发表官方声明：中国举重协会对国际举联给予廖辉处罚停赛一事高度重视，并正在对此事件进行调查。中国举重协会在反兴奋剂问题上一贯旗帜鲜明，态度坚决，严格遵守国际体育组织和国家的规定，并制订了严厉的处罚管理措施[5]。

10月25日，廖辉诉至CAS，认为国际举联和有关机构在尿样保管、运输和检测过程中存在违规行为[6]。他要求仲裁小组：推翻国际举重联合会兴奋剂听证小组决定；恢复被国际举联兴奋剂听证小组取消的参赛资格；由国际举重联合会承担上诉的费用。作为替代，如果仲裁认定违反反兴奋剂规则的行为已经成立，则要求：禁赛廖晖2年；推翻国际举重联合会兴奋剂听证小组决定；由国际举重联合会承担上诉的费用。之后他又要求裁决：《国际举联反兴奋剂政策》10.2违反了《世界反兴奋剂条例》；国际举联规则与《世界反兴奋剂条例》不相符合[7]。

廖辉认为：1. 根据CAS的举证责任国际标准，举证责任转移是一个多步骤的过程：国际举联一旦发现运动员违反反兴奋剂规则，则运动员应举出合理证据证明国际举联的反兴奋剂程序背离国际标准（IWF ADP第3.1条款）；此时国际举联应举证此背离并未发生。2. 从北京样品采集，直至样品到达科隆实验室，监管链是不完整的。3. A和B样品的检测报告是不成立的，IRMS试验结果不可靠，因为缺乏可重复性和没有找到相关分析物。4. 国际举联兴奋剂听证小组的裁决违反《世界反兴奋剂条例》第 10 条规定，《国际举联反兴奋剂政策》（IWF Anti-Doping Policy，IWF ADP）第 10.2 条款的强制部分，构成了对《世界反兴奋剂条例》23.2.2 条款的实质性变化，与《世界反兴奋剂条例》协调统一处罚期限的目标背道而驰。因此，IWF ADP 的 10.2 条款因规定超过两年的处罚，必须认定无效。CAS 此前的裁决（CAS 2011/O/2422 CAS 2011/A/2658）提供了依据。5. 根据瑞士法，"在不当行为和处罚之间，必须有一个合理的平衡"，本案施加的制裁是不相称的。

国际举联称：1. 外部监管链完整并且有据可查，运输条件良好，可以毫无疑问地确保实验室所产生的结果是该运动员的结果。2. 如有必要，可以进行 DNA 分析，以证明是该运动员的样品。3. IRMS 测试符合世界反兴奋剂机构的标准，IRMS 试验结果排除违禁物质的内源性来源。4.《国际举联反兴奋剂政策》与《世界反兴奋剂条例》兼容，证据是 2011 年 11 月 20 日世界反兴奋剂机构筹委会成立时，国际举联宣布对其认可。5. 在任何情况下，在举重中使用类固醇构成了对反兴奋剂规则的严重罪行/加重违反，应被处以为期 4 年的禁赛。6. 上诉人提交的案件 2011/O/2422 和 2011/A/2658 和本案没有相关性。因此要求 CAS 驳回廖辉上诉请求，支付国际举重联合会上诉费用。

2012 年 7 月 23 日，CAS 就廖辉兴奋剂违禁案做出裁决，裁定维持国际举联做出的廖辉服用兴奋剂的裁决，但对其禁赛处罚期限从 4 年减为两年[7]。

2012 年 12 月 24 日，国际举重联合会官方网站公布，廖辉的禁赛期从四年缩短到了两年，在 2012 年 9 月 30 日已解禁。

评 析

本案有两个争议问题：第一，廖辉是否违反反兴奋剂规则？第二，如果违反，对廖辉禁赛 4 年是否合法？

一、廖辉是否违反反兴奋剂规则？

双方对于廖辉接受 2010 年 9 月 2 日的赛外检测，以及 A、B 样品检测呈阳性并无争议。然而，如果样品的监管链不完整，即结果不能归于运动员，或取样分析不正确，仍然不能认定兴奋剂违规存在。根据世界反兴奋剂机构技术的文件 TD2009LCOC，兴奋剂检测有两个部分的监管链，即外部监管和实验室内部监管：外部记录自取样开始启动，并确保样品和实验室所产生结果可以无异议地与运动员相联系；实验室内部监管链记录保持在实验室分析测试过程中，是样品分析测试过程中的可追溯性记录。样品被认为是监管的，当它们是：被授权的实验室工作人员实际控制；被授权的实验室工作人员认为他/她实际控制；存储在一个安全的位置。仲裁小组根据本案事实和情况，认为科隆实验室所产生的结果，可以毫无疑问地与运动员联系，不存在争议。

二、对廖辉禁赛 4 年是否合法？

国际举联认为，在任何情况下，在举重中使用类固醇构成了对反兴奋剂规则的严重罪行/加重违反，应被处以为期 4 年的禁赛。而廖辉认为，《国际举联反兴奋剂政策》第 10.2 条款的强制部分，构成了对《世界反兴奋剂条例》23.2.2 条款的实质性变化，与《世界反兴奋剂条例》协调统一处罚期限的目标背道而驰。因此，IWF ADP 的 10.2 条款因规定超过两年的处罚，必须认定无效。

《世界反兴奋剂条例》（2003）10.2 "因使用禁用物质和禁用方法而被取消参赛资格的强制执行" 规定，"除第 10.3 条款中规定的特定物质外，对违犯第 2.1 条款（发现禁用物质或它的代谢物或标记物）、第 2.2 条款（使用或企图使用某种禁用物质或禁用方法）和第 2.6 条款（拥有禁用物质和禁用方法）的行为将执行以下取消参赛资格罚期：第一次违禁，取消参赛资格两年。第二次违禁，终生取消参赛资格"。

此条款的目的在于全球反兴奋剂处罚尺度的统一。在此之前，各个单项协会、各个国家在兴奋剂处禁赛年限上都有差异，来自不同国家的运动员在相似的情况下被查出同一种禁用物质阳性，或者来自不同项目的运动员在相似的情况下被查出同一种禁用物质阳性，很可能被处以不同的处罚，通过比较很可能被认为是不公正的。为了解决这一问题，1999 年 2 月在洛桑召开的世界反兴奋剂大会达成协议，第一次严重违犯反兴奋剂规则禁赛两年，第二次违禁则终身禁赛。国际举联的反兴奋剂规则与《世界反兴奋剂条例》相冲突，在廖辉第一次违禁就禁赛其 4 年，显然缺乏合法性，因而被 CAS 仲裁推翻。

当然，反对统一制裁标准的意见一直存在，因为不同运动项目之间存在着差异：有些项目的运动员是职业选手，运动员靠项目谋生，被禁赛后无法获得收入，其影响要远远大于那些参赛者大多数为业余选手的项目；像跳水、体操这些项目运动员的运动生涯是短暂的，为期两年的禁赛对运动员的影响，要远远大于那些运动生涯长的项目，如马术、射击的运动员；在个人项目中，运动员在禁赛期间通过独自练习就可很好地保持比赛技能，而有些团体项目更重要的是练习全队配合——因此，统一禁赛期会带来新的不公正。

欧阳鲲鹏案

案 情

2008年5月1日，在中国反兴奋剂中心的赛外药检中，男子仰泳选手欧阳鲲鹏被查出A瓶尿样盐酸克伦特罗（CLENBUTEROL）阳性。后来的B瓶检查结果也为阳性。克伦特罗属国际反兴奋剂机构（World Anti-Doping Agency, WADA）公布的违禁药物，俗称"瘦肉精"。

欧阳鲲鹏是当时中国最优秀的男子仰泳选手，也是男子100米蝶泳的佼佼者，曾打破男子50米、100米仰泳亚洲纪录，是2002年韩国釜山亚运会冠军，2006年多哈亚运会上夺得3枚单人项目银牌。

药检呈阳性之后，在中国反兴奋剂中心举行的听证会上，欧阳鲲鹏认为是自己在假期回家吃了烧烤所致。在接受赛场外药检之前，他在回江西探亲时与朋友聚会吃了一次烧烤，吃了些肉类烤制品。本来在比赛期间，这类食品运动员是不会碰的，但当时他正在休假，而且也没有想到归队之后就要接受药检，结果一时大意酿下大祸。以前他从未有过兴奋剂阳性历史。但当时中国养殖行业瘦肉精滥用的情况并未被媒体曝光，欧阳鲲鹏的抗辩并未被听证小组接受。

处 罚

中国游泳协会给予欧阳鲲鹏终身禁赛的处罚，他获得的北京奥运会男子100米和200米仰泳的参赛资格也被取消。其主管教练冯上豹也受到终身取消教练员资格的处罚。欧阳鲲鹏的运动生涯提前终结。

欧阳鲲鹏按照世界反兴奋剂机构（WADA）的《世界兴奋剂处罚条例》，第一次违规应该受到禁赛两年的处罚，而且由于其情况富有争议性，似乎还有不少斟酌回旋的余地。他以初犯之身被立即处以终身禁赛，主要是中国体育界在奥运之年这个特殊时期所实行的"零容忍"的特殊反兴奋剂政策。

国际泳联（FINA）与WADA向国际体育仲裁院（CAS）提出对中国的申诉，要求缩减欧阳的禁赛期。

国际泳联在向美联社叙述事情经过时说，"为避免进一步的诉讼程序，中国游泳协会最终将禁赛罚期缩减为两年。"[8]

在WADA和国际泳联的介入下，虽然成功地令中国方面将欧阳鲲鹏的禁赛期缩短为两年，禁赛期应该在 2010 年 5 月结束，但中国游泳协会仍然禁止欧阳鲲鹏参加中国国内的国家级赛事，这也相当于继续对欧阳鲲鹏变相终身禁赛。中国泳协官员接受电话采访时称："我们不会让欧阳鲲鹏代表中国参加任何赛事，因为之前的兴奋剂事件他树立了极坏的先例，他不会再入选国家队。"WADA 总干事戴维·豪曼（David Howman）表示 WADA 和国际泳联目前对于欧阳鲲鹏的处境已经爱莫能助了，"如果中国体育管理当局不准许欧阳参加政府出资举办的赛事，这与反兴奋剂规则无关，而是属于中国自己的规定。世界反兴奋剂机构也帮不上什么忙。唯一现实的解决办法，看来就是他到中国大陆以外的地方去继续自己的游泳生涯。"

评 析

中国游泳协会对欧阳鲲鹏处以超过《世界反兴奋剂条例》中禁赛期上限的处罚是否合法？

《世界反兴奋剂条例》第 10 条"对个人的处罚"中 10.2 "因使用禁用物质和禁用方法而被禁赛"中规定，除第 10.3 条款中规定的特定物质外，对违反第 2.1 条款（发现禁用物质或它的代谢物或标记物）、第 2.2 条款（使用或企图使用某种禁用物质或禁用方法）和第 2.6 条款（持有禁用物质和禁用方法）的行为，禁赛期为：第一次违规，禁赛两年；第二次违规，终身禁赛。我国已于 2004 年签署了承认和支持《世界反兴奋剂条例》的《哥本哈根宣言》，由此，我国相关的法律、法规、条例都应与之相适应[9]。欧阳鲲鹏第一次兴奋剂违禁即被终身禁赛显然与《世界反兴奋剂条例》的规定相违背。

欧阳鲲鹏被终身禁赛主要依据是北京奥运会前中国体育"零容忍"的反兴奋剂政策。中国希望通过北京奥运会展示中国已崛起为世界强国，不希望兴奋剂事件玷污北京奥运会或为中国体育抹黑，消除上世纪 90 年代和本世纪初中国运动员曾卷入一系列兴奋剂事件的不良影响，证明中国不存在国家支持使用兴奋剂或者是监管不严的问题。国家体育总局副局长段世杰在 2008 年全国游泳锦标赛上首次证实了中国在奥运会前推行空前严厉的"零容忍"反兴奋剂政策："无论是谁，若被查出服用兴奋剂，运动员本人和相关教练将被处以终身禁赛，而该运动员所属的省运动队也将被禁止参加明年的十一运。"[8] 为了确保中国运动员干干净净地参加北京奥运会，对违反兴奋剂相关规定的所有人，无论什么原因，都将受到终身禁赛处罚。这种加重处罚制度是为了防止兴奋剂的滥用。因为不少地方体育部门为了自身利益，并不能忠实地执行严格的反兴奋剂规定，个别甚至纵容包庇兴奋剂的使用[8]。把反兴奋剂和被视为地方体育局官员升迁以及经费来源命脉的全运会、奥运会联系在一起，是为了有效地规制兴奋剂滥用。

对兴奋剂使用的处罚是一种体育行业协会的体育纪律处罚，是一种非正式的法律处罚，但是由于它涉及对财产、工作和名誉的剥夺，并且包含了道德谴责，会给被处罚人留下道德污点，因此是相当严格的，具有"类刑罚性"。因此，如果这种带有刑罚性质的纪律处罚任意性很大而且不正式，对运动员的权利将产生很大威胁。

中国既然选择了法治，就要改良人治的传统，要重新审视发生在体育领域里的那些强调保护体育秩序、忽视保障人权，强调政治需要、忽视法治信仰的现象，兴奋剂加重处罚即是典型案例。在特殊时期对兴奋剂违禁进行加重处罚固然能够起到威慑作用，但兴奋剂加重处罚是明显违背罪行法定原则的。体育纪律处罚的根据只能是证据和规则，法外用刑是典型的人治社会的传统，是不符合罪刑法定原则的，也违背了罪刑平等原则以及罪责刑相适应原则。同样的不当行为在2008奥运会奥运会之前和之后受到的处罚不同，背离了反兴奋剂规则的明文规定，对运动员是不公平的。纪律处罚规则的威慑力在于其确定性，而不在于其残忍性。

游泳协会对欧阳鲲鹏的加重处罚并非孤例，也并未止于2008年奥运会的成功举办。2009年初，刚上任的田管中心主任杜兆才首次亮相就宣布要通过加大处罚力度来震慑胆敢铤而走险者：第一，兴奋剂检查结果呈阳性者，运动员及直接负责人处以4年禁赛，并且处以所属单位10万元的罚款，而以往的停赛期为2年；第二，凡在全运会兴奋剂检查出现阳性的运动员和教练员不得以任何名义参加下届全运会，也就是说，一次违规，将无缘两届全运会[10]。这显然和WADA的规定是相背离的，这是因为中国仍然处于"前法治阶段"，站在管理者立场上，强调为国家利益，为了绝大多数人的利益，即使损害少数人的权利也是可行和正当的。但加重处罚在体育参与者权利意识崛起和改革进程中终将被放弃。

孙龙将案

案　情

2011年1月10日，在乌鲁木齐举行的全国速度滑冰冠军赛上，长春队男子速度滑冰运动员孙龙将在赛后兴奋剂检查中，A瓶检测结果呈蛋白同化制剂（克伦特罗）阳性。

2月，反兴奋剂中心下发孙龙将蛋白同化制剂（克伦特罗）阳性通知。

此后经过反兴奋剂中心和中国滑冰协会反复调查，结果有充分证据表明，孙龙将是因为食用了赛会提供的被瘦肉精污染的肉食品导致尿样呈阳性，他已尽到了运动员谨慎注意的义务，因此本人并无过错。根据调查结果，并依照《世界反兴奋剂条例》和我国有关反兴奋剂的规定，中国滑冰协会随后做出对孙龙将的处理决定：免予对孙龙将的停赛处罚；取消孙龙将2011年全国速度滑冰冠军赛和2011年全国速度滑冰单项锦标赛的比赛成绩。由于孙龙将代表中国参加了2011年12月举行的世界杯荷兰站比赛，因此他取得了第十二届全国冬季运动会的参赛资格[11]。

国家体育总局反兴奋剂中心副主任赵健称，全国速度滑冰冠军赛的兴奋剂检查，除了孙龙将还有其他运动员，在对其他运动员的样本进行分析时，也发现其他样品中存在微量的克伦特罗。按照世界反兴奋剂机构的有关规定，我们就中国的特殊情况，和相关机构进行了深入沟通，对方认为，克伦特罗阳性有可能与食品污染有关系，在处理这样的案子时，要特别分析对待，在一定的证据支持的基础上，可以对运动员的处罚给予适当的减免。孙龙将这个案子符合这样的情况。这就是孙龙将未被禁赛的缘由[12]。

评　析

本案是非常典型的运动员误服克伦特罗的案例。克伦特罗属于肾上腺素类激素，在医学上能扩张支气管、改善呼吸，运动员服用则能帮助其改善呼吸技能和肌肉结构。克伦特罗是国家明令禁止用于饲料添加剂中的兴奋剂类药物，属国家限制买卖的物品[13]。近些年中国存在在牲畜饲养中违反规定使用盐酸克伦特罗的情况，造成肉制品污染。

自1999年我国运动员发生首例克伦特罗阳性案例至今，已经发生克伦特罗阳性40例左右。尤其是在2008年以后，此类阳性有增加的趋势，鉴于无法获得解释阳性物质来源的有效证据，根据反兴奋剂严格责任的原则，一般给予阳性运动员及相关责任人2至4年的禁赛处罚。近年来，越来越多的证据表明，兴奋剂检查的克伦特罗阳性是有可能由食品污染造成的，而且食品中的克伦特罗污染已成为世界范围的公共卫生问题，在不同家不同程度地存在。根据WADA对实验室检测数据的统计，全球克伦特罗阳性的数量2007—2009年在60~70例，2010

年增至 116 例。

早在 2011 年 4 月，德国国家反兴奋剂组织就公开建议外出参赛的欧洲运动员，要对墨西哥和中国的食品保持高度警惕。法国反兴奋剂机构也要求所有法国运动员到中国参赛不得食用中国肉制品，以防止兴奋剂检测呈阳性。德国国家反兴奋剂组织在接受《南方周末》记者采访时称，类似的针对德国出境游游客的尿液检测显示，墨西哥和中国均为瘦肉精污染较严重的国家[14]。

2011 年 10 月，24 支赴墨西哥参加 U17 世青赛的球队中，19 支队伍的 109 名球员兴奋剂检测呈阳性，占全部被抽检球员的 52.4%。不过世界反兴奋剂机构和国际足联在经过调查后共同认定，这是因误食受污染肉类而引发的。墨西哥政府随后逮捕多人并关闭了数个屠宰场[14]。

2011 年，德国乒协宣布，德国名将奥恰洛夫 8 月 23 日接受例行抽查时，克伦特罗呈阳性。奥恰洛夫称自己完全无辜，他怀疑自己 8 月 18 日至 22 日在中国苏州参加中国公开赛期间不慎食用了含克伦特罗的肉食。为运动员提供饮食的苏州方面随即声明，所提供食品是安全可靠的，不排除是个别运动员在酒店外饮食所致，因为此前也发生过运动员在外吃烤串，造成药检呈阳性的案例。出于慎重，德国乒协在奥恰洛夫尿检阳性之后还对当时参加国际比赛的另外 4 名球员做了尿检，虽然结果没有呈阳性，但是尿样中同样含有微量瘦肉精成分。而且对奥恰洛夫的头发检测显示，他头发里没有瘦肉精成分，这就说明奥恰洛夫的误服说法成立，因为如果是大剂量或者长期服用，头发里就会检测出来。此外，与他一起参加中国公开赛的教练员、理疗师等 4 人尽管尿样不呈阳性，但同样含有微量克伦特罗。因此德国乒协最终认定，奥恰洛夫是误吃了含有瘦肉精的肉类食品，对奥恰洛夫免于处罚。

为了公正地处理食源性克伦特罗事件，维护运动员的合法权益，近两年，一些外国和国际体育组织已经着手对食品污染造成的克伦特罗阳性案件减免处罚。例如 2010 年德国乒乓球协会对奥恰洛夫免予处罚，2011 年国际足联对参加中北美金杯赛的 5 名墨西哥运动员和在墨西哥举行的 U17 世青赛的 109 名运动员免予处罚等。对于前述案件，尽管 WADA 提出过异议，并表示要向国际体育仲裁院提出上诉，但在收到相关证据表明阳性是受污染的肉食品造成的之后就撤诉了。

WADA 对克伦特罗阳性的立场也有了明显的变化。2011 年 6 月 15 日，WADA 在其网站上发表了关于禁用物质克伦特罗的声明，指出在某种情况下，食品污染有可能导致运动员样本中存在低浓度克伦特罗，但每个案例各不相同，因此需要综合考虑所有因素。

在中央电视台 3.15 晚会曝光我国家畜饲养非法添加瘦肉精的情况后，我国反兴奋剂机构认识到，目前我国的食品安全问题比较严重，在饲料中添加克伦特罗的违法行为十分突出，由此造成的食品中的克伦特罗污染问题已对我国运动员防范兴奋剂构成严重威胁，因食用污染肉食品造成的克伦特罗阳性事件开始增多。2012 年 1 月 19 日，为了备战伦敦奥运会，国家体育总局发布"禁肉令"，一是禁止运动员在外食用猪牛羊肉，二是各训练基地在未确保肉食来源可靠的情况下，暂停食肉。中国运动员集体陷入了不敢吃肉的尴尬境地，水上中心分散在全国各地的 196 名运动员已经"断肉"40 天，只能靠蛋白粉和带鱼补充蛋白质[14]。

基于这种情况，为了公正、妥善地处理食源性克伦特罗阳性，中国反兴奋剂中心建立遵循 WADA 对兴奋剂阳性个案调查处理的原则、关于克伦特罗问题的声明和《世界反兴奋剂条例》的规定，建立了克伦特罗调查、处理机制。此机制的具体内容包括：

第一，根据运动员及相关单位的申请，反兴奋剂中心也可以开展调查，或者给予协助和指导。调查可以采用但不限于下列方法：1. 收样地点的肉食品检测；2. 与阳性运动员共同饮食的普通人尿样检测；3. 对同地点同时期所收其他运动员样品的检测研究；4. 必要时由反兴奋剂中心咨询相关医学和反兴奋剂专家的意见。

第二，克伦特罗阳性的听证。经调查有证据表明克伦特罗阳性可能是食品污染造成的，一般应当召开听证会，听取当事人的陈述、申辩，审核相关证据。克伦特罗阳性是否是由食品污染造成的，运动员是否符合减轻或免除处罚的条件，一般应由听证会结论进行认定。

第三，克伦特罗阳性的处罚：

1. 对于调查结果或听证会结论可以判定克伦特罗阳性是由食品污染造成的，参照《世界反兴奋剂条例》10.5 条款"特殊情况下减免禁赛期"的规定，酌情对运动员减免处罚：

（1）同时符合以下条件的，视为运动员无过错或无疏忽，按照《世界反兴奋剂条例》10.5.1 条款的规定，免除其禁赛期：①有证据能够排除运动员故意使用克伦特罗嫌疑的，例如同期在相同地点对其他运动员实施了兴奋剂检查，从样品中检测出微量克伦特罗的；或者通过收集与阳性运动员共同饮食的普通人尿样，经检测发现克伦特罗残留的等。②运动员能够证明自己已经尽到了注意义务的，例如严格遵守运动队管理规定，只在食品安全管理严格的运动员餐厅食用肉食品，没有私自外出就餐或者食用来历不明的食物等，但仍发生克伦特罗阳性的;③有证据表明运动员食用的肉食品中克伦特罗污染可能性大,例如从该运动员餐厅的同期肉食品中检测出克伦特罗的。

(2) 同时符合以下条件的,视为运动员无重大过错或无重大疏忽,按照《世界反兴奋剂条例》10.5.2 条款的规定,缩减其禁赛期,但缩减后禁赛处罚不能少于一般阳性禁赛期的一半(1年):①有证据能够排除运动员故意使用克伦特罗嫌疑的,例如同期在相同地点对其他运动员实施了兴奋剂检查,从样品中检测出微量克伦特罗的;或者通过收集与阳性运动员共同饮食的普通人尿样,经检测发现克伦特罗残留的等。②运动员无法证明自己已经尽到了注意义务的,或者阳性是因为运动员的过错或疏忽造成的,例如私自外出就餐或者食用来历不明食物等。③有证据表明运动员食用的肉食品中克伦特罗污染可能性大,例如从相同渠道获得的同期肉食品中检测出克伦特罗的。

(3) 对于被减免禁赛期的运动员,可以酌情给予警告、罚款等处罚。

(4) 对于减免运动员禁赛期的,相关责任人及责任单位的处罚可以相应减免。

2. 对于运动员及其代表单位不能提供清楚而有说服力的证据说明克伦特罗来源,调查结果或听证会结论不能判定克伦特罗阳性是由食品污染造成的,或者不能排除运动员故意使用克伦特罗嫌疑的,均按规定给予处罚。

在本案中,孙龙将能够证实其克伦特罗阳性是赛会提供的饮食导致的,有其他参赛运动员样本中的微量克伦特罗作为有力证据。在这种情况下,运动员并未私自外出就餐,已经尽到谨慎义务,因此是无过错的,应免于禁赛处罚。而收回其 2011 年全国速度滑冰冠军赛和 2011 年全国速度滑冰单项锦标赛的比赛成绩,是因为虽然是误服,但是克伦特罗是 WADA 禁药名单上的禁药,孙龙将已经获得了不正当的竞争优势,因此成绩应予以取消。

李哲思案

案 情

2007 年城运会,12 岁的辽宁选手李哲思获得 2 金 1 银;15 岁时,首次参加世锦赛,李哲思就和队友赵菁、陈慧佳、焦刘洋一起获得 4×100 米混合接力冠军。

2012 年 3 月 31 日,国家体育总局反兴奋剂检测中心在全国游泳冠军赛暨伦敦奥运会选拔赛前实施的赛外兴奋剂检查中,李哲思 A 瓶检测结果为肽类激素

(外源性促红细胞生成素）阳性，B 瓶检测结果一致[15]。

中国反兴奋剂中心随后应李哲思要求召开了听证会，但由于 EPO 需注射使用，几乎不存在误服的可能性。在听证中，李哲思也未证明自己存在用药豁免的情况。

处　罚

2013 年 1 月 29 日，国际泳联宣布，中国游泳运动员李哲思因使用兴奋剂禁赛两年，李哲思的教练员也被禁赛两年。

评　析

外源性促红细胞生成素即 EPO，这种药物通常用来治疗肾病和贫血，但同时它也能提高运动员红细胞的携氧能力，导致美国著名自行车运动员阿姆斯特朗身败名裂的兴奋剂正是 EPO。EPO 不能口服只能注射使用，这意味着任何被查出 EPO 呈阳性的运动员基本不存在误服的可能。如果运动员因为得病用药，则必须事前进行用药豁免申请并且得到批准才能使用药物；如果是因为受伤等原因用药，比如训练中打封闭使用了糖皮质类固醇，就要在兴奋剂检查单上事先填写清楚。在听证中，李哲思未能证明存在用药豁免的情况，因此受到处罚。

在本案事发时，李哲思尚未成年。EPO 为处方药，一般药店没有销售，她所使用的 EPO 由何而来，由谁为其注射？是运动员自己操作一切还是有人教唆、欺骗、指使、支持、协助其使用？由于我国兴奋剂未入罪，司法机关不会介入此类事件，只能以禁赛运动员和教练员而告终。

集体给未成年人服用兴奋剂案

其一，沈阳体校集体服用兴奋剂案

案情

根据举报，2002 年 8 月 16 日，由中国奥委会反兴奋剂委员会、国家体育总局监察局等单位人员组成的检查组对沈阳市体育运动学校进行了突击检查。检查组在该校学生食堂二楼伙食科办公室发现校医正在给多名青少年运动员注射违禁药物，同时还查获红细胞生成素（EPO）和生长激素（HGH）等大量违禁药物，以及不明成分的针剂和用过的包装盒、注射器等。经查，使用违禁药物的运动员多为准备参加辽宁省第九届运动会的该校学生[16]。

处罚

2003年5月18日，国家体育总局向全国体育系统通报了沈阳市体育运动学校组织多名运动员使用违禁药物事件的查处情况。通报称，此次事件涉及沈阳市体校有组织地给多名青少年运员使用违禁药物，包括红细胞生成素和生长激素，性质非常严重，影响十分恶劣。事件发生后，国家体育总局高度重视，立即责成辽宁省体育局迅速组织调查，并根据有关法规对有关责任人做出严肃处理。辽宁省体育局决定取消该校参加省第九届运动会田径项目比赛资格。沈阳市体育局决定给予校长鲍海涛行政记过处分，给予副校长马旭撤销市竞技体育处副处长和市体校副校长职务处分，给予田径队队长贾晓东撤销田径队队长职务处分。

这是继2001年8月在四川犀浦基地和10月在山西省九运会代表团田径队驻地查获违禁药物之后发生的又一起严重事件。这次事件是在党中央要求体育界加强体育道德建设，体育界坚决贯彻"严令禁止、严格检查、严肃处理"的反兴奋剂三严方针，不断加大反兴奋剂力度的形势下发生的。沈阳市体校置国家法令和青少年的身心健康于不顾，顶风作案，性质非常严重、情节十分恶劣、影响极坏，给正常的训练、竞赛工作带来极大的负面影响[16]。

5月19日，新华社记者从沈阳市体育局和沈阳市体育运动学校获悉，被沈阳市体校组织服用违禁药物的十几名青少年运动员已经离开了学校。而他们的具体去向，体育局和市体校声称都不知晓[16]。

其二，鞍山体校集体服用兴奋剂案

案情

鞍山市田径学校成立于1992年，是鞍山市体育局全额拨款的科级事业单位，有200~300名运动员长年坚持业余训练，学校里配备了2名校长和11名教练员。2002年在辽宁省第九届运动会上鞍山市田径学校获得了42枚金牌、87枚奖牌和总分828分的好成绩，名列全省田径项目第一名。1988年，鞍山市被国家体育总局命名为全国田径之乡[17]。

2006年7月26日，鞍山市田径学校45名运动员在校长邵会斌的带领下赴哈尔滨集训，备战将于8月26日揭幕的辽宁省第十届运动会。

8月8日，中国奥委会反兴奋剂委员会接到举报称，鞍山市田径学校为了备战辽宁省十运会，集体使用违禁药品。国家体育总局监察局及中国奥委会反兴奋剂委员会，对正在哈尔滨训练的鞍山市田径学校田径队进行突击检查，发现该校正在大规模给运动员使用违禁药物。当场发现了25支促红细胞生成素、17支不明针剂和9支丙酸睾酮，接着他们又在该校校长邵会斌房间的冰箱里，发现更多违禁药品，所有药品共有298支不同牌子的促红细胞生成素、141支不明针剂以及9支丙酸睾酮，经过化验得知，141支不明针剂是类固醇类兴奋剂——苯丙酸诺龙[17]。当时被怀疑使用兴奋剂的有10名运动员，反兴奋官员们立刻对他们进行了尿检，最终8人的结果呈阳性，检验出的违禁药物是苯丙酸诺龙。

根据辽宁省第十届运动会竞赛规定，田径比赛共分为青少年组、甲组、乙组3个级别。青少年组运动员为超过18岁的厂矿、企事业单位的业余运动员；甲组为16~18岁运动员参赛组；乙组为16岁以下运动员参赛组。鞍山市田径学校赴哈尔滨集训备战的运动员全部为甲组和乙组队员，赴哈尔滨集训的45名运动员都未超过18岁[18]。被查出使用兴奋剂的运动员中，年龄最小的只有15岁。

处罚

8月16日，国家体育总局向辽宁省体育局下发了《关于对鞍山市田径学校使用兴奋剂事件进行调查处理的通知》。

8月21日，鞍山市体育局向辽宁省体育局提出鞍山市退出辽宁省第十届运动会田径项目比赛的申请。

8月22日，鞍山市体育局接到了《关于取消鞍山田径队参加辽宁省第十届运动会田径比赛资格的决定》。辽宁省体育局派人赴鞍山对鞍山市田径学校兴奋剂事件进行调查，随后责成鞍山市体育局会同鞍山市纪检、监察部门对此事深入调查。

8月23日，中国奥委会反兴奋剂委员会、国家体育总局通过媒体向社会通报了鞍山市田径学校有组织、集体使用违禁药物事件。国家体育总局在新闻公报中说，此次事件，涉及鞍山市田径学校有组织地给青少年运动员集体使用违禁药物，严重违反了国务院《反兴奋剂条例》的有关规定，损害了青少年运动员的身心健康。这是继2002年8月沈阳市体育运动学校有组织地使用违禁药物事件之后辽宁省发生的又一起严重事件。国家体育总局……严格按照国务院《反兴奋剂条例》、国家体育总局一号令和其他法律、法规的规定，对有关责任人严肃处理，情节严重的，移交司法部门，追究其刑事责任。

8月24日，鞍山市成立由市监察局负责的调查组，对此事展开深入调查[19]。

但是，最后并未出现"严肃处理"的情况，国家体育总局的处罚也并未公开，其工作人员称："最后只好按规定，对当时被抓住的10名运动员，给予禁赛1年的处罚。至于校长，就不是科教司能按照《反兴奋剂条例》处罚的了。"[20]

评析

在上述两案中，除了依《反兴奋剂条例》处罚未成年运动员外，依照常理应当追问：这么大量的违禁药物从何而来？购买经费又由谁来支付？大规模有组织地给未成年运动员服用兴奋剂，应如何追究其责任？按照目前我国反兴奋剂相关法律和规则，只有被抓住的未成年运动员被禁赛，而集体服药的组织者和实施者无法受到法律制裁，无法有效打击集体给未成年运动员用药的恶劣行为。

目前对兴奋剂事件的直接责任人追究刑事责任是因为缺少法律上的足够依据。国务院《反兴奋剂条例》、国家体育总局一号令和《未成年人保护法》等其他法律、法规的规定目前都不能成为追究刑事责任的依据，追究刑事责任的依据只能是《刑法》。《反兴奋剂条例》中第39条和40条规定了违法人员应该承担的法律责任："造成运动员人身损害的，依法承担民事赔偿责任；构成犯罪的，依法追究刑事责任。" 本案涉案人员大都在18岁以下，《未成年人保护法》第46条规定：未成年人的合法权益受到侵害的，被侵害人或者其监护人有权要求有关主管部门处理，或者依法向人民法院提起诉讼。第52条规定"侵犯未成年人的人身权利或者其他合法权利，构成犯罪的，依法追究刑事责任。"这里所说"依法追究刑事责任"，所依的"法"正是《刑法》，前提是"构成犯罪"。

《中华人民共和国刑法》第三百五十三条规定：引诱、教唆、欺骗他人吸食、注射毒品的，处3年以下有期徒刑、拘役或者管制，并处罚金；情节严重的，处3年以上7年以下有期徒刑，并处罚金。强迫他人吸食、注射毒品的，处3年以上10年以下有期徒刑，并处罚金。引诱、教唆、欺骗或者强迫未成年人吸食、注射毒品的，从重处罚。该法条规定了两个罪，即引诱、教唆、欺骗他人吸毒罪和强迫他人吸毒罪。这两个罪侵害的客体都是国家对毒品的管制和他人的身心健康。客观上分别表现为：使用各种手段引诱、教唆、欺骗他人吸食、注射毒品，或者以隐瞒真相、制造假象等方法欺骗他人吸食、注射毒品的行为和以暴力、胁迫或其他手段，迫使他人吸食、注射毒品的行为。

但是，根据WADA的禁用物质和禁用方法清单（List of Prohibited Subshances and Prohibited Methods），体育组织所禁用的兴奋剂比刑法上所禁用的毒品范围要广泛得多。体育组织所禁用的兴奋剂可以分为两类，即表现增强性药物（performance enhancing drugs）和娱乐性药物，前者用来提高运动成绩，后者则用来产生快感或幻觉，满足好奇心或逃避生活现实等，包括可卡因、大麻、摇头丸、冰毒等为国家刑法所禁止的毒品。在组织未成年人服用兴奋剂的案件中，使用的都是表现增强性药物来提高成绩，这些药物并不是刑法所规定的毒品，也无法依刑法对其进行规制。

我国刑法规定，只有那些有着严重的社会危害性和刑事违法性的行为才是犯罪行为。近年来，兴奋剂不仅在国内外高水平比赛中出现，而且还蔓延到国内各种竞赛中。调查显示，专业队运动员和运动学校、普通中学及大学学生承认使用过兴奋剂的比例大大高于专业运动员的比例，连续出现的体校集体服药事件，更是显示出国内服药呈现出有组织、低龄化、大规模的特点。禁药使用人群的低龄化有着以下几个原因：第一，是随着科技的发展，原来很多进口违禁药物都开始国产化，而且这些药物中有很多都是临床成品药物，所以很容易弄到手；第二，成年运动员使用违禁药物的行为在不断地影响着未成年运动员。另外，目前中国反兴奋剂工作的特点，也决定了很难用检测手段来控制青少年运动员使用违禁药物[21]。时任田径运动管理中心主任的罗超毅也称，田径中青少年兴奋剂问题有蔓延的势头，"形势严峻，2006年处理的3例中就有2例是青少年运动员"；兴奋剂阳性事件时有发生，行为更加隐蔽，2005和2006两年田径就发生了9例阳性。"2001年山西省田径队在驻地被查获大量违禁药品，2002年沈阳体校、2006年鞍山体校兴奋剂事件，这样的集体使用兴奋剂属于极度恶性事件。"[22]

在体校大规模、有组织给学生使用兴奋剂的案件中，学校的青少年运动员都属于未成年人，他们的心智还未发育成熟，在体校"三集中"训练又远离父母的监护，学校利用这一点，将学生当作夺取金牌和成绩的工具，组织他们集体服用兴奋剂，这种行为完全可以和引诱、教唆、欺骗和强迫他人吸毒相提并论。学校相关人员明知兴奋剂的副作用，但是为了逐利，不惜牺牲运动员的身心健康，组织他们集体使用兴奋剂，其主观上具有的故意。这些都足以证明，引诱、教唆、欺骗和强迫他人使用兴奋剂就是一种犯罪行为。可是，由于兴奋剂问题的立法空白，导致了犯罪行为人无法被依法追究刑事责任，这是不符合公平正义的。

因此，应对引诱、教唆、欺骗、强迫他人服用兴奋剂的行为用最严厉的刑法加以规制。可以考虑在《中华人民共和国刑法》第六章中增设一节"滥用兴奋剂罪"，将引诱、教唆、欺骗、强迫他人使用兴奋剂中毒品以外的违禁药物的行为囊括其中，罪名定为"引诱、教唆、欺骗他人使用兴奋剂罪/强迫他人使用兴奋剂罪"，对加害他人使用兴奋剂的行为进行刑事打击[23]。或者对刑法第三百五十三条做扩大解释，将滥用兴奋剂行为囊括其中。

药检调包案

案 情

2009年7月22日,国家体育总局反兴奋中心对黑龙江短跑运动员哈显萍实施赛外兴奋剂检测,教练员朱立东指使运动员滕海娜冒名顶替哈显萍接受检测。

处 罚

2009年12月15日,中国田径协会公布处罚结果,对朱立东禁赛4年,罚款2万元;顶替者滕海娜被禁赛4年,罚款2万元;被顶替的运动员哈显萍被禁赛1年,罚款5000元。黑龙江田径协会被给予警告,负责30例兴奋剂检测的费用3万元,而朱立东名下注册的另两名运动员贾静和李佳被取消参加全运会资格[24]。

评 析

《世界反兴奋剂条例》第2条"违反反兴奋剂规则"包括:从运动员体内采集的样品中发现禁用物质或它的代谢物、标记物;使用或企图使用某种禁用物质或禁用方法;接到检查通知后,拒绝样品采集、无正当理由未能完成样品采集或者其他逃避样品采集的行为;篡改或企图篡改兴奋剂控制过程中的任何环节;持有禁用物质和禁用方法;从事任何禁用物质或禁用方法的交易。

教练员指使运动员冒名顶替接受检测的行为,显然属于"篡改或企图篡改兴奋剂控制过程中的任何环节",应被认为是兴奋剂违规。

苏州女子举重队兴奋剂案

案 情

2010年2月2日,国家体育总局兴奋剂检查组突击检查苏州女子举重队,在教练员和运动员宿舍内查获拟睾酮素及丙酸睾酮等违禁药物,在随后实施的兴奋剂检查过程中，运动员管新蕾、陈玲不配合检查，破坏检查样本完整性，干扰兴奋剂检查实施，在被要求取尿液进行检查时，以"头碰到"和"滑倒"的理由将尿液瓶打翻。破坏了兴奋剂检查样本的完整性，干扰兴奋剂检查实施。运动员杜淼兴奋剂检查样本呈蛋白同化制剂（美雄酮）阳性。在5月19日的听证会上，苏州女子举重队的兴奋剂违规行为被判定成立。

处 罚

根据国家体育总局举重摔跤柔道运动管理中心的处罚决定，运动员管新蕾、陈玲、杜淼被禁赛两年，教练员曹新明被终身取消教练员资格，终身不得从事体育管理工作和运动员辅助工作。教练员唐卫芳、辅助人员陶娟被禁赛4年。此外，给予江苏省举重协会警告，江苏省举重队停赛1年的处罚[25]。在禁赛的3名选手中，年仅19岁的管新蕾最为出名，她夺得了2009年十一运会63公斤级冠军，无论抓举、挺举和总成绩均超过了世界纪录，她也被誉为中国女子举重的希望之星。陈玲则是十一运69公斤级银牌得主。

评 析

《世界反兴奋剂条例》第2条"违反反兴奋剂规则"包括：从运动员体内采集的样品中发现禁用物质或它的代谢物、标记物；使用或企图使用某种禁用物质或禁用方法；接到检查通知后，拒绝样品采集、无正当理由未能完成样品采集或者其他逃避样品采集的行为；篡改或企图篡改兴奋剂控制过程中的任何环节；持有禁用物质和禁用方法；从事任何禁用物质或禁用方法的交易。

苏州女子举重队两名队员打碎尿液瓶的行为，显然属于"接到检查通知后，拒绝样品采集、无正当理由未能完成样品采集或者其他逃避样品采集的行为"，应被认为是兴奋剂违规。

参考文献

[1] 孙英杰服禁药找到"真凶"法院判被告公开道歉 [EB/OL]. 搜狐体育. http://sports.sohu.com/20051218/n241010463.shtml.

[2] 李丽、杨明、孙英杰能否转机？解读《世界反兴奋剂条例》[EB/OL]. 新华网，http://news.xinhuanet.com/sports/2005-12/18/content_3937269.htm.

[3] CAS 2010/A/2161 Wen Tong v. International Judo Federation

[4] 宋彬龄.中国运动员国际体育仲裁胜诉第一案述评——兴奋剂处罚的程序正义问题 [J].天津体育学院学报,2011.26(2):109-113.

[5] 华奥星空 姚珣中国举重协会就国际举联给予廖辉停赛4年发表声明 [EB/OL].中国新闻网.http://www.chinanews.com/ty/2011/11-18/3471806.shtml.

[6] 廖辉再度靠程序违规胜诉 8月已获知"减刑"消息 [EB/OL].北方网,http://sports.big5.enorth.com.cn/system/2012/12/25/010445082.shtml.

[7] CAS 2011/A/2612 Liao Hui v. International Weightlifting Federation (IWF)

[8] 欧阳鲲鹏被曝终身禁赛 绝杀仰泳王凸显中国决心 [EB/OL].体坛网,http://sports.titan24.com/swim/08-07-02/83441.html.

[9] 张寒,李贺普.中国走在了世界的前列——《反兴奋剂条例》出台的背景 [EB/OL].新华网,http://2008.people.com.cn/GB/22185/22208/2367556.html.

[10] 田协针对兴奋剂下狠招 株连制度引爆史无前例重罚 [EB/OL].新浪体育,http://sports.sina.com.cn/o/2009-02-14/08444214957.shtml.

[11] 孙龙将冬运会资格无问题 体育总局:因吃瘦肉精 [EB/OL].腾讯体育,http://sports.qq.com/a/20120107/000707.htm.

[12] 反兴奋剂中心:孙龙将误服瘦肉精 应减免处罚 [EB/OL].腾讯体育,http://sports.qq.com/a/20120105/001194.htm.

[13] 红花岗区法院一审判决"瘦肉精"案件 [EB/OL].贵州日报,http://gzrb.gog.com.cn/system/2003/05/24/000399072.shtml.

[14] 媒体称瘦肉精泛滥致运动队"断肉" [EB/OL].网易新闻,http://news.163.com/12/0418/02/7VBD5U7F00014AED.html.

[15] 国际泳联宣布处罚:李哲思服用禁药 禁赛两年 [EB/OL].东方体育,http://sports.eastday.com/gd/2013/0130/2317604478.html.

[16] 反兴奋剂:沈阳体校组织使用违禁药物EPO受查处 [EB/OL].人民网,http://www.people.com.cn/GB/channel21/549/181/186/200305/19/150978.html.

[17] 揭秘业内潜规则:鞍山集体服用"禁药事件"调查 [EB/OL].央视《大家看法》,转引自新华网,[EB/OL] http://news.xinhuanet.com/sports/2006-08/31/content_5032013_2.htm.

[18] 聚焦"兴奋剂风波"中的鞍山市田径学校.[EB/OL].新华网,http://news.xinhuanet.com/sports/2006-08/24/content_5002750.htm.

[19] 鞍山市田径学校兴奋剂事件回放 [EB/OL].新华网,http://news.xinhuanet.com/sports/2006-09/04/content_5036436.htm.

[20] 郭剑. 鞍山集体服药事件潦草收场 队员禁赛组织者消失 [EB/OL]. 中国青年报, 转引自新华网, http: //news.xinhuanet.com/sports/2006-09/27/content_5142800.htm.

[21] 鞍山学校组织未成年人服药事件续：拉响司法警报 [EB/OL]. 新浪体育, http: //news.sina.com.cn/c/edu/2006-08-30/13419890847s.shtml.

[22] 全国田径赛风赛纪和反兴奋剂大会在上海举行 [EB/OL]. 国家总局反兴奋剂中心. http: //www.chinada.cn/contents/10/411.html.

[23] 康均心. 兴奋剂的入罪问题研究 [J]. 武汉体育学院学报, 2010.44（1）.

[24] 田协药检首现"调包计" 教练指使队员冒名接受检测 [EB/OL]. 新华网, http: //news.xinhuanet.com/sports/2009-12/16/content_12654181.htm.

[25] 苏州女子举重队因兴奋剂违规受处罚. [EB/OL]. 新华网, http: //www.js.xinhuanet.com/xin_wen_zhong_xin/2010-06/19/content_20108138.htm.

第十五章 运动员资格

中国体操队年龄门案

案　情

在北京奥运会上,有境外媒体人浏览国家体育总局的网站时发现,中国队何可欣和杨依琳的年龄还不到 16 岁。同时来自新华社的一则报道也显示,何可欣只有 14 岁。对此,中国官员坚持表示,中国的所有参赛队员都达到了规定年龄,国际奥委会在核实了所有中国队员的护照后证实他们的年龄是符合规定的。但关于此事的争论却一直没有停止,有境外媒体怀疑,有关部门已将何可欣、杨依琳、江钰源、邓琳琳和李珊珊的出生证明、护照、身份证以及户口本都进行了修改[1]。

2009 年,国际体联对中国女子体操队的虚假年龄问题展开调查,范围主要是参加 2000 年悉尼奥运会时的队伍。在那届奥运会上中国队获得了季军。杨云和董方霄是重点调查对象。

国际体联的调查源自于杨云在接受中央电视台一次采访时无意中说起,她在参加悉尼奥运会的时候才 14 岁。而国际体联规定只有年满 16 岁的体操运动员才有资格参加奥运会比赛。杨云的官方资料显示,她的生日是 1984 年 12 月 2 日。

2008 年北京奥运会期间,身为技术官员的董芳霄的注册资料显示,其出生日期为 1986 年 1 月 23 日,按以上信息计算,她在参加悉尼奥运会时应为 14 周岁,违反了国际体联关于运动员年龄的规定。而董芳霄在国际体联的注册年龄则是 1983 年 1 月 20 日。

国际体联秘书长圭斯布勒明确表示,翻看关于悉尼奥运会前后的媒体报道,会发现关于中国女子体操队中个别队员年龄不够的报道。"我们(国际体联)现在别无选择,必须调查出事情的真相。我们会主要就 2000 年悉尼奥运会和 2008 年北京奥运会的中国女子体操队阵容进行调查。"

2010年2月,国际体联公布调查情况,明确表示参加 2000 年悉尼奥运会的中国女子体操选手董芳霄,时年不足 16 岁。随即,国际体联决定取消其在 2000 年悉尼奥运会、1999 年天津世锦赛、2000 年世界杯总决赛等比赛成绩[2]。而她的队友杨云则因为证据不充分,被处以警告处罚[1]。

由于国际体联取消董芳霄成绩涉及奥运会,国际体联将此案提交国际奥委会。2010 年 4 月 28 日,国际奥委会执委会做出决定,因参加 2000 年悉尼奥运会的中国女子体操队中包括了当年未满 16 周岁的选手董芳霄,取消董芳霄在悉尼奥运会上女子个人自由体操和跳马的第六、七名成绩,收回并重新分配有董芳霄参加的中国女子体操队获得的女子团体铜牌,这枚铜牌将授予当时获得第四名的美国队。

中国奥委会就此事发表声明表示,尊重并高度重视国际奥委会的决定。声明中指出:长期以来中国奥委会致力奥林匹克运动的健康发展,坚持公平竞争的体育精神,尊重并要求中国各单项体育协会严格执行各有关国际单项体育组织的规定,创造公平、公正的参赛环境,为推动世界体育的发展做出了应有的贡献。中国奥委会再次要求中国各单项体育协会进一步规范和加强赛风赛纪的教育管理,以此事为戒,坚决杜绝此类事件的发生。中国奥委会珍惜与国际奥委会建立的长期友好合作关系,并愿继续加强彼此间的合作,为促进奥林匹克运动的健康发展做出新的、更大的贡献[3]。

中国体操协会称:"中国体操协会态度很明确,完全尊重国际体联和国际奥委会的处罚,我们在国内比赛中也要严查年龄造假问题。体操比赛中的小年龄参赛问题一直都有,业内也心知肚明,只是难有证据举报。像以前罗马尼亚、朝鲜、前苏联国家都有被怀疑运动员年龄不够参赛,董芳霄并不是第一例。事实上,中国体操协会一直在配合国际体联的调查,董芳霄的身份证、各种参赛证、户口本等资料都是中国体操协会提供的,并不是国际体联到中国公安机关提取的,所以有人说中国体操协会在幕后也作假,这是不对的。"

评 析

体操运动员,尤其是女体操运动员年龄小具有优势:身体灵活性最好,可以很容易地做出各种高难度动作,不会因为失败而退缩或者害怕。上世纪 80 年代,为了保护正处于生长发育期的运动员不受伤害,国际体联把体操运动员的参赛年龄从 14 岁提高到 15 岁;1997 年,国际体联进一步将参赛年龄提高到 16 岁。体操运动员改年龄参加比赛应运而生。与很多项目"以大打小"不同,体操年龄作假是"以小打大"。

2008年北京奥运会前,美国体操教练卡罗利就抱怨说,中国体操选手"显然都还是些小孩"。但"她们护照上的年龄是正确的,我找不到任何证据"。2013年,比利时安特卫普世锦赛女子预赛后,卡罗利再次公开质疑中国运动员涉嫌年龄作假。随后,中国体操队领队叶振南予以了强烈的回应,表示将会保留法律追责的权利[4]。

中国运动员年龄造假之前也被披露过,但因年龄问题被国际奥委会公开处罚取消奖牌则是首次。按照国际体操联合会规定,运动员要满16周岁才能参加大型国际比赛。在有此规定的前提下,年龄造假即构成对规则的违反,是一种欺骗行为,理应受到处罚。

除了对董芳霄个人的处罚,更值得思考的是,作为举国体制中的一个个体,当年尚未成年的董芳霄及其家长是否有能力去改动户籍资料,还是这是有组织的行为,其中有无行政力量在参与作假?中国体操项目以"圈养"的方式来培养后备人才,低龄运动员很早就脱离学校和家庭教育已经广受诟病,这是相关部门必须正视的问题。

CBA假外援官秀昌案

案 情

2007—2008赛季,官秀昌加盟新疆广汇。2007年10月31日,联赛第二轮官秀昌首次亮相。该赛季官秀昌一共为新疆队打了18场比赛,场均贡献6.2分、2.2个篮板和1.5次助攻。2007年12月中旬,媒体开始关注官秀昌的身份问题。在亚洲篮球官方网站新疆队的介绍里,官秀昌赫然写着中美双重国籍。但中国国籍法不承认双重国籍。中国篮协起初表示要彻查,紧接着又表态说官秀昌就是中国人,他的身份没有问题。在联赛进行到25轮以后,中国篮球协会要求新疆俱乐部提供官秀昌的护照、身份证等证明材料,官秀昌在剩下的比赛中不见踪影[5]。

有媒体报道,官秀昌(Song Cun Sou),1980年12月在澳门出生,父母都是越南华侨,他3岁赴美,在美国长大,持有美国护照。官秀昌大学时代曾经在美国NCAA第三级的洛杉矶西洋学院打过球。他在北美亚裔球迷中具有相当的名气,他效力的洛杉矶小马队连续多年获得北美华人锦标赛冠军,2003—2005年连续3次率领"南加州福建同乡会"参加香港超级工商杯,并在2005年夺得冠军。2004—2005赛季云南奔牛队曾经引入一名"长期旅居美国的蒙自籍"年轻后卫马秀昌。后经几位曾效力于云南队的球员证实,马秀昌即现在的官秀昌。当时媒体也对"马秀昌"的身份产生了质疑,奔牛俱乐部给出的答复是:他是美籍华裔,祖籍是红河州蒙自县,幼时随家人移居美国后长大,拥有"双重国籍",虽然中文不太流利,但并非外籍球员。后来随着媒体质疑声音的加大,中国篮协也开始关注此事,云南队迅速解除了他的合同。在那一年,马秀昌仅随云南参加了4轮比赛,登场1次,得到2分。因为云南男篮和上海交通大学有合作共建关系,上海交大负责培养云南二线队,随后他便加入上海交通大学篮球队,并参加了当年的首届大学生超级联赛。

中国篮球协会调查显示:新疆广汇俱乐部2007年9月在办理2007—2008赛季CBA职业联赛俱乐部球员注册手续时,向联赛办公室提供了一份"官秀昌"的球员注册申请表,俱乐部与官秀昌签订的国内球员聘用合同及一张官秀昌的中国居民身份证,该证件显示官秀昌为中国黑龙江省人。

2007年12月上旬,开始有地方媒体在互连网上对官秀昌的身份提出质疑,后又有部分俱乐部向中国篮协反映官秀昌的问题,指出官秀昌为越南华侨,持有美国护照等等。按照CBA联赛的规程规定,每个俱乐部只能注册两名外籍球员,如果所反映的情况属实,则新疆广汇俱乐部事实上拥有了3名外籍球员,不仅违反了联赛规程规定,而且还破坏了职业联赛的公平性。因此,根据各方面的反映,中国篮协很快对官秀昌身份问题展开了调查。

中国篮协经商请公安部、黑龙江省公安厅等有关部门查证:新疆广汇在球员注册时所提供的官秀昌的身份证系伪造。

随后,中国篮协又向新疆广汇俱乐部了解官秀昌身份情况。12月25日,俱乐部又向联赛办公室提交了一份新的身份材料:官秀昌的澳门护照复印件及出生证明复印件。针对俱乐部提供的官秀昌的澳门护照复印件,中国篮协请驻澳有关部门查证,2008年1月8日,澳门有关部门正式来函回复:"本局没有上述护照之记录。"

在以后的调查中,中国篮协又通过了解官秀昌在国内随队出行的记录,查到了官秀昌的英文名字及护照号码。通过公安部出入境管理部门,中国篮协又继续查询了官秀昌所持护照国别。2008年1月8日,公安部出入境管理部门正式来函:"根据你中心提供的该人护照号码223058815及158874969,经核查出入境记录,上述两本护照均系美国护照。该人有关出入境情况详见附件"。公安部出入境管理部门提供的出入境记录显示,官秀昌已于2007年12月26日晚乘

CA983号航班飞往美国。

上述证据证明：官秀昌非中华人民共和国公民；注册时俱乐部向联赛办公室提交的身份证明材料系伪造；俱乐部后提供的澳门护照复印件也是伪造的；官秀昌在本赛季所持有和使用的唯一有效身份证件是美国护照，即官秀昌系美国公民。

在处理官秀昌事件的整个过程中，中国篮协先后召开了联赛纪律委员会会议，成立了纪律委员会调查小组，赴新疆俱乐部调查情况，致函相关部门调查取证。同时，中国篮协与新疆广汇集团、广汇俱乐部、新疆体育局的领导进行了沟通、交换了意见，并根据新疆广汇俱乐部的要求，中国篮协聘请有关专家召开了"官秀昌事件处理意见征询会"，给了新疆广汇俱乐部陈述官秀昌问题的机会。在1月9日召开的联赛委员会上，纪律委员会调查小组向委员们如实通报了官秀昌事件的调查情况，再次给予新疆广汇俱乐部为自己陈述的机会。每位俱乐部代表都充分发表了对官秀昌事件的处理意见。从9日上午8点30分到10日晚上19点30分，篮协的CBA联赛委员会会议连续召开了两天，总计时间长达32小时，最终才达成统一的处罚意见。

新疆广汇自辩是无辜的：官秀昌最早来到的时候，持中国公民身份证，而且他本人从外观来看，也看不出是外国人。像这样的人，根本不可能怀疑。官秀昌到广汇俱乐部试训时，听说他两年前在云南红河注册过，而且上场打过球，所以我们更不会怀疑。对广汇俱乐部来说，作为一个民营篮球俱乐部，并不具备一定的手段去查实他的身份。官秀昌两度在篮管中心注册，篮管中心都没有发现他的名字不一样，但照片都是一样的。作为行业领导，联赛的组织者和服务者，注册既然有一个审核的过程，应该能避免这样的问题出现。作为俱乐部，很难知道建档的时候有没有漏洞。官秀昌持有云南和黑龙江的身份证，我们压根没想到他的籍贯有问题。在2007年12月13日，当媒体率先质疑官秀昌的身份问题时，CBA联赛办公室主任表示："这是注册过的，没有问题的，可以打下去了。"[6]

新疆广汇俱乐部认为篮协既然负责注册就要承担审核的责任，但篮管中心认为审核的责任在俱乐部，而且并不同意俱乐部取证难的说法。"俱乐部核实球员的身份很容易。最简单的方法，对于国内球员的身份可以上公安部网站查询，对于国际球员，俱乐部可以将转会澄清信提交中国篮协，由中国篮协提请国际篮联核实。"篮管中心副主任王渡说，"所以在此事件上，新疆广汇俱乐部负有管理不严、不规范的责任。"[6]

处 罚

中国篮协认为，根据官秀昌是美国公民这一事实，按照 2007—2008 中国男子篮球职业联赛竞赛规程中"允许各参赛运动队注册两名外籍运动员"的规定，新疆广汇俱乐部已经违反了联赛竞赛规程的规定，在 18 轮比赛中上场了 3 名外籍球员，严重违反了公平竞争的原则，给联赛造成恶劣的影响。

根据《全国篮球竞赛处罚规定》第三章第二十三条的规定，中国篮协对新疆广汇俱乐部做出如下处罚：一、判新疆广汇队官秀昌上场参加的 18 场比赛 0：20 负，名次排列常规赛第 11 名。因此新疆队积分减去 15 分，积分从 56 分变为 41 分，从第 2 名降至第 11 名，取消季后赛资格，其他球队则积分和胜负保持不变，这样原第 3~11 名依次往前提 1 名，11 名以后的排名保持不变。原来的第九名浙江广厦替补进入季后赛。二、将官秀昌使用假中国居民身份证件一事提请公安部门调查处理，官秀昌永远不得到中国境内参加中国篮协举办的篮球比赛。在官秀昌事件上，中国篮协 CBA 联赛办公室负有审核注册工作把关不严的管理责任。对 CBA 联赛办公室负责人及具体负责注册的相关责任人予以相应的处分。至于官秀昌以"马秀昌"名义在 2004—2005 赛季曾注册在云南俱乐部的问题，中国篮协择时进行调查处理[7]。

出席新闻发布会的中国篮协副主席王渡补充说，新疆广汇队最终常规赛第 11 名的排名并不影响其他队的排名，"根据 CBA 联赛相关规定，同时经过联赛委员会商讨，为了 CBA 联赛的稳定和尽快开始季后赛，常规赛排名除了新疆广汇队外不做调整，按照原先的排名依次上调。"这样，在进入季后赛的 8 强中，原来常规赛排名第 9 名的浙江广厦队如愿晋级。至于新疆广汇队的行为是否达到降级程度？王渡强调，就目前掌握的情况，以及现在的证据，还无法说明新疆广汇队是有意识地"明知官秀昌为外籍球员而故意违规"，因此其所犯错误还不适用降级标准[8]。

评 析

一、职业联赛赖以生存的基础是"公平"和"诚信"

《2007—2008 中国男子篮球职业联赛竞赛规程》规定，允许各参赛运动队注册两名外籍运动员，新疆广汇俱乐部已经使用了 3 名外籍球员，违反了联赛竞赛规程,给联赛造成极大的负面影响。根据《全国篮球竞赛处罚规定》第三章第二十三条的规定,违反竞赛规程中有关运动员参赛资格规定,年龄或资格上不符合规定的运动员上场参加比赛的,给予通报批评,罚款500~2000元,取消本次比赛资格或停赛6~12个月。给予所注册的单位通报批评,罚款1000~5000元;给予所代表的单位批评,罚款1000~5000元,直至其上场参加的比赛均为0:20负或本次比赛所代表的单位最后一名。中国篮协做出的判新疆广汇俱乐部队官秀昌上场参加的18场比赛0:20负,是符合该规则的。

但《全国篮球竞赛处罚规定》条款设计上存在瑕疵。该规定第五条规定,处罚的种类主要包括:"一、警告(含内部警告和严重警告);二、通报批评;三、罚款;四、停赛或取消比赛资格;五、停止参加比赛工作;六、取消执行(执裁、执教、参赛)资格;七、取消主场比赛资格;八、取消承办、主办篮球比赛资格;九、撤销或降低运动员(教练员、裁判员)技术等级(包括建议撤销或降低)。"处罚本案的第二十三条规定的"判处0:20负"这些新的处罚种类并未包括在第五条"处罚种类"中,这是规定设计时立法技术的问题,所有处罚种类都应涵盖在第五条的规定之下才更符合逻辑。

二、联赛委员会投票表决处罚决定有待商榷

本案的处罚决定由联赛委员会经过听证和投票表决通过。看得出来,为了本案处罚得公正公平,联赛委员会做出了很大的努力,联赛委员会的听证也不是走过场。但是,由联赛委员会负责听证纪律处罚事项这种制度安排有待商榷。联赛委员会由中国篮协高层、各俱乐部负责人及外界代表共27人组成,为联赛的管理机构,负责联赛的管理和与之相关的各项任务。在27名联赛委员会委员中,只有4人为外界代表,其他均为篮协和各俱乐部代表。CBA为职业联赛,各俱乐部都是独立的法人实体,追求各自利益最大化是他们的责任。当新疆有违规行为时,排名第九的浙江广厦显然希望严惩对手,以便自己可以替补进入季后赛名单。复杂的利益关系,如何保证裁决的公平公正?

在体育组织的裁决中,相对人有权要求由中立的听证者主持程序和做出决定,因为程序由一个中立的听证者主持和做出,可以保障通过程序而做出的结果更为客观、公正。如果由一个非中立的机构或个人主持程序和做出决定,那么该机构或个人可能因偏私、受到其他因素控制等原因而无法做出公正决定裁决;如果程序操作者和裁决者与他主持或裁决的案件有某种利害关系,那么他实际上就成了自己案件的法官,人们无法期望通过这样的程序能够产生客观公正的结果。

由中立的听证者主持程序和做出决定,可以使程序表现出一种"看得见的公正",能够被人们感受到的正义才是真正的正义,因为正义不仅要实际上存在,而且需要使人们相信它存在。

当然,体育组织的内部裁决机构不是完全中立的,在法律上对内部裁决机构的要求不那么严格,因为相对人加入体育组织的时候就已经知道纪律处罚是由该组织中的成员进行的,这可以被看作是相对人加入体育的代价。对于外界来说,内部裁决机构的基础和机制如何与己无关,它的裁决结果也不是公共事务,因此,关于无偏私的要求,不如对法院等机构那么严格。但体育内部裁决涉及越是重大,越是关系公共利益,该原则愈重要。

因此,CBA 的联赛委员会应处理联赛的经济、发展等重大问题,而纪律处罚则应由纪律委员会做出,纪律委员会的听证专家尽量由独立身份专家构成,以确保其中立性。

三、中国篮协的责任

根据国家体育总局及中国篮协有关运动员注册管理规定,各单位需要将球员情况上报到中国篮协登记备案,进行注册。2004—2005 赛季,官秀昌曾经以马秀昌之名在云南俱乐部注册,两次注册使用了不同的姓名、不同的身份证明,但却是同一张照片,中国篮协在注册过程中并没有发现。篮管中心副主任王渡在谈及注册问题时表示:"篮协在注册管理上先后换了一些部门,一开始是竞赛部负责,后来成立联赛办公室后,又交由联赛办公室负责,所以可能没有注意到注册过程中前后存在的问题。另外,篮协的数据库系统也需要重新建设和管理。"篮管中心主任李元伟也承认:"在官秀昌一事中,篮协是有责任的。"

"在协商处罚意见时,我们最大的压力来自中国篮协如何能在这件事之后挽回它的公信力,官秀昌事件反映出中国篮球职业化还需要很长的路要走,中国篮协目前最大的问题在于如何能更好地行使其作为管理部门的职能。"[9] 和常规赛最后阶段大面积爆发的球迷闹事相比,官秀昌事件给中国篮球所带来的负面影响显然更大,在 CBA 打了 18 场比赛,整体上场时间超过 200 分钟,平均每场得 6.2 分,有一场比赛拿下 20 分,居然其人出处都无人知晓,身份掩盖居然轻松过关,从中国篮协到其所属会员俱乐部,大家的公信力都在遭受着拷问,CBA 这个品牌的影响力已在下滑之中。中国篮协的这次判罚的意义是对其公信力的一次挽救[10]。

香港守门员国籍案

案 情

中超 2013 赛季二次转会窗期间,香港南华俱乐部守门员叶鸿辉申请加入贵州人和俱乐部。

为了叶鸿辉的转会,人和俱乐部付出了很大努力。最终贵州人和愿意付出香港球员历史上最高转会费,南华俱乐部才答应叶鸿辉转会中超的申请。为此,香港名宿郭家明致电负责中国足协注册的工作人员,工作人员口头答应了转会申请。但等到贵州人和正式向足协递交注册申请时,得到足协的答复是需要上会讨论。

2013 年 7 月 19 日,贵州人和俱乐部收到中国足协关于叫停香港门将叶鸿辉转会事宜的文件[11]。中国足协认为:根据足字(2009)536 号《中国足球协会球员身份及转会暂行规定》附件 1 关于外籍球员的定义"拥有国际足联其他会员协会所属国家(或地区)国籍的球员"以及《2013 年中国足球协会超级联赛规程》第 25 条四(二)中"外籍守门员不得报名"等条款,香港和澳门地区身份的守门员不应在允许引进范围内。《中国足球协会球员身份及转会暂行规定》第 39 条香港和澳门地区球员转会的特别规定仅对允许引进范围内的香港和澳门地区球员适用。

2013 年赛季初,中国台北球员陈昌源转会贵州人和仅仅占用了贵州人和的内援名额。这也是让叶鸿辉和外界不理解的地方,既然陈昌源以及此后北京国安引入的李志豪都属于内援,为何叶鸿辉被认定为"外籍球员"呢[12]?

中国足协拒绝叶鸿辉转会,使这名香港头号门将陷入两难的境地,南华俱乐部当初看他铁了心要北上,索性先签下两名门将张春晖和曾文辉,新赛季没有给叶鸿辉留位置。叶鸿辉对于中国足协的决定非常不解:"每当中国香港队打 A 级赛,都要奏响义勇军进行曲,我深感作为中国人而自豪,可现在,有人偏说我是外籍,谁能告诉我为什么。""我参加过全运会,那可是中国人的全国运动会,那时候不说我是外籍吧,现在我怎么就成了外籍?"[13]

评 析

第一,中国足协认定叶鸿辉是外籍守门员从而不能转会贵州人和俱乐部,原因是：首先，国内联赛有对引进外籍守门员的禁止性规定。《2013年中国足球协会超级联赛规程》第25条四（二）规定，"外籍守门员不得报名"。该条款据称是延续了中国足协10年前出台的一项特殊政策，即中国足协下属联赛里禁止引进外籍守门员，保护本土守门员可以得到比赛锻炼的机会，从而保证国家队成绩。其次，叶鸿辉是外籍球员。根据中国足协足字（2009）536号《中国足球协会球员身份及转会暂行规定》附件1关于外籍球员的定义，外籍球员是"拥有国际足联其他会员协会所属国家（或地区）国籍的球员"[12]。虽然叶鸿辉的中国国籍身份并不存在争议，但是在体育世界里，有"自然国籍"和"体育国籍"之分，在参赛时，运动员要按照其体育国籍来确定是否有参赛资格。根据《国际足联章程》，"外籍球员"指拥有国际足联其他会员协会所属国家（或地区）国籍的球员。香港一直是国际足联的独立会员协会，香港足总和中国足协所属球员在彼此间的转会都是"外籍球员"。

第二，叶鸿辉转会的主要困扰在于，中国《中国足球协会球员身份及转会暂行规定》表明港澳球员在中超的外籍球员性质的同时，还对港澳球员不占外援名额进行补充："转入拥有香港或澳门地区身份并在香港或澳门足球总会注册的球员时，该球员占用新俱乐部可转入国内球员名额。"此前，陈肇麒、梁振邦、李志豪、吴伟超以及香港归化球员高梵、福福等转会到中超、中甲俱乐部，都是按此项规定办理的。香港球员参加亚冠和亚足联杯等赛事，中超球队中的港澳球员仍将占据外籍球员名额。如果在此规定中注明"守门员例外"，对此规则进一步明晰则能够减少不必要争议。叶鸿辉也希望他这次转会纠纷能促使中国足协将条例细致化："在转会之前我咨询过很多大陆经纪公司，得到的答复都是没有问题，如果很多家经纪公司都误解的话，那也难怪俱乐部和球员会误解。"

第三，关于是否有必要限制守门员引进。在本土球员人才匮乏但俱乐部又力求迅速提升实力的情况下，是否开放外援政策的争论越来越多。

全运会自行车参赛资格争议案

案 情

2013年9月1日上午，在十二届全运会女子山地越野赛中，上届全运会冠军任成远获得了冠军，但在赛前其参赛资格问题引发了很大争议。

2011年，任成远因在兴奋剂检测中被检出睾酮代谢物检测阳性，被禁赛2年，罚款4000元，禁赛期是2011年5月13日至2013年5月13日。这一处罚可以在《2011年中国反兴奋剂中心年报》第24页"2011年兴奋剂违规及处理情况汇总——检测阳性"中查到。但有自行车运动队反映，各运动中心通常会在运动员受到兴奋剂处罚后，向各省市相关体育部门进行通报，但很多车队都没接到关于任成兴奋剂违禁的通报。

根据《第十二届全运会自行车项目预赛管理办法》（以下简称"办法"）第二条规定：运动员的积分是由国内比赛和国际比赛两部分构成，根据积分的排列顺序，确定十二运决赛的参赛运动员（队）。获得全运会决赛参赛选手的积分由2012以及2013年度的各5站冠军赛，两站锦标赛，以及国际比赛的积分相加组成。根据中国自行车协会官方公布的第十二届全运会决赛资格公示中显示，在获得沈阳全运会女子山地车越野决赛资格的29位选手中，中庆兰以1044分位列第一，而任成远仅有的40分积分，在积分榜中名列最后[14]。

依据"山地项目以2012年、2013年全国冠军赛及全国锦标赛的成绩作为国内比赛的积分"的第四条规定，已经被禁赛两年的任成远自然没有国内积分。而自剑中心公布的《第十二届全运会山地自行车决赛名单（女子）》表明，任成远取得决赛资格是在5月26日举行的UCI2013女子山地车世界杯捷克站比赛中，取得了第16名。

但按照"办法"第八条"国家队队员参加国际比赛将获得国际比赛的积分"，要承认任成远的国际积分，首先要承认其国家队队员的身份。

2005年1月自剑中心为北京奥运周期公布的《国家自行车队教练员、运动员选拔办法》规定，"运动员的年度积分为入选国家队的主要参考依据"，被禁赛两年的任成远显然无法达到这项标准。

任成远能够参加比赛，是因为2013年3月25日自剑中心下发的《关于参加2013年山地自行车亚锦赛及世界杯赛德国站、捷克站比赛的通知》（以下简称"通知"）。"通知"称"为加强国际交流，我中心将组建国家队参加以上比赛"，世界杯捷克站"为给运动员提供高水平比赛机会，国内各省市注册运动员都可报名参加"。任成远在2013年5月2日与某自行车品牌签约，在赞助商支持下参加了该项赛事，取得了国际积分。按照以往的惯例，自行车的世界杯或者世锦赛，国家队都是派遣在国内比赛的前几名选手参赛，但任成远所参加的那次世界杯，除了她一人外，并无其他队员知晓和参赛[14]。

有教练员认为这一规定非常不合理："难道我国所有自行车注册运动员都能

代表最高水平的国家队吗？对他们而言，通知中的要求在专业技术上基本是零门槛，只要找到了财源，无论水平高低，都能代表中国队出现在国际赛场上。有这样的规定，还要国家队运动员选拔办法干什么？"这则规定自相矛盾且荒唐模糊，更像专为任成远打开的一扇方便之门，"如果该运动员以自费的方式参加国际比赛，也只能算是个人行为，不能作为国家队队员拿到积分。"[15]

2013年5月自剑中心下发的《第十二届全国运动会自行车项目国家队成员参赛要求》第一条明确规定，"本规定所指国家自行车队成员，是指我中心公布的2013年国家队常年集训的运动员、教练员和工作人员。"而截至2013年7月，在国家体育总局自剑中心公布的国家队人员中，并没有任成远的名字，且根据"办法"第十条规定：获得决赛资格的运动员如因伤、病等原因不能参加决赛，可由代表单位向自剑中心提出换人申请，替换运动员必须参加过该项目的预赛。而任成远并没有参加过预赛，因此也不存在替换一说。

2013年，安徽、浙江、辽宁、云南、河北、甘肃、山西、黑龙江和山东9个省的自行车队探查到任成远将参加全运会决赛，签署了《关于江苏运动员任成远参加第十二届全运会女子山地车预赛、决赛资格问题的情况反映》，先后向总局竞体司和自剑中心多次反映该情况。

最终，任成远参加了全运会比赛并获得了冠军。

评 析

获得参加重要赛事的参赛资格对于运动员非常重要，也常常引发争议。因此，各个项目运动员选拔和参赛资格的获得都应有明确规定，并且具有一定的稳定性，不能频繁变动。

在本案中，2013年3月25日自剑中心下发的《关于参加2013年山地自行车亚锦赛及世界杯赛德国站、捷克站比赛的通知》，世界杯捷克站"国内各省市注册运动员都可报名参加"，与以往的国家队运动员选拔方式有根本性差异，又仅有任成远一人参赛，如果管理机构没有充分理由对此做出合理解释，则任成远入选是显失公正的。相关人士评论："从时间和条件上看，都'恰好'像是为她准备的，而'恰好'背后是否有隐情呢？这样的话，其他运动员的积极性将大受影响。毕竟任成远为他们提供了另一条更容易的出路——凭借兴奋剂提高竞技水平，即便被查处，还能在短时间后借由一项赛事捞取积分，便又能以新面貌重新征战赛场了。还有什么必要四处征战挣积分？"而有自行车爱好者表示："服用兴奋剂是体育竞技中最恶劣的行为，由于处罚力度不够，再加上部分监管部门对此重视不足，这样的处罚对运动员并没起到警示作用。应当给予运动员改过自新的机会，但她一复出就能顺利地参加全运会，这对那些苦练了两年的运动员很不公平。"[15]

参考文献

[1] 中国体操队年龄造假 悉尼奥运会成绩被取消 [EB/OL]. 腾讯体育，http://sports.qq.com/a/20100228/000247.htm.

[2] 国际奥委会因"年龄门"正式收回中国体操奥运奖牌 [EB/OL]. 中国新闻网，http://www.chinanews.com/ty/ty-tczjj/news/2010/04-29/2253209.shtml.

[3] 体操中心吸取教训亡羊补牢 中国奥委会全力配合 [EB/OL]. 网易新闻，http://news.163.com/10/0430/08/65GKO84N000146BD.html.

[4] 体操世锦赛"年龄门" [EB/OL]. 北方网，http://sports.big5.enorth.com.cn/system/2013/10/05/011351589.shtml.

[5] 官秀昌资料：生于澳门 国籍美国 曾效力多国联赛 [EB/OL]. http://sports.163.com/08/0109/16/41PDKGCQ00052G7R.html.

[6] 篮协痛斩新疆季后赛资格 所犯错误不适用于降级 [EB/OL]. 网易体育，http://sports.163.com/08/0111/05/41TCHV2500051CAH.html.

[7] 关于官秀昌事件相关责任方的处理决定 [EB/OL]. 新浪体育，http://sports.sina.com.cn/cba/2008-01-10/20483409505.shtml.

[8] 篮协痛斩新疆季后赛资格 所犯错误不适用于降级 [EB/OL]. 网易体育，http://sports.163.com/08/0111/05/41TCHV2500051CAH.html.

[9] 田京波. 篮协危机33小时欲挽回公信 新疆对处罚无异议 [EB/OL] 网易新闻，http://2008.163.com/08/0110/21/41SI2T5A00742437.html.

[10] 风险投资. 果断判罚挽救公信力 中国篮协"硬"了一回 [EB/OL]. 网易体育，http://sports.163.com/08/0110/21/41SHIMKM00051CAM.html.

[11] 王晓峰高管拒绝对足协评论 叶鸿辉：全运会时怎不说是外籍 [EB/OL]. 新浪体育，http://sports.sina.com.cn/j/2013-07-20/13456679964.shtml.

[12] 足协回应香港门将案：是否外援看会员协会 不看国籍 [EB/OL]. 新浪体育，http://sports.sina.com.cn/j/2013-07-22/12066683205.shtml.

[13] 王晓峰高管拒绝对足协评论 叶鸿辉：全运会时怎不说是外籍 [EB/OL] 新浪体育，http://sports.sina.com.cn/j/2013-07-20/13456679964.shtml.

[14] 浦燕. 冠军, 资格从何而来? [EB/OL] 网易新闻, http://sports.163.com/13/0902/06/97OES2KT00051C8M.html.

[15] 自行车冠军涉禁药消失2年 参赛资格遭9省抗议 [EB/OL] 网易新闻, http://sports.163.com/13/0902/08/97OK17ME00051CAQ.html.

后 记

感谢中国社科院法学所梁慧星研究员、中国人民大学法学院杨立新教授。两位中国民法学大家不嫌我愚钝，先后将我收至门下，精心指点，让我在短时间内能够站在民法前沿来审视体育法问题，尤其是两位老师严谨的治学态度、以中国民法学发展为己任、深切关注弱势群体的学术品格对我影响至深。

感谢中国体育法大家庭的成员们。正是他们的坚持和对我的不断鼓励，才会有中国体育法的发展和我个人的进步。虽然我不能穷尽他们的名字，但我还是想感谢他们对我在学术成长方面的帮助，以及他们在体育法理论和实践中孜孜不倦的努力，使中国的体育法学研究者们组成了联系紧密的学术共同体，正是同行们的努力，中国体育法才会有今天的繁荣。

最后，感谢我的家庭对我学术追求的理解、支持和帮助。

图书在版编目(CIP)数据

体育与法律：体育纠纷案例评析.2/韩勇著.-北京：人民体育出版社，2017
ISBN 978-7-5009-4894-0

Ⅰ.①体⋯ Ⅱ.①韩⋯ Ⅲ.①体育-民事纠纷-案例-中国 Ⅳ.①D922.165

中国版本图书馆 CIP 数据核字(2015)第 285386 号

*

人民体育出版社出版发行
三河紫恒印装有限公司印刷
新 华 书 店 经 销

*

787×1092　16 开本　24.5 印张　444 千字
2017 年 1 月第 1 版　　2017 年 1 月第 1 次印刷
印数：1—3,000 册

*

ISBN 978-7-5009-4894-0
定价：55.00元

社址：北京市东城区体育馆路 8 号　(天坛公园东门)
电话：67151482 (发行部)　　　　邮编：100061
传真：67151483　　　　　　　　邮购：67118491
网址：www.sportspublish.com

(购买本社图书，如遇有缺损页可与邮购部联系)